Aktienemissionen

Frankfurter wirtschaftsrechtliche Studien

Herausgegeben von
Theodor Baums, Friedrich Kübler, Hans-Joachim Mertens,
Eckard Rehbinder, Gunther Teubner

Band 44

PETER LANG
Frankfurt am Main · Berlin · Bern · Bruxelles · New York · Oxford · Wien

Uta Fredebeil

Aktienemissionen

Das underwriting agreement
(der Übernahmevertrag)
und seine spezifischen Klauseln

PETER LANG
Europäischer Verlag der Wissenschaften

Die Deutsche Bibliothek - CIP-Einheitsaufnahme

Fredebeil, Uta:

Aktienemissionen : das underwriting agreement (der Übernahmevertrag) und seine spezifischen Klauseln / Uta Fredebeil. - Frankfurt am Main ; Berlin ; Bern ; Bruxelles ; New York ; Oxford ; Wien : Lang, 2002
(Frankfurter wirtschaftsrechtliche Studien ; Bd. 44)
Zugl.: Osnabrück, Univ., Diss., 2001
ISBN 3-631-38498-X

D 700
ISSN 0723-0427
ISBN 3-631-38498-X

www.peterlang.de

Für meine Eltern

Ingrid und Josef Fredebeil

Vorwort

Großen Dank schulde ich in erster Linie meinem verehrten akademischen Lehrer, Herrn Prof. Dr. Dr. h.c. *Theodor Baums*, durch dessen Voraussicht es mir ermöglicht wurde, ein überaus interessantes und praxisnahes Themengebiet zu bearbeiten. Seine Anregungen und Anmerkungen waren mir stets eine wertvolle Unterstützung.
Frau Prof. Dr. *Renate Käppler* danke ich für die Erstellung des Zweitgutachtens.

Meinen ehemaligen Institutskollegen danke ich für ein überaus angenehmes Arbeitsklima. Die Zusammenarbeit hat viel Freude bereitet! Ganz besonderen Dank schulde ich Herrn Rechtsanwalt Dr. *Kai-Uwe Steck*, der mir bei der Erstellung dieser Arbeit mit Rat und Tat zur Seite stand.

Dank gilt auch der Rechtsanwaltssozietät Shearman & Sterling, durch die mir mein Forschungsaufenthalt in New York ermöglicht wurde. Darüber hinaus möchte ich die New York University, School of Law erwähnen, die mich als Visiting Scholar in ihr Global Law School Program aufnahm und dadurch die Grundlage für eine effektive Forschungsarbeit in den USA bereitete.

An dieser Stelle möchte ich auch allen Gesprächspartner in Deutschland und den USA danken, die mich mit vielen interessanten Beiträgen aus Praxis und Wissenschaft unterstützt haben; Herr Rechtsanwalt Dr. Ernst *Thomas Emde* von der Sozietät Freshfields Bruckhaus Deringer sei in diesem Zusammenhang ausdrücklich genannt. Ebenfalls gedankt sei der Trigon Wertpapierhandelsbank AG.

Nicht zuletzt möchte ich meinen Eltern danken, die mich in den langen Jahren meiner Ausbildung stets moralisch und finanziell unterstützt haben. Ihnen ist diese Arbeit gewidmet. Auch meine Schwestern *Rita* und *Vera Fredebeil* seien in diesem Zusammenhang erwähnt.

Meinem Cousin *Christian Voss* danke ich für hilfreiche redaktionelle Anmerkungen.

Der Fachbereich Rechtswissenschaften der Universität Osnabrück hat die Arbeit im Wintersemester 2000/2001 als Dissertation angenommen. Die deutsche Literatur befindet sich auf dem Stand von Juli 2001.

Frankfurt am Main, im August 2001 *Uta Fredebeil*

Inhaltsverzeichnis

Abkürzungsverzeichnis

A.2d	Atlantic Reporter 2d Series
ABA Comm. on Fed. Reg. of Securities	American Bar Association Committee on Federal Regulation of Securities
Abs.	Absatz
Abzgl.	Abzüglich
Acc. Rev.	Accounting Review
AcP	Archiv für die civilistische Praxis
AG	Aktiengesellschaft
AktG	Aktiengesetz
ALI-ABA	American Law Institute- American Bar Association (Continuing Legal Education)
AMEX	American Stock Exchange
At p.	at page
AuslInvestmG	Gesetz über den Vertrieb ausländischer Investmentanteile und über die Besteuerung der Erträge aus ausländischen Investmentanteilen
BB	Betriebsberater
BGB	Bürgerliches Gesetzbuch
BGBl.	Bundesgesetzblatt
BGHZ	Entscheidungen des Bundesgerichtshofs in Zivilsachen
BNA	The Bureau of National Affairs, Inc.
BörsG	Börsengesetz
BörsZ	Börsenzeitung
BörsZulV	Börsenzulassungsverordnung
BR-Drucks.	Bundesratsdrucksache
BuB	Bankrecht und Bankpraxis
Bus. Law.	Business Lawyer
C.F.R.	Code of federal regulations
c.i.c.	culpa in contrahendo (Verschulden bei Vertragsverhandlungen)
CCH	Commerce Clearing House
cert. denied	Certiorari denied (Revisionsantrag abgelehnt)
ch.	Chapter
Cir.	Circuit (Gerichtsbezirk)
Corp.	Corporation

Corp. L. Rev.	Corporation Law Review
d. h.	das heißt
DAI	Deutsche Aktieninstitut
DB	Der Betrieb
DStR	Deutsches Steuerrecht
DSW	Deutsche Schutzvereinigung für Wertpapierbesitz
EDGAR	Electronic Data Gathering, Analysis and Retrieval System
Etc.	et cetera
f.	Folgende (Seite)
F. Supp.	Federal Supplement
F.2d	Federal Reporter 2d Series
F.3d	Federal Reporter 3d Series
FAZ	Frankfurter Allgemeine Zeitung
Fed. Sec. L. Rep.	Federal Securities Law Reporter
ff.	Folgende (Seiten)
Fordham L. Rev.	Fordham Law Review
FS	Festschrift
GAAP	Generally Accepted Accounting Principles
GmbH	Gesellschaft mit beschränkter Haftung
GroMiKV	Großkredit- und Millionenkredit-verordnung
Harv. Bus. Rev.	Harvard Business Review
HGB	Handelsgesetzbuch
Hous. L. Rev.	Houston Law Review
IAA	Investment Advisers Act of 1940
ICA	Investment Company Act of 1940
Inc.	Incorporation
IPO	Initial Public Offering
J. Corp. L.	Journal of Corporation Law
J. Fin.	Journal of Finance
J. Fin. Econ.	Journal of financial economics
KAGG	Gesetz über Kapitalanlagegesell-schaften
KgaA	Kommanditgesellschaft auf Aktien
KWG	Kreditwesengesetz
Mich. L. Rev.	Michigan Law Review
n.F.	Neue Fassung
N.Y.S.2d	New York Supplement, 2d Series
NASAA	North American Securities Aminsitrators Association, Inc.

NASD	National Association of Securities Dealers, Inc.
NASDAQ	National Association of Securities Dealers Automated Quotation System
NNM	Nasdaq National Market
No.	Number
Notre Dame Law.	The Notre Dame Lawyer
NSMIA	National Securities Markets Improvement Act of 1996
NYSE	New York Stock Exchange, Inc.
NZG	Neue Zeitschrift für Gesellschaftsrecht
OTC	Over-the-counter market
PLI	Practising Law Institute
PT.	Part
Rel.	Release
Rev. Fin. Stud.	Review of Financial Studies
Rev. Sec. & Commod. Reg.	Review of Securities & Commodities Regulation
RG	Reichsgericht
Rspr.	Rechtsprechung
S.	Seite
S.Ct.	Supreme Court Reporter
SA	Securities Act of 1933
SCM	Nasdaq SmallCap Market
SEA	Securities Exchange Act of 1934
SEC	Securities and Exchange Comission
SEC Dock.	SEC Docket
Sec.	Securities
Sec. Exch. Act Rel.	Securities Exchange Act Release
Sec. Reg. L. J.	Securities Regulation Law Jounal
SIPA	Securities Investor Protection Act of 1970
SMU L. Rev.	Southern Methodist University Law Review
sog.	Sogenannte/s
St. John´s L. Rev.	St. John´s Law Review
TIA	Trust Indenture Act of 1939
U. Chi. L. Rev.	University of Chicago Law Review
U.S.	United States Reports
U.S.C.	United States Code
u.U.	Unter Umständen
UCLA L. Rev.	University of California Law Review
USA	United States of America

v.	Vom
Va.L.Rev.	Virginia Law Review
Vand. L. Rev.	Vanderbilt Law Review
vgl.	Vergleiche
vol.	Volume
Vs	Versus
Warn.	Warneyer´s Rechtsprechung (Entscheidungssammlung)
Wis. L. Rev.	Wisconsin Law Review
WL	Westlaw
WM	Wertpapier-Mitteilungen Zeitschrift für Wirtschafts- und Bankrecht
WpHG	Wertpapierhandelsgesetz
WSJA	Asian Wall Street Journal
z.B.	zum Beispiel
ZBB	Zeitschrift für Bankrecht und Bankwirtschaft
ZfB	Zeitschrift für Betriebswirtschaft
ZGR	Zeitschrift für Unternehmens- und Gesellschaftsrecht
ZHR	Zeitschrift für das gesamte Handelsrecht und Wirtschaftsrecht
zit.	Zitiert

Erster Teil: Einführung

§ 1 Einleitung

Der erste Börsengang der Deutschen Telekom im Jahre 1996 und der Erfolg des Neuen Marktes der Frankfurter Wertpapierbörse (Handelsbeginn 10. März 1997) haben das Interesse an (Neu)Emissionen von Aktien sowohl bei den Anlegern als auch bei den Emittenten wachsen lassen. Insbesondere junge Unternehmen haben die Börse als Kapitalquelle entdeckt. Dadurch ist das gesamte Emissionsgeschäft in den Mittelpunkt des Interesses gerückt. Dies ist Anlaß genug, sich mit den rechtlichen Gesichtspunkten des *underwriting* als einem bedeutenden Teilbereich des Emissionsgeschäfts zu befassen. Ursprünglich sollte in dieser Arbeit neben dem Aktienemissionsgeschäft auch das Anleiheemissionsgeschäft untersucht werden. Diese Zielsetzung erwies sich jedoch schnell als ungeeignet, da eine umfassende Darstellung den Rahmen der Arbeit gesprengt hätte. Obwohl die vorliegende Arbeit nun auf das Aktienemissionsgeschäft beschränkt ist, erhebt die Verfasserin gleichwohl nicht den Anspruch, den Bereich erschöpfend rechtlich gewürdigt zu haben. Vielmehr bestand das Ziel darin, den Übernahmevertrag als den vertraglichen Kern des Emissionsgeschäfts im Vergleich mit dem US-amerikanischen Recht vor dem Hintergrund neuer Entwicklungen und praxisorientiert zu untersuchen. Die Gegenüberstellung des US-amerikanischen mit dem deutschen Recht drängte sich auf. Zum einen ist der US-amerikanische Kapitalmarkt weit größer und weiter entwickelt als der deutsche Kapitalmarkt. Dies zeigt sich u. a. darin, daß die Aktie in den USA im Gegensatz zu Deutschland seit langem auch für breite Kreise der Bevölkerung als geeignete Kapitalanlage gilt. Wegen der langjährigen Erfahrungen, die in den USA gesammelt wurden, lohnt sich ein Blick auf den US-amerikanischen Kapitalmarkt allemal. Zum anderen führt die zunehmende Internationalisierung des Emissionsgeschäfts dazu, daß sowohl US-amerikanische als auch deutsche Investmentbanken in großen Konsortien zusammenarbeiten. Da die US-Amerikaner umfassende Vertragswerke bevorzugen, um sich abzusichern, ist für den in Deutschland früher verwendeten Typ der Offerte praktisch kein Platz mehr. Die deutschen Übernahmeverträge sind daher heute regelmäßig nach dem Vorbild des US-amerikanischen *underwriting agreement* gefertigt, so daß auch aus diesem Grunde eine Gegenüberstellung vonnöten war. Schließlich soll anhand dieser Gegenüberstellung untersucht werden, welche Bestandteile des *underwriting agreement* nach Deutschland übertragen wurden, und ob die vertraglichen Regelungen den gesetzlichen Anforderungen des deutschen Rechts genügen. Dies erklärt ebenfalls, warum der US-amerikanische Teil dieser Arbeit (Zweiter Teil) dem deutschen Teil (Dritter Teil) vorangestellt wurde. Die Darstellung des US-amerikanischen Rechts beginnt mit einem Grundlagenteil (§ 3). Mit Hilfe dieses Teils kann sich der Leser einen Überblick über das gesamte Emissionsgeschäft verschaffen. Daran schließen sich die einzelnen Plazierungsverfahren an, wobei besondere Bedeutung dem *firm commitment underwriting* zugemessen wurde (§ 4). Dabei handelt es sich um eine bedeutende Ausgestaltung des *underwriting agreement*. Der dann folgende Abschnitt soll die Aufgaben der Banken im Emissionsgeschäft verdeutlichen (§ 5). In § 6 wird gezeigt, daß es durchaus lukrative, über die Provision hinausgehende Anreize für die Emissionsbegleitung gibt. Aus ökonomischer Sicht stellt § 7 dar, wie der Preis insbesondere für ein IPO festgelegt wird, welche Konflikte sich ergeben und welche Vor- und Nachteile das *underpricing* hat. Die Preisfestlegung geht vom herkömmlichen Bookbuilding-Verfahren aus. Daneben wird das innovative, aber erst wenige Male erprobte Auktionsverfahren dargestellt. Ferner werden einzelne Gesichtspunkte der Zuteilungspraxis, des *closing* und der Stabilisierung aufgezeigt (§ 8). Der Blick wird hier insbesondere auf die Regulation M gerichtet, nach der nur wenige Stabilisierungsmaßnahmen zulässig sind. Anschließend wird die umfassende gesetzliche Haftung für die Emissionsbeteiligten und das Verhältnis zu Vereinbarungen im *underwriting agreement* (Haftungsfreistellungsklausel) kritisch gewürdigt (§ 9). § 10 enthält schließlich einen Überblick über die typischen Regelungen des *underwriting agreement* und soll kurz deren Zweck erläutern. Der Dritte Teil der Arbeit betrifft das deutsche Recht. Hier konnte oftmals auf die Schilderung des US-amerikanischen Teils verwiesen werden, so daß sich die Arbeit in diesem Bereich vorwiegend darauf beschränkt, Besonderheiten in Deutschland aufzuzeigen. § 11 umfaßt dementsprechend die Grundlagen und Plazierungsverfahren (§ 3 und § 4 des US-amerikanischen Teils). § 12 behandelt die Rolle der Banken und deren Anreize. Im Anschluß daran wird Haftungsfragen, insbesondere Fragen der Prospekthaftung und der Haftungsfreistellungsklausel nachgegangen (§ 13). Die immer wieder auch für öffentliche Diskussionen sorgenden *lock-ups* wurden in § 14 kritisch beleuchtet. Die Verfasserin hat wegen der Bedeutung des Neuen Marktes für IPOs neben den lock-ups des Übernahmevertrages auch die des Neuen Marktes rechtlich gewürdigt. Der letzte Abschnitt des deutschen Teils behandelt ausgewählte Vertragsklauseln unter zivilrechtlichen Gesichtspunkten, so z. B. die Übernahmeverpflichtung und die aufschiebenden Bedingungen (§ 15).

Abschließend sei darauf hingewiesen, daß die für diese Arbeit verwendeten *underwriting agreements* und Übernahmeverträge vielfach Musterverträge waren. Jeder Vertrag muß individuell ausgearbeitet und an den Interessen und Wünschen der Emittenten, der Branche und des Konsortiums ausgerichtet werden.

§ 2 Zur Terminologie

Der folgende Text ist mit anglo-amerikanischen Begriffen durchsetzt, auch wenn die Verfasserin darauf bedacht war, diesbezüglich Überflüssiges zu vermeiden. Die verwendeten Begriffe sind in der Branche üblich und können größtenteils nur unzureichend mit ein oder zwei prägnanten Worten in die deutsche Sprache übersetzt werden. Daher hat es die Verfasserin vorgezogen, die anglo-amerikanischen Begriffe zu nutzen, allerdings nicht ohne sie an geeigneter Stelle zu erläutern. In diesem Abschnitt sollen nur einige für die Arbeit grundlegende Termini erläutert werden.

Das *Initial Public Offering* (IPO) wird als das erstmalige öffentliche Anbieten von Wertpapieren eines Emittenten verstanden. Eine Börseneinführung ist nicht zwingend erforderlich, aber wohl die Regel. Ausschlaggebend ist, daß sich der Emittent erstmals dem Publikum öffnet. Ob dies durch die Emission bereits vorhandener[1] oder neu geschaffener Wertpapiere geschieht, ist nicht entscheidend. Ein *Seasoned Public Offering* (SPO) ist demgegenüber die Emission von Aktien eines bereits in den Händen des Publikums befindlichen Unternehmens. Die inzwischen geläufige Bezeichnung *Going Public* umschreibt die Umgestaltung einer kleinen, privaten Gesellschaft in ein Publikumsunternehmen. *Going Public* umfaßt alle im Zusammenhang mit der Öffnung stehenden Vorgänge, angefangen von der Umwandlung in eine publikumsfähige[2] Gesellschaft bis schließlich zur möglichen Börseneinführung.

Der Begriff Neuemission benötigt insoweit eine Erläuterung, als er im heutigen Sprachgebrauch umfassend, nämlich im Sinne einer erstmaligen Einführung von (auch neuen) Aktien an der Börse verstanden wird.[3]

Der Begriff *underwriter* ist von zentraler Bedeutung in dieser Arbeit. Als *underwriter* wird diejenige Bank oder dasjenige Wertpapierhandelshaus bezeichnet, die bzw. das sich an einer Emission von Wertpapieren beteiligt. Der *underwriter* übernimmt zunächst durch die Unterzeichnung eines *underwriting agreement* das Risiko der Emission. Regelmäßig ist der *underwriter* auch an der Plazierung der Wertpapiere beteiligt. Das *underwriting agreement* wiederum ist eine Vereinbarung zwischen den beteiligten *underwriters* und dem Emittenten in bezug auf die Übernahme und Plazierung der Wertpapiere. Das *underwriting agreement* kann mit dem deutschen Begriff Übernahmevertrag übersetzt werden. Der *underwriter* kann hier als Konsortialmitglied bezeichnet werden,

---

1 Das wäre z. B. denkbar, wenn die Gründer eines Unternehmens ihre Anteil zumindest teilweise an das breite Publikum veräußern würden.

2 Die Gesellschaft muß sich hier immer mit dem Gedanken tragen, das Unternehmen an der Börse einzuführen, so daß nur ausgewählte Unternehmensformen in Betracht kommen (in Deutschland z. B. Aktiengesellschaft oder Kommanditgesellschaft auf Aktien).

3 Betrachtet man das Wort an sich, so geht dessen heutige Bedeutung sehr weit. Neuemission im engeren Sinne würde an sich nur bedeuten, daß es sich um eine neue Ausgabe von Wertpapieren handelt.

also als Mitglied eines Konsortiums, in dem mehrere Investmentbanken die Emission gemeinsam übernehmen. Gibt es nur einen *underwriter*, hat das deutsche Recht keinen dem *underwriter* entsprechenden Begriff zur Hand. Wegen der Internationalisierung des gesamten Emissionsgeschäft werden in der Praxis regelmäßig die anglo-amerikanischen Begriffe verwendet und daher auch in dieser Arbeit gebraucht.

Zweiter Teil: US-amerikanisches Recht

§ 3 Grundlagen

A. Historischer Überblick

I. Entstehung des Securities Act of 1933

Die Emission von Wertpapieren, in deren Ablauf sich neben anderen Vereinbarungen auch das *underwriting agreement* findet, und die Plazierung der Wertpapiere sowie deren Handel wird in den USA durch Bestimmungen des Securities Act of 1933 (SA), des Securities Exchange Act of 1934 (SEA)[4] sowie der dazu erlassenen Verordnungen reguliert.[5]

Erste Überlegungen und auch Umsetzungen eines umfassenden Wertpapierrechts gab es zunächst auf Ebene der Einzelstaaten. Bereits 1852 erließ Massachusetts eine Regelung. Sie bestimmte, daß Eisenbahngesellschaften, die eine Konzession erlangen wollten, erst dann ihre Trassen errichten durften, wenn sie ein Zertifikat bei der zuständigen Behörde abgegeben hatten. Dieses Zertifikat sollte beurkunden, daß sämtliche Papiere von den zuständigen Parteien unterschrieben worden waren, und daß 20 Prozent des erzielten Wertes der Anteile in das Vermögen der Gesellschaft eingeflossen waren.[6] Ähnliche und weiterführende Bestimmungen fanden sich dann in fast allen anderen Bundesstaaten der Vereinigten Staaten.[7]

Wie in diesem Beispiel erfaßten die einschlägigen Regulierungen immer nur ausgewählte Bereiche. Das erste wirklich allgemeine Wertpapierrecht (Kapitalmarktrecht) wurde in Kansas 1911 geschaffen. Hier wurde auch der Begriff des *Blue Sky Law*[8] erstmals eingeführt.

---

[4] Dabei handelt es sich um die beiden bedeutendsten Kapitalmarktgesetze.

[5] Weitere Vorschriften zur Regelung des Kapitalmarktes sind der Trust Indenture Act of 1939 (TIA), der Investment Company Act of 1940 (ICA), der Investment Advisers Act of 1940 (IAA), der Securities Investor Protection Act of 1970 (SIPA) und der National Securities Markets Improvement Act of 1996 (NSMIA ist das Änderungsgesetz u.a. zum SA und ICA).

[6] *Loss/Seligmann*, Securities Regulation, vol. I, S. 32.

[7] Um einige Beispiele zu nennen: California Constitution of 1879; Georgia Statute of 1904; Missouri Statute of 1907.

[8] *Blue Sky Laws* sind die Kapitalmarktgesetze der amerikanischen Einzelstaaten. Ihr vorrangiges Ziel ist es, den betrügerischen Handel mit Wertpapieren zu verhindern. *Blue Sky* deshalb, weil die geschäftstüchtigen Wertpapierverkäufer selbst den „Himmel in Parzellen aufgeteilt hätten, um dem Anleger die Anteile in Form von Wertpapieren zu offerieren". Die *Blue Sky Laws* umfassen Vorschriften über Wertpapiere, deren Emission und den öffentlichen Handel, Regelungen gegen betrügerische Verhaltensweisen in diesem Zusammenhang sowie Bestimmungen über die Tätigkeit von Kommissionären (*broker*) und Wertpapierhändlern (*dealer*); *Loss/Seligman,* Securities Regulation, vol. I, S. 36.

In der Zeit nach dem Ersten Weltkrieg nahm der US-amerikanische Kapitalmarkt einen ungeahnten Aufschwung. Es wurden neue Wertpapiere im Wert von annähernd US$ 50 Milliarden ausgegeben, von denen mit dem Beginn des Börsencrashs im Oktober des Jahres 1929 die Hälfte ihren Wert verlor.[9]
Zwischen 1929 und 1932 reduzierte sich der gesamte Börsenwert aller gelisteten Aktien der New York Stock Exchange (NYSE) von beinahe US$ 90 Milliarden auf fast US$ 16 Milliarden.[10] Damit verlor das Publikum das Vertrauen in die Sicherheit von Wertpapieranlagen.

Die Verantwortung für diesen einzigartigen Crash wurde zum größten Teil der Wertpapierbranche zugeschrieben. Die Ausgabe einer solchen Masse an eigentlich wertlosen Wertpapieren wurde von Investmentbanken *(underwriter)* und Wertpapierhändlern *(dealer)* ermöglicht. Nicht wenige hatten ihre Handelsgrundsätze wie Fairneß, Ehrlichkeit und Vorsicht völlig aufgegeben. Gerade diese Grundsätze waren aber Voraussetzung dafür, daß die Anleger in die Unternehmen investierten. Ebenso wichtig wäre es gewesen, die Investoren mit Informationen zu versorgen, die es ihnen erlaubt hätten, den Wert ihrer Papiere einzuschätzen.

Trotz der landesrechtlichen Wertpapierregelungen war der lauter werdende Ruf nach einem umfassenden Bundesrecht nun nicht mehr zu überhören. Im Kongreß der Vereinigten Staaten von Amerika wurde während dieser langen Depressionsphase darüber nachgedacht, ein Kapitalmarktgesetz zu schaffen. Dieses sollte der Wirtschaft Auftrieb geben und das anlagesuchende Publikum schützen. Mehr als eine Untersuchung der Handelspraktiken durch das *Banking and Currency* Komitee erfolgte aber nicht.
Präsident Franklin Roosevelt entschloß sich im März des Jahres 1933, in dieser Sache als eine seiner ersten Amtshandlungen das Wort an den Kongreß zu richten. Er empfahl dem Kongreß, durch Gesetz eine Bundesaufsicht für den Verkehr mit Anlegerpapieren im innerstaatlichen Handel einzurichten. Über jede Neuemission sollten umfassende Informationen in den Markt gegeben werden. Die Verkäufer sollten verpflichtet werden, die gesamten Daten, die im

9 *Seligman*, The Transformation of Wall Street, S. 1. In den späten 20er- und frühen 30er-Jahren erfolgten außerdem große Gesellschaftsrechtsreformen. In Großbritannien mußte der Company Act of 1908 dem Company Act of 1928 weichen. Deutschland änderte 1931 und 1937 sein Aktienrecht; Belgien und die Niederlande 1928, Kanada 1930. So erhielten viele Staaten neue Regelungen, was nicht zuletzt damit zusammenhing, daß es große Turbulenzen an den Börsen gab.

10 Senate Report No. 1455, 73rd Congress, „Stock Exchange Practices". Report of the Senate Banking and Currency Committee, in: Federal Securities Laws, vol. II, Item 76, S. 1257, 1270; *Seligman*, The transformation of Wall Street, S. 1.

Zusammenhang mit den Wertpapieren interessant sein könnten, offenzulegen und zu publizieren.[11]
Daraufhin wurde eine Arbeitsgruppe gebildet, welche einen Entwurf vorlegte, der dem English Company Act mit Betonung auf die Offenlegung nachgebildet war.
Die Vorlage wurde angenommen und am 27. Mai 1933 als Securities Act of 1933 verkündet.

Der Securities Act of 1933 enthält im wesentlichen folgende Bestimmungen[12]:

- Vollständige Offenlegungspflicht durch die Pflicht zur Abgabe eines Zulassungsantrags, der bei der *Federal Trade Commission* [später *Securities and Exchange Commission (SEC)*] gestellt und registriert werden muß.
- Überprüfung des Zulassungsantrags durch die SEC während der Warteperiode, nach deren Ablauf erst der Verkauf der Wertpapiere beginnen darf.
- Übermittlung eines Prospektes an den Anleger gleichzeitig mit oder vor der Übergabe der Wertpapiere.
- Zivilrechtliche Haftung für Täuschungen, arglistige Handlungen und für bestimmte Versäumnisse.

II. Entstehung des Securities Exchange Act of 1934

Angesichts der Tatsache, daß es sich bei dem Securities Act of 1933 nur um eine Regelung handelte, die die (öffentliche) Ausgabe von Wertpapieren betraf, wandte sich Roosevelt am 07.02.1934 erneut an den Kongreß und knüpfte an seine Ausführungen vom März des vorangegangenen Jahres an. Eine wirksame Regulierung für das Anlegergeschäft war geschaffen. Sie schützte das investierende Publikum bei der Ausgabe der Wertpapiere. Unberücksichtigt war die Tatsache geblieben, daß es neben den gesetzlich anerkannten und von der Regulierung erfaßten Anlagen auch Spekulationsgeschäfte gab, die auch unerfahrene Anleger anlockten. Die Börsen wurden oftmals dazu mißbraucht, spekulative Geschäfte auch mit unerfahrenen Anlegern abzuwickeln. Das galt es einzugrenzen. Der uninformierte Anleger sollte auch beim Handel mit Wertpapieren geschützt werden. Ebenso sollten unnötige, unkluge und wertvernichtende Spekulationen ausgeschlossen werden. Diesen Anforderungen versuchte der Securities Exchange Act (SEA) of 1934 gerecht zu werden.

---

[11] *Ellenberger/Mahar,* Legislative history of the Securities Act of 1933 and the Securities Exchange Act of 1934, vol. 1, Item No. 3, Message from the President-Regulation of security issues, presented to the Senate, March 28, 1933, 77 Cong. Rec. 937 (1933).

[12] Insgesamt betrachtet gibt es detaillierte Vorschriften über das Zulassungsverfahren im SA und den dazu erlassenen Regelungen.

Der SEA betrifft vorrangig den (öffentlichen) Handel mit bereits ausgegebenen Wertpapieren im börslichen und außerbörslichen Bereich.[13] Die in ihm enthaltenen Vorschriften beziehen sich auf Publizitätspflichten und andere Erfordernisse für Publikumsgesellschaften (z. B. Obliegenheiten bei der Einholung von Stimmrechtsvollmachten). Sie verbieten verschiedene manipulative und irreführende Tätigkeiten in Verbindung mit dem Kauf oder Verkauf der Wertpapiere; begrenzen die Menge der Kredite (Anrechnungsbeträge), deren Volumina gegebenenfalls für den Kauf der Wertpapiere aufgestockt werden; fordern von Wertpapierhändlern (*dealer*) [14] und Kommissionären (*broker*)[15], sich von der SEC registrieren zu lassen, und regulieren deren Aktivitäten.

B. Am Emissionsgeschäft beteiligte Parteien

I. Wertpapiere

Wertpapiere (*securities*) sind der unmittelbare Gegenstand des Emissionsgeschäfts, und daher kurz zu erläutern. Securities sind im Securities Act of 1933 definiert.[16] Diese Definition ist sehr detailliert, so daß praktische Abgrenzungsprobleme und Fragen, ob ein Wertpapier im Sinne dieser Vorschrift vorliegt, kaum auftreten.[17]

---

[13] Damit wird also eine Regulierung für den Sekundärmarkthandel getroffen.

[14] *Dealer* sind Eigenhändler, die in eigenem Namen und für eigene Rechnung Wertpapiere kaufen und verkaufen; 15 U.S.C. § 78 c (a) (5). Zu beachten ist aber, daß der Begriff *dealer* im SA [15 U.S.C. § 77 b (a) (12)] weiter gefaßt ist. Er bezeichnet allgemein Personen, die in irgendeiner Form (sei es als Kommissionär, Handelsvertreter oder als Auftraggeber) mit Wertpapieren handeln.

[15] *Broker* führen die Wertpapiergeschäfte als Kommissionäre aus, also für Rechnung anderer [15 U.S.C. § 78 c (a) (4)].

[16] 15 U.S. C. § 77 b (a) (1). Danach sind Wertpapiere Schuldscheine; Aktien; im Bestand eines Unternehmens befindliche eigene Aktien, Obligationen, Schuldverschreibungen, Schuldscheine, Zinsscheine oder Beteiligungen an einer beliebigen Gewinnbeteiligungsvereinbarung; Zertifikate, welche von Treuhandgesellschaften für von ihnen verwahrte Wertpapiere ausgestellt werden; Gründungszertifikate oder Zeichnungsscheine, übertragbare Aktien, Investmentverträge; Zertifikate von Treuhandgesellschaften, welche auch die Stimmrechte für die von ihnen verwahrten Wertpapiere ausüben, Hinterlegungsscheine für Wertpapiere, Teilrechte an gemeinschaftlichen Berechtigungen an Öl-, Gas- oder anderen Schürfrechten, generell jede Beteiligung oder Urkunde, die gemeinhin als Wertpapier bezeichnet wird oder Zinsschein aus oder Beteiligungen an, Zwischenscheine, Quittungen, Garantien, Optionen oder Zeichnungs- oder Erwerbsrechte für eines der vorgenannten Wertpapiere.

[17] *Soderquist*, Securities Regulation, S. 131; zu möglicherweise entstehenden Problemen siehe *Soderquist*, Securities Regulation, S. 131 ff.; *Loss/Seligman*, Fundamentals of Securities Regulation, chapter 3 A, S. 169 ff.; *Hazen*, The Law of Securities Regulation, Hornbook Series, § 1.5, S. 28 ff.

II. Unternehmensführung

Die Unternehmensführung der jeweiligen emittierenden Gesellschaft (*issuer*)[18] spielt eine wichtige Rolle bei einer Emission. Sie wird die abschließenden Entscheidungen bezüglich des erfolgversprechenden Zeitpunkts und der Preisbestimmung des öffentlichen Angebots mit der führenden Investmentbank *(lead manager)* und den möglicherweise beteiligten bedeutenden Anteilseignern[19] treffen. Ferner wirkt die Unternehmensführung bei der Sorgfältigkeitsprüfung *(due diligence)* mit und arbeitet mit allen Parteien eng zusammen. Auch bei den Werbemaßnahmen der *underwriter* (wie z. B. *road shows)* ist vor allem das Management gefragt. Die Vorstände haben hier die Gelegenheit, ihren potentiellen Investoren das Unternehmen zu präsentieren und Interesse für das Wertpapier zu wecken.[20]

III. Lead manager und underwriter

Steht erst einmal fest, daß sich die Gesellschaft dem Anlegerpublikum öffnen wird, wird sich der Emittent zunächst eine Investmentbank[21] suchen. Sie wird

[18] Der Begriff *issuer* ist in 15 U.S.C. § 77 b (a) (4) definiert: Jede Person, die Wertpapiere ausgibt oder plant, Wertpapiere auszugeben.

[19] Grundsätzlich kann ein beteiligter Anteilseigner Teile seines Wertpapierportefeuilles bei einer Emission verkaufen. Er wird dann in den Prozeß eingebunden; *Grant*, Overview of the underwriting process, in: Securities underwriting, ch. 2, S. 25, 37 f.; *Koff/Lee*, The Initial Public Offering process, 1012 Practising Law Institute, Corporate law and practice course handbook series (1997), S. 109, 119.

[20] *Grant*, Overview of the underwriting process, in: Securities underwriting, ch. 2, S. 25, 37 f.; *Koff/Lee*, The Initial Public Offering process, 1012 Practising Law Institute, Corporate law and practice course handbook series (1997), S. 109, 116.

[21] Aufgrund des Trennungsprinzips (Trennung von *commercial banking* und *investment banking*) nach dem Glass-Steagall Act of 1933 konnten grundsätzlich nur Investmentbanken im Emissionsgeschäft (*underwriting*) tätig werden [12 U.S.C. § 24 (7)]. Einlagengeschäft und Emissionsgeschäft konnten nicht unter dem Dach einer Bankholding gemeinsam betrieben werden, *Gruson*, Die Reform des Trennbanksystems in den USA, ZBB 2000, S. 153, 154. Die Aufsichtsbehörden (*Federal Reserve Board*) haben diese Restriktion gelockert (z. B. *full service brokerage*, s. dazu *Baums*, Verbindung von Banken und Unternehmen im amerikanischen Wirtschaftsrecht, S. 16 ff.). Mit der Reform des Trennbankensystems (Gramm-Leach-Bliley-Act, Public Law 106-102 (12.11.1999) wird diese Trennung nicht völlig aufgehoben, sondern sie erlaubt denjenigen Bankholdings, deren Einlagenkreditinstitutstöchter gut kapitalisiert und gut geführt sind, neben Bankaktivitäten auch bestimmte andere Aktivitäten – selbst oder durch Beteiligungen an anderen Gesellschaften – zu betreiben, *Gruson*, Die Reform des Trennbanksystems in den USA, ZBB 2000, S. 153, 154. Damit ist den Geschäftsbanken zumindest in begrenztem Umfang der Weg ins Emissionsgeschäft geöffnet, s. zu den konkreten Voraussetzungen für die Erlaubnis *Gruson*, Die Reform des Trennbanksystems in den USA, ZBB 2000, S. 153 ff..

als federführende Bank *(lead manager)* tätig. Dabei handelt es sich um eine der bedeutendsten Entscheidungen im Rahmen einer Emission. Von ihr hängt der Erfolg der Emission und indirekt auch die Entwicklung der Wertpapiere auf dem Sekundärmarkt ab. Maßgeblicher Grund dafür ist die Distributionskraft des *underwriter*.
Der *lead manager* ist derjenige, der sämtliche Vorgänge des *underwriting* Prozesses koordiniert.[22] Häufig bildet er für bestimmte Aufgaben ein „mitführendes“ Team (*co-manager*). Dieses kann aus einer kleineren Gruppe von Konsorten (*underwriter*) oder auch aus nur einem *co-manager* bestehen. Es ist bei der Organisation der Emission behilflich, nimmt aber nicht an den Verhandlungen mit dem Emittenten teil.[23]
Wie bereits erwähnt, ist die Auswahl des *lead manager* sowohl für den Ablauf der Emission als auch für die Sekundärmarktentwicklung von besonderer Bedeutung.[24] Daher wird oftmals mit solchen *underwriters* Kontakt aufgenommen, deren Erfahrung, Größe und Personal sicherstellen, daß das Unternehmen und dessen Emission angemessen betreut werden.
Der *lead manager* ist auch für die Bildung des Konsortiums (*underwriting group*) zuständig. Es wird zur Risikoteilung zusammengestellt.[25]

Der in der Wertpapierbranche verwendete Begriff des *underwriter* umfaßt vorrangig die Investmentbanken, die den Unternehmen behilflich sind, Kapital durch den Verkauf von Wertpapieren an das breite Publikum aufzunehmen.[26]
Der Securities Act of 1933 hat den Begriff des *underwriter* definiert.[27] *Underwriter* ist jede Person, die Wertpapiere von dem Emittenten mit der Absicht gekauft hat, sie weiter zu plazieren oder für einen Emittenten Wertpa-

---

[22] *Bloomenthal*, Going Public and the Public Corporation, vol. 1, ch. 2, § 2.02; *Parker*, Investment Banking, in: Handbook of modern finance, ch. A 2, S. A 2 – 17.

[23] *Parker*, Investment Banking, in: Handbook of modern finance, ch. A 2, S. A 2 – 18; *Wolff*, Going Public in der Schweiz, in Deutschland und in den USA, S. 94. Oftmals handelt es sich um eine Investmentbank, die vorrangig den Einzelkunden anspricht, und um eine weitere Investmentbank, die vermehrt die Institutionen bedient. Damit soll die Nachfrage aller Anlegergruppen abgedeckt werden können.

[24] Im *over-the-counter market* (z. B. NASDAQ) sind die Investmentbanken als *market maker* notwendig. Da es hier keinen Parketthandel gibt, sorgen sie u. a. für den raschen Report der einzelnen Transaktionen und unterstützen die Unternehmen bei der Notierung an der NASDAQ; s. *Jennings/Marsh/Coffee*, Securities regulation, S. 573. Hier kann es sich als für die Entwicklung des Sekundärmarktes erforderlich erweisen, daß der *lead manager* Kurspflege betreibt.

[25] *Bloomenthal*, Going Public and the Public Corporation, vol. 1, ch. 2, § 2.02; *Parker*, Investment Banking, in: Handbook of modern finance, ch. A 2, S. A 2 - 18.

[26] *Clark*, Corporate Law, § 17.3, S. 727. Dieses Begriffsverständnis soll auch hier zugrunde gelegt werden, da es häufig die Investmentbanken sind, die die Papiere durch Vertrag, sei es kommissionsweise oder fest, übernehmen.

[27] 15 U.S.C. § 77 b (a) (11).

piere zur Plazierung anzubieten oder zu verkaufen. Infolge der Erweiterung des Begriffs „Emittent" in diesem Absatz[28] können zwei Fälle einer Emissionshilfe ausgemacht werden, die nicht von einer Investmentbank geleistet werden, obwohl auch hier die typischen Funktionen eines *underwriter* bei einem öffentlichen Angebot übernommen werden:

Der erste Fall liegt vor, wenn eine Person, die den Emittenten kontrolliert, Wertpapiere des Emittenten mittels eines Kommissionärs oder Wertpapierhändlers verkauft. Der Kommissionär oder Wertpapierhändler verkauft dann für den Emittenten und ist daher *underwriter*. Er muß aber nicht zwingend eine Investmentbank sein.

Der zweite Fall betrifft eine Person, die von dem Emittenten direkt gekauft hat und die Wertpapiere anschließend wieder verkauft. Hier scheint es so, als hätte sie zum Zwecke der Plazierung von dem Emittenten gekauft und wird deshalb als *underwriter* bezeichnet.[29]

Für die Personen, die *underwriter* im Sinne des Gesetzes sind, gelten insbesondere folgende Regeln[30]:

- *Underwriter* haften gemäß 15 U.S.C. § 77 k für Fehler in einem Zulassungsantrag.
- *Underwriter* können sich nicht auf die Ausnahme von der Registrierung, die in 15 U.S.C. § 77 d verankert ist berufen.
- Vorbereitende Verhandlungen zwischen dem Emittenten und dem *underwriter* sind von der Definition von *offer* und *sale* in 15 U.S.C. § 77 b (a) (3) ausgenommen.
- Nach Punkt 508 der Regulation S-K ist die Offenlegung der Beziehung zwischen dem Emittenten und dem *underwriter* im Zulassungsantrag erforderlich.[31]

---

[28] Siehe dazu 15 U.S.C. § 77 b (a) (11): „...any person directly or indirectly controlling or controlled by the issuer, or any person under direct or indirect common control with the issuer."

[29] Insgesamt hängt die Position des *underwriter* also von seiner Beziehung zum Plazierungsprozeß der Wertpapiere ab. Die Funktionen können somit durchaus mit denen eines Kommissionärs (Broker) oder eines Wertpapierhändlers (dealer) übereinstimmen.
Im übrigen werden auch die an einer kommissionsweisen Übernahme (*best-efforts underwriting)* Beteiligten als *underwriter* angesehen; *Freed*, Overview – The Underwriter Concept, ALI-ABA, 1988, S. 209, 213.

[30] Im folgenden sind einige beispielhafte Punkte ausgewählt.

[31] *Freed*, Overview – The Underwriter Concept, ALI-ABA, 1988, S. 209, 210.

IV. Rechtsbeistand des Unternehmens

Der Rechtsbeistand des Unternehmens vertritt die Gesellschaft im Registrierungsprozeß und koordiniert damit auch die Registrierung der Wertpapiere der Gesellschaft. Er hilft der Gesellschaft, die detaillierten Vorschriften bezüglich der Emission, des Prospektes und der öffentlichen Publizität zu erfüllen. Ebenso berät der Rechtsbeistand die Gesellschaft hinsichtlich ihrer Verpflichtungen, ihrer Haftung und der Haftung ihrer Führungskräfte, nachdem die Wertpapiere beim Anlegerpublikum plaziert worden sind. Ferner unterstützen die Anwälte das Unternehmen bei den Verhandlungen über das *underwriting agreement.*[32]

V. Rechtsbeistand der *underwriter*

Die *underwriter* beauftragen ihre Anwälte mit der (legal) *due diligence* (Sorgfältigkeitsprüfung).[33] Der Rechtsbeistand hilft beim Entwurf des *registration statement*[34] der Wertpapiere, um die Genehmigung durch die Kommission und durch die National Association of Securities Dealers, Inc. (NASD) sicherzustellen.[35] Typischerweise nehmen die Anwälte sämtliche für eine Emission

---

[32] S. statt vieler *Prifti*, Securities: public and private offerings, vol. 2, ch. 11, § 11.04.

[33] *Grant*, Overview of the underwriting process, in: Securities underwriting, S. 25, 39 ff.; *Prifti*, Securities: public and private offerings, vol. 2, ch. 11, § 11.05.

[34] Das *registration statement* ist ein Publizitätsdokument. Es muß von der SEC in Verbindung mit einem eingetragenen Angebot angenommen werden. Es besteht aus mehreren Teilen, u. a.:

- Dem Prospekt für den Anleger. Er dient in seiner mittlerweile vereinfachten Form (*plain english*-Initiative) als Verkaufsdokument und muß dem Anleger zur Verfügung gestellt werden, s. dazu *Steck*, Regulierung von US-amerikanischen Investmentgesellschaften, S. 113 ff.; *Dean/Wallach*, Understanding plain english, 1000 Practising Law Institute, corporate law and practice course handbook series (1997). Als Verkaufsdokument beschreibt er den Kaufgegenstand, mit genaueren Angaben zum Unternehmen, damit verbundenen Risiken und Gewinnerwartungen. Er gibt ferner den Preis für das einzelne Papier, die Ausgabemenge und für den Kauf bedeutende Vereinbarungen zwischen dem Emittenten und dem Konsortium an.
- Ergänzenden Informationen, die das Publikum bei der SEC abrufen kann. Die ergänzenden Informationen erhält der Anleger somit nur auf Anfrage. Dabei handelt es sich um Informationen, die sich zumeist Institutionen zunutze machen. (Vorrangig werden hier Fakten aus dem vereinfachten Prospekt vertiefend besprochen).

[35] *Bloomenthal*, Going Public and the Public Corporation, vol. 1, ch. 2, § 2.02. Die NASD ist als eine *national securities association* gemäß 15 U.S.C. § 78o-3 von der SEC registriert und eine Selbstverwaltungskörperschaft im Sinne des 15 U.S.C. § 78c (26). Als solche unterliegt sie der Aufsicht der SEC gemäß 15 U.S.C. § 78s und muß daher nach 15 U.S.C. § 78s (b) (1) und 17 C.F.R. 240.19b-4 von ihr vorgeschlagene Regulierungen von der SEC genehmigen lassen. Diese Regulierungen sind dann allerdings als geltendes Recht zu betrachten (mit deutschem Standesrecht vergleichbar). Jeder *broker* oder *dealer,* der von der SEC registriert ist, muß gemäß 15 U.S.C. § 78o (b) (8) Mitglied der NASD sein, es sei

notwendigen Tätigkeiten vor, um den Anforderungen des Kapitalmarktrechts der Einzelstaaten der USA (*Blue Sky Law*) zu genügen.

VI. Wirtschaftsprüfer

Die Wirtschaftsprüfer unterstützen die Gesellschaft insbesondere bei der Erfüllung ihrer Publizitätspflichten in bezug auf die Finanzlage. Die Vorschriften der SEC zur Rechnungslegung unterscheiden sich in einigen Punkten von den GAAP[36]. Daher sind die Wirtschaftsprüfer behilflich, sicherzustellen, daß die Gesellschaft ihre Finanzdaten in Übereinstimmung mit den Vorschriften der SEC offenlegt. Sie prüfen die Bücher und fertigen einen Bericht zur Vermögenslage des Unternehmens.[37]
Außerdem übergeben sie den *underwriters* regelmäßig einen *comfort letter.* In diesem Dokument bestätigen die Wirtschaftsprüfer bestimmte wirtschaftliche Sachverhalte sowie die zutreffende und vollständige Übernahme bestimmter Angaben aus der Rechnungslegung und dem Zahlenwerk der emittierenden Gesellschaft in den Prospekt.[38]

VII. Transfer Agent

Ist die Gesellschaft bereits mit ihrem Angebot am Markt, so wickelt der *transfer agent* die Eigentumsumschreibung der Wertpapiere ab. Er sichert einen schnellen Nachweis über die Umschreibung, gibt die erforderlichen Zertifikate aus und löscht die alten.[39]

VIII. Financial Printer

Der *financial printer* stellt die Hauptdokumente für den Emissionsprozeß her. Das bedeutendste Schriftstück ist der Verkaufsprospekt, der an die (voraussicht-

denn er tätigt nur Geschäfte an einer nationalen Börse, deren Mitglied er ist. Da es auch Regulierungen bezüglich der Transaktionen zwischen Mitgliedern der NASD und Nichtmitgliedern gibt, sind mittlerweile nahezu alle Investmentbanken in den USA Mitglieder der NASD; s. vertiefend *Johnson/McLaughlin*, Corporate finance and the securities laws, S. 317 ff.; *Ratner*, Securities Regulation in a nutshell, S. 202 ff.; *Rothwell*, NASD rules for public offerings, in: Securities law techniques, vol. 2, ch. 25, § 25. 01 ff.

36 General Accepted Accounting Principles.

37 Vgl. *Grant*, Overview of the underwriting process, in: Securities underwriting, S. 25, 43; *Prifti*, Securities: public and private offerings, vol. 2, ch. 11, § 11.08 ff.

38 Vgl. dazu *Hildreth/Love*, Accounting considerations in an IPO, 1008 Practising Law Institute, corporate law and practice course handbook series (1997), S. 289 ff.; *D'Alimonte/Pohlen*, Underwriting arrangements and documents, 1043 Practising Law Institute, Corporate law and practice course handbook series (1998), S. 133, 146; *Prifti*, Securities: public and private offerings, vol. 2, ch. 11, § 11.12-14.

39 S. zum *transfer agent* statt vieler *Guttmann*, Modern securities transfers, ¶ 3.01 ff.

lichen) Investoren verteilt wird. Der Printer muß in der Lage sein, ein professionelles und qualitativ hochwertiges Produkt herzustellen.[40] Wegen der komplizierten Erfordernisse für die Abstimmung des Zulassungsantrags mit der Kommission sollte der *financial printer* diesbezüglich ausreichendes Wissen haben. Er sollte ferner Erfahrung mit Dokumenten haben, die mit der Kommission abzustimmen sind.

C. Organisation und Durchführung

I. Vorbereitung

Für das 1. Angebot sind umfangreiche Vorbereitungen notwendig, die nicht unmittelbar mit der Erstellung des *registration statement* zu tun haben.[41]
Häufig handelt es sich bei dem Emittenten um eine einzelne *corporation* oder ein Mutterunternehmen mit Tochtergesellschaften. Eine geeignete Struktur besteht aber bei Beginn der Überlegungen, eine Emission durchzuführen, noch nicht. Es muß dann noch beträchtliche Arbeit geleistet werden, um das Unternehmen oder die Gruppe durch Fusionen, Auflösungen oder Kapitalumschichtungen so umzustrukturieren, daß für das öffentliche Zeichnungsangebot eine geeignete Form vorhanden ist. Darüber hinaus muß entschieden werden, welcher Anteil des Aktienkapitals öffentlich angeboten werden soll.[42]
Bei der Vorbereitung eines *going public* erweist sich desweiteren oftmals als erforderlich, Beschäftigungsvereinbarungen zu treffen, zu überarbeiten oder zu kündigen, Aktienoptionspläne zu beschließen oder in einzelnen Punkten Entscheidungsfreiheit zu gewinnen. Letzteres kann z. B. bedeuten, daß

- die Gesellschaftssatzung und Statuten neu abgefaßt werden,
- neue Anteilszertifikate erstellt werden,
- ein *transfer agent* und ein Umschreibungsbeamter (*registrar of transfer*) beschäftigt werden,
- die Aktienbeteiligungen der Mitarbeiter verändert werden,
- Vereinbarungen mit Anteilseignern entworfen, überarbeitet oder aufgelöst werden,
- Finanzierungsübereinkünfte abgeändert werden,

---

[40] *Grant*, Overview of the underwriting process, in: Securities underwriting, S. 25, 44.

[41] Die Erstellung des *registration statement* ist freilich die umfassendste organisatorische Aufgabe einer Emission. Sie ist bei einer öffentlichen Emission zwingend vorgeschrieben (15 U.S.C. § 77 f). Ausnahmen gibt es für bestimmte Wertpapiere und Transaktionen (15 U.S.C. § 77 c und d); *Glover*, The Offerings that preceded an Initial Public Offering – How to preserve Exemptions and avoid Integration, 24 Sec. Reg. L. J. (1996-1997), S. 3.

[42] Dies gilt nicht nur für Aktienemissionen. Auch bei der Ausgabe von Schuldverschreibungen muß das Unternehmen Überlegungen anstellen, wie hoch der Anteil fremden Kapitals sein soll.

- Sonstige wesentliche Aktiva veräußert, erworben oder Verträge angepaßt werden.

II. Durchführung

Das erste öffentliche Zeichnungsangebot braucht in der Regel mindestens zwei bis drei Monate Bearbeitungszeit, bevor das *registration statement* abgegeben werden kann. Grund hierfür ist der erhebliche Aufwand für die Vorbereitung. Es sind viele wichtige und miteinander verknüpfte Unternehmensentscheidungen zu fällen und durchzuführen. Selten können alle Fragen gleich zu Anfang beantwortet werden. Einige Entscheidungen bedürfen endgültiger Zahlen oder Verhandlungen mit den *underwriters* und müssen daher bis zur letzten Minute offen bleiben. Außerdem ist es nicht unüblich, daß der Emittent, der sich im Laufe der Vorbereitung mit den praktischen Bedingungen einer Emission vertraut macht, seine Meinung ändert.

Der Prospektentwurf wird üblicherweise gefertigt, bevor die Berichte über die Vermögenslage vorliegen. Unweigerlich müssen deshalb nach der Verteilung der Berichte noch Änderungen in einzelnen Abschnitten des Prospekts vorgenommen werden, um eine Übereinstimmung aller Abschnitte zu erhalten.
Nachdem das von dem Emittenten (und dem *lead manager*) angefertigte *registration statement* der SEC übermittelt worden ist,[43] beginnt die sog. *waiting period.*[44] Während dieses Zeitraums überprüft die SEC das *registration statement* und gibt letztlich ihren „Kommentar" ab (*letter of comments*). Bei Beanstandungen müssen die Verantwortlichen entsprechende Änderungen vornehmen.[45]
Die Zeit, die die SEC jeweils für die Bearbeitung benötigt, schwankt. Ausschlaggebend ist die Zahl noch nicht bearbeiteter, aber bereits eingereichter *registration statements* und der Zeitpunkt der Hinterlegung. Gegen Ende eines jeden Quartals ist die Anzahl der Hinterlegungen hoch; insbesondere Ende März, da dann die Jahresabschlüsse zum 31. Dezember vorliegen.
Das Motto der SEC lautet: Ausgabe der Kommentare innerhalb von 30 Tagen nach Hinterlegung des *registration statements.* Verzögerungen von bis zu 100 Tagen sind allerdings nicht auszuschließen.

---

[43] Dies erfolgt zwingend elektronisch über EDGAR; s. dazu eingehend *Bloomenthal/Wolff*, Securities and federal corporate law, vol. 3B, ch. 10.

[44] Der Zeitraum vor der Abgabe wird als *pre-filing period* bezeichnet. In dieser Phase ist es untersagt, die Wertpapiere zum Verkauf anzubieten, s. *Johnson/McLaughlin*, Corporate finance and the securities laws, S. 19.

[45] Handelt es sich z. B. um eine Emission von weiteren Wertpapieren eines bereits gehandelten Unternehmens, kann das alte *registration statement* aus Kostengründen verwendet werden. Neue Tatsachen und Veränderungen müssen allerdings in Form eines *post-effective amendments* eingereicht werden.

Während der *waiting period* sind die Leistungen des *lead manager* verstärkt gefragt. Er stellt ein Konsortium zusammen, das die möglichen Risiken der Emission übernimmt. Ferner soll das Konsortium eine breite Streuung der Wertpapiere garantieren.[46]
Neben der Bildung eines Konsortiums führt der *lead manager road shows* durch. Eine *road show* kann als eine Art Werbemaßnahme bezeichnet werden. Sie dient der Vermarktung der Aktie des Unternehmens. Der *lead manager* und der Emittent laden dazu institutionelle Anleger ein. Sie sollen das Unternehmen begutachten und insbesondere einen so guten Eindruck gewinnen, daß sie später Aktien kaufen (*pitch the deal*).
Wenn die *underwriters* nicht selbst ausreichend Aktien plazieren können, wird eine *selling group* (Verkaufsgruppe) zusammengestellt. Sie besteht aus Wertpapierhändlern. Auch sie werden zu den *road shows* eingeladen.

Die Wertpapiere dürfen nach dem SA nur in begrenztem Umfang zum Verkauf angeboten werden (Werbemaßnahmen).[47] Schriftlich darf nur der vorläufige Prospekt (*red herring*) als Verkaufsangebot ausgegeben werden. Demgegenüber dürfen die Veranstalter die Wertpapiere in mündlicher Form nach der Einreichung des *registration statement* ohne Einschränkungen anbieten.[48] Allerdings darf diese mündliche Werbung nicht über das Radio oder Fernsehen verbreitet werden. Infolge der strikten Beschränkung der Verkaufsbemühungen sind die *road shows*[49] als eine bedeutende Informationsquelle für die Teilnehmer zu bezeichnen.

---

[46] *Bloomenthal/Wolff*, Securities and federal corporate law, vol. 3B, ch. 8, § 8.6. In dieser Phase dürfen die Papiere noch nicht verkauft werden. Sie können lediglich zum Verkauf angeboten werden.

[47] 15 U.S.C. § 7 e, s. *Hazen*, The law of securities regulation, vol. 1, S. 85, 99 ff. Darüber hinaus muß beachtet werden, daß überhaupt keine Verkaufsbemühungen angestrengt werden dürfen, bevor nicht das *registration statement* eingereicht wurde (*pre-filing period*). Wird trotzdem mit der Werbung begonnen, spricht man von *gun-jumping*. Das *gun-jumping* gilt als eine Verletzung der grundlegenden Verbote des SA.

[48] Die Übermittlung von e-mails (z. B. um Anleger über eine bevorstehende Emission zu informieren) wird von der SEC als schriftliches Verkaufsangebot angesehen, so daß es zu erheblichen Schwierigkeiten (z. B. Verzögerung des Angebots für einige Wochen oder Monate bis die marktkonditionierenden Effekte der Informationen nicht mehr vorhanden sind) kommen kann, wenn z. B. ein Investor Informationen per e-mail an eine größere Personenanzahl verteilt; vertiefend *Johnson/McLaughlin*, Corporate finance and the securities laws, S. 30 ff.

[49] *Road shows* können im übrigen auch mittels elektronischer Medien durchgeführt werden. Mit dem Internet kann eine Vielzahl von Investoren (Institutionen und Händler) auf preiswertem Weg erreicht werden – im Gegensatz zu einer *road show* mit einem Frühstück im Waldorf Astoria, s. *Quinn/Jarmel*, Publicity considerations for corporate issuers: getting the message across under the federal securities laws, 1084 Practising Law Institute, Corporate law and practice course handbook series (1998), S. 333, 357, 360 ff. Es muß

Der Kleinanleger darf nicht an den *road shows* teilnehmen. Er ist daher auf anderweitige Informationen angewiesen, um an einer Emission (informiert) teilnehmen zu können. Ihm kann ein vorläufiger Prospekt ausgehändigt werden, sofern ein solcher – wie regelmäßig bei IPOs – vorhanden ist.[50] Damit der Anleger überhaupt von der Emission erfährt, werden Anzeigen [*tombstone advertisements* (*ads*)] [51] in den einschlägigen Finanzzeitungen (z. B. *Wall Street Journal*) zur Information geschaltet. Sie sind als einziges schriftliches Dokument neben dem vorläufigen Prospekt nicht von den Beschränkungen während der *waiting period* erfaßt und dienen im weitesten Sinne dazu, Interesse für die Emission zu wecken.[52]

Letztlich können Anleger auch von ihren Händlern und Maklern persönlich angesprochen werden. So kann z. B. der Anleger in einem Telefonat mit den notwendigen Informationen versorgt werden. Diese Art der Benachrichtigung wird häufig gewählt.

Schwierigkeiten ergeben sich für die beteiligten Investmentbanken, die neben dem vorläufigen Verkaufsprospekt zur Information insbesondere ihrer Privatkunden eine umfassende Unternehmensanalyse angefertigt haben. Die Ausgabe dieses Dokumentes vor der Einreichung des *registration statement* aber auch danach wird von der SEC als verbotenes schriftliches Angebot von

---

allerdings sichergestellt werden, daß keine Kopien von der *road show* gemacht werden. Darüber hinaus muß ebenfalls feststehen, daß nur „geladene Personen" (Institutionelle und Händler) Zugang zu der *road show* erhalten.

50 Das Internet hält in diesem Bereich seinen Einzug. Es wird die Möglichkeit eröffnet, Prospekte von den unterschiedlichen Webseiten herunterzuladen, auszudrucken oder nur auf dem Bildschirm zu lesen. Zu den damit in Zusammenhang stehenden Problemen wie z. B. Unübersichtlichkeit des Prospekts s. *Quinn/Jarmel*, Securities regulation and the use of electronic media, 1084 Practising Law Institute, Corporate law and practice course handbook series (1998), S. 373 ff.; *Steck*, US-amerikanisches Bundeswertpapieraufsichtsrecht und Internet, ZBB 2000, S. 112 ff.

51 Eingehender zu dem Zweck der *tombstone ads* § 5 C II.2; *Hazen*, The law of securities regulation, vol. 1, S. 101 ff. Der Name „*tombstone ad*" leitet sich im übrigen von dem Inhalt dieser Anzeige ab. Es dürfen gem. Rule 134 (17 C.F.R. § 230.134) nur spärliche Informationen nach außen dringen (z. B. Name des Emittenten, kurze Beschreibung des Unternehmens und Bezeichnung des Wertpapiers). In der Anzeige kann auch ein Hinweis auf den vorläufigen Prospekt erfolgen.

52 Dazu eingehender *Willamowski*, Bookbuilding, S. 134 ff..

Wertpapieren betrachtet. Auch eine elektronische Übermittlung der Dokumente ist unzulässig.[53]

Die Institutionellen und auch die Privatanleger müssen weitreichend informiert werden, damit die gesamte Emission plaziert werden kann. Ohne die Information der potentiellen Käufer, läßt sich kein Wertpapier plazieren. Darüber hinaus sind die Marktchancen der Emission mit dem vorab bekundeten Interesse der Investoren viel besser einzuschätzen. Dies ist wiederum wichtig für die Preisfindung am Ende der *waiting period*.[54] Aus den dargestellten Gründen leuchtet es nicht ein, warum Unternehmensanalysen und anderes schriftliches Informationsmaterial dem Anleger für seine Anlageentscheidung von den Beteiligten vorenthalten werden. In der Praxis wird häufig darauf verwiesen, daß z. B. die Preisfindung nicht von den Prognosen der Beteiligten beeinflußt werden soll.[55] Das mag insbesondere dann überzeugen, wenn man die Vergütungsregelungen betrachtet. Die Vergütung der *underwriters* ist abhängig von dem Emissionserlös. Treiben sie folglich den Preis je Aktie mittels ihrer Studien nach oben, steigt auch ihre Vergütung. Der Preis wird aber nicht nur durch schriftliche Dokumente, sondern auch durch mündliche Statements der Beteiligten beeinflußt. Wenn der Markt aber gar nicht beeinflußt werden darf, dann müßte folglich auch von mündlichen Informationen abgesehen werden. Ansonsten läuft die Begründung für eine Informationssperre (*blackout period*) leer.

Wird das *registration statement* am Ende der *waiting period* wirksam, beginnt die *post-effective period*. In diesem Stadium angelangt, kann der tatsächliche Verkauf der Wertpapiere beginnen.[56] Grundsätzlich ist eine Emission mit der Lieferung und Zahlung der Wertpapiere beendet.[57]

---

[53] Der Zeitraum, in dem keine Analysen veröffentlicht werden dürfen, wird auch als *blackout period* bezeichnet; s. zu dieser Problematik vertiefend *Johnson/McLaughlin*, Corporate finance and the securities laws, S. 154 ff., 162 f.

[54] S. dazu § 7 B. II.

[55] Die Vorbereitung der Marktteilnehmer auf eine bestimmte Emission soll vermieden werden. Es soll keine Marktkonditionierung erfolgen.

[56] S. dazu § 8 A. I.

[57] Hier muß allerdings von den Stabilisierungsmaßnahmen abgesehen werden, die häufig noch im Anschluß an das Ende der Emission von den Investmentbanken durchgeführt werden, s. auch § 8 B. I. 2. Eingehend zur Marketingphase *Willamowski*, Bookbuilding, S. 142 ff..

Insgesamt läßt sich feststellen: Es ist eine gute Organisation notwendig, um eine Emission durchzuführen. Dabei spielt die zeitliche Einteilung für den Erfolg eine wichtige Rolle.[58]

[58] So ist z. B. die zulässige „Werbung" bis zum Ende der *waiting period* notwendig, um auch bei dem tatsächlichen Angebot eine möglichst hohe Nachfrage zu erzielen. Ferner ist die Beschleunigung der Emission durch ein früheres Wirksamwerden des *registration statements* (*accerleration*) von Bedeutung, sofern die Marktlage sich als besonders günstig erweist. Schließlich fördert die Veräußerung der Wertpapiere innerhalb eines Tages oder innerhalb von ein paar Stunden den Erfolg der Emission, da in diesem Fall eine hohe Nachfrage signalisiert wird.

§ 4 Plazierungsverfahren

A. Direct offering

Um durch die Ausgabe von Wertpapieren Kapital aufzubringen, kann ein Unternehmen ein *direct offering* durchführen. In den USA gibt es verschiedene Grundformen der Direktfinanzierung.
Das direkte Angebot des Emittenten an das Publikum ist eine selten genutzte Plazierungsform. Dem Emittenten fehlen häufig die Erfahrung, die Sachkenntnis und die notwendigen finanziellen Mitteln, um die Wertpapiere ohne professionelle Hilfe am Markt anzubieten. Der Erfolg der Emission hängt in diesen Fällen häufig von den Marktbedingungen ab. Ferner erleidet ausschließlich der Emittent die Nachteile, wenn ein geringeres Emissionsvolumen erzielt wird als geplant war.[59] Im übrigen erfordert eine groß angelegte Emission die Mitarbeit von *broker-dealers* und Verkaufspersonen, die wiederum von der SEC und der NASD zugelassen sind.[60]
Bei einer Spielart des *direct offering* wird das Angebot ausschließlich an Altaktionäre gerichtet. Die Altaktionäre sollen alle angebotenen Bezugsrechte ausüben, so daß daneben keine verkaufsfördernden Maßnahmen oder einzelne Verkaufsbemühungen notwendig sind.[61]
Die gebräuchlichste Form einer Direktfinanzierung ist aber die Privatplazierung *(private placement)* von Aktien oder traditionellen Anleihen. Der Emittent kann eine begrenzte Anzahl an Aktien an institutionelle oder bedeutende Großinvestoren verkaufen. Er wendet sich z. B. an ein Kredit- oder Finanzinstitut oder an einen bedeutenden Privatanleger und nimmt dort das gewünschte Kapital gegen Ausgabe der Aktien auf.[62] Besonders für bestehende Unternehmen, die bereits erfolgreich tätig sind, finden sich schnell kapitalkräftige (und risikogeneigte) Investoren. Deshalb muß sich der Emittent nicht eines *underwriter* oder einer anderen werbenden Person bedienen, um das Interesse der Anleger zu wecken.[63] Die Privatplazierung hat vor allem die Vorteile,

[59] *Jennings/Marsh/Coffee*, Securities Regulation, S. 85.
[60] Eine zur öffentlichen Zeichnung aufgelegte Emission eignet sich danach nicht unbedingt als *direct offering*. Es sei denn, es handelt sich um Unternehmen mit sehr hoher Kreditwürdigkeit, bei denen die Nachfrage nach Wertpapieren ihres Unternehmens bereits besteht und die sich möglicherweise selbst vermarkten können (z. B. Investmentbanken). Bei den zur öffentlichen Zeichnung aufgelegten Emissionen des Jahres 1980 gab es z. B. 65, die mit einem *firm commitment* (oder auch mit *stand by*) und 21, die mit *best-efforts underwriting* abgeschlossen wurden. Nur 14 Emissionen wurden direkt durch den Emittenten durchgeführt; *Hazen*, The Law of Securities Regulation, Vol. 1, S. 80.
[61] *Jennings/Marsh/Coffee*, Securities Regulation, S. 86.
[62] *Clark*, Corporation Law, § 17.3.1, S. 729 f.
[63] *Hazen*, The Law of Securities Regulation, Vol. 1, S. 80.

schneller und günstiger als ein öffentliches Angebot abgewickelt werden zu können.
Schließlich gibt es eine Form des *direct offering*, die grundsätzlich mit gewerblichen Kreditgebern in Zusammenhang steht und *asset backed securities*, Hypothekendarlehen, Ausstattungsdarlehen und Verpachtungsvereinbarungen an den Verkäufer betrifft.

B. *Underwriting*

Wird bei einem *Going Public* eines Unternehmens ein überdurchschnittlicher Erfolg erwartet, ist es üblich, daß die Emission von Investmentbanken (als *underwriter*) begleitet wird. Die Sachkenntnis und die Dienste der Investmentbanken können auf verschiedene Art und Weise bei der Transaktion genutzt werden. So gibt es das *standby*, das *firm commitment* und das *best-efforts underwriting*.
Mit Blick auf die häufig zur öffentlichen Zeichnung aufgelegten Emissionen von Wertpapieren ist als vertragliches Element das *underwriting agreement* (Vertrag zwischen Emittent und *underwriter*) zu erwähnen. Dieses handeln der Emittent und die Investmentbanken aus, um den Kauf oder die kommissionsweise Übernahme der Anteile zu vereinbaren und die Bedingungen des Angebots an das Publikum festzulegen.[64]
Weniger häufig werden die Investmentbanken unter Anwendung von Submissionsangeboten (öffentliche Ausschreibung) als *underwriter* in eine Emission eingebunden. Eine durchaus beliebte Spielart der Submissionsangebote (*competitive bidding*)[65] ist die *Dutch Auction*.[66] Durch sie sollen Anleihen (oder Aktien) direkt beim Publikum plaziert werden. Ein *underwriting*

---

[64] Das Aushandeln eines *underwriting agreement* ist auch bei begrenzten oder qualifizierten Emissionen durchaus üblich. Diese Emissionen werden bei den qualifizierten Ausnahmen der Zulassungserfordernisse des Securities Act of 1933 berücksichtigt. (15 U.S.C.A. §§ 77 c, 77d.)

[65] Das *competitive bidding*, zu dem einige Emittenten bei der Ausgabe von Anleihen verpflichtet sind, gestaltet sich bezüglich des Plazierungsprozesses ähnlich wie ein *firm commitment underwriting* (s. B. II. 2.). Allerdings werden zunächst Konsortien gebildet, um Preisangebote für die Übernahme der gesamten Emission abzugeben. Der Preis des jeweiligen Angebots wird innerhalb des Konsortiums ausgehandelt. Das günstigste Angebot (aus Sicht des Emittenten) wird angenommen. Das ausgewählte Syndikat verteilt die Wertpapiere auf dem üblichen Weg; *Loss/Seligman*, Securities Regulation, vol. I, S. 354, 355.

[66] Diese Auktionen sind bei der Vermarktung von Bundesanleihen gebräuchlich. Nach neueren Entwicklungen wird ein ähnliches Model der *Dutch Auction* auch für die Aktienemissionen genutzt. In diesem Fall fällt der Zinssatz weg; s. *Bloomberg News*, W.R. Hambrecht + Co. Pioneers new approach to investmentbanking, 08.02.1999; http://www.openipo.com und im folgenden unter § 7 D. Die herkömmliche *Dutch Auction* wird nachstehend beschrieben.

agreement, das noch verhandelt werden muß, soll dabei nach Möglichkeit vermieden werden.[67] *Broker-dealer* und Institutionen geben ihre Kaufangebote (in Höhe, Preis, Zinssatz)[68] ab. An diese Angebote sind sie bis zum Ablauf des Angebots unwiderruflich gebunden. Am Ende der Angebotsphase werden die eingegangenen Gebote (*offers*) nach der Höhe des Preises geordnet. Der Emittent legt danach den tatsächlichen Preis der Emission fest. Das höchste Angebot mit dem geringsten Zinssatz, bei dem sämtliche Wertpapiere verkauft werden können, wird zugrunde gelegt.[69] Zu diesem Preis werden alle Wertpapiere an die erfolgreichen Bieter veräußert. Sie können ihren Anteil dann an das Publikum weiterverkaufen.[70]

Die unterschiedlichen Einsatzmöglichkeiten werden von dem Begriff „*underwriter*" geprägt. Dieser Begriff enstand in der englischen Versicherungspraxis. Damals war es üblich, daß die Schiffer ihr Frachtgut versicherten. Sie suchten regelmäßig Investoren, die ihren Besitz absicherten. Entsprechende Schriftstücke wurden erstellt, sobald sich ein Investor gefunden hatte. Unter die Unterschrift der Schiffer setzten die Versicherer ihre Namen.[71] So entstand die Bezeichnung *underwriter*.
Sowohl im Versicherungsrecht als auch im Bereich des Kapitalmarktrechts ist das Konzept des *underwriting* inzwischen weit verbreitet. In vielen Fällen spiegelt das *underwriting* nicht länger nur eine Absicherung wider, sondern erscheint entweder in der Form des *best-efforts* oder in der des *firm commitment underwriting*. Beide Arten stellen zusammen mit dem *standby -underwriting* die

67 Dies würde bedeuten, daß die Bildung eines Konsortiums entfällt, ein *lead manager* überflüssig wäre und insgesamt erhebliche Kosten eingespart würden (z. B. Kompensationszahlungen). Auf Grund der direkten Plazierung beim Publikum müßte die *Dutch Auction* als *direct offering* eingestuft werden. Hierüber besteht allerdings keine Einigkeit.

68 Da die typische *Dutch Auction* mit Anleihen durchgeführt wird, ist die Angabe eines Zinssatzes erforderlich.

69 Es handelt sich folglich um das günstigste Angebot für den Emittenten.

70 Nicht notwendig ist ein Angebot für die gesamte Emission. Jeder *underwriter* ist für seinen individuellen Anteil an der Emission verantwortlich. Daher gibt es für einen traditionellen Aufbau keinen Anlaß. Das bedeutet konkret, daß kein *lead manager* notwendig ist, der die Emission koordiniert. Daher ist es möglich, daß verschiedene *underwriter* die Wertpapiere zu divergierenden Preisen anbieten; Exxon Corp., [1977-1978 Transfer Binder] Fed. Sec. L. Rep. (CCH) ¶ 81, 198 S. 88, 159 (SEC no Action letter, Div. Corp. Fin. April 7, 1977). Mit Hilfe der *Dutch Auction* hat die Exxon Corporation Anleihen sowohl mit als auch ohne *underwriter* veräußert. Dadurch hat sie die Erträge maximiert, die Übernahmeprovisionen reduziert und die Zinssätze der Neuemissionen gesenkt.

71 *Hazen*, The Law of Securities Regulation, vol. 1, S. 81.

Grundformen des zu verhandelnden *underwriting agreement* im Emissionsgeschäft dar.[72]

I. Strict, old-fashioned oder stand-by underwriting

Das *strict, old-fashioned* oder auch als *stand-by* bezeichnete *underwriting*[73] ist die dem ursprünglichen Sinn und Zweck des *underwriting* am nächsten stehende Gestaltungsform. Anders als z. B. bei einem *firm commitment*[74] verfolgt es ausschließlich das Ziel, den Emittenten abzusichern.

Das *stand-by underwriting* verliert allerdings in den Vereinigten Staaten an Bedeutung. Der Wandel ist dadurch bedingt, daß das *stand-by underwriting* vorrangig bei der Kapitalaufnahme durch *preemptive rights* (Vorkaufsrechte)[75] genutzt wird. Diese Rechte, die den Altaktionären des Unternehmens zustehen, treten immer weniger in Erscheinung. Anders als in Deutschland, wo Bezugsrechte bereits aus der mitgliedschaftlichen Stellung des Aktionärs zwingend

---

[72] *Loss/Seligman* zählen auch das *competitive bidding* und die *shelf registrations* zu den Grundformen; Securities Regulation, vol. I, S. 348-378. Die Vorausregistrierung (*shelf registration*) wird bei dem sog. *shelf offering* verwendet. Üblicherweise läßt die SEC die Wertpapiere für eine bestimmte Transaktion zu. Der Zulassungsantrag darf folglich nur für dieses Geschäft genutzt werden. Es soll u. a. vermieden werden, daß die Anleger nur noch veraltete Informationen erhalten; *Yerkes*, 29 Bus. Law (1974), S. 397. Von dieser strikten Regelung gibt es Ausnahmen. Unter bestimmten Umständen ist ein sog. *shelf offering* möglich. Danach kann ein Zulassungsantrag auch für Papiere eingereicht werden, die erst später oder von Zeit zu Zeit (kontinuierlich) plaziert werden sollen; *Blanc*, Special considerations relating to shelf offerings, in: Securities underwriting, ch. 15, S. 381 ff. Mit Rule 415 (17 C.F.R. § 230.415, 1983) ist diesbezüglich eine Regulierung erfolgt, die in folgenden Fällen ein *shelf offering* gestattet:

- Sekundärmarktplazierungen (Angebote von anderen Personen als dem Emittenten; z. B. Altaktionären);
- Angebote gemäß Reinvestitionsplänen oder Sozialleistungsplänen;
- Angebote gemäß ausstehenden Optionsscheinen oder umtauschbaren Wertpapieren;
- Angebote von mit Hypotheken verbundenen Wertpapieren und
- Wertpapiere, die in Verbindung mit Unternehmenszusammenschlüssen angeboten werden;

s. ausführlicher dazu *Beach*, Shelf registration and Rule 430 A, 21 ALI-ABA 1998, S. 143, 145; *Blanc*, Special considerations relating to shelf offerings, in: Securities underwriting, ch. 15, S. 381ff.

[73] Dabei handelt es sich um ein traditionelles englisches Plazierungsverfahren. S. zur Geschichte der englischen Plazierungsverfahren ausführlich: *Gower*, Gower's Principles of Modern Company Law, ch. 13, S. 311 ff.; *Cole, Morley & Scott*, 12. Bus. Law. 1975, S. 321, 362 ff.; *Fooshee*, 13 Bus. Law. 1975, S. 52, 66 ff.

[74] S. im folgenden unter II.

[75] Die amerikanischen *preemptive rights* sind mit den Bezugsrechten im deutschen Recht vergleichbar. Es handelt sich um ein Recht der Altaktionäre, weitere Anteile der neuen Emission zu zeichnen. Dies gilt aber nur im Verhältnis zu Aktien, die sie bereits besitzen.

entstehen und u. a. nur bei sachlicher Rechtfertigung ausgeschlossen werden können, ist es in den Vereinigten Staaten vom Landesrecht und nachrangig von der jeweiligen Gründungsurkunde der Gesellschaft abhängig, ob den Altaktionären *preemptive rights* zustehen oder nicht. So haben z. B. die Inhaber von Stammaktien nach Section 622 (b) des New York Business Corporation Law ein Bezugsrecht, es sei denn, die Gründungsurkunde beinhaltet andere Vereinbarungen (*opt-out statutes*). Grundsätzlich bestehen dort somit *preemptive rights*. Im Vergleich dazu ist das Delaware General Corporation Law für die Gesellschaften liberaler gestaltet. Es besagt nach Section 102 (b) (3), daß keinem Altaktionär einer Gesellschaft *preemptive rights* zustehen sollen, es sei denn, es wird in der Gründungsurkunde ausdrücklich gefordert (*opt-in statutes*). Im Gegensatz zum Recht des Staates New York muß also durch die Gründungsurkunde einer Delaware Corporation ausdrücklich das Bezugsrecht bewilligt werden. An diesen beiden extremen Positionen wird eine generelle Tendenz deutlich. Prinzipiell besteht die Möglichkeit, dem Altaktionär das Bezugsrecht zu verwehren. In der Praxis wird davon in den Vereinigten Staaten auch häufig Gebrauch gemacht.[76] Das liegt insbesondere daran, daß die Kapitalbeschaffung durch *preempive rights* beschwerlicher verläuft und häufig einen geringeren Nettoemissionserlös erzielt als eine öffentliche Emission.[77] Damit läßt sich auch die im Verhältnis zu den *firm commitment underwritings* seltene Anwendung von *stand-by underwritings* erklären.[78]
Obwohl diese Gestaltungsform nur selten auftritt, kann für einen Vergleich auf eine Darstellung des *stand-by underwriting* nicht verzichtet werden.

1. Ablauf einer Emission mit *preemptive rights*

Ein Unternehmen beabsichtigt, zwecks Kapitalaufnahme Aktien zu emittieren. Es hat bereits Anteile im Umlauf und in der Satzung *preemptive rights* für seine Altaktionäre festgelegt. Da die Altaktionäre somit Bezugsrechte für die neu aus-

---

[76] S. dazu *Johnson/McLaughlin*, Corporate finance and the securities laws, S. 857.

[77] Zum Ablauf und damit verbundenen Erschwernissen s. im folgenden.

[78] S. bei *Loss/Seligman*, Securities regulation, vol. I, S. 323. In den Jahren 1951, 1953 und 1955 machten die Bezugsrechtangebote (*rights offering*) immerhin 59 % der gesamten Aktienausgabe aus, die von der SEC registriert worden waren. Im Gegensatz dazu waren von den zwischen 1971 und 1975 registrierten Emissionen nur 9,7 % *rights offerings* mit einem *stand-by underwriting* und nur 6,6 % reine *rights offerings*, s. *Smith*, 5 J. Fin. Econ. 1977, S. 273, 277. Diese Tatsache läßt sich nur damit erklären, daß Bezugsrechtsemissionen häufig komplizierter durchzuführen sind als Emissionen ohne Bezugsrechte. Würde das *stand-by underwriting* auch ohne Bezugsrechte angewandt, könnte es mit mehr Zuspruch rechnen. Dazu kann u. a. ein gesteigerter Nettoemissionserlös beitragen, da die *out-of-pocket* Kosten geringer als beim *firm commitment underwriting* sind.

zugebenden Aktien besitzen, müssen sie zunächst über die Emission informiert werden. Darüber hinaus muß ihnen das Angebot, die Anteile für einen zumeist geringeren Preis als den Marktwert zeichnen zu können, über einen angemessenen Zeitraum gewährt werden.[79]
Üblicherweise werden die Altaktionäre aber nicht direkt und einzeln von dem Unternehmen benachrichtigt. Obwohl es sich in den USA in der Regel um Namensaktien handelt, ist der Gesellschaft nicht jeder einzelne Aktionär namentlich bekannt. Die Anteile werden bei einer *Depository Trust Company* aufbewahrt. Sie ist als Inhaberin der Wertpapiere registriert (*registered holder*) und wird von dem *transfer agent* (Übertragungsstelle) des Unternehmens benachrichtigt.[80] Die *Depository Trust Company* informiert wiederum einzelne *broker-dealer*. Die *broker-dealer* besitzen bei der *Depository Trust Company* Depots mit den entsprechenden Wertpapieren. Die *broker-dealer* benachrichtigen ihre Kunden über ihr Recht und die damit verbundene Möglichkeit, neue Anteile zu erwerben.[81] Somit ist grundsätzlich gewährleistet, daß alle Altaktionäre in Kenntnis gesetzt werden.
Mit der Benachrichtigung werden sog. *warrants* verschickt, in denen den Altaktionären mitgeteilt wird, daß sie für jede ihnen an dem Stichtag[82] gehörende Aktie ein Bezugsrecht besitzen. Zumeist ist es notwendig, eine bestimmte Anzahl an Bezugsrechten zu besitzen, um im Gegenzug eine weitere Aktie des Unternehmens zeichnen zu können. Als Beispiel soll ein Unternehmen mit 10 Millionen in Publikumsbesitz befindlichen Stammaktien dienen. Die Altaktionäre erhalten das Recht, für je zehn Wertpapiere je eine neue Aktie zu zeichnen. Zeichnen alle Aktionäre, so wären eine Million neuer Aktien im Umlauf und das Eigenkapital würde um 10 % erhöht.
Problematisch ist es, wenn eine geringe Anzahl an Aktien den Altaktionär nicht zum Erwerb einer neuer Aktie berechtigt, oder aber ein Teil seiner Aktien bei der Berechnung der Rechte nicht berücksichtigt wird (Spitzen). Im Beispiel könnte Altaktionär A 55 Aktien des Emittenten E besitzen. Das Bezugsrecht sei 10 zu 1. Somit berechtigen 10 Anteile zum Erwerb einer neuen Aktie. 5 neue Aktien könnte A mit 50 Altaktien erwerben. Die verbleibenden 5 Altaktien würden allerdings nicht berechnet. Aus diesem Grund hat der Altaktionär ein sog. *step-up privilege*. Ohne ein volles Bezugsrecht[83] erhält der Altaktionär die Gelegenheit, eine weitere Aktie der Emission zu zeichnen. Dies gilt aber nur,

---

79 Ein angemessener Zeitraum ist üblicherweise von dem *board of directors* zu bestimmen; zumindest dann, wenn das Landesrecht grundsätzlich *preemptive rights* vorsieht (*opt-out statutes*). Die NYSE fordert aufeinanderfolgende 16 Tage nach dem Zusenden des Bezugsrechtsscheins bis zum Verfall des Rechts.
80 Dazu verschickt der *transfer agent* Bezugsrechtsscheine und Prospekte.
81 *Johnson/McLaughlin*, Corporate finance and the securities laws, S. 786.
82 Das ist der Tag, an dem das *registration statement* für das *rights offering* wirksam wird.
83 Fünf Aktien reichen nicht aus, um eine neue Aktie zu erhalten.

sofern alle anderen Rechte vollständig ausgeübt worden sind. A muß also die fünf neuen Aktien für fünfzig Altaktien
gezeichnet haben, um das *step-up privilege* nutzen zu können.[84]
Neben dem *step-up privilege* wird den Altaktionären häufig ein *over-subscription privilege* gewährleistet. Hat ein Aktionär sowohl seine Zeichnungsmöglichkeiten als auch ein gegebenenfalls vorhandenes *step-up privilege* ausgenutzt, könnte er noch weitere Wertpapiere zeichnen. Das sind üblicherweise nicht mehr als die bereits gezeichneten Anteile.
Das *over-subscription privilege* gewinnt bei der Zuteilung der Wertpapiere an Bedeutung. Sind nicht ausreichend ungezeichnete Anteile vorhanden, die im Rahmen des *over-subscription privileges* verteilt werden können, erfolgt eine pro rata Verteilung zwischen den Personen, die das Privileg für sich beanspruchen. Sie wird weitgehend so gestaltet, daß die Anzahl der über das Privileg angeforderten Wertpapiere im Verhältnis zu den über das Privileg zu plazierenden Wertpapieren berücksichtigt wird. Eine andere Basis für die Plazierung der Wertpapiere ist das Verhältnis zwischen der Anzahl der ausgeübten Rechte einer Person, die auch das *over-subscription privilege* ausübt, und der Gesamtzahl der ausgeübten Rechte der Personen, die das Privileg ausüben.

Die Altaktionäre haben durch die *preemptive rights* folgende Vorteile: Sie können ihren Anteilsbesitz im Verhältnis zum erhöhten Eigenkapital erhalten.[85] Darüber hinaus können neue Anteile möglicherweise unter dem Marktwert zum *subscription price* erworben werden. Liegt der Marktwert während des Zeichnungsangebotes z. B. bei $ 20 beträgt der *subscription price* in der Regel weniger (z.B. bei $ 19).[86] Der niedrigere Ausübungspreis ermöglicht dem Aktionär unter angemessenen Bedingungen, seinen Anteil am Grundkapital auch nach der Emission proportional zu erhalten. Der Altaktionär ist aber nicht verpflichtet, das Recht auszuüben. Die Ausgestaltung als *right* bringt es in der Regel aber mit sich, daß sich aus dem Vorteil für den Rechtsinhaber ein wirtschaftlicher Wert ergibt. Ein Vorteil läßt sich in der Verhinderung der Vermögensverwässerung erkennen. Des weiteren ist die Übertragbarkeit der Rechte vorteilhaft, denn anstelle der Ausübung kann auch der Verkauf angestrebt werden.
Der Handel mit den Rechten erfolgt an der Börse, an der die Stammaktien des Unternehmens gehandelt werden; oder aber über den *over-the-counter market*,

---

[84] Vgl. *Johnson/McLaughlin*, Corporate finance and the securities laws, S. 858.

[85] Die Eigentümerstellung der Altaktionäre wird nicht verwässert; *Altman*, Handbook of corporate finance, Section 5 • 17.

[86] Der Preis der Bezugsrechtsemissionen 1955 lag bei ca. 80 % derselben 5 % unter dem Marktpreis, *Loss/Seligman*, Securities regulation, vol. I, S. 324 (Fn. 5).

falls keine Börsennotierung vorliegt. Der wirtschaftliche Wert der Bezugsrechte wird somit in Barmittel umgesetzt.

Die Altaktionäre haben nach allem drei Möglichkeiten, ihr Recht wahrzunehmen. Sie können es ausüben und in der Folge weitere Aktien erwerben. Sie können das Recht handeln und sich für die eintretende Verwässerung der Eigentümerstellung einen Barausgleich verschaffen. Schließlich können sie die Berechtigung auch verfallen lassen. Diese Gruppe wird als *sleeper* bezeichnet.
Die Nichtausübung der *preemptive rights* durch den *sleeper* stellt allerdings ein Risiko für den Emittenten dar. Die Rechte verfallen, so daß dieser Teil der Emission nicht abgesetzt wird. Der Emissionserlös fällt folglich geringer aus.
Auch die Marktentwicklung birgt Risiken für den Emittenten. Die Ausübung der Bezugsrechte hängt entscheidend von der Marktlage ab. Dazu sind zwei grundlegende Fälle zu unterscheiden. Zunächst wird der Fall betrachtet, in dem der Marktwert in der Phase, in der das Angebot angemessenerweise aufrechterhalten bleiben muß[87], unter den *subscription price* fällt. Eine Zeichnung der Aktien stellt in diesem Fall keinen ökonomischen Vorteil für den Altaktionär dar. Er könnte die Aktien günstiger am Markt erwerben und wird daher nicht zeichnen wollen. Die Bezugsrechte haben dann keinen Wert.
In dem anderen Fall steigt der Marktpreis. Die Altaktionäre können die Aktien günstig zeichnen. Daneben steigt auch das Interesse am Bezugsrechtshandel. Ähnlich verhält es sich, wenn der Marktpreis zwar fällt, aber noch über dem *subscription price* liegt.
Um sich gegen eine eventuelle Unverkäuflichkeit seiner Aktien abzusichern, kann der Emittent mit einer oder mehreren Investmentbanken ein *stand-by underwriting* abschließen.[88] Eine andere Möglichkeit besteht darin, den Zeichnungspreis so gering zu halten, daß die Wahrscheinlichkeit eines Kursrutsches unter den Zeichnungspreis der Bezugsrechte auf nahezu null sinkt.

2. Ausgestaltung des *stand-by underwriting*

In einem *stand-by underwriting* verpflichten sich die *underwriter,* die von den Altaktionären nicht gezeichneten Anteile zum *subscription price* zu übernehmen.[89] Die *underwriter* übernehmen das Marktrisiko. Ihre Verpflichtungen

---

[87] Allein die Benachrichtigung sämtlicher Altaktionäre, wird mit der dargestellten Kette von Teilnehmern einige Zeit in Anspruch nehmen.

[88] Auch hier wird es sich üblicherweise um ein Konsortium handeln. Der Konsortialführer wird die Verhandlungen mit dem Emittenten führen, aber das Risiko mit den übrigen Konsortialmitgliedern teilen.

[89] *D'Alimonte*, The letter of intent and the basic structure of an offering, in: Securities underwriting, ch. 5, S. 85, 92; *Loss/Seligman,* Securities regulation, vol. I, S. 322.

werden mit der Zahlung einer *standby fee* kompensiert. Die *standby fee* ist unabhängig von der Anzahl der zu übernehmenden Aktien.[90]
Ferner gibt es für jede einzelne nicht gezeichnete Aktie, die von ihnen nach dem Ende der Zeichnungsfrist gekauft wird, einen bestimmten Betrag (*take-up fee*). Darüber hinaus wird ein Betrag für Aktien gezahlt, die aus den am Markt erworbenen Bezugsrechten entstanden sind. Die Pauschalgebühr (*standby fee*) sollte als Versicherungsprämie betrachtet werden. Sie wird von dem Emittenten gezahlt, um sicher zu gehen, daß alle angebotenen Anteile letzten Endes verkauft werden. Unabhängig von der Entwicklung des Marktes sind die *underwriter* verpflichtet, die verbleibenden Aktien zum *subscription price* zu erwerben. Gerade dort, wo auch *over - subcription privileges* eingeräumt werden, ist die Wahrscheinlichkeit gering, daß die *underwriters* in Anspruch genommen werden. In diesen Fällen ist die Vereinbarung mit dem Emittenten für den *underwriter* gewinnbringend. Die Banken müssen zwar das Risiko tragen, in Anspruch genommen zu werden. Sie tätigen jedoch kaum Ausgaben. Am Ende des Zeichnungsangebotes sind regelmäßig alle in Rede stehenden Wertpapiere plaziert. Die *underwriter* erhalten schließlich die Pauschalgebühr, ohne in Erscheinung treten zu müssen.
Ein weiteres profitables Geschäft findet sich in der Variante, in der der *subscription price* unter dem Marktpreis liegt. Ein Gewinn läßt sich in der Regel feststellen, wenn *sleeper* vorhanden sind. Die *underwriter* können zum günstigen *subscription price* die Anteile erwerben. Beim Weiterverkauf der Wertpapiere erzielen die Banken üblicherweise Gewinn.
Um trotz der lukrativen Geschäftsvarianten mögliche Risiken zu reduzieren, nehmen die Investmentbanken gegenläufige Käufe und Verkäufe vor.[91] Sie verkaufen bereits während des Zeichnungsangebots Aktien, die erst zur Zeichnung angeboten werden (*lay-offs*). Daneben werden *rights* am Markt gekauft und ausgeübt, um die Verkäufe zu decken. Die Leerverkäufe können auch durch die Käufe, die gemäß der *stand-by* Verpflichtung durchgeführt werden müssen, gedeckt werden. Damit sind die Investmentbanken in der Lage – vertreten durch den *lead manager* –, die Nachfrage im Vorfeld zu steuern. Sie warten nicht erst auf das Ende der Zeichnungsphase, um zu erfahren, wie viele ungezeichnete Aktien sie erwerben müssen. Die Investmentbanken beteiligen sich aktiv am Plazierungsprozeß und können darauf frühzeitig Einfluß ausüben. Sinkt z. B. während der Zeichnungsphase der Marktpreis, können die *lay-offs* möglicherweise einen weiteren Kursverfall vermeiden.

---

[90] *Altman*, Handbook of corporate finance, section 5 • 18; *Brealey/Myers*, Principles of corporate finance, ch. 15, S. 403.

[91] Die Technik, um das Risiko der *underwriter* zu reduzieren, wurde 1947 von einem speziellen Komitee der *Investment Bankers Association* empfohlen. Dieser Zusammenschluß wurde nach dem Vorsitzenden des Komitees benannt, *Shields Plan*; *Johnson/McLaughlin*, Corporate finance and the securities laws, S. 861 f.

Eine Plazierung mit *preemptive rights* bleibt dennoch die weniger häufig angewandte Methode in den Vereinigten Staaten.[92]

II. Firm commitment underwriting

Das *firm commitment* ist eine bedeutende Form des *underwriting* im US-amerikanischen Emissionsgeschäft.[93] Außerdem tritt es häufig mit einem *shelf offering* auf. Nach Einführung der Rule 415[94] greift die Branche darauf verstärkt zurück.[95]

Dem Emittenten wird eine genau festgelegte Geldmenge zu einem bestimmten Zeitpunkt zugesichert.[96] Die *underwriter* verpflichten sich, eine vereinbarte Anzahl von Wertpapieren zu einem ebenso festgelegten Preis zu kaufen.[97] Da sie die Wertpapiere auf eigene Rechnung erwerben, übernehmen sie – mit Abschluß des *underwriting agreement* – auch das Risiko, für die Wertpapiere keine Käufer zu finden.[98] Es besteht die Gefahr, die nicht veräußerten Wertpapiere im eigenen Portefeuille halten zu müssen und die dabei anfallenden Kosten nicht decken zu können. Um dieses Risiko nicht alleine tragen zu müssen, bildet der *lead manager* oder auch *principal underwriter*[99] ein *underwriting syndicate* (Konsortium).

Faktisch verkauft und übereignet der Emittent alle zu emittierenden Wertpapiere an das Konsortium, welches durch den *lead manager*[100] repräsentiert wird. Das Konsortium kann die Wertpapiere mit Preisunterschied an eine größere *selling*

---

92 Zu weiteren Erwägungen diesbezüglich s. § 11 D.

93 Insbesondere bei großen IPOs, die mehr als $ 10 Millionen Emissionsvolumen besitzen, ist das *firm commitment underwriting* üblich; *Ibbotson/Ritter*, Initial Public Offerings, in: Handbooks in operations research and management science, S. 993, 1011.

94 17 C.F.R. 230. 415.

95 *Feeney*, 9 Corp. L. Rev. (1986), S. 41; SEC, SEC Agrees to Propose Rule Changes Expanding Shelf Registration, Rule 144 A, 24 Sec. Reg. & L. Rep. (BNA) (1992), S. 1059; *Hazen*, The Law of Securities Regulation, vol. 1, S. 181.

96 Diese Punkte sind Gegenstand spezieller Vereinbarungen im Übernahmevertrag.

97 *Securities Exchange Act Release No. 15807*, [1979 Transfer Binder] Fed. Sec. L. Rep. (CCH) ¶ 82, 073 (May 9, 1979), S. 81, 757; *Freilich/Janvey*, 17 Sec. Reg. L. J. 1989, S. 151, 155; *Bloomenthal/Wolff*, Securities and Federal Corporate Law, vol. 3B, ch. 8, § 8:5; National Association of Securities Dealer, Inc., Sec. Ex. Act Rel. 17371, 21 SEC Dock. 930, 933; *Hazen*, The Law of Securities Regulation, vol. 1, S. 82.

98 *SEC v. Coven*, 581 F.2d 1020, 1022 (FN. 2); *Gutterman*, Managing the Initial Public Offering of Securities, S. A-43; *Bloomenthal*, Going Public and the Public Corporation, vol. 1A, ch. 8, § 8:03 [4].

99 Der Einfachheit halber wird hier nur von einem *lead manager* ausgegangen. Es ist möglich, daß das Konsortium mehrere *lead manager* (*co-lead manager* etc.) besitzt; *Freund/Hacker*, Cutting up the humple pie: A practical approach to apporting litigation risks among underwriters, 48 St. John´s L. Rev. (1974), S. 461.

100 Der *lead manager* wird auch als *representative* bezeichnet.

group weiterverkaufen, die aus Händlern (*dealer*) besteht. Der einzelne *dealer* offeriert die Emission dem Publikum wieder mit einem Preiszuschlag.

1. Entwicklung des *firm commitment underwriting*

Bis sich das *firm commitment underwriting* in dieser Form präsentierte, mußte eine komplizierte und von den Ereignissen des Jahrhunderts geprägte Entwicklung durchlebt werden. Ende des 19. Jahrhunderts war es bei großen Emissionen üblich, daß eine einzelne Investmentbank die Organisation der gesamten Emission übernahm. Sie verhandelte mit dem Emittenten, führte notwendige Maßnahmen durch und plazierte die Wertpapiere.[101]

Diese Phase der Einzelorganisation wurde durch die Einschaltung eines Konsortiums in den Ablauf des Plazierungsprozesses abgelöst. Die benötigten Kapitalsummen stiegen immens. Eine einzelne Investmentbank konnte diese Nachfrage nicht mehr bewältigen. Um die Emission besser streuen zu können, veräußerte die Investmentbank die Emission an eine kleine Verkaufsgruppe (*original purchase group*). Diese verkaufte die Emission weiter an ein größeres Bankenkonsortium (*banking group*). Die Investmentbank wurde Mitglied der Verkaufsgruppe. Die Mitglieder dieser Gruppe wurden wiederum Mitglieder des Bankenkonsortiums. Die Investmentbank leitete beide Gruppen. Erklärtes Ziel der Gruppen war es, das Risiko zu streuen. Sie dienten nicht ausschließlich der Plazierung. Oftmals waren die Mitglieder der Gruppen noch nicht einmal auf Einzelhandelszwecke eingerichtet. Der öffentliche Verkauf wurde durch die leitende Investmentbank an eine Gemeinschaft von Handelsvertretern und Mitarbeitern weitergeleitet.[102]

Mit wachsender Größe und steigender Anzahl der Emissionen nahm die Zahl der Beteiligten zu, so daß ein Schritt zur Vereinfachung des Ablaufs getan werden mußte. Anstelle des Verkaufs der Wertpapiere durch die Investmentbank an die Handelsvertreter und Mitarbeiter, wurde eine größere Gruppe ins Leben gerufen, die sog. *selling group* oder *selling syndicate.* Sie kaufte die Emission von dem Bankenkonsortium. Durch diese Entwicklung konnte der Plazierungsprozeß schneller durchgeführt werden.[103]

---

[101] *Grant*, Introduction, in: Securities underwriting, ch. 1, S. 1, 5.

[102] *Loss/Seligman*, Securities regulation, vol. I, S. 329 f.; *Grant*, Introduction, in: Securities underwriting, ch. 1, S. 1, 6.

[103] S. eingehender *Loss/Seligman*, Securities regulation, vol. I, S. 327 ff.; *Grant*, Introduction, in: Securities underwriting, ch. 1, S. 1, 4.

2. Modernes *firm commitment underwriting*

Wie bereits oben dargestellt, gibt es bei dem heutigen *firm commitment* nur noch ein Syndikat und gegebenenfalls eine *selling group*. Dies hängt u. a. mit dem Erlaß des Securities Act of 1933 und der bundesstaatlichen Wertpapierübertragungsgebühr[104] zusammen. Danach sind nur Verhandlungen zwischen dem Emittenten und dem *underwriter* vor dem Zeitpunkt der Hinterlegung des *registration statement* erlaubt.[105] Bis dahin dürfen die Wertpapiere dem Publikum nicht angeboten werden. Dasselbe gilt für den *dealer*, der kein *underwriter* im Sinne des Gesetzes ist. Auch ihm dürfen die Wertpapiere noch nicht zum Kauf angeboten werden. Außerdem dürfen bis zur Registrierung der Emission durch die SEC keine Verträge über den Verkauf von Wertpapieren abgeschlossen werden.

Eine Ausnahme gilt nur für Geschäfte mit dem *underwriter.* Mit ihm dürfen Kaufverträge bereits während der *waiting period* abgeschlossen werden. Es ist in der Praxis üblich, das *underwriting agreement* erst kurz vor der Zulassung zu unterzeichnen. Das heißt, daß in Wirklichkeit nur ein kurzer Zeitraum von wenigen Stunden zwischen dem Abschluß des *underwriting agreement* und dem Zeitpunkt des Wirksamwerdens des Zulassungsantrags liegt. Erst die Zulassung erlaubt den Verkauf an das Publikum.

a) Risiko der underwriter

Die *underwriter* übernehmen im Gegensatz zu früheren Gepflogenheiten wesentlich weniger Risiken. Daher werden heutzutage weniger Gruppierungen für die Risikoteilung benötigt. Folglich werden die Wertpapiere nicht mehrmals übertragen, bis sie das Publikum erreichen.[106]

Während der kurzen Zeit zwischen dem Abschluß des *underwriting agreement* und dem tatsächlichen Angebot kann – rechtlich betrachtet – niemand seiner Verpflichtung entgehen, die Wertpapiere zu einem festen Preis zu kaufen. Das bedeutet, daß gerade bei einem Kursverfall die Risiken von den Verpflichteten getragen werden müssen. Um die *underwriter* bis zum *closing*[107] zu schützen, ist neben der herkömmlichen Auflösungsvereinbarung die sogenannte *market out clause*[108] entwickelt worden. Sie beinhaltet typischerweise, daß der *lead*

---

[104] Diese wurde im Jahre 1932 eingeführt.

[105] 15 U.S.C. § 77 b (3).

[106] Vgl. *Loss/Seligman*, Securities regulation, vol. I, S. 333.

[107] Als *closing* wird die Abwicklung des Vertrages (Kauf und Bezahlung sowie die Übergabe der Papiere) bezeichnet, s. dazu unter § 8.A. II. 2.

[108] Dabei handelt es sich um eine umfassende Rücktrittsklausel, deren Ausübung von dem *underwriter* abhängt. Da die Klausel insgesamt wesentlich breiter angelegt ist als die herkömmliche *force majeur*-Bestimmung (Klausel über höhere Gewalt), wird sie zunehmend als unpassend in einem *firm commitment* betrachtet, s. dazu § 10 G.

manager die Möglichkeit hat, den Vertrag zu lösen.[109] Diese Gelegenheit besteht nur, wenn bis zum *closing*[110] eine wichtige Veränderung der wirtschaftlichen Lage des Emittenten eintritt oder Rahmenbedingungen bezüglich des Vertriebs, der Politik, der Wirtschaft oder der Börse vorliegen, die eine Veräußerung der Wertpapiere zu einem bestimmten Preis nach Auffassung des Konsortialführers nicht sinnvoll erscheinen lassen.

Grundsätzlich kann festgestellt werden, daß die Sicherungsfunktion, wie sie bei dem herkömmlichen *underwriting* bestand, nur noch in geringem Maße vorhanden ist.[111]

b) Typische Abläufe und Vereinbarungen im Überblick

Da das *underwriting agreement*[112] erst kurz vor dem Beginn der öffentlichen Zeichnung unterschrieben wird, gibt es bereits eine „Vorfeldvereinbarung" zwischen dem *lead manager* und dem Emittenten. Diese beschreibt in mündlicher oder schriftlicher Form kurz die notwendigen Arbeiten und Kosten für die Transaktion (sog. *letter of intent*).[113] Die Rechtsberater des *underwriter* entwerfen diese Vereinbarung, die dem Emittenten – vom *underwriter* nicht unterschrieben – zugesandt wird. Das Verfahren läuft aus zwei Gründen in der oben beschriebenen Form ab. Auf der einen Seite soll dem Emittenten nicht allzu viel Spielraum bezüglich der inhaltlichen Ausgestaltung der Vereinbarungen gegeben werden. Dies gilt insbesondere hinsichtlich der Vergütung der *underwriter*. Darüber hinaus soll mit der Vereinbarung zunächst ein grober Rahmen für die Transaktion und die späteren Verträge gesteckt werden, wobei eine Einigung in dieser frühen Phase einfacher herbeizuführen ist als gegen Ende der Emission. Auf der anderen Seite unterschreibt der *underwriter erst* nach dem Emittenten, weil er nicht Gefahr laufen will, daß der Emittent den

---

[109] Die Auflösung des Vertrages hat allerdings mit dem Einverständnis der *underwriter* zu erfolgen, in deren Namen der *lead manager* tätig wird, *Ratner*, Securities Regulation, S. 26; *Robinson/Eppler*, Going Public, vol. 1, S. 203, 204.

[110] Vgl. *Freilich/Janvey*, 17 Sec. Reg. L. J. 1989, S. 151, 155; *D'Alimonte/Pohlen*, Underwriting arrangements and documents, 1043 Practising Law Institute, Corporate law and practice course handbook series (1998), S. 133, 162.

[111] *Loss/Seligmann*, Securities Regulation, vol. I, S. 333; s. ferner im folgenden eingehend § 5 C. I. 2. und § 5 D.

[112] Diesen Vertrag zu verallgemeinern, ist praktisch nicht möglich, da es von Emission zu Emission substantielle Unterschiede gibt. Die großen Banken tendieren zu eigenen Variationen ihrer Verträge. Wie bei anderen Verträgen gibt es aber auch hier Standards.

[113] *Loss/Seligmann*, Securities Regulation, vol. I, S. 333. S. vertiefend zu dieser Vereinbarung *Bloomenthal*, Going Public and the Public Corporation, vol. 1A, ch. 8, § 8.02 [2]. Da es sich bei dem *letter of intent* (auch als *letter of engagement* bezeichnet) um eine Vereinbarung zwischen dem *underwriter* und dem Emittenten handelt, liegt keine Beschränkung nach 15 U.S.C. § 77 e vor.

letter of intent benutzt, um bessere Angebote anderer Investmentbanken einzuholen.[114] Würde der Emittent dann ein günstigeres Angebot erlangen und der *underwriter* würde noch keinen vom Emittenten unterschriebenen *letter of intent* in Händen halten, hätte er keinerlei Druckmittel gegenüber dem Emittenten. Er würde schlimmstenfalls nicht an der Emission beteiligt.
Viele Einzelheiten dieser Vereinbarung werden häufig im nachhinein noch verändert. Dennoch enthält sie die Grundzüge der anstehenden Übernahme. Insbesondere legt sie den Wertpapiertypus der anzubietenden Papiere, die Größe der Emission und deren Art (z.B. Erstemission, Angebot von Papieren auf dem Sekundärmarkt, eine Kombination aus beiden oder u. U. Bezugsrechtemission) fest. Ferner wird vereinbart, ob es sich um ein *firm commitment underwriting* oder um ein *best-efforts underwriting* handeln soll. Die Vergütung der *underwriter* und ihre Ausgaben, die erwartete Preisspanne oder andere Preisfestsetzungsmechanismen werden ebenfalls aufgezeigt.[115] Es wird des weiteren ausdrücklich bekundet, daß diese Vereinbarung nicht zum Ziel hat, die beiden Parteien (insbesondere bezüglich des Kaufes) aneinander zu binden.[116] Es wird lediglich eine „moralische Verpflichtung" geschaffen. Gleichwohl können ausnahmsweise einige bindende Absprachen enthalten sein. Eine typische Ausnahme ist die Zusicherung des Unternehmens, den Zulassungsantrag nach bestem Wissen und Gewissen zu erstellen und bei der SEC registrieren zu lassen sowie bestimmte Kosten des *underwriter* zu übernehmen.[117]
Der genaue Inhalt der Vereinbarung bleibt den Parteien selbst überlassen, da es zur Ausgestaltung keine genauen Angaben der SEC, der NASD oder des Gesetzes gibt. Eine solche Vereinbarung ist folglich auch nicht zwingend

---

[114] *Goldwasser*, The underwritten offering, in: Securities law techniques, vol. 1, ch. 15, § 15.13.

[115] *Riley*, Letters of intent and underwriting agreements in initial public offerings, 1008 Practising Law Institute, Corporate law and practice course handbook series (1997), S. 333 f. ; *D'Alimonte*, The letter of intent and the basic structure of an offering, in: Securities underwriting, ch. 5, S. 85-98 und Appendix A, S. 451-458; *Goldwasser*, The underwritten offering, in: Securities law techniques, vol. 1, ch. 15, § 15.13.

[116] S. dazu *Southwest Realty, Ltd. v. Daseke*, [1990 Transfer Binder] Fed. Sec. L. Rep. (CCH) ¶ 95, 256; *M.L. Lee & Co., Inc. v. American Cardboard & Packaging Corp.*, 424 F. 2d 532 (3rd Cir. 1970); *Dunhill Sec. Corp. v. Microthermal applications, Inc.*, 308 F. Supp. 195 (1969). Der *letter of intent* ist in Zusammenhang mit Wertpapierübernahmen daher nicht einklagbar. Er schafft in der Regel keine diesbezüglichen Verpflichtungen; *M.L.Lee & Co. v. American Cardboard & Packaging Corp.*, 424 F.2d 532 (3rd Cir. 1970); *Reprosystem, B.V.v. SCM Corp.*, 727 F.2d 257 (2d Cir. 1984); s. dazu *Loss/Seligman*, Securities regulation, vol. I, S. 333 (FN. 20).

[117] Ersatzfähige Kosten entstehen, wenn das Angebot abgebrochen wird, bevor die vorläufige Auftragsbestätigung durch den Übernahmevertrag endgültig bestätigt wird; *D'Alimonte*, The letter of intent and the basic structure of an offering, in: Securities underwriting, ch. 5, S. 85-98 und Appendix A, S. 451-458; *Goldwasser*, The underwritten offering, in: Securities law techniques, vol. 1, ch. 15, § 15.13.

erforderlich. Sie hat sich in der Praxis aber als nützlich erwiesen, da die Parteien ihre Vorstellungen in bezug auf die Grundzüge des Angebots festlegen. Die Vereinbarung erleichtert jedenfalls die späteren Verhandlungen.[118] Es ist dem *underwriter* nicht immer willkommen, sich bereits vor den eigentlichen Absprachen festzulegen, denn auch eine „moralische Verpflichtung" kann eine Bindungswirkung entfalten. Dies gerade deshalb, weil in einer Branche, in der ein reger Wettbewerb herrscht, ein guter Ruf ein wichtiger Wettbewerbsvorteil ist. Auf der einen Seite möchte der *underwriter* jedoch bis zur Registrierung des Zulassungsantrags so flexibel wie möglich sein. Andererseits will er sicher gehen, einen Ausgleich für seine Aufwendungen zu erhalten. Dies kann er mit dem *letter of intent* erreichen. Auch für den Emittenten ist diese Absprache wichtig. Er erhält in begrenztem Umfang Planungssicherheit. Ferner kann der Emittent absehen, ob er möglicherweise noch einen anderen *lead manager* aufsuchen muß.

Im Anschluß an den *letter of intent* oder einer entsprechenden mündlichen Absprache beginnt der *lead manager,* ein Konsortium zusammenzustellen. Er lädt zukünftige Mitglieder ein, sobald der Zulassungsantrag bei der SEC abgegeben worden ist (*waiting period*). Die potentiellen Konsorten erhalten zur Information eine Kopie des Zulassungantrags, ein vorläufiges *blue sky memorandum*[119] und einen Entwurf des *underwriting agreement.*[120]

Formal wird das *underwriting syndicate* durch einen Vertrag geschaffen, das sogenannte *agreement among underwriters (agreement among managers).* In dieser Vereinbarung stimmen die Mitglieder u. a. zu, bei Verhandlungen mit dem Emittenten von dem *lead manager* oder von anderen Mitgliedern vertreten zu werden.[121] Der Vertrag enthält ferner Angaben zu den Aufgaben der *representatives*. Dazu gehört z. B. die Ermächtigung, den Markt durch den Rückkauf von Anteilen zu stabilisieren[122] und jeden *underwriter* an den Verwaltungskosten zu beteiligen sowie die Angebotsbedingungen zu ändern, sofern

---

[118] Vgl. *Goldwasser*, The underwritten offering, in: Securities law techniques, vol. 1, ch. 15, § 15.13.

[119] Dabei handelt es sich um ein Statement, das die Vereinbarkeit des Angebots mit dem *Blue Sky Law* bestätigt.

[120] *Loss/Seligman*, Securites Regulation, vol. I, S. 334; *Bloomenthal/Wolff*, Securities and federal corporate law, vol. 3 B, ch. 8, § 8:6.

[121] *Freund/Hacker*, Cutting up the humple pie: A practical approach to apportioning litigation risks among underwriters, 48 St. John's L. Rev. (1974), S. 461, 468; National Association of Securities Dealers, Inc., Sec. Ex. Act Rel. 17371, 21 SEC Dock. 930, 933; *Robinson/Eppler*, Going Public, Vol. 1, S. 150 f. Der oder die Vertreter werden auch als *representative(s) of the underwriters* bezeichnet.

[122] S. dazu unter § 8 B.

es sich um ein *sticky offering* handelt.[123] Darüber hinaus enthält der Vertrag Regelungen zur Vergütung der *lead manager* und des Konsortiums.[124]

Durch den *lead manager* werden alle übrigen *underwriter* des Konsortiums direkt in das *underwriting agreement* mit dem Emittenten einbezogen.[125] Der Vertrag enthält Zusicherungen und Garantien des Emittenten und eine Verpflichtung der *underwriter,* eine bestimmte Anzahl von Wertpapieren zum Zeitpunkt des *closing* zu kaufen. Im Gegenzug erhält der *underwriter* Gutachten von den Rechtsberatern des Emittenten und einen *comfort letter* von den unabhängigen Wirtschaftsprüfern.[126]
Um das Risiko und vor allen Dingen die Höhe der Haftung nach 15 U.S.C. § 77 k (Prospekthaftung) zu begrenzen, ist eine gesamtschuldnerische Haftung der *underwriter* gegenüber dem Emittenten ausgeschlossen.[127]

c) Plazierungsmechanismen und damit zusammenhängende Abläufe

Typischerweise wird der *lead manager* in dem *agreement among underwriters* ermächtigt, diejenige Anzahl an Wertpapieren von der Plazierungsquote der einzelnen *underwriter* zurückzuhalten, die er zum Verkauf an die *selling group dealers*[128] und die institutionellen Investoren benötigt. Die *dealer* werden von dem *lead manager* ausgesucht. Es wird ein *selected dealers agreement*

---

[123] Als *sticky offering* bezeichnet man eine Situation, in der es nicht genügend Nachfrage für die Wertpapiere gibt. Schlimmstenfalls verkaufen *flippers* zudem ihre Papiere umgehend wieder am Markt, weil sie nicht mit der Intention gekauft haben, die Papiere lange in ihrem Portefeuille zu halten. Deren einziges Ziel ist es, von Anfang an hohe Profite in kurzer Zeit mit den Anteilen zu erzielen. Die *underwriter* können in diesen Fällen aufgrund der fehlenden Nachfrage und des Angebotsüberhangs die Papiere meist nicht plazieren. In Anbetracht dessen müssen sie Lösungen finden, ohne allzu hohe Kosten zu verursachen; *Winnike/Nordquist,* Federal securities law issues for the sticky offering, 48 Bus. Law. (1993), S. 869, 870.

[124] *Freund/Hacker,* Cutting up the humple pie: A practical approach to apportioning litigation risks among underwriters, 48 St. John's L. Rev. (1974), S. 461, 465 ff.; *Robinson/Eppler,* Going Public, vol. 1, S. 156.

[125] Statt vieler *Robinson/Eppler,* Going Public, vol. 1, S. 195.

[126] S. dazu noch unter § 10 E.

[127] *Ratner,* Securities Regulation, S. 27; ferner § 9 B. I. 1. Aus diesem Grund und weil einige der Emissionshäuser ihre Plazierungskraft ausgebaut haben, wird tendenziell weniger Gewicht auf eine förmliche *selling group* gelegt.

[128] Sie werden teilweise auch einfach nur als ausgewählte Händler bezeichnet (*selected dealers*).

abgeschlossen.[129] Falls die *dealer* von anderen Mitgliedern des Konsortiums vorgeschlagen wurden, werden sie jedenfalls von dem *lead manager* zugelassen. Die *dealer* sollen den Verkauf der Wertpapiere beschleunigen.[130] Wenn ein zügiger Verkauf nicht gewährleistet ist, kann es zu einem *sticky offering* kommen. In dessen Folge wird der Verkaufspreis gedrückt. Das schmälert wiederum den Gewinn der *underwriter.*[131] Die *selected dealers* müssen keine *underwriter* sein und übernehmen in ihrer Funktion als *dealer* auch nicht das Risiko der Emission. Sie kaufen Wertpapiere von dem Konsortium. Das Konsortium erwirbt die Aktien zuvor von dem Emittenten. Der *public offering price* (Emissionspreis) stellt die Berechnungsgrundlage für die Vergütung des Konsortiums dar. Ein vorab festgelegter Prozentsatz vom *public offering price* gewährleistet eine Gewinnspanne. Damit auch die Händler einen Anreiz für den Verkauf der Wertpapiere haben, müssen die *underwriter* einen Teil ihres Gewinns weiterleiten.[132]

Gemäß dem *underwriting agreement* müssen die *underwriter* eine bestimmte Menge an Wertpapieren erwerben. Zum eigenen direkten Verkauf reservieren sie aber nur einen Teil der gezeichneten Wertpapiere. Dieser Teil wird als *retention* (Selbstbehalt) bezeichnet. Der Rest der gezeichneten Wertpapiere wird zunächst in einem gemeinsamen Topf des Konsortiums gesammelt (*pot*), den der *lead manager* kontrolliert.[133] Letzterer verteilt die Wertpapiere während der Plazierungsphase an die Mitglieder des Konsortiums und der *selling group* sowie an institutionelle Investoren. Es ist auch möglich, daß er Aktien wieder von den Beteiligten zurücknimmt. Ziel dieses Verfahrens ist es, die Fähigkeiten der einzelnen Mitglieder bei der Plazierung der Wertpapiere vollständig auszuschöpfen. Ist z. B. das gesteigerte Interesse eines institutionellen Investors erkennbar, ist eine Plazierung durch einen *dealer* entbehrlich[134], wenn sich die Emission auch ohne ihn plazieren läßt. Der *dealer* muß für die Wertpapiere zumeist noch einen geeigneten Käufer finden. Die Entwicklung geht deswegen inzwischen sogar vorrangig dorthin, daß der institutionelle Anleger sogleich mit

---

[129] 751 Practising Law Institute, Corporate law and practice course handbook series (1997), S. 213, 223; *D'Alimonte/Pohlen,* Underwriting arrangements and documents, 1043 Practising Law Institute, Corporate law and practice course handbook series (1998), S. 168 ff.; *Curley/Niehoff,* Public offering, Illinois Institute for continuing, SEC L-IL-CLE 3-1, S. 37.

[130] *Robinson/Eppler*, Going Public, vol. 1, S. 157.

[131] *Robinson/Eppler*, Going Public, vol. 1, S. 157 f.; s. auch FN.123.

[132] S. eingehend unter § 6 B. I. 1.

[133] National Association of Securities Dealers, Inc., Sec. Ex. Act Rel. 17371, 21 SEC Dock. 930, 934; *Loss/Seligman*, Securities regulation, vol. I, S. 338.

[134] National Association of Securities Dealer, Inc., Sec. Ex. Act Rel. 17371, 21 SEC Dock. 930, 934.

dem *lead manager* verhandelt und bei diesem die gewünschte Menge Aktien kauft.[135]
Auf welche Art und Weise die Beteiligung des einzelnen *underwriter* bestimmt wird, ist nicht festgelegt. Wie viele Aktien jede der beteiligten Banken erhält, hängt von ihrem Ansehen und Vermögen, ihrer Plazierungskapazität und ihrer geographischen Lage ab. Außerdem spielt die Frage eine Rolle, ob sie der Emission weitere Absatzmärkte eröffnet.[136]
Die Beteiligung einer Investmentbank ist aber nicht ausnahmslos mit der Menge an Wertpapieren verbunden, die sie selbst am Markt plaziert oder zu plazieren in der Lage ist. Einige Banken treten der *underwriting group* vorrangig als reine *underwriter* bei. Dies erfolgt mit Blick auf den Gewinn und unter der Prämisse, daß die Risikoübernahme relativ gering ausfällt. Es gibt also durchaus Konsortialmitglieder, die nur ein Übernahmerisiko tragen, die Aktien aber nicht selbst plazieren. Daraus folgt, daß die Übernahme- und die Plazierungsquote eines Konsorten nicht zwingend übereinstimmen müssen.
Jedes Mitglied der Gruppe kann dem *lead manager* angeben, wie viele Aktien von ihm selbst plaziert werden. Dieser Anteil ist unterschiedlich hoch. Er bewegt sich ungefähr zwischen 25 % und 75 %. Der *underwriter*, der über seine gezeichnete Quote hinaus noch weitere Aktien plazieren kann, wird Mitglied der *selling group* oder der *selected dealers.*[137]
Häufig behält sich der *lead manager* das Recht vor, den Plazierungsprozeß zu kontrollieren. Er nimmt Wertpapiere von Konsorten zurück, wenn diese die Aktien nicht zügig plazieren können und leitet sie an die Mitglieder der *selling group* weiter. Das setzt gedanklich voraus, daß die Plazierung der Mitglieder der *selling group* erfolgreicher verläuft.
Der *lead manager* ist laut *agreement among underwriters* immer verpflichtet, jeden *underwriter* vor oder am Tag des Wirksamwerdens des *registration statement* davon in Kenntnis zu setzen, wie viele Aktien er zur Plazierung erhält. Nur so können die *underwriter* erkennen, welchen Anteil sie selbst plazieren können.[138]

---

[135] Der *lead manager* wickelt diese Transaktion ab. Für den institutionellen Anleger besteht die Möglichkeit, das Geschäft dem Konto eines oder mehrerer Mitglieder der *syndicate* oder *selling group* gutzuschreiben (*designated orders*), um günstigere Zahlungsmöglichkeiten zu erhalten, vgl. *Rea/Grant,* The syndication and marketing process, in: Securities underwriting, ch. 11 , S. 277, 279 f.; National Association of Securities Dealer, Inc., Sec. Ex. Act Rel. 17371, 21 SEC Dock. 930, 934. S. ausführlich § 8 A. I. und § 8 A. II. 1. und §12 B. III. 2.

[136] So ist beispielsweise die Beziehung zu größeren Pensionsfonds von Bedeutung; *Loss/Seligman*, Securities Regulation, vol. I, S. 339; ferner § 5 C. II. 2.

[137] *Loss/Seligman*, Securities Regulation, vol. I, S. 340; *Ratner*, Securities Regulation, S. 27.

[138] S. dazu § 8 A. I.

Der *lead manager* ist häufig ermächtigt, im Namen der *underwriting group* den Markt zu stabilisieren.[139] Der *lead manager* macht gegebenenfalls ein Übernahmeangebot für die bereits gezeichneten Wertpapiere. Dieses entspricht preislich entweder dem Emissionspreis oder es liegt knapp darunter. Der Zweck des Stabilisierungsprozesses besteht darin, eine geregelte Plazierung der Wertpapiere zu erleichtern. Durch einen Angebotsüberhang kann der Aktienkurs fallen. Ein Kursrückgang soll durch stabilisierende Nachfrage aufgefangen werden.[140] Obwohl es keine gesamtschuldnerische Haftung der *underwriter* gegenüber dem Emittenten gibt, sind die Konsorten zumindest für die Kosten des *underwriting* (proportional zu ihren Anteilen) verantwortlich; inklusive der *carrying costs* (Nebenkosten). Darüber hinaus wird ein gemeinsames Stabilisierungskonto geführt.
In der Regel werden über das tatsächlich vorhandene Emissionsvolumen hinaus Aktien zugeteilt (*overallotment*). Somit können möglicherweise die von Spekulanten (*flippers*) direkt nach der Zuteilung verkauften Wertpapiere wieder plaziert werden. Die *underwriters* müssen in diesen Fällen keine weiteren Maßnahmen treffen, um den Aktienkurs zu stabilisieren. Die Aktien werden bei den Marktteilnehmern plaziert, die Wertpapiere aus dem *overallotment* gekauft haben. Sollten keine Aktien in den Markt zurückgelangen und somit Marktteilnehmer (aus dem *overallotment*) unberücksichtigt bleiben, ist häufig im *underwriting agreement* eine *overallotment option* gegeben. Sie beinhaltet die zusätzliche Ausgabe von Anteilen durch den Emittenten oder durch Altaktionäre. So werden die *overallotments* gedeckt.[141]

Besteht ein *underwriting syndicate,* dann wird ein übereinstimmendes Zeichnungsangebot von den beteiligten Händlern und *underwriters* zu einem einheitlichen Preis und zu einheitlichen Bedingungen abgegeben.
Der *lead manager* und der Emittent bestimmen den Preis, zu dem die Wertpapiere dem Publikum angeboten werden sollen.[142] Ebenso hängen die Konditionen für die Händler und die Preisnachlässe von dem *lead manager* ab.
Gelegentlich sind *repurchase penalties*[143] vorgesehen. Der *lead manager* kann die Vergünstigungen für die *broker-dealer* rückgängig machen. Er macht von seinem Recht regelmäßig dann Gebrauch, wenn die Wertpapiere durch Rückkauf am Markt an den *lead manager* (z. B. aus Stabilisierungskäufen) zurückgelangen. Erfahrungen aus anderen IPOs, bei denen Wertpapiere nicht an

[139] S. dazu § 8 B.
[140] National Association of Securities Dealers, Inc., Sec. Ex.Act Rel. 17371, 21 SEC Dock. 930, 934; *Loss/Seligman*, Securities Regulation, vol. I, S. 341.
[141] S. eingehender § 8 B..
[142] *Freund/Hacker*, Cutting up the humple pie: A practical approach to apportioning litigation risks among underwriters, 48 St. John's L. Rev. (1974), S. 461, 466. S. auch § 7 A.
[143] Dabei handelt es sich um Strafen für die *dealer*, die ihre zugeteilten Wertpapiere nicht ordnungsgemäß beim Publikum plaziert haben.

gutgläubige Anleger verkauft wurden, haben dazu geführt, daß oftmals eine *penalty clause* in den Vertrag eingefügt wird. Die ungenügende Plazierung führt dazu, daß Wertpapiere im Wege der Stabilisierung wieder zurück an das Konsortium gelangen. Es wird daher eine Strafe festgelegt. Der *underwriter* muß entweder die Wertpapiere wieder zurückkaufen oder sein Konto wird mit einer Strafgebühr belastet. Die Gebühr geht nicht über die *selling concession* (Verkaufsgewinn) hinaus. Die Aufgabe, Wertpapiere vereinbarungsgemäß zu plazieren, wird in diesen Fällen nicht erfüllt. Auf Grund dieser Tatsache soll auch der Gewinn zurückgefordert werden können.[144] Das hat zur Folge, daß der Einkaufspreis, den der „bestrafte" *underwriter* zahlt, dem Emissionspreis entspricht.[145] Abgesehen von der normalen Vergütung der Risikoübernahme erzielt der „bestrafte" *underwriter* also keinen Gewinn.

Die Verteilung der Gewinne erfolgt grundsätzlich folgendermaßen:
Als Anerkennung für die Leitung des gesamten Prozesses erhält der *lead manager* eine Vergütung aus der *gross spread* (Spanne zwischen Emissionspreis und Einkaufspreis). Diese Vergütung wird im *agreement among underwriters* geregelt. Sie beträgt ca. 20 % der *gross spread.* Weitere 20 % gehen an die *underwriter*, die das Risiko übernehmen. Die restlichen 60 % umfassen die *selling concession* für die verkaufenden *underwriter* oder *dealer.*[146]
Damit ist auch schon der wohl größte Ausgabenfaktor der Emission beschrieben. Neben Druckkosten fallen noch weitere Gebühren für Rechtsberater und Wirtschaftsprüfer an. Den geringsten Teil machen die Registrierungskosten der SEC (0,02 % vom Emissionspreis) und der NASD (0,01 % plus $ 100 bis maximal $ 5100) aus.

III. Best-efforts underwriting

Wenig etablierte Gesellschaften haben Schwierigkeiten, einen *underwriter* zu finden, der die Wertpapiere fest übernimmt und das Plazierungsrisiko trägt. Notwendigerweise verteilen diese Gesellschaften ihre Wertpapiere über Unternehmen, die lediglich versprechen, den Absatz bestmöglich zu betreiben (*best*

[144] *ABA Comm. On Fed. Reg. Of Securities*, 33 Bus. Law. 1977, S. 335, 339 f. Entgegen der dort vertretenen Annahme können mittlerweile anhand der Seriennummern die Wertpapiere dem einzelnen *underwriter* zugeordnet werden, so daß die *penalty clause* durchaus auch den praktischen Nutzen hat, daß der Zuwiderhandelnde entdeckt wird und bei der nächsten Emission nicht beteiligt wird. Ob diese Strafen, die teilweise sogar an den Kleinanleger weitergegeben werden, zulässig sind, überprüft die SEC, *Bloomberg News*, Mass. Regulators, Joseph Charles near pact on „flips", WSJ says, 3.12.1998.

[145] *D'Alimonte*, Underwriting documents – their purpose and content, in: Securities underwriting, ch. 9, S. 211, 237.

[146] S. § 6 B. I.

effort).[147] Diese Unternehmen[148] sind oftmals mit verhältnismäßig wenig Kapital ausgestattet. Um den Emittenten (und auch seine Anteilseigner) vor der finanziellen Verantwortungslosigkeit einiger *underwriter* zu schützen, können *broker-dealer* Teile des Emissionserlöses nur dann annehmen, wenn sie dem Emittenten umgehend übergeben werden.[149]
Dieses Plazierungsverfahren wird aber auch auch von bereits erfolgreich am Markt agierenden Unternehmen angewandt. Sie würden für die Ausgabe von Wertpapieren ohne weiteres einen *underwriter* finden, der ein *firm commitment* – meist nach Bildung eines Konsortiums, um die Risiken aufzuteilen – abschließen würde.[150] Aufgrund der Kostenersparnis bei der Plazierung greifen diese Unternehmen auf ein *best-efforts underwriting* zurück.

Die Wertpapierhäuser verkaufen die Wertpapiere für die Gesellschaft als Handelsvertreter, anstatt die Emission von der Gesellschaft aufzukaufen und sie als Eigentümer weiter zu veräußern.[151] Wenn sie ihr Ziel innerhalb eines bestimmten Zeitraumes nicht erreichen, weil die Wertpapiere nicht vollständig veräußert werden können, erleiden sie keinen Verlust, da sie keiner Festübernahme zugestimmt haben.[152] Mit Ausnahme der Beteiligung an den Ausgaben der Emission besteht für die Wertpapierhäuser kein Risiko.[153] Daher ist es unüblich, bei einem *best-efforts underwriting* eine *underwriting group* zur Risikoverteilung zu bilden. Für den Vertrieb der Wertpapiere kann es eine *selling group* geben, wobei die *dealer* und *broker* nicht von dem Emittenten kaufen[154], sondern Unterhandelsvertreter sind.
Die Wertpapierhäuser erhalten eine Vergütung in Form einer Handelsvertreterkommission. In dem *best-effort underwriting agreement* wird der Preis festgelegt, zu dem die *underwriter* die Wertpapiere beim Publikum plazieren sollen.

---

[147] *Ibbotson/Ritter*, Initial Public Offerings, in: Handbooks in operations research and management science, S. 993, 1011; *Robinson/Eppler*, Going Public, vol.1, S. 95; *Gutterman*, Managing the Initial Public Offering of Securities, S. A-4; *Bloomenthal/Wolff*, Securities and Federal Corporate Law, vol. 3B, ch. 8, § 8:5; *Prifti*, Securities public and private offerings, vol. I, ch. 5, § 5:14.

[148] Häufig handelt es sich hier um *broker-dealer-firms*; s. *Bloomenthal/Wolff*, Securities and Federal Corporate Law, vol. 3B, ch. 8, § 8:66.

[149] Die SEC hält hier einen Zeitraum von 3 Geschäftstagen als Maßstab für angemessen, *Bloomenthal/Wolff*, Securities and Federal Corporate Law, vol. 3B, ch. 8, § 8:66. Mit Rule 15 c 2-4 (17 C.F.R. § 240. 15c 2-4) soll zusätzlich verhindert werden, daß sich ein noch schwebendes Ereignis auf den Erlös des *best-efforts underwriting* auswirkt.

[150] Möglich ist bei diesen Unternehmen, daß sie selbst in der Lage sind, ihre Wertpapiere auszugeben. Sie müssen dann weder einen *underwriter* noch eine *underwriting group* einschalten.

[151] *Gutterman*, Managing the Initial Public Offering of Securities, S. A-43.

[152] *Sec v. Coven*, 581 F.2d 1020, 1022 (FN. 2).

[153] *Bloomenthal*, Going Public and the Public Corporation, vol. 1A, ch. 8, § 8.03 [4].

[154] *Gutterman*, Managing the Initial Public Offering of Securities, S. A-43.

Des weiteren wird bestimmt, daß die *underwriter* die Wertpapiere auf Provisionsbasis verkaufen.

Neben dem typischen *agency-type underwriting* haben sich auf der Basis der oben beschriebenen Standardform des *best-efforts underwriting* unterschiedliche Abwicklungsformen herausgebildet. So gibt es z. B. die *all-or-none* Variante. Danach müssen alle zugelassenen Wertpapiere in einer bestimmten Zeit verkauft worden sein. Ist das nicht der Fall, müssen die bereits vom Käufer entrichteten Beträge wieder an diesen zurückgezahlt werden. Außerdem wird das *underwriting* abgebrochen.[155]
Eine Modifikation zum *all-or-none-offering*[156] bildet das *part-or-none*[157] oder auch das *minimum-maximum offering*. Hierbei werden bestimmte Mindestgrenzen festgelegt, die beim Verkauf erreicht werden müssen (z. B. mindestens 50 % oder 75 %). Können die vereinbarten Mindestmengen nicht plaziert werden, müssen die bisher eingezahlten Gelder wieder an die Investoren zurückgegeben werden.[158]
Auch bei diesem Verfahren soll der Emittent vor der vermeintlichen Verantwortungslosigkeit einiger *underwriter* geschützt werden. Der Geldbetrag wird entweder auf ein gesondertes Treuhandkonto gezahlt, damit er dem Emittenten sofort ausgezahlt werden kann, falls eine Eventualverbindlichkeit tatsächlich eintritt oder die Geldsumme wird durch eine Bank treuhänderisch verwahrt.[159]
Vielfach wird das *best-efforts underwriting* technisch nicht als *underwriting* verstanden. Man bezeichnet es als Vertriebsform, da anders als beim *firm commitment underwriting* kein Risiko übernommen wird.[160]

---

[155] *Rooney, Pace, Inc.*, 48 SEC 602 (1986), Release No. 34-23763, 36 SEC Dock. 1137 (1986); *SEC v. Coven*, 581 F.2d 1020,1022, cert. denied, 440 U.S. 950; *A.J. White & Co v. SEC,* 556 F.2d 619, 620-623, cert. denied, 434 U.S. 969; *Robinson/Eppler*, Going Public, vol. 1, S. 95.

[156] *Prifti*, Securities public and private offerings, vol. I, ch. 5, § 5:12.

[157] *Prifti*, Securities public and private offerings, vol. I, ch. 5, § 5:13.

[158] *Feinerman v. A.C. Kluger & Co.*, 1975-1976 Fed. Sec. L. Rep. (CCH) 95, 212; diese Modifikationen und auch das *all-or-none offering* sind erforderlich, um die Emissionen überhaupt nach dem *Blue Sky Law* einiger Staaten rechtlich absichern zu können (*Robinson/Eppler*, Going Public, vol. 1, S. 95).

[159] *Bloomenthal*, Going Public and the Public Corporation, vol. 1A, ch. 8, § 8.03 [4]. Zu Besonderheiten bei der Gewährung von Krediten, *First Williams St. Securities, Inc.*, Sec. Ex. Act Rel. No. 9859 (1972), C.C.H. Fed. Sec. L. Rep. (`72 -`73 Transfer Binder) 79, 112.

[160] *Securities Indurstry Associationn. v. Board of Governors*, 468 U.S. 207, 217 (FN. 17); *Loss/Seligman*, Securities Regulation, vol. I, S. 347

Das beim *underwriting* typischerweise vorliegende sichernde Element fehlt folglich. Als tatsächliches *underwritten offering* sind daher nur das *stand-by* und das *firm commitment underwriting* zu bezeichnen.

§ 5 Das *underwriting* und die Rolle der Banken

A. Einführung

Die Banken spielen im Emissionsgeschäft eine herausragende Rolle. Insbesondere als Vertragspartner einer emittierenden Gesellschaft sind sie beim *underwriting* grundsätzlich nicht wegzudenken.[161]
Durch den zugrundeliegenden Vertrag – das *underwriting agreement* – wird der rechtliche Rahmen für die (geplanten) Transaktionen festgelegt. Daraus ergeben sich Rechte und Pflichten für beide Vertragsparteien. Die Banken übernehmen mit Vertragsschluß verschiedene Aufgaben.
Eine Aufzählung aller Pflichten der *underwriter* erscheint aus Platzgründen nicht sinnvoll.[162] Es sollen vielmehr nur die aus dem Vertrag resultierenden Hauptaufgaben erwähnt werden.[163] Ferner werden auch die Aufgaben beleuchtet, die sich aus den verschiedenen Marktsituationen ergeben. Dabei ist die Frage von zentraler Bedeutung, warum ein Unternehmen auf die Dienste einer Bank zurückgreift, wenn es Kapital durch die Ausgabe von Wertpapieren aufnehmen will.

B. Grundsätzliche Funktionen

I. Plazierung von Wertpapieren

Den Investmentbanken werden bei der Streuung von Wertpapieren zwei grundsätzliche Aufgaben zugeschrieben. Die eine wird in der faktischen Plazierung der Wertpapiere an das Publikum gesehen.[164] Für den Emittenten ist es in der Regel schwierig, die Wertpapiere ohne Hilfe erfolgreich zu plazieren. Es mangelt u. a. an der notwendigen Sachkenntnis.

---

161 90 % aller öffentlichen Emissionen, die auf Barkapital abzielen, werden mit *underwriting* durchgeführt; *Langevoort*, Information technology and the structure of securities regulation, 98 Harv. L. Rev. (1985), S. 747, 761 (Fn. 56).

162 Eine Darstellung ausgewählter Vereinbarungen erfolgt in dieser Arbeit an gegebener Stelle.

163 Es liegt im Wesen der Sache, daß sich aus dem Vertrag verschiedene weitere Verpflichtungen ergeben. Allerdings deutet dies nicht zwingend auf eine wichtige Funktion hin.

164 Das Angebot an das Publikum wird im *underwriting agreement* vereinbart; *Riley*, Letters of intent and underwriting agreements in initial public offerings, form letters of intent, form of undewriting agreement, 1008 Practising Law Institut, Corporate Law and Practice Course Handbook Series 1997, S. 331, 386; *Wolff*, Going Public in der Schweiz, in Deutschland und in den USA, S. 77; *Gilson/Kraakman*, The Mechanisms of Market Efficiency, 70 Va.L.Rev. (1984), S. 549, 616; *Brealey/Myers*, Principles of corporate finance, ch. 15, S. 386.

Die Investmentbanken sind häufig bereits über Jahre im Emissionsgeschäft tätig und kennen die Gegebenheiten. Sie sind in der Vermarktung einer Emission erfahrener und können z. B. eine den Marktbedingungen angepaßtere Preisfestlegung vornehmen.[165] Des weiteren verfügen sie über einen festen Kundenstamm, der sich je nach Bank aus unterschiedlichen Personenkreisen zusammensetzt. Bei der Auswahl einer Investmentbank ist daher neben anderen Kriterien vor allem die Zusammensetzung der Klientel der Banken entscheidend, damit für die Wertpapiere auch Abnehmer gefunden werden.[166]
Zudem sind sowohl die Vertriebswege als auch bestimmte Grundmuster (z. B. Vermarktungsstrategien, Muster für Werbeprospekte, Musteranschreiben an die potentiellen Erwerber) bei den Banken vorhanden. Die erforderliche Werbung für eine Neuemission, das Ansprechen potentieller Erwerber (institutionelle Anleger oder Kleinanleger) sowie der faktische Verkauf der Wertpapiere sind daher für sie weitaus weniger aufwendig als für den Emittenten. Die Investmentbanken besitzen die nötige Verkaufskraft und die Fähigkeit, die Wertpapiere an das Publikum zu veräußern.[167] Die Plazierungskraft[168] der Banken ist daher für die Entscheidung des Emittenten ausschlaggebend.

II. Übernahme des Risikos

Die zweite Aufgabe der Banken ist die Risikoübernahme. Sie übernehmen die Rolle eines Versicherers.[169] Das ist zumindest in Verbindung mit einem *firm commitment underwriting* der Fall. Der Emittent wird in dieser Absprache von einigen Risiken befreit, die mit dem Angebot von Wertpapieren einhergehen. Dazu gehören z. B. die Gefahren, daß die Wertpapiere sich nicht absetzen lassen oder eine Änderung der Marktbedingungen den Preis der angebotenen Wert-

---

[165] *Stout*, The unimportance of being efficient: An economic analysis of stock market pricing and securities regulation, 87 Mich. L. Rev. (1988), S. 613, 654; *Langevoort*, Information technology and the structure of securities regulation, 98 Harv. L. Rev. (1985), S. 747, 761.

[166] Vgl. *Wolff*, Going Public in der Schweiz, in Deutschland und in den USA, S. 94.

[167] *Langevoort*, Information technology and the structure of securities regulation, 98 Harv. L. Rev. (1985), S. 747, 761; *Ferris/Hiller/Wolfe/Cooperman*, An analysis and recommendation for prestigious underwriter participation, 17 J. Corp. L. (1992), S. 581, 583 f.

[168] Plazierungskraft wird hier als die (qualitative und quantitative) Fähigkeit der Emissionsbanken definiert, fest übernommene Papiere beim Publikum auf direktem oder indirektem Weg dauerhaft unterzubringen. Unter direkter Unterbringung ist der Verkauf an die Kunden der jeweiligen Bank zu verstehen. Indirekt wird plaziert, wenn durch die Einschaltung befreundeter Banken oder Händler der Kreis der Investoren erweitert wird.

[169] S. § 4 B.; vgl. *Klinges*, Expanding the liability of lead managers under the Securities Act of 1933, 53 Fordham L. Rev. (1985), S. 1063, 1065; *Greene*, Determining the responsibilites of underwriters distributing securities within an integrated disclosure system, 56 Notre Dame Law. (1981), S. 755, 762.

papiere beeinflußt.[170] Dies könnte einerseits dazu führen, daß der Emittent die Wertpapiere zwar verkaufen kann, aber zu einem geringeren Preis als vorgesehen. In der Folge würde der Emittent nicht die angestrebte Kapitalmenge am Markt aufnehmen können. Da der Emittent jedoch beabsichtigt, die größtmögliche Kapitalmenge mit der Emission zu erzielen, ist er auf Grund der vorhandenen Risiken auf eine Absicherung angewiesen. Nur so kann die Emission für ihn erfolgreich verlaufen.
Andererseits könnte der Preis zu hoch sein. In der Konsequenz werden nicht alle Wertpapiere verkauft, so daß der Emittent die restlichen Wertpapiere selbst halten muß. Vorausgesetzt, daß der Emittent die Wertpapiere vollständig plazieren wollte, hat er in diesem Fall sein Ziel ebenfalls nicht erreicht.
Ferner bringt eine Emission auch hohe Kosten[171] mit sich, die eingespielt werden müssen. Es muß also das erklärte Ziel des Emittenten sein, die angestrebte Kapitalmenge vollständig zu erhalten. Voraussetzung dafür ist jedoch eine erfolgreiche Emission. Das emittierende Unternehmen wird also alles daran setzen, daß die Emission nicht fehlschlägt (z. B. auf Grund von sich ändernden Marktbedingungen). Dieses Risiko versucht der Emittent, durch den Einsatz von Investmentbanken abzusichern.

C. Erweiterte Rolle der Banken

I. Vereinzelte Reduzierung der Grundfunktionen

Die soeben dargestellten Funktionen gelten als Hauptaufgaben der *underwriter*. Mit Blick auf die Entwicklung des Emissionsgeschäfts muß allerdings hinzugefügt werden, daß sich die Rolle des „modernen" *underwriter* darin nicht erschöpft.

Insbesondere in Hinblick auf die Risikoteilung hat es Veränderungen gegeben. Die Risikoteilung hat nicht mehr die Bedeutung, die sie einst für das *firm commitment underwriting* hatte, denn die *underwriter* müssen nur noch für kurze Zeit das Risiko tragen. Der endgültige Emissionspreis wird erst ca. 24 Stunden vor der Zulassung festgelegt. Erst dann kann der Verkauf der Wertpapiere rechtmäßig beginnen. Bis zu diesem Zeitpunkt sind die *underwriter* noch nicht vertraglich verpflichtet, die Emission zu übernehmen. Auch nach der Unterzeichnung besteht grundsätzlich die Möglichkeit, vom Vertrag zurück-

[170] Vgl. *Mandelker/Raviv*, Investment Banking: An Economic Analysis of Optimal Underwriting Contracts, 32 J. Fin. (1977), S. 683 f.; *Gilson/Kraakman*, The Mechanisms of Market Efficiency, 70 Va.L.Rev. (1984), S. 549, 616.

[171] Die Kosten liegen zwischen $ 150.000 und $ 500.000; *Ferris/Hiller/Wolfe/Cooperman*, An analysis and recommendation for prestigious underwriter participation in IPOs, 17 J. Corp. L. (1992), S. 581, 582.

zutreten, sofern die Bestimmungen der *market out clause* einen Rücktritt vorsehen (z. B. im Falle einer erheblichen Verschlechterung der Lage des Emittenten).[172] Die Investmentbanken können also immer noch von der Emission Abstand nehmen. Infolgedessen trägt der Emittent jedenfalls das Risiko, das in der Änderung der Marktbedingungen bis zum Beginn des Verkaufs begründet sein könnte.[173] Für die *underwriter* ergibt sich ein weiterer Vorteil dadurch, daß während der *waiting period* bereits der Markt auf Nachfrage geprüft wird.[174] Schon hier kann zumindest ansatzweise festgestellt werden, ob und in welchem Umfang sich die Aktien absetzen lassen. Somit können die Investmentbanken ihr Risiko erheblich begrenzen.

Ein wirkliches Risiko könnte allerdings für die *underwriter* noch während der kurzen Zeit bis zum vollständigen Verkauf der Wertpapiere bestehen. In dieser Zeitspanne müssen die *underwriter* die Risiken sich verändernder Marktbedingungen grundsätzlich tragen. Hier gilt es jedoch zu beachten, daß die *underwriter* oftmals die endgültige Plazierung der Wertpapiere an *dealer* abgeben. So steht die Plazierung der Aktien für sie nicht mehr in Frage. Allerdings erfolgt der Verkauf an die *dealer* erst nach der Zulassung. Sollten bis zu diesem Zeitpunkt Änderungen eingetreten sein und die *dealer* deswegen nicht mehr gewillt sein, Aktien zu kaufen, tragen die *underwriter* das Risiko. Für die Quote, die sie selbst verteilen, verbleibt ihnen das Risiko ebenfalls. Es besteht aber die Möglichkeit, sich begrenzt abzusichern (z. B. durch Hedge-Geschäfte)[175].

---

[172] *Tyler*, More about Blue Sky, 39 Wash & Lee L. Rev. (1982), S. 899, 918; *Smith*, Alternative Methods for Raising Capital: Rights Versus Underwritten Offerings, 5 J. Fin. Econ. (1977), S. 273, 288 f.; *Loss/Seligman*, Securities Regulation, S. 331 f.; *Scott*, Resurrecting indemnification: contribution clauses in underwriting agreements, 61 N.Y.U.L. Rev. (1986), S. 223, 226.

[173] Imagic Inc. To Delay offer due to Market's „unsettled Condition", Wall St. J. Dec. 13 1982, at 20 col. 2.

[174] S. unten § 7 B. II.

[175] Ein Geschäft (Wertpapiereinkauf), welches zur Absicherung von Preisschwankungen mit einem anderen auf den gleichen Zeitpunkt terminierten Geschäft gekoppelt wird (z. B.Wertpapierverkauf). Hedge-Geschäfte sind z. B. *futures* (Verträge, die auf einen bestimmten Termin und Preis lauten, ansonsten standardisiert sind und zu einem bestimmten, vereinbarten Termin erfüllt werden (Wertpapierübergabe etc.) und *options* (Verträge, die zu einem bestimmten Termin die Möglichkeit geben, zu kaufen oder auch zu verkaufen). In beiden Fällen müssen feste Provisionen gezahlt werden. Um Preismanipulationen durch An- und Verkäufe z. B. im Vorfeld einer Emission zu verhindern, wurde die Regulation M [17 C.F.R. § 242.100-105 (1997)] geschaffen. Sie soll verhindern, daß dem Anleger z. B. durch die Preismanipulation ein falscher Anreiz zum Kauf/Verkauf gegeben wird. Im Regelfall müßten auch die Hedge-Geschäfte der *underwriter* unter diese Vorschriften fallen (17 C.F.R. § 242.101), allerdings ist der Handel

Im Gegensatz zur Risikoübernahme reduziert sich die Plazierungsfunktion nur unwesentlich. Zwar geben die *underwriter* teilweise die Plazierung an *selected dealer* weiter, so daß sie diese Aufgabe nicht mehr allein wahrnehmen. Regelmäßig sind sie aber bemüht, die ihren Plazierungsmöglichkeiten entsprechende Quote selbst zu veräußern und somit ihren Aufgaben nachzukommen. Unterschiede zwischen der Höhe der Risikoübernahmequote und der Plazierungsquote sind darüber hinaus von jeher üblich. Man kann daher nicht von einer wesentlichen Reduzierung der Plazierungsfunktion sprechen.

II. Weitere Aufgaben

Die vorangegangenen Feststellungen zeigen, daß es neben den beiden ursprünglichen Aufgaben durchaus noch weitere geben könnte, die die Rolle der Investmentbanken im *underwriting* Prozeß verdeutlichen.

1. Sorgfältigkeitsprüfung als Prüfung der Angaben des Emittenten

Betrachtet man die Tätigkeiten der Banken, die sie bei einer Emission von Wertpapieren übernehmen, so fällt die Durchführung der *due diligence*[176] ins Auge. Der *underwriter* holt umfassende Informationen über das Unternehmen ein. Er überprüft danach den Zulassungsantrag und erstellt schließlich einen ordnungsgemäßen Antrag. Mit dieser Sorgfältigkeitsprüfung bescheinigt der *underwriter* die Richtigkeit des Zulassungsantrags nach den Regelungen des SA.[177] Im Falle von Falschangaben im Zulassungsantrag sieht der SA eine Haftung der *underwriter* zum Schutz der Anleger vor. Die Haftung kann nur durch diese Sorgfältigkeitsprüfung vermieden werden.[178] Daher ist die *due diligence* u. a. eine Kontrolle, ob alle Publizitätsdokumente korrekt sind.[179]

---

mit Derivaten ausgenommen, so daß die *underwriter* befugt sind, diese Geschäfte zu tätigen.

176 Die *due diligence* ist eine Sorgfältigkeitsprüfung in bezug auf das emittierende Unternehmen. Damit werden u. a. auch die Angaben im Zulassungsantrag überprüft. Mit dieser Überprüfung kann die Investmentbank einer Haftung wegen eines fehlerhaften Prospekts [15 U.S.C. § 77 k (b) (3)] vorbeugen; s. dazu eingehender unter § 8; vgl. *Ferris/Hiller/Wolfe/Cooperman*, An analysis and recommendation for prestigious underwriter participation in IPOs, 17 J. Corp. L. (1992), S. 581, 582.

177 *Easterbrook/Fischel*, Mandatory Disclosure and the Protection of Investors, 70 Va. L. Rev. (1984), S. 669, 673-675; *Ritter*, Costs of going public, 19 J. Fin. Econ. (1987), S. 269, 281; *Ferris/Hiller/Wolfe/Cooperman*, An Analysis and Recommendation for Prestigious Underwriter Participation in IPOs, 17 J. Corp. L. (1992), S. 581, 584.

178 15 U.S.C. § 77 k (a), Befreiung: 15 U.S.C. § 77 k (b) (3); *Escott v. BarChris Construction Corporation*, 283 Fed. Supp. 643, 696 (1968); *Cohen*, The integrated disclosure system – unfinished business, 40 Bus. Law. (1985), S. 987, 995.

179 *Langevoort*, Information Technology and the Structure of Securities Regulation, 98 Harv. L. Rev. (1985), S. 747, 769.

Der Haftung liegt folgender Gedanke zugrunde: Die Beziehung zwischen *underwriter* und Emittent sei so intensiv, daß der *underwriter* den Emittenten dazu bewegen könne, einen fehlerhaften Zulassungsantrag zu korrigieren.[180] Falls der Emittent die notwendigen Änderungen nicht vornimmt, könnte der *underwriter* z. B. die Emission verzögern oder sogar ganz stoppen.[181]
Der *underwriter* kann auf Grund der Sorgfältigkeitsprüfung und auf Grund seiner Erfahrung das emittierende Unternehmen von einem objektiven und gut informierten Standpunkt aus beurteilen.[182] Daher wird die *due diligence* auch oft als gesetzliche Pflicht betrachtet, die den Anleger letzten Endes absichert. Durch die *due diligence* soll dem Anleger bestätigt werden, daß er korrekte Informationen erhält.[183]

Informationen und vor allen Dingen deren Weitergabe sind für die Märkte von großer Bedeutung. Der Anleger muß die Möglichkeit erhalten, eine informierte Investmententscheidung zu treffen. Die selbständige Informationsbeschaffung ist aber kosten- und zeitintensiv. Davon abgesehen bleibt das Problem der Überprüfung dieser Informationen. Selbst wenn der Emittent den Investor einzeln unterrichten könnte, muß der Käufer in diesen Fällen auf die Richtigkeit der Aussagen des Emittenten vertrauen. Er muß deshalb immer befürchten, unvollständige oder verfälschte Informationen zu erhalten, wenn der Emittent gleichzeitig die Quelle der Informationen ist. Durch den Prospekt, dessen Richtigkeit durch die Zustimmung der Banken nach Abschluß der *due diligence* bestätigt wird, erlangt der Anleger sichere Informationen, die ihn bei seiner Entscheidung leiten können.[184]
Ein Informationsgewinn unter Zuhilfenahme der *underwriter* ist insgesamt kostengünstiger. Der Informant muß zwar vergütet werden, doch verteilen sich

[180] *„The underwriter must play devil's advocat"* , *Feit v. Leasco Data Processing Equipment Corp.*, 332 F. Supp. 544, 582 (1971); *Nicholas*, The Integrated Disclosure System and impact upon underwriters' due diligence: Will Investors be protected, 11 Sec. Reg. L. J. (1983-1984), S. 3, 12.

[181] Vgl. *Nicholas*, The Integrated Disclosure System and impact upon underwriters' due diligence: Will Investors be protected, 11 Sec. Reg. L. J. (1983-1984), S. 3, 12.

[182] *Nicholas*, The Integrated Disclosure System and impact upon underwriters' due diligence: Will Investors be protected, 11 Sec. Reg. L. J. (1983-1984), S. 3, 15.

[183] *Carney*, The limits of the fraud on the market doctrine, 44 Bus. Law. (1989), S. 1259, 1289; *Athur Young & Company v. United States District Court*, 549 F.2d 686, 695 (1977).

[184] *„Seal of approval": Langevoort*, Information technology and the structure of securities regulation, 98 Harv. L. Rev. (1985), S. 747, 761; *Ferris/Hiller/Wolfe/Cooperman*, An Analysis and Recommendation for Prestigious Underwriter Participation in IPO's, 17 J. Corp. L. (1992), S. 581, 584. Der Anleger vertraut ferner auch auf die Integrität des Marktes und die Wertpapierkurse, die ihm den wahren Wert der Papiere, in die er investieren will, verdeutlichen sollen. Letztlich vertraut er auf den gesetzlich festgelegten Zulassungsprozeß; *Athur Young & Company v. United States District Court*, 549 F. 2d 686, 695 (1977).

die Kosten auf alle Informationssuchenden. Es muß nicht jeder einzelne Investor eine eigene kostenintensive Recherche betreiben. Durch die Beteiligung der Investmentbank können somit die Kosten gesenkt werden.[185]

2. Prestige der Banken als Qualitätssignal

Nicht jede Investmentbank setzt durch ihre *due diligence* das Signal zum Kauf der Wertpapiere für den Anleger. Dies ist vielmehr vom Prestige (*standing*) einer Investmentbank abhängig. Je größer das Ansehen eines *underwriter*, um so eher wird der Anleger bereit sein, Aktien zu erwerben. Das Vertrauen des Käufers in ein Wertpapier kann also stark von dem *standing* der ausgewählten *underwriters* beeinflußt werden.
Der Emittent ist in den meisten Fällen bestrebt, *underwriters* mit einem hohen Ansehen zu rekrutieren, damit die Käufer dem Erfolg der Emission und der ordnungsgemäßen Publizität mehr Vertrauen schenken. Renommierte Investmentbanken verschaffen dem eher wenig bekannten Emittenten Glaubwürdigkeit beim Publikum.[186] Es ist auch denkbar, daß der Emittent einen kleineren und damit möglicherweise weniger bedeutenden *underwriter* wählt. So z. B., wenn er sein Angebot regional tätigen möchte; oder wenn er nicht in der Lage ist, mit seinen Wertpapieren das Interesse von bedeutenden nationalen Investoren zu wecken. In diesem Fall sind die Dienste einer überregionalen, wenn nicht sogar international tätigen Investmentbank nicht notwendig. Hier ist eine kleinere, lokal tätige Bank gefragt, die die wesentliche Klientel für diese Emission erreicht. Der Emittent sollte sich in jedem Fall seine eigene Stellung bei der in Frage kommenden Investmentbank vergegenwärtigen. Viele Emittenten ziehen es vor, ein wichtiger Klient eines kleineren *underwriter* zu sein, als ein weniger bedeutender Kunde bei einem namhaften *underwriter*. Die Emittenten erwarten von der kleineren Bank eine exklusivere Betreuung.[187]

---

[185] *Economies of scale and scope; Gilson/Kraakman,* The Mechanisms of Market Efficiency, 70 Va.L.Rev. (1984), S. 549, 616; *Beatty/Ritter,* Investment Banking, Reputation, and the underpricing of Initial Public Offerings, 15 J. Fin. Econ. (1986), S. 213, 216 f.; *Langevoort*, Information technology and the structure of securities regulation, 98 Harv. L. Rev. (1985), S. 747, 760.

[186] *Klinges*, Expanding the liability of managing underwriters under the Securities Act of 1933, 53 Fordham L.Rev. (1985), S. 1063, 1082; *Baron* , A Model of the demand for investment Banking Advising and Distribution Services for New Issues, 37 J. Fin. (1982), S. 955, 956.

[187] Vgl. *Parker*, Investment Banking, in: Handbook of modern finance, ch. A 2, S. A 2 - 24. Ferner sind die Investmentbanken häufig spezialisiert. So gibt es *underwriter*, die vorrangig IPOs kleinerer Unternehmen begleiten (Hambrecht & Quist), andere legen ihren Schwerpunkt bei Hightech-Unternehmen und einige führen vorzugsweise *seasoned offerings* durch. Vertiefend zur Auswahl des *lead manager: Simons,* Considerations in selecting the managing underwriter(s) for an initial public offering, 1008 Practising Law Institute, corporate law and practice course handbook series, S. 23 ff.

Diese Abhängigkeit von Ansehen und ordnungsgemäßer Sorgfältigkeitsprüfung der *underwriter* geht auf eine der ersten Gerichtsentscheidungen zur *due diligence* zurück.[188] Die *underwriters* hatten in diesem Fall den Publizitätsdokumenten des Emittenten blind vertraut. Sie hatten es versäumt, die Informationen für den Anleger zu prüfen. In der Folge mußten sie für ihr Fehlverhalten haften. In der Entscheidung wurde ausdrücklich darauf hingewiesen, daß sich die Investoren in der Regel auf das *standing* der *underwriter* bei der Bewertung der Wertpapiere verlassen.[189]

Das *standing* der *underwriters* ist für den Anleger gut erkennbar. Durch öffentliche Bekanntmachungen [*tombstone advertisements (ads)*] von Neuemissionen in der einschlägigen Finanzpresse (z. B. WSJ) werden dem Anleger solche Informationen zugänglich gemacht. Neben Einzelheiten über die Emission (Größe, Wertpapierart) wird die Zusammensetzung des Konsortiums vorgestellt.[190] In den Vereinigten Staaten ist es üblich, die Investmentbanken in verschiedene Abteilungen (*brackets*) einzuteilen. Es gibt überregionale, sehr gute und gute *underwriter* (*major* und *submajor bracket*), *second bracket* und regionale *underwriter*.[191] Die führenden Investmentbanken [wie z. B. Goldman Sachs & Co (www.gs.com); Merrill Lynch (www.ML.com); Morgan Stanley Dean Witter & Co (www.morganstanley.com); J.P.Morgan Chase & Co (www.jpmorganchase.com)] haben zusätzlich noch eine *bulge bracket* (übergeordnete Einteilung) gebildet.[192]
Innerhalb dieser *brackets* herrscht eine alphabetische Rangfolge.[193] Mit der Stellung des einzelnen *underwriter* in dieser Hierarchie hat sich ein Schema entwickelt, demgemäß zwischen angesehenen und weniger angesehenen Investmentbanken unterschieden wird. Die Gewinnbeteiligungen der Banken korrelieren direkt mit der Position in einer *tombstone ad.*[194] Aufstieg und Fall

---

188 *Escott v. BarChris Construction Corporation*, 283 Fed. Supp. 643 (1968).

189 „Rely upon the reputation of the underwriters", *Escott v. BarChris Construction Corporation*, 283 Fed. Supp. 643, 696 (1968).

190 Je nach Größe der Emission handelt es sich um ein umfangreiches Konsortium.

191 Die Begriffe werden allerdings nicht einheitlich genutzt. In der Ökonomie wird bevorzugt eine Einteilung in angesehene und weniger angesehene *underwriter* vorgenommen. *Major* und *submajor bracket* sind danach angesehene *underwriter*. Alle anderen fallen unter die weniger angesehenen Investmentbanken.

192 Daraus hat sich ein Wettstreit bezüglich der Bildung neuer und spezieller *brackets* entwickelt. S. dazu *Monroe*, Just like film stars, Wall Streeters' battle to get top billing, WSJ vom 15. Januar, 1986, 1986 WL-WSJ 280844.

193 *Parker*, Investment Banking, in: Handbook of modern finance, ch. A 2, S. A 2 - 20; *Hayes*, Investment banking: power structure in flux, 49 Harv. Bus. Rev. (1971), S. 136, 138-141.

194 Bedingt dadurch, daß die Investmentbanken je nach ihrer Stellung in der Anzeige und somit ihrer Stärke Wertpapiere zugeteilt bekommen; vgl. *Rea/Grant*, The syndication and marketing process, in: Securities underwriting, ch. 11, S. 277, 285; *Carter/Manaster*, Initial public offerings and underwriter reputation, 45 J. Fin. (1990), S. 1045, 1054.

der Banken kann somit durch die Beobachtung der *tombstone ads* verfolgt werden. Daher herrscht reger Wettbewerb. Jede Investmentbank ist bestrebt, möglichst in den oberen *brackets* erwähnt zu werden. Jedoch wird der Wettbewerb nicht auf der Basis von niedrigeren Angeboten zu Lasten des Konsortialnutzens ausgetragen, da der Emittent die einzelnen Investmentbanken auf Grund ihrer Erfahrung auswählen wird.[195]

Die Position des *underwriter* wird durch verschiedene Kriterien bestimmt:

- Die Klientel des *underwriter*: Eine Auflistung der Kunden und die am Markt durchgeführten Transaktionen verschaffen Stabilität und Absicherung.

- Die Kapitalstärke seines Unternehmens: Die NYSE gibt bestimmte Kapitalerfordernisse vor, um sicher zu gehen, daß ausreichend Kapital vorhanden ist. Diese Erfordernisse stimmen mit den Regelungen, die für den *underwriting* Prozeß gelten, überein.

- Die Plazierungskraft.

- Eine starke Konsortialabteilung: Da jede Investmentbank bestrebt ist, zu den besten zu gehören und als *lead manager* zu fungieren, ist es notwendig, mit anderen Investmentbanken guten Kontakt zu pflegen (z. B. Syndikatsbildung). Dabei ist das Ansehen dieser Partner wiederum für das eigene Renommee von großer Bedeutung.[196]

Daraus ergibt sich mittelbar, daß das Plazierungsverhalten eines *underwriter* mit dessen *standing* und mit der Qualität der *due diligence* verbunden ist.
Der *underwriter* bemüht sich, sich durch unterschiedliche Plazierungsklientel zu unterscheiden. Die Banken mit hervorragendem *standing* werden bevorzugt an institutionelle Investoren verkaufen, während sich der weniger angesehene *underwriter* vornehmlich an Privatkunden wenden wird. Dem liegt die Annahme zugrunde, daß die *due diligence* bei dem angesehenen *underwriter* besser durchgeführt wird. Institutionelle Investoren verlangen zumeist eine sehr gute

---

[195] Vgl. *Ritter*, Initial Public Offerings, in: Handbook of modern finance, ch. D 11, S. D 11-3; *Parker*, Investment Banking, in: Handbook of modern finance, ch. A 2, S. A 2 –22; *Carter/Manaster*, Initial public offerings and underwriter reputation, 45 J. Fin. (1990), S. 1045, 1054.

[196] Vgl. *Hayes*, Investment banking: power structure in flux, 49 Harv. Bus. Rev. (1971), S. 136, 142-145; *Rea/Grant*, The syndication and marketing process, in: Securities underwriting, ch. 11, S. 277, 286; *Parker*, Investment Banking, in: Handbook of modern finance, ch. A 2, S. A 2 – 23.

due diligence.[197] Aufgrund ihrer eigenen Informationen (Erfahrungen mit Zulassungsprozeß; Fachwissen in bezug auf die Wachstumschancen eines Unternehmens etc.) erwarten sie eine umfassende und ordnungsgemäße *due diligence.* Der erhebliche Einfluß der Institutionen am Markt erlaubt es ihnen auch, diese Anforderungen an einen *underwriter* zu stellen, wenn sie die Wertpapiere kaufen „sollen".

Die Zusammenarbeit mit Investmentbanken, die ein hohes Ansehen genießen, ist aus verschiedenen Gründen für das emittierende Unternehmen wünschenswert. Es wurde bereits auf das Gütesiegel *„due diligence"* hingewiesen. Einige empirische Untersuchungen im Zusammenhang mit dem *pricing*[198] von IPOs haben darüber hinaus ergeben, daß es weniger angesehenen Investmentbanken an Erfahrung und an Fachwissen fehlt, die Sorgfältigkeitsprüfungen angemessen durchzuführen.[199] Gerade in bezug auf die Erfahrung zeigt sich der Teufelskreis, der mit dieser Argumentation verbunden ist. Wenn es den weniger angesehenen Investmentbanken an Erfahrung fehlt, sie aber nur mit mehr Erfahrung in die oberen *brackets* der Konsortien aufgenommen werden, können sie die Erfahrungen auch nicht sammeln. Diese Tatsache kommt den großen Banken sehr entgegen, da es ihre Position sichert. In diesem Zusammenhang muß jedoch beachtet werden, daß nicht alle Emittenten in der Lage oder willens sind[200], eine große Investmentbank als Konsortialführer zu beauftragen. In diesen Fällen können dann kleinere Investmentbanken ausgesucht werden und ihre eigenen Erfahrungen sammeln. In der Folge wird ihnen möglicherweise das Emissionsgeschäft mit den großen Investmentbanken eröffnet.
Die Beauftragung einer namhaften Investmentbank birgt einen weiteren Vorteil für den Emittenten: Er kann davon ausgehen, daß der Prospekt entsprechend sorgfältig erstellt wurde, da die Banken ihre Reputation nicht gefährden wollen. Folglich ist auch die Gefahr, im nachhinein von Anlegern wegen falscher Angaben verklagt zu werden, verhältnismäßig gering.

Nach allem macht die Wahl einer Investmentbank schon erste Aussagen über die Qualität der emittierenden Gesellschaft. In verschiedenen ökonomischen

---

[197] *Beatty/Ritter*, Investment Banking, Reputation, and the underpricing of Initial Public Offerings, 15 J. Fin. Econ. (1986), S. 213, 214 (Fn. 2)

[198] Siehe dazu später unter § 6 C. II.

[199] *Tinic*, Anatomy of initial public offerings of common stock, 43 J. Fin. (1988), S. 789, 819.

[200] Es kann z. B. sein, daß es dem Emittenten darauf ankommt, bei dem Konsortialführer vollständige Priorität zu besitzen und nicht einer unter vielen zu sein. Letzteres kann bei den großen, renommierten Investmentbanken aber durchaus der Fall sein. Der Emittent wird dann vielleicht lieber auf eine kleine Investmentbank zurückgreifen. Diese kann dann zwar keine Erfahrungen bei einer großen Emission sammeln, so aber jedoch überhaupt Kenntnisse erlangen.

Modellen[201] wird dies nachgewiesen: Den Ausgangspunkt bilden Informationsasymmetrien zwischen den Unternehmensinhabern, die die Wertpapiere emittieren, und dem investierenden Publikum. Die potentiellen Anleger sind sich keineswegs sicher, ob der Emissionspreis dem tatsächlichen Wert der Anteile entspricht. Der Emittent bedient sich eines *underwriter*, der die Übereinstimmung des Emissionspreises mit den im Besitz des Unternehmens befindlichen Informationen über die zukünftigen Erträge bescheinigt. Die Anleger sind in der Lage, sich ein Bild von der Emission durch die Einbeziehung der Qualität von vorangegangenen Emissionen dieser Investmentbank zu machen. Auch das *standing* der Bank in der Branche ist entscheidend, um die Emission einschätzen zu können.[202] So werden dem Anleger weitere Unsicherheiten genommen, die mit seinem Informationsbedürfnis und der Prüfung der Informationen in Zusammenhang stehen.

Investmentbanken mit hohem Ansehen bevorzugen große und möglichst risikolose Emissionen. Das hängt damit zusammen, daß eine erfolglose Neuemission dem Prestige der einzelnen Bank durchaus schaden kann.[203] Die Beteiligung angesehener *underwriter* an einer Emission zeigt damit in der Regel die Güte der Emission an und weist auf ein geringes Risiko hin.[204]
Darüber hinaus beschafft der *underwriter* weitere Informationen, so daß der Anleger letzten Endes eine bessere Anlageentscheidung treffen kann. Die Fähigkeit, die Informationen zu überprüfen, wird auch durch das Kapital bestimmt, über das die Investmentbanken entsprechend ihrem Renommee verfügen. Angesehene Investmentbanken nehmen regelmäßig an großen Emissionen teil. Dadurch können sie ihre Ertragskraft steigern. Das führt gleichzeitig dazu, daß sie auch sehr gute Kräfte für die *due diligence* „einkaufen" können. Die Ergiebigkeit der Informationen wird folglich größer sein, wenn es sich um einen *underwriter* mit ausgezeichneter Reputation handelt.

Zudem zeigen Untersuchungen, die sich mit dem Verhältnis der Investmentbanken zu den Wirtschaftsprüfern beschäftigen, daß renommierte Investment-

---

[201] Sie werden im folgenden kurz dargestellt.

[202] Vgl. *Beatty/Ritter*, Investment Banking, Reputation, and the underpricing of Initial Public Offerings, 15 J. Fin. Econ. (1986), S. 213, 227; *Rock*, Why new issues are underpriced, 15 J. Fin. Econ. (1986), S. 187, 205 f.; *Booth/Smith*, Capital Raising, Underwriting and the Certification Hypotheses, 15 J. Fin. Econ. (1986), S. 261, 280. Zur Preisfestsetzung eingehender unter § 7 B.

[203] *Carter/Manaster*, Initial Public Offerings and Underwriter Reputation, 45 J. Fin. (1990), S. 1045, 1046.

[204] *Ferris/Hiller/Wolfe/Cooperman*, An Analysis and Recommendation for Prestigious Underwriter Participation in IPOs, 17 J. Corp. L. (1992), S. 581, 597 f.

banken häufig Wirtschaftsprüfer mit gutem Ruf beschäftigen.[205] Das beinhaltet nicht, daß die Auswahl immer den Investmentbanken überlassen bleibt, denn oftmals beschäftigt der Emittent bereits einen Wirtschaftsprüfer. Allerdings sind die *underwriter* entweder stillschweigend einverstanden oder sie bedeuten dem Emittenten, daß der Rechnungsprüfer nicht für die Emission geeignet ist. Die Investmentbanken, die auf ihre Reputation bedacht sind, bevorzugen hoch angesehene Rechnungsprüfer, um finanzielle Informationen im Emissionsprozeß prüfen zu lassen und um eine Falschbewertung zu vermeiden.[206] In der Folge steigt das Vertrauen der Anleger in die Aktien.

Ferner hat eine Investmentbank mit gutem *standing* auch einen bedeutenderen Einfluß auf die Sekundärmarktstützung als vergleichbare kleinere Banken. Sie ist eher in der Lage, Kursschwankungen nach der Emission aufzufangen. Mit verschiedenen Analysen des Unternehmens kann der *underwriter* das Interesse der Anleger an den Wertpapieren auf einem hohen Niveau halten.[207]

D. Schlußfolgerungen

Die Ausführungen zeigen, daß es für ein Unternehmen viele Gründe gibt, eine Investmentbank mit der Durchführung einer Emission zu beauftragen. Wichtige Aufgaben werden auf die Investmentbanken übertragen. Neben den grundlegenden Funktionen der Plazierung und der Übernahme etwaiger Risiken ist die Stellung der Investmentbanken als eine Art Informationsintermediär mit in den Vordergrund getreten.[208] Die Bank scheint eine Garantie für einen angemessenen und wahrheitsgetreuen Informationsfluß zu sein.[209] Dies wird durch die im SA gesetzlich normierte Haftung untermauert, die der *underwriter* nur durch eine Sorgfältigkeitsprüfung der Angaben des Emittenten umgehen kann. Dem Anleger werden dadurch Informationen von einem objektiven Standpunkt geboten. Dies ist für ihn eine Absicherung, die das Vertrauen in eine von einer Investmentbank begleiteten Emission steigert.

---

[205] Zu den Aufgaben der Wirtschaftsprüfer siehe ausführlicher *Hildreth/Love*, Accounting considerations in an IPO, 1008 Practising Law Institute, corporate law and practice course handbook series, S. 289 ff.

[206] *Balvers/McDonald/Miller*, Underpricing of new issues and the choice of auditor as a signal of investment banker reputation, 63 Acc. Rev. (1988), S. 605, 620.

[207] *Parker*, Investment Banking, in: Handbook of Modern Finance, ch. A 2, S. A 2 - 24.

[208] *Scott*, Resurrecting indemnification: contribution clauses in underwriting agreements, 61 N.Y.U.L. Rev. (1986), S. 223, 226.

[209] *Rock*, Mandatory disclosure as credible commitment: going public, opting in, opting out and globalization, working paper, 1998, S. 16; *Brealey/Myers*, Principles of corporate finance, ch. 15, S. 386; hier wird die Rolle des *underwriter* als die einer Hebamme u. a. zur Finanzierung der Emission (*financial midwife*) beschrieben. Ist das Unternehmen einmal am Markt plaziert, ist die Funktion des *underwriter* begrenzt.

Der *underwriter* kann ferner als eine Art „Gütesiegel“ bezeichnet werden.[210] Eine von Investmentbanken begleitete Emission bürgt für Qualität. Es wird eine Unterscheidung getroffen, die in der Branche sogar im Rahmen von öffentlichen Anzeigen deutlich gemacht wird. Die Investmentbanken werden entsprechend ihrem *standing* klassifiziert. Ein gutes *standing* deutet auf eine kompetente und erfahrene Bank hin. Zugleich zeigt es, daß die Emission von überdurchschnittlicher Qualität ist. Die Bank stellt somit ihr Prestige in den Dienst der Emission, um die Qualität derselben zu unterstreichen. Findet der Emittent eine Investmentbank aus den führenden *brackets,* so signalisiert er damit seine hochwertigen (risikoarmen) Wertpapiere. Mit der Auswahl der Investmentbank setzt der Emittent bereits ein Signal („Taten sprechen mehr als Worte“).[211]

In diesem Rahmen konnten nicht alle Funktionen einer Investmentbank beim *underwriting* aufgezeigt werden. Bei den Erwägungen insbesondere zu den *tombstone ads* wurde vorrangig die Rolle der *lead manager* beleuchtet, da sie es sind, die die Emission (im engeren Sinne) begleiten. Die Beteiligung der einfachen Konsortialmitglieder läßt sich neben der Vertrauensfunktion für die Anleger mit Plazierungsaufgaben und Risikoteilung begründen. Größere Plazierungskraft kann in der Regel nur durch die Beteiligung mehrerer Distributoren erreicht werden. Auch eine effiziente Risikoteilung kann nur mit unterschiedlichen Investmentbanken erfolgreich sein. Insgesamt verhilft ein starkes Konsortium einer Emission regelmäßig zum Erfolg.[212]

Unerwähnt bleibt, warum die Investmentbanken die Risiken und Kosten auf sich nehmen. Verfehlt ist jedenfalls die Annahme, die Investmentbanken handelten altruistisch nur zum Vorteil des Emittenten und des Anlegers. Sie erwarten in der Regel einen hohen Konsortialnutzen.[213] Das einzelne Konsortialmitglied ohne Sonderaufgaben, das bei der Plazierung u. U. nicht umfassend mitwirken kann, erzielt keinen großen Gewinn. Für diese Konsorten ist die Möglichkeit, an einer erfolgreichen Emission teilzunehmen, bereits Anreiz genug. Ein weiterer Anreiz besteht darin, eine der oberen Positionen in einem *tombstone ad* einzunehmen und somit bei der nächsten Emission bessere Beteiligungsmöglichkeiten zu haben.[214] An gegebener Stelle wird auf einzelne Aspekte und Probleme vertieft eingegangen.

---

[210] Vgl. *Eckbo/Masulis,* Adverse selection and the rights offer paradox, 32 J. Fin. Econ. (1992),
S. 293, 330.

[211] *Leland/ Pyle,* Informational Asymmetries, Financial Structure, and Financial Intermediation, 32 J. Fin. (1977), S. 371

[212] Bei dieser Aussage wird vorausgesetzt, daß der Markt stabil ist.

[213] S. dazu § 6 B. I.

[214] *D'Alimonte/Pohlen,* Underwriting Arrangements and Documents, 1043 Practising Law Institut, Corporate Law and Practice Course Handbook Series 1998, S. 133, 178 f.

Dieses Fazit soll nicht den Eindruck erwecken, nur große Investmentbanken hätten Chancen am Markt und übernähmen die geschilderten Aufgaben (insbesondere Prestige und damit Gütesiegel). Wie bereits erwähnt, kann auch eine kleinere, aber spezialisierte Investmentbank große Vorteile für den einzelnen Emittenten bieten. Dies ist von Emission zu Emission verschieden und kann nur in groben Zügen vereinheitlicht dargestellt werden.

Schließlich sei noch auf den Interessenkonflikt der Investmentbanken hingewiesen. Vom rechtlichen Standpunkt aus betrachtet ist ihre Mitarbeit bei einer Emission notwendig, um den Anleger zu schützen. Wirtschaftlich betrachtet kommt es zu einer Interessenkollision. Sie haben die Verpflichtung dem Publikum gegenüber, eine angemessene *due diligence* durchzuführen und damit ihre Rolle als Informationsintermediär anzunehmen. Darüber hinaus werden sie für den Emittenten tätig und müssen den getroffenen Vereinbarungen nachkommen. Schließlich bleibt noch das eigene Interesse, mit den begleiteten Emissionen Gewinn zu erzielen. Diese Konfliktlage gilt es, im Laufe des Emissionsprozesses für alle Beteiligten zufriedenstellend zu lösen, was in der Regel nicht ohne eine Reihe von Kompromissen möglich ist.

§ 6 Anreize für die *underwriter* (*compensation*)

A. Einführung

In den vorangegangenen Ausführungen ist deutlich geworden, daß der Einsatz von Investmentbanken für die Emission eines Unternehmens eine Reihe von Vorteilen mit sich bringt. Wie aber bereits ebenfalls angedeutet, darf nicht der Eindruck entstehen, die *underwriter* seien selbstlos und nur zum Wohl der Anleger tätig. Neben der Tatsache, daß die Beteiligung an einer erfolgreichen Emission für das Geschäft der Banken (standing etc.) förderlich ist, müssen den Banken weitere Anreize gegeben werden, die erwünschten Tätigkeiten zu übernehmen.

Die Anreize müssen einen Ausgleich für die Leistungen darstellen, die die *underwriter* erbringen. Dieser Ausgleich wird auch als *underwriter's compensation* bezeichnet. *Compensation* erfolgt in den unterschiedlichsten Formen. So erhalten die *underwriter* einen Preisnachlaß (*discount* oder *commission*) beim Kauf der Wertpapiere von dem Emittenten. Ferner gibt es Aufwandsentschädigungen in Geld (*expense allowance*), Optionsscheine, sonstige Wertpapiere, Absprachen bezüglich der Begleitung zukünftiger Emissionen und Beratungsvereinbarungen.

Die Kompensation für die *underwriter* wird meist bis ins Detail im *letter of intent* geregelt.[215] Da die *underwriter* Mitglieder der NASD sind,[216] unterliegen sie auch den *rules of fair practice* der NASD.[217] In diesen Regeln, die inzwischen Bestandteil der conduct rules[218] sind, werden Beschränkungen bezüglich der Höhe der Vergütung aufgezeigt. Diese Maßstäbe werden als

---

[215] Zu der Vereinbarung *letter of intent* s. bereits § 4 B. II. 2.; *Goldwasser*, The underwritten offering, in: Securities law techniques, vol. 1, ch. 15, § 15.04 [3]; *D'Alimonte*, The letter of intent and the basic structure of an offering, in: Securities underwriting, ch. 5, S. 85, 94 f.; Bloomenthal, Going public and the public corporation, vol. 1A, ch. 8, S. 8 – 12 f.; *Brecher*, Public offerings, in: New York practice guide, business and commercial, vol. 2, ch. 9, § 9.08 [1].

[216] 15 U.S.C. § 78o (b) (8).

[217] Die Restriktionen durch die Regulierung der NASD werden im Anschluß an die Darstellung der Vergütung erläutert. Zusätzlich zur Regelung der NASD gelten in den einzelnen Bundesstaaten auch Vorschriften, die für die Vergütung der *underwriter* entscheidend sind. Ferner hat die North American Securities Administrators Association, Inc. (NASAA) für die *blue sky administrators* bestimmte Richtwerte festgesetzt, nach denen eine Emission verboten werden kann; NASAA's Statement of policy regarding underwriting expenses, underwriter's warrants, selling expenses and selling security holders, NASAA Reports (CCH), ¶ 3671.

[218] Die *rules of fair practice* sind inzwischen Teil der *conduct rules* der NASD (NASD MANUAL – Conduct Rules [2000-3000]); *Johnson/McLaughlin*, Corporate finance and the securities laws, S. 322.

Richtschnur für die Überprüfung des Ausgleichs verschiedener *underwriting* Dokumente (z. B. im *letter of intent*) genutzt.[219]

B. *Underwriters' compensation*

I. Preisabschlag oder Provision

Ein wichtiges geldwertes Element bei der Kompensation der *underwriter* ist die Gewährung eines Preisabschlags (*discount*) oder einer Provision (*commission*).[220] Grundlage ist dabei die Spanne zwischen dem Emissionspreis, den die Anleger für die angebotenen Wertpapiere zahlen, und dem Preis, den die *underwriter* für die Wertpapiere an den Emittenten zahlen müssen. Die Spanne wird auch als Konsortialnutzen (*gross spread*) bezeichnet.[221] Sie beträgt üblicherweise zwischen 6 % und 10 % des Emissionsvolumens, ist aber grundsätzlich verhandelbar.[222] Es gibt verschiedene Faktoren, von denen die Höhe des Konsortialnutzens entscheidend abhängt. Zunächst gilt es zwischen einem IPO und einem *seasoned offering* zu unterscheiden.[223] Daneben kommt es auf den Bekanntheitsgrad des emittierenden Unternehmens an.

Ein IPO einer unbekannten Gesellschaft wird höhere Provisionen für die *underwriter* erfordern als ein *seasoned offering* eines erfolgreich eingeführten Unternehmens, da höhere Risiken auszugleichen sind. Ferner ist die Größe der Emission von Bedeutung. Je kleiner das Volumen, desto höher kann die

---

[219] NASD MANUAL – Conduct Rules [2000-3000], 2710. Corporate Financing Rule (b); vertiefend *Rothwell*, NASD rules for public offerings, in: Securities law techniques, vol. 2, ch. 25, § 25.02.

[220] Hier erfolgt ein Zufluß von Geldmitteln; *Gutterman*, Managing the initial public offering of securities, S. A- 49; *Grant*, Overview of the underwriting process, in: Securities underwriting, ch. 2, S. 25, 28; NASD MANUAL – Conduct Rules [2000-3000], 2710. Corporate Financing Rule, (c) (3) (A) (i).

[221] *D'Alimonte/Pohlen,* Underwriting arrangements and documents, 1043 Practising Law Institute, Corporate Law and Practice Course Handbook Series, S. 133, 177; *Parker*, Investment Banking, in: Handbook of modern finance, ch. A 2, S. A 2 – 18; *Loss/Seligman,* Securities regulation, vol. I, S. 342.

[222] Corporate Finance Institute, Inc., IPO journal, Trends and techniques for the IPO professional, vol. 1 no. 1, August 1998, S. 24-27, 45. Auf Grund steigenden Wettbewerbs soll gerade bei Aktienemissionen der *gross spread* in den letzten Jahren zurückgegangen sein; s. *Picker*, No more sticky fees, Institutional Investor, September 1998, S. 30.

[223] Hierzu gibt es ökonomische Untersuchungen, wonach der Konsortialnutzen in IPOs signifikant niedriger ausfällt, wenn die Unternehmen im Anschluß an das IPO weitere Aktien durch denselben *underwriter* emittieren, als wenn die Gesellschaft nicht weiter mit dem ursprünglichen *underwriter* zusammenarbeitet oder keine weitere Emission erfolgt; *James*, Relationship-specific assets and the pricing of underwriter services, 47 J. Fin. (1992), S. 1865, 1884.

Provision ausfallen. Schließlich spielt auch die Emissionsform eine Rolle.[224] Beispielsweise liegt der Konsortialnutzen eines IPO mit einem Emissionsvolumen von US$ 25 bis 75 Millionen bei ca. 6,8 %. Bei einem *seasoned offering* liegt der Konsortialnutzen dagegen bei nur ca. 5 %.[225] Die endgültige Höhe der Provision läßt sich dem *underwriting agreement* entnehmen.

Der *gross spread* zerfällt in drei Teile. Zunächst erhalten die *lead manager* als Anerkennung dafür, daß sie den gesamten Emissionsprozeß leiten, eine Vergütung aus der Marge der gesamten Emission. Diese beläuft sich auf einen vorher fixierten Prozentsatz der Marge (ca. 15 % - 20 %).[226] Den Betrag erhalten die Konsortialführer ungeachtet weiterer geregelter Zahlungen. Es ist u. a. unbedeutend, wie viele Wertpapiere sie erhalten haben oder auf eigene Rechnung verkaufen können. Für den Fall, daß es mehr als einen *lead manager* gibt, wird diese Summe aufgeteilt. Gezahlt wird die Vergütung aus der Gesamtmarge. Die übrigen *underwriter* verpflichten sich im Konsortialvertrag (*agreement among underwriters*), den Betrag an den oder die *lead manager* abzugeben.[227]
Weitere 15 % - 20 % der *gross spread* fallen für die Übernahme des Risikos der Emission an die *underwriter*. Ferner erhalten sie diese Vergütung als Ausgleich für die Kosten, die im Zuge des Emissionsprozesses anfallen, da die Ausgaben für die *road shows*, Rechtsbeistände, *tombstone ads*, Greenshoe, Stabilisierung und Beratung etc. üblicherweise ihrem Anteil angelastet werden.[228] Dieser Betrag ist für den einzelnen *underwriter* abhängig von der Menge der Wert-

---

224 Eine *firm commitment* soll höhere Provisionen erzielen als ein *best-efforts underwriting*. Vgl. *Brecher*, Public offerings, in: New York practice guide, business and commercial, vol. 2, ch. 9, § 9.08 [2]; *Goldwasser*, The underwritten offering, in: Securities law techniques, vol. 1, ch. 15, § 15.04 [3].

225 Vgl. *Walter*, Evolution of global wholesale banking, Exhibit 17, 18. Anders verhält es sich bei der Emission von Anleihen. Hier liegt der Konsortialnutzen bei ca. 0,5 bis 2 %; *Parker*, Investment Banking, in: Handbook of modern finance, ch. A 2, S. A 2 – 18.

226 Vgl. *Loss/Seligman*, Securities regulation, vol. I, S. 342; *Parker*, Investment Banking, in: Handbook of modern finance, ch. A 2, S. A 2 – 18; *D'Alimonte/Schecter*, Underwriting documents: their purpose and content, 740 Practising Law Institute, Commercial Law and Practice Course Handbook Series, S. 403, 446.

227 S. dazu *D'Alimonte/Pohlen*, Underwriting arrangements and documents, 1043 Practising Law Institute, Corporate Law and Practice Course Handbook Series, S. 133, 165 und Appendix B, S, 228.

228 *Grant*, Overview of the underwriting process, in: Securities underwriting, ch. 2, S. 25, 30; *Loss/Seligman*, Securities regulation, vol. I, S. 342; *Jennings/Marsh/Coffee*, Securities regulation, S. 92; *Riley*, Letters of intent and underwriting agreements in initial public offerings, form of letter of intent, form of underwriting agreement, 1008 Practising law institute, corporate law and practice course handbook series, S.331, 347 f.; weitere mit dem Angebot selbst verbundene Kosten übernimmt der Emittent (Kosten für den Druck der Prospekte und Zulassungsanträge, *blue sky* Gebühren und Gebühren für die Zulassung).

papiere, die er gemäß dem *underwriting agreement* zu übernehmen bereit ist.[229] Verkaufen die *underwriter* nicht selbst an das Publikum, ist der Nutzen aus der *gross spread* für sie verhältnismäßig gering, da die Provision häufig nur geringfügig höher ist als die aufzuwendenden Kosten.[230] Wie schon bei der Darstellung der Funktionen der Investmentbanken erwähnt, sind sie bestrebt:

- ihr *standing* auszubauen;
- einen möglichst hohen Eigenplazierungsanteil zu erzielen und damit die entsprechende Verkaufsprovision zu erhalten;
- sich durch die Teilnahme an einer für sie nicht so ertragreichen Emission, die Teilnahme an weiteren Emissionen zu sichern, die ihnen möglicherweise einen größeren Anteil am Gewinn bescheren;
- sicherzustellen, daß, falls sie *lead manager* einer Emission sind, auch andere Investmentbanken am Konsortium beteiligen (*return the favor*).

Die restlichen ca. 60 % werden als Verkaufs- oder Plazierungsprovision (*selling concession*) bezeichnet. Jeder *underwriter* oder *dealer*, der die Wertpapiere an das Publikum veräußert, kommt in den Genuß dieser – besonders einträglichen - Zahlung der Gesamtprovision.[231]

Der folgende Fall soll als Beispiel dienen. Die *underwriters* kaufen eine Million Aktien von dem Emittenten zu je US$ 18 und verkaufen einen Teil der Aktien an *selected dealer* zu je US$ 19, da ein Emissionspreis von US$ 20 erzielt werden soll. Die nicht führenden *underwriter* bewilligen dem *lead manager* 20 % der Marge (US$ 0,40) als Vergütung.
Verkauft der *lead manager* (seinen verbliebenen Plazierungsbestand oder Teile aus dem *pot*) nun direkt an das Publikum, erhält er pro Aktie die vollständige Vergütung abzüglich der entstandenen Kosten (Ausgaben für *road shows* etc.).

---

[229] Vgl. *D'Alimonte/Pohlen,* Underwriting arrangements and documents, 1043 Practising Law Institute, Corporate Law and Practice Course Handbook Series, S. 133, 167, 193, 225; *Riley*, Letters of intent and underwriting agreements in initial public offerings, form of letter of intent, form of underwriting agreement, 1008 Practising law institute, corporate law and practice course handbook series, S.331, 385, 426. Zur genauen Verteilung der Kosten und Zahlungfragen s. *D'Alimonte/Schecter*, Underwriting documents: their purpose and content, 740 Practising Law Institute, Commercial Law and Practice Course Handbook Series, S. 403, 413 ff. (zum *agreement among underwriters*); *Bloomenthal,* Going public and the public corporation, vol. 1A, ch. 8, S. 8-37.

[230] Vgl. *Brecher*, Public offerings, in: New York practice guide, business and commercial, vol. 2, ch. 9, § 9.08 [2]; *D'Alimonte/Pohlen,* Underwriting arrangements and documents, 1043 Practising Law Institute, Corporate Law and Practice Course Handbook Series, S. 133, 178.

[231] *Parker*, Investment Banking, in: Handbook of modern finance, ch. A 2, S. A 2 - 20; *Grant*, Overview of the underwriting process, in: Securities underwriting, ch. 2, S. 25, 29.

Als Erlös verbleiben somit US$ 2 abzgl. der oben genannten Kosten.[232] Gleiches gilt für die *underwriter*, die direkt an das Publikum verkaufen. Sie müssen allerdings zusätzlich noch die Gebühren für den *lead manager* zahlen (Erlös: US$ 1,6 abzgl. Kosten).

Werden die Wertpapiere von dem *lead manager* an die *selected dealer* veräußert, müssen von den US$ 1 pro Aktie die oben genannten Beträge abgeführt werden, damit die Ausgaben der *underwriter* gedeckt werden können.[233]

Die *selected dealer* können mit einem Abschlag von einem Vierteldollar (dann 19,75) an andere Händler, die Mitglieder der „National Association of Securities Dealers" sind, weiter veräußern.[234] Die Handelsspannen in diesem Beispiel sind willkürlich. Sie hängen von den äußeren Umständen ab, insbesondere davon, wieviel Aufwand und Kosten für den Verkauf der Emission zu erwarten ist.[235]

II. Aufwandsentschädigung

Ein weiterer Ausgleich für die *underwriter* ist die Aufwandsentschädigung (*expense allowance*).[236] Dabei handelt es sich in der Regel um direkte Gebührenzahlungen für die Planung einer Emission, die oftmals dem *lead manager*, beispielsweise auf Grund einer komplizierten Konsortialbildung, zuteil werden.[237] Möglich ist auch die Übernahme von Kosten, die in Zusammenhang mit den *road shows* stehen.[238] Bei Emissionen, die ein Höchst-

---

232 Die *underwriter* stimmen hier zu, lediglich die *underwriting concession* zu erhalten; s. *Bloomenthal,* Going public and the public corporation, vol. 1A, ch. 8, S. 8-37.

233 *Bloomenthal,* Going public and the public corporation, vol. 1A, ch. 8, S. 8-37.

234 US$ 0,25 sind der übliche Abschlag bei Verkäufen zwischen den NASD Mitgliedern; *Loss/Seligman,* Securities regulation, vol. I, S. 342 (Fn. 38).

235 Insgesamt kann die prozentuale Aufteilung der *gross spread* also variieren. Dies ist neben den genannten Faktoren abhängig von der einzelnen Emission (Höhe des Risikos etc.) und den Absprachen zwischen den Beteiligten.

236 NASD MANUAL – Conduct Rules [2000-3000], 2710. Corporate Financing Rule, (c) (3) (A) (ii).

237 Diese Zahlungen sind selten und vorrangig bei spekulativen IPOs vorzufinden. Eine hohe *expense allowance* führt zumeist zu einem geringeren *discount.* Ferner können auch die *underwriter* diese Zahlungen erhalten. Sie werden im Namen des *lead manager* von dem Emittenten ausgezahlt, da der *lead manager* zu diesem Ausgleich normalerweise verpfichtet ist. *Parker,* Investment Banking, in: Handbook of modern finance, ch. A 2, S. A 2 - 18; *Gutterman,* Managing the initial public offering of securities, S. A- 47,49; Corporate Finance Institute, Inc., IPO journal, Trends and techniques for the IPO professional, vol. 1 no. 1, August 1998, S. 16 f.; *Bloomenthal,* Going public and the public corporation, vol. 1A, ch. 8, S. 8-12.

238 Corporate Finance Institute, Inc., IPO journal, Trends and techniques for the IPO professional, vol. 1 no. 1, August 1998, S. 16.

maß an Kompensation für die beteiligten Investmentbanken erzielen, wird sie mit 3 % bis 3,5 % des Emissionserlöses vor Abzug der Kosten veranschlagt.[239] Bei den IPOs ist es sogar üblich, den *underwriters* einen Vorschuß für die Aufwandsentschädigung zu zahlen. Damit sollen die Spesen (Kosten für die *due diligence* oder Anwaltsgebühren) beglichen werden, die die *underwriters* während des Emissionsverfahrens tragen. Der Betrag liegt zwischen US$ 3.000 und 50.000 und hängt von dem Volumen der Emission ab.[240] Sollen die *underwriters* diesen Vorschuß erhalten, kann dies auch in Teilzahlungen erfolgen (in der Regel in drei Abschnitten: 1. mit dem *letter of intent*, 2. mit der Registrierung des Zulassungsantrags, 3. vor der Zulassung). Die *underwriters* können mit dem Vorschuß nicht alle Kosten decken. Sie haben aber eine Sicherheit, daß das Unternehmen die Transaktionen nicht leichtfertig aufgeben wird.[241]

III. Wertpapiere

Ferner kann der *underwriter* auch andere Wertpapiere im Zuge der Emission als Kompensation erhalten.[242] Diese Kompensationsform ist in der Regel nur bei IPOs vorzufinden, da hier die Möglichkeit einer erheblichen Kurssteigerung eine große Rolle spielt.[243] Sie wird – wie auch einige andere Gestaltungsformen neben der Provisionszahlung – üblicherweise mit kleineren und risikoreicheren Unternehmen in Verbindung gebracht.[244] Allerdings scheint diese Kompensationsform insgesamt betrachtet an Bedeutung zu gewinnen.[245]

---

239 NASD MANUAL – Conduct Rules [2000-3000], 2710. Corporate Financing Rule, (c) (6) (B) (i) and (ii). In dieser Regelung wird bestimmt, daß die Aufwandsentschädigung sowohl buchungspflichtig als auch nicht buchungspflichtig begründet sein kann. Ist sie nicht buchungspflichtig, kommt ihr mehr Bedeutung zu als nur einer zusätzlichen Übernahmeprovision; s. dazu Corporate Finance Institute, Inc., IPO journal, Trends and techniques for the IPO professional, vol. 1 no. 1, August 1998, S. 16 f.

240 Als Beispiel siehe die Zahlen des 2. Quartals des Jahres 1998, Corporate Finance Institute, Inc., IPO journal, Trends and techniques for the IPO professional, vol. 1 no. 1, August 1998, S. 16 f.

241 Vgl. auch *Brecher*, Public offerings, in: New York practice guide, business and commercial, vol. 2, ch. 9, § 9.08 [2]; *Gutterman*, Managing the initial public offering of securities, S. A- 49; *Goldwasser*, The underwritten offering, in: Securities law techniques, vol. 1, ch. 15, § 15.04 [3].

242 NASD MANUAL – Conduct Rules [2000-3000], 2710. Corporate Financing Rule, (c) (3) (A) (vii).

243 Diese Wertpapiere werden in der Regel nur an die *lead manager* ausgegeben; vgl. *Brecher*, Public offerings, in: New York practice guide, business and commercial, vol. 2, ch. 9, § 9.08 [2]; *Gutterman*, Managing the initial public offering of securities, S. A- 49; *Bloomenthal*, Going public and the public corporation, vol. 1A, ch. 8, S. 8-73 ff; *Barry/Muscarella/Vetsuypens*, Underwriter warrants, underwriter compensation, and the costs of going public, 29 J. Fin. (1991), S. 113, 114.

244 Daher ist ihre Verwendung auch bei einem *best-efforts underwriting* möglich; *Ritter*, Costs of going public, 19 J. Fin. Econ. (1987), S. 269, 272 ff.; *Barry/Muscarella/Vetsuypens*,

Neben Aktien (*cheap stocks*)[246] werden häufig Optionen (*warrants*) ausgegeben, die dem *underwriter* die Möglichkeit geben, innerhalb eines bestimmten Zeitraums die Rechte auszuüben.[247] Der Ausübungszeitraum beginnt ca. ein Jahr nach der Emission. Die Ausübungsdauer beträgt vier Jahre. Eine weitere Möglichkeit ist eine Fünf-Jahres-Spanne, die ein *lock-up*-Jahr vorsieht, in dem die Wertpapiere nicht transferiert werden dürfen.[248]
Warrants werden typischerweise zu einem Nominalpreis von US$ 0,01 pro Papier verkauft, wobei der Ausübungspreis ca. 20 % – 40 % über dem ursprünglichen Emissionspreis liegen soll.[249] Alternativ kann auch eine erhöhte Grundlage von 7 % des ursprünglichen Emissionspreises pro Jahr zu Grunde gelegt werden.[250] Insgesamt wird die Ausgabe der *warrants* auf 10 % der gesamten Wertpapiermenge, die bei dem Angebot emittiert werden soll (ausgenommen die Wertpapiere aus der Mehrzuteilungsoption), begrenzt.[251]

Underwriter warrants, underwriter compensation, and the costs of going public, 29 J. Fin. (1991), S. 113, 114.

245 Vgl. zu den Zahlen des 2. Quartals des Jahres 1998 Corporate Finance Institute, Inc., IPO journal, Trends and techniques for the IPO professional, vol. 1 no. 1, August 1998, cover und S. 14 f.

246 S. dazu eingehend *Apfel*, Corporate Finance - The process of registering securities, 1034 Practising Law Institute, Corporate law and practice course handbook series (1998), S. 9, 34; *Gutterman*, Managing the initial public offering of securities, S. A- 49; *Prifti*, Securities: public and private offerings, vol. I, ch. 2, § 2:09 (mit Angaben zu den Voraussetzungen der einzelnen Bundesstaaten).

247 Der *underwriter* wird die Papiere nach ihrer Ausübung möglicherweise emittieren, oder aber in ihrer ursprünglicher Form verkaufen wollen. Dazu müssen die Wertpapiere gemäß den Vorschriften des SA registriert werden. Die *underwriter* lassen sich sog. *registration rights* einräumen. Diese geben ihnen die Sicherheit, daß der Emittent die Papiere registrieren läßt, sobald sie dies einfordern; s. vertiefend *Gutterman*, Managing the initial public offering of securities, S. A- 52; *Bloomenthal*, Going public and the public corporation, vol. 1A, ch. 8, S. 8-75 ff.; *Goldwasser*, The underwritten offering, in: Securities law techniques, vol. 1, ch. 15, § 15.18 [1].

248 S. dazu Corporate Finance Institute, Inc., IPO journal, Trends and techniques for the IPO professional, vol. 1 no. 1, August 1998, S. 14; *Barry/Muscarella/Vetsuypens*, Underwriter warrants, underwriter compensation, and the costs of going public, 29 J. Fin. (1991), S. 113, 114; *Bloomenthal*, Going public and the public corporation, vol. 1A, ch. 8, S. 8-73.

249 Gibt das Unternehmen später weitere Papiere aus, die unter dem Ausübungspreis liegen, so tritt eine Verwässerung bei den Inhabern der *warrants* ein. Um dies zu verhindern, ist die Ausgabe der *warrants* oftmals mit Anti-Verwässerungs-Vorschriften versehen. S. dazu *Goldwasser*, The underwritten offering, in: Securities law techniques, vol. 1, ch. 15, § 15.18 [2].

250 *Barry/Muscarella/Vetsuypens*, Underwriter warrants, underwriter compensation, and the costs of going public, 29 J. Fin. (1991), S. 113, 115 f.

251 Z. B. NASAA's Statement of policy regarding underwriting expenses, underwriter's warrants, selling expenses and selling security holders, NASAA Reports (CCH), ¶ 3671. In bezug auf ein *best-efforts underwriting* werden 10 % der tatsächlich verkauften Wertpapiermenge als Richtwert veranschlagt.

Wie die *warrants* bei der Berechnung der vollständigen Kompensation zu berücksichtigen sind, ist in der *Corporate Financing Rule* der NASD beschrieben.[252] Befindet sich der *underwriter* an der Maximalgrenze der Kompensationsmöglichkeiten, kann er die Höhe der Kompensation, die von den *warrants* ausgefüllt wird, z. B. durch eine Anhebung des Ausübungspreises der *warrants* herabsetzen. Dazu ist eine Absprache mit der NASD notwendig.[253]
Aus der Sicht des *underwriter* sind die *warrants* interessant. Er hat lediglich geringe Anschaffungskosten, aber die Möglichkeit einen hohen Gewinn zu erzielen. Der Wert der *warrants* kann mit der Zeit über den Wert des Ausübungspreises steigen. Wenn das nicht der Fall ist, so ist zumindest kaum ein Verlust zu verzeichnen, da nur minimale Kosten entstanden sind.

IV. Rights of first refusal

Eine weitere Komponente der *compensation* stellen die „Vorzugsrechte" (*rights of first refusal*) der *underwriter* bezüglich der Betreuung zukünftiger Emissionen des Emittenten dar.[254] Die *rights of first refusal* sind unterschiedlich gestaltet. So gibt es Investmentbanken, die sich für einen Zeitraum von 3 Jahre absichern können. Andere wiederum lassen sich das Recht für 5 Jahre einräumen. Ferner gibt es Unterschiede bezüglich des Umfangs des Vorzugsrechts. Einige *underwriter* wollen lediglich nachfolgende öffentliche Emissionen eingeschlossen wissen, während andere künftige Privatplazierungen und möglicherweise Fusionen einbeziehen möchten.[255]
Die zu veranschlagende Summe bei der Überprüfung des Ausgleichs ist daher abhängig von der Dauer und Bandbreite des Vorzugsrechts. Eine konkrete Bewertungsgrundlage (auch für die einzelnen Differenzen) hat die NASD allerdings nicht veröffentlicht.
Beanstandet die NASD die Gestaltung des Vorzugsrechts nicht, so hat der Emittent oftmals die Option, das Vorzugsrecht zu einem bestimmten Preis zu einem späteren Zeitpunkt zurückzukaufen. Andererseits sind die *underwriter* gewillt, sofern die *compensation* zu hoch ausgefallen ist, gerade dieses Recht aufzugeben.

---

[252] NASD MANUAL – Conduct Rules [2000-3000], 2710. Corporate Financing Rule, (c) (5) (C). Eine Umgehung der Regulierung der NASD durch den Einsatz von *warrants* sehen *Barry/Muscarella/Vetsuypens*, Underwriter warrants, underwriter compensation, and the costs of going public, 29 J. Fin. (1991), S. 113 ff..

[253] Genauere Angaben hat die NASD nicht publiziert. In der Praxis wird die Verhandlung der Konditionen bezüglich der *warrants* mit der NASD die Regel sein; vgl. *Goldwasser*, The underwritten offering, in: Securities law techniques, vol. 1, ch. 15, § 15.04 [3].

[254] NASD MANUAL – Conduct Rules [2000-3000], 2710. Corporate Financing Rule, (c) (3) (A) (ix).

[255] *Gutterman*, Managing the initial public offering of securities, S. A- 54.

Während das „Vorzugsrecht" für die Banken die Möglichkeit weiterer Gewinne birgt, ist es für das Unternehmen eher eine Belastung.[256] Auch wenn es sich um eine renommierte Investmentbank handelt, die große Emissionen begleiten kann, führt eine solche Bindung immer zu Abhängigkeiten. So muß der Emittent sich z. B. innerhalb kurzer Zeit eine andere Investmentbank suchen, sofern der Inhaber des „Vorzugsrechts" dieses bei einer nachfolgenden Emission nicht ausüben möchte. Ein Grund könnte sein, daß die Investmentbank mittlerweile einen Konkurrenten des Emittenten begleitet hat und nunmehr schon aus Compliance-Gründen nicht mehr teilnehmen möchte. Der Zeitraum, der dem Emittenten dann verbleibt, wird von dem ursprünglichen *lead manager* bestimmt (z. B. 150 Tage). Ist die Emission in dieser Zeit nicht abgeschlossen, bleibt dem Unternehmen nichts anderes übrig, als dem Rechtsinhaber die Durchführung der Emission nochmals anzutragen. Die Frist muß demnach also mindestens so lang sein, daß der Emittent überhaupt die Möglichkeit hat, sämtliche notwendigen Schritte zur Organisation und Durchführung (*letter of intent*, *registration statement*) einzuleiten.
Nach diesen Feststellungen bleibt die Frage, warum sich das Unternehmen auf diese Absprachen einläßt. Zunächst wird sich das Unternehmen eine Investmentbank ausgesucht haben, die den seinerseits gestellten Ansprüchen genügt. Es wird ein bestimmtes Interesse haben, daß gerade diese Bank die Emission begleitet. Dabei sind die zur Funktion der Banken erörterten Erwägungen entscheidend (z. B. *standing*).
Der *underwriter* sollte demgegenüber keine Ambitionen haben, das Unternehmen unter Druck zu setzen. Sofern ein fairer Wettbewerb unter den Investmentbanken herrscht, sollte der Emittent grundsätzlich andere Banken ansprechen können, falls ihm die Bedingungen des ursprünglichen *underwriter* nicht zusagen. Gerade dies ist in der Praxis häufig nicht der Fall. Die Absprache wird vorrangig deshalb getroffen, um den Emittenten an den *underwriter* zu binden.
Die Investmentbank kann aber nicht über die gesetzten Grenzen hinaus Kompensationen verlangen. Dies unterliegt der Überprüfung durch die NASD und die einzelnen Staaten, die ihre Regelungen zwar vorrangig zum Schutz der Anleger getroffen haben, aber dadurch teilweise auch den Emittenten schützen wollen.[257] Der gesamte *underwriting*-Prozeß, in dem es um die Organisation, Durchführung und Absprache bestimmter Geschäftsabschlüsse geht, unterliegt nur den genannten Restriktionen. Er ist ansonsten privatautonom zu gestalten. Daraus ergibt sich, daß der Emittent grundsätzlich selbst in der Lage sein muß,

---

[256] *Brecher*, Public offerings, in: New York practice guide, business and commercial, vol. 2, ch. 9, § 9.08 [2].

[257] NASAA's Statement of policy regarding underwriter's warrants, selling expenses and selling security holders, NASAA Reports (CCH), ¶ 3671; *Wolfson*, Investment banking, in: Abuse on Wall Street, S. 365, 387.

seine Interessen zu vertreten. Dabei spielen die Marktbedingungen, die Stärke des Unternehmens und die Verfügbarkeit anderer *underwriter* eine besondere Rolle.

V. Consulting fees

Auch der Beratungsvertrag ist eine Form der Kompensation.[258] Der *underwriter* oder einer seiner Mitarbeiter steht für einige Jahre (ca. zwei Jahre) nach der Durchführung der Emission in Diensten des Emittenten (z. B. Beratung des Vorstands).[259] Dafür zahlt der Emittent eine festgelegte Vergütung (ca. 1 % des Bruttoemissionserlöses).
Die Verpflichtungen sind in den meisten Vereinbarungen nicht ausreichend bestimmt. Nur wenige Verträge führen ausdrücklich die Pflichten und Aufgaben der *underwriter* auf. Des weiteren wird das Minimum an Beratungsstunden oft nicht bestimmt.[260]

Die langfristige Bindung birgt Vorteile für die Investmentbanken. Durch das gewachsene Vertrauen kommt es möglicherweise zu weiteren Transaktionen. Ferner erhält die Investmentbank für ihre Dienstleistung einen stetigen Mittelzufluß, der von den Bedingungen am Markt unabhängig ist.[261] Darüber hinaus verschafft die enge Zusammenarbeit dem *underwriter* Informationen, die er unter Umständen für Transaktionen am Markt verwerten könnte.[262]
Die Bindung an eine beratende Investmentbank verringer für den Emittenten das Risiko, nach der Emission keinen Erfolg zu haben. Das gilt insbesondere für junge Unternehmen. Die Investmentbank kann verhindern, daß das junge Unternehmen Fehlentscheidungen auf Grund der Unerfahrenheit trifft. Das Marktrisiko hinsichtlich der Produkte und Dienstleistungen des Unternehmens kann aber nicht vollständig aufgefangen werden.

---

[258] NASD MANUAL – Conduct Rules [2000-3000], 2710. Corporate Financing Rule, (c) (3) (A) (x) und (vi).

[259] Vgl. *Gutterman*, Managing the initial public offering of securities, S. A- 53 f.; Corporate Finance Institute, Inc., IPO journal, Trends and techniques for the IPO professional, vol. 1 no. 1, August 1998, S. 18.

[260] Vgl. Corporate Finance Institute, Inc., IPO journal, Trends and techniques for the IPO professional, vol. 1 no. 1, August 1998, S. 18 f.

[261] Die Investmentbank kann aber auch die vollständige Vergütung mit der Beendung der Emission verlangen.

[262] So wäre es allerdings auch möglich, daß der *underwriter* Informationen über den Emittenten A besitzt, die bei der nächsten Transaktion für einen anderen Emittenten B von Bedeutung sind. In diesem Fall dürfen aber regelmäßig keine Informationen innerhalb der Investmentbank fließen (*chinese walls*); s. als Beispiel Goldman Sachs im Fall der Fusion von Vodafone und Mannesmann.

Grundsätzlich muß die Entscheidung, eine solche Bindung einzugehen, aber gut abgewogen sein. Der entstehende Interessenkonflikt darf dabei nicht unterschätzt werden. Interessenkonflikte werden z. B. bei der Investmentbank entstehen, sofern sie langfristig an das Unternehmen gebunden ist und Informationen erhält, die sie am Markt verwerten könnte.[263] Auch für das Unternehmen können sich Interessenkonflikte ergeben. Das ist dann der Fall, wenn eine weitere Emission geplant ist, und das Unternehmen nicht mit der bisher beratenden Bank als Emissionsbegleiter zusammenarbeiten möchte. Darüber hinaus kann sich das Unternehmen gegebenenfalls anderweitige Finanzberatung zu geringeren Kosten beschaffen.

C. Grenzen durch die Corporate Financing Rule der NASD

Die Verhandlungen zwischen dem *lead manager,* dem Emittenten und den verkaufenden Altaktionären über die *compensation* der *underwriters* gestalten sich häufig schwierig.[264] Allerdings ist dieser Bereich des *underwriting* teilweise reguliert, so daß der Spielraum der Beteiligten eingeschränkt ist. Die dargestellten Kompensationsformen finden ihre Grenzen u. a. in der *Corporate Financing Rule* und der damit einhergehenden Überprüfung der schriftlichen Vereinbarungen durch die NASD.[265] Sollte z. B. die Höhe des Ausgleichs die Regelungen der NASD verletzen, wird das Aufsichtsorgan dies beanstanden. Die Überprüfung durch die NASD schließt mit einem *letter*. Hierin wird dem Adressaten entweder bedeutet, daß es keine Beanstandungen gibt (*no objections*), oder aber es wird eine Änderung bezüglich der Dokumente (insbesondere der Kompensation) verlangt.[266] Liegen Beanstandungen vor, erklärt die SEC ferner den Zulassungsantrag für unwirksam.[267] Neben dem *letter* kann die NASD noch ein Disziplinarverfahren gegen die *underwriters* anstrengen, falls deren Absprachen gegen die Verhaltensregeln verstoßen.[268]

---

[263] S. Goldman Sachs im Fall der Fusion von Vodafone und Mannesmann.

[264] S. dazu unten § 7 C. I.

[265] NASD MANUAL – Conduct Rules [2000-3000], 2710. Corporate Financing Rule. Zu den speziellen Registrierungserfordernissen s. NASD MANUAL – Conduct Rules [2000-3000], 2710 (b) (4); *Rothwell*, NASD rules for public offering, in: Securities law techniques, vol. 2, ch. 25, § 25.02. Neben den Restriktionen für die *underwriter* werden mit der Regulierung alle mit der Emission verbundenen Personen (Rechtsbeistand der *underwriter*, Finanzberater, Mitglieder der *selling group* etc.) erfaßt. Daher gibt es neben den dargestellten Möglichkeiten der Kompensation weitere Ausgleichsmechanismen; NASD MANUAL – Conduct Rules [2000-3000], 2710 (a) (6).

[266] *Rothwell*, NASD rules for public offering, in: Securities law techniques, vol. 2, ch. 25, § 25.02 [3].

[267] 17 C.F.R. 230.461.

[268] *Rothwell*, NASD rules for public offering, in: Securities law techniques, vol. 2, ch. 25, § 25.02 [3].

Gemäß der *Corporate Financing Rule* 2710 (c) (1) darf der Ausgleich, den die *underwriter* erhalten, nicht „ungerecht und unangemessen" (*unfair and unreasonable*) sein. Zusätzlich zu diesen Regelungen hat die *North American Securities Administrators Association* (NASAA) ein *Statement of policy regarding underwriting expenses, underwriter's warrants, selling expenses and selling security holders* herausgegeben, welches den für die Überprüfung auf Einzelstaatenebene zuständigen Personen,[269] Anhaltspunkte gibt, wann ein mögliches Verbot einer Emission auszusprechen ist.[270] Eine Emission kann danach untersagt werden, wenn die Vergütung 17 % des Gesamterlöses des öffentlichen Angebots überschreiten. Ebenso kann ein Verbot ausgesprochen werden, wenn die direkten und indirekten Verkaufskosten der Emission 20 % des Gesamterlöses überschreiten.

Generell wird die *compensation* der *underwriter* von der NASD auch an Hand einer bestimmten Prozentzahl des Bruttoemissionserlöses geprüft.[271] Der Anteil wird unter verschiedenen Gesichtspunkten beleuchtet. Letzten Endes wird auf diese Art und Weise bestimmt, ob der Anteil gerecht und angemessen ist.
Folgende Faktoren werden dabei von der NASD berücksichtigt:

- der Emissionserlös (allerdings werden hier nur die Wertpapiere berücksichtigt, die direkt an das Publikum ausgegeben werden; sowohl die Wertpapiere, die einer Mehrzuteilungsoption unterliegen als auch die Papiere, die der *underwriter* oder mit ihm verbundene Personen erhalten, werden nicht einbezogen)[272];
- Art der Verpflichtung des *underwriter* (*firm commitment*, *best-efforts minimum-maximum* oder *best-efforts all-or-none*);
- Art der Wertpapiere, die ausgegeben werden;[273]
- Restriktionen in bezug auf Aktien und Optionen, die die Investmentbanken in Verbindung mit der Emission erhalten haben, und deren Menge;

[269] *Blue sky administrators*

[270] NASAA's Statement of policy regarding underwriting expenses, underwriter's warrants, selling expenses and selling security holders, NASAA Reports (CCH), ¶ 3671.

[271] S. dazu genauer NASD MANUAL – Conduct Rules [2000-3000], 2710 (c) (4) und (5).

[272] Einige Elemente der Kompensation hängen nicht zwingend von der Höhe des Emissionsvolumens ab (kein proportionales Ansteigen der Vergütung mit Steigerung des Erlöses). Folglich muß die Kompensation bei kleinen Emissionen nicht immer geringer ausfallen als bei großen Emissionen; *Austin/Remillard*, An overview of initial public offerings, 541 Practising Law Institute, Corporate Law and practice course handbook series, S. 467, 499. Die NASAA hat dies berücksichtigt und Höchstgrenzen bezüglich bestimmter Emissionsvolumina gesetzt.

[273] Emissionen von Schuldverschreibungen führen gewöhnlich zu geringeren Ausgleichszahlungen als Aktienemissionen.

- Art und Menge der gesamten Vergütung, die in Verbindung mit der Emission erzielt wurde;
- die Beziehung des *underwriter* (oder seiner verbundenen Unternehmen) zum Emittenten und
- die Frage, ob ein Verhandlungsdefizit zwischen unabhängigen Partnern oder ein Interessenkonflikt in Verbindung mit der Emission besteht.[274]

Die tatsächliche Bestimmung der zulässigen Gesamtvergütung der *underwriter* obliegt letztendlich der NASD, die eine Reihe von Verwaltungspraktiken unveröffentlicht läßt. Daher ist es für die Adressaten der Regulierung (*lead manager,* Emittent, Rechtsbeistand) schwierig, den zulässigen Höchstwert für die von ihnen durchzuführende Emission herauszufinden.[275] Als generellen Leitfaden wollen die Praktiker festgestellt haben, daß die NASD beim *best-efforts underwriting* ein Limit von 15 % des Bruttoerlöses und bei einem *firm commitment* von 18 % gesetzt hat.[276] Dabei wird vorausgesetzt, daß es sich nur um provisionsähnliche Zahlungen handelt. Kommen andere Kompensationsformen hinzu, sollen sich die Provisionszahlungen auf 10 % beschränken.[277]

Insgesamt läßt sich festhalten, daß der Prozeß, einen angemessenen und gerechten Ausgleich zu finden, verhältnismäßig schwierig ist. Die NASD teilt den Beteiligten ihre Einwände erst mit, falls die Kompensation nicht angemessen oder nicht gerecht ist. Der eigentliche Abwägungsprozeß und mögliche Interessenausgleich muß von den Beteiligten selbst vorgenommen werden. Durch die *Corporate Financing Rule* und ihre Auslegung durch die NASD wird ein Rahmen vorgegeben, den die Beteiligten ausfüllen.
Gibt es Beanstandungen von Seiten der NASD oder der einzelnen Staaten hinsichtlich der Vergütung, so ist es von Vorteil, wenn der *letter of intent* von vornherein eine Klausel enthält. Diese Vereinbarung sollte es dem *underwriter* ermöglichen, die *compensation* zu reduzieren oder zu verändern, ohne den Emittenten zu behelligen.[278]

---

[274] *Barry/Muscarella/Vetsuypens*, Underwriter warrants, underwriter compensation, and the costs of going public, 29 J. Fin. (1991), S. 113, 115.

[275] *Wolfson*, Investment banking, in: Abuse on Wall Street, S. 365, 387 f.

[276] Vgl. *Wolfson*, Investment banking, in: Abuse on Wall Street, S. 365, 387 f.; *Brecher*, Public offerings, in: New York practice guide, business and commercial, vol. 2, ch. 9, § 9.08 [2];

[277] *Gutterman*, Managing the initial public offering of securities, S. A-48.

[278] Vgl. *Brecher*, Public offerings, in: New York practice guide, business and commercial, vol. 2, ch. 9, § 9.08 [2]; *Goldwasser*, The underwritten offering, in: Securities law techniques, vol. 1, ch. 15, § 15.04 [3].

Nach allem hängt es also vor allem von der Verhandlungsstärke der Vertragspartner ab, ob letztendlich das Höchstmaß an Vergütung erreicht wird oder nicht.

§ 7 Preisfestlegung (*pricing*)

A. Allgemeines

Ein entscheidendes Element einer jeden Wertpapieremission ist die Festlegung des Ausgabepreises. Davon hängt unter anderem der Kapitalzufluß für das emittierende Unternehmen ab. Die sensible Abstimmung des Emissionspreises ist notwendig, um das Gelingen der Emission zu garantieren; denn, wie bereits dargestellt, kann sowohl ein zu hoher als auch ein zu niedriger Preis ein positives Ergebnis beeinträchtigen.[279] Der Preis der auszugebenden Wertpapiere ist insbesondere im Verhältnis zwischen dem Emittenten und dem Konsortium entscheidend, da der Konsortialnutzen der *underwriter* durch diesen Wert bestimmt wird.[280] Trotz der Sensibilität dieses Teilbereichs regelt weder der SA noch der SEA die Preisfestlegung ausdrücklich. Sie unterliegt den Verhandlungen der Parteien. Im *underwriting agreement* erscheint sie nicht gesondert. Nach den Regelungen des SA und den Anforderungen der SEC sowie der NASD muß der Prospekt bereits bei der Abgabe des *registration statement* einen vorläufigen Preis oder eine Preisspanne enthalten.[281] Grundsätzlich sollte zum tatsächlichen Handelsbeginn ein endgültiger Preis feststehen und im *final prospectus* abgedruckt werden.[282]
Die Entscheidung, wie hoch der Emissionspreis endgültig ist, trifft der *lead manager* in Absprache mit dem Emittenten. Da beide Parteien eigene Interessen verfolgen und so Interessenkonflikte entstehen, kann ein neutraler, außenstehender Berater hinzugezogen werden.

---

[279] S. dazu § 5 B. II.

[280] Dabei kann die Frage gestellt werden, ob nicht der Konsortialnutzen (neben *warrants* etc.) als Anreiz für die *underwriter* den Emissionspreis bestimmt (s. dazu später C. I. 2.).

[281] 15 U.S.C. § 77 j (a) (1), § 77 aa (16); *Rules of Fair Practice* der NASD.

[282] In einem wirksamen Zulassungsantrag sind nicht immer sämtliche Preisinformationen enthalten. Sollte eine Beschleunigung für die Zulassung beantragt werden, kann der Emissionspreis später in Form eines Nachtrags bei der SEC registriert werden (17 C.F.R. § 230.430A). Diese Besonderheit wird oftmals in das *underwriting agreement* aufgenommen; s. vertiefend *Riley*, Letters of intent and underwriting agreements in initial public offerings, form of letter of intent, form of underwriting agreement, 1008 Practising Law Institute, Corporate Law and Practice Course Handbook Series, S.331, 386; *Willamowski*, Bookbuilding, S. 137 ff.; *D'Alimonte/Pohlen*, Underwriting arrangements and documents, 1043 Practising Law Institute, Corporate Law and Practice Course Handbook Series 1998, S. 133, 160, 182 f., 203.

B. Grundlagen der Preisfestlegung

Bereits im Vorfeld einer Emission wird über die Höhe des Emissionspreises verhandelt.[283] Zu diesem Zeitpunkt können lediglich Erwartungen und Bandbreiten genannt werden, in denen sich der Preis bewegen soll oder bewegen könnte. Die Bestimmung des Wertes ist von zu vielen Einflußfaktoren abhängig, als daß sich an dieser Stelle bereits konkrete Zahlen nennen ließen.
Aus diesem Grund ist sehr viel Erfahrung und Gespür für Marktgängigkeit erforderlich, um die richtige Bemessung zu treffen. Daher gibt der Emittent diese Aufgabe vorwiegend an den *lead manager* ab, da dieser über die notwendige Sachkenntnis verfügt und mit Experten (z. B. Wirtschaftsprüfern) zusammenarbeitet.[284]

I. Unternehmensbewertung

Für eine zutreffende Ermittlung des Emissionspreises ist es wichtig, daß dem *lead manager* ausreichend Informationen zur Verfügung stehen.
Grundlegende Informationen erhält er durch eine Unternehmensbewertung. Dabei wird das Unternehmen als Ganzes betrachtet.[285] Das Ergebnis kann als Grundlage für die Wertbestimmung der einzelnen Anteile verwendet werden, da sich die Festlegung des Emissionspreises auf die Plazierung der Wertpapiere bezieht und nicht der Verkauf als Ganzes den Bezugspunkt darstellt.

---

[283] Die erforderlichen Vorbereitungen müssen getroffen werden. So ist es z. B. wichtig, festzustellen, wie viele Wertpapiere bei der Emission ausgegeben werden sollen (*sizing*). Dies gilt auch für einen möglichen Börsengang. Ferner müssen u. U. Aktiensplits (*stock split, reverse stock split*) durchgeführt werden, um ein hohes Plazierungsvolumen garantieren zu können und um in eine bestimmte Preisspanne (z. B. US$ 8-25) für die Wertpapiere zu gelangen. Schließlich muß auch auf eine eventuelle Verwässerung geachtet werden; s. dazu *Koff/Lee*, The initial public offering process, 1012 Practising Law Institute, Corporate Law and Practice Course Handbook Series 1997, S. 109, 119; *Stevenson*, Preparing a company for an initial public offering, 27 Rev. Sec. & Commodities Reg. (1994), S. 203 ff. (1994 WL 2257263); *Austin/Remillard*, An overview of initial public offerings, 541 Practising Law Institute, Corporate Law and Practice Course Handbook Series 1986, S. 467, 477; *Gutterman*, Managing the initial public offering of securities, S. A-41. Eine angestrebte Preisspanne kann im *letter of intent* festgehalten werden; *D'Alimonte*, The letter of intent and the basic structure of an offering, in: Securities underwriting, ch. 5, S. 85, 97.

[284] S. dazu bereits unter § 4 B II. 2. b). Der Emittent beschäftigt unter anderem eine Investmentbank, um eine adäquate Preisfestsetzung zu erreichen; *Ferris/Hiller/Wolfe/Cooperman*, An analysis and recommendation for prestigous and participation in IPO's, 17 J. Corp. L. (1992), S. 581, 583; *Stout*, The unimportance of being efficient: an economic analysis of stock market pricing and securities regulation, 87 Mich. L. Rev. (1988), S.613, 654.

[285] S. dazu eingehender *Welch/Turezyn*, Folk on the Delaware general corporation law, § 262.9. und § 271.6.; *Cavitch*, Business organization, Vol. 13, ch. 169, § 169. 01 ff.

Der daraus ermittelte Wert für die Wertpapiere dient als Richtschnur, um den gültigen Ausgabepreis festzulegen. Verschiedene Faktoren spielen eine Rolle, die sich weitestgehend auf das Entwicklungspotential des Unternehmens beziehen. Der Emissionspreis wird demnach auf verschiedene Art und Weise beeinflußt. Er ist u. a. abhängig von dem Wachstumspotential, dem Diversifikationsgrad (Produkte und Märkte), dem Emissionskonzept, dem Ausschüttungspotential[286], den Preisen vergleichbarer Unternehmen, vom nationalen und internationalen Börsenklima, vom politischen Umfeld und der Konjunkturlage und den Konjunkturaussichten. Außerdem spielen die Vergütung der *underwriter*, deren Optionen und *cheap stocks* sowie Arbeitnehmervereinbarungen, Verwässerung und andere spezielle Risiken eine bedeutende Rolle.[287] Die zuständigen Behörden der Einzelstaaten und die NASD überprüfen die Preisfindung. Damit wirken sie der Gefahr entgegen, daß der Preis nur durch die Forderungen der Investmentbanken bestimmt wird. Allerdings darf der starke Einfluß der *underwriter* in diesem Zusammenhang nicht unterschätzt werden.
Ein weiterer Einflußfaktor ist die Börseneinführung. Soll das Unternehmen gleichzeitig an einer nationalen Wertpapierbörse (NYSE) eingeführt oder in ein Notierungssystem (NASDAQ) aufgenommen werden, so müssen die dazugehörigen Vorschriften beachtet werden.[288] Handelt es sich um ein Unternehmen, das bereits öffentlich gehandelt wird (*seasoned offering*), ist der Marktwert oder der Börsen- oder Notierungskurs zu beachten.[289]

II. Nachfrage am Markt

Nachdem der *lead manager* auf Grund einer detaillierten Unternehmensanalyse unter Einfluß der eben beschriebenen Faktoren eine Preisspanne ermittelt hat,

---

[286] Das Ausschüttungspotential ist entscheidend für die Dividende.

[287] *Prifti*, Securities: public and private offerings, vol. I, ch. 2, § 2:07.

[288] Das Nasdaq National Market System (NNM) verlangt für IPO's ein Minimum von 1.100.000 öffentlich gehaltenen Anteilen (ausgenommen also die Anteile, die direkt oder indirekt z. B. von Vorstandsmitgliedern gehalten werden) zu einem Minimumpreis von US$ 4; s. vertiefend *Bloomenthal*, Going public and the public corporation, vol. 1, ch. 2, S. 2-19 ff. [auch zu Grundlagen wie z. B. Einteilung der NASDAQ in NNM und SmallCap Market (SCM)]; *Koff/Lee*, The initial public offering process, 1012 Practising Law Institute, Corporate Law and Practice Course Handbook Series 1997, S. 109, 119; *Stevenson*, Preparing a company for an initial public offering, 27 Rev. Sec. & Commodities Reg. (1994), S. 203 ff. (1994 WL 2257263). Auch die NYSE hat ein spezielles Programm, nach dem Unternehmen, die ein IPO vornehmen, gleichzeitig an der Börse gelistet werden können. Dabei müssen bestimmte Standards eingehalten werden, siehe http://www.NYSE.com/public/listed/3b/3b1/3b1fm.htm.

[289] Soll gleichzeitig mit dem *seasoned offering* die Aufnahme an der Börse oder im *Nasdaq stock market* erfolgen, so gibt es besondere Erfordernisse; s. dazu eingehend *Bloomenthal*, Going public and the public corporation, vol. 1, ch. 2, S. 2-19 ff.

erscheint diese Preisspanne nach Absprache mit dem Emittenten in dem vorläufigen Prospekt (*red herring*).[290] In der folgenden Phase überprüft die SEC den Zulassungsantrag (*waiting period*). Es wird versucht, den Preis so weit wie möglich den Marktverhältnissen anzupassen. Der Kontakt zu den Analysten wird aufgenommen, während diese die aktuellen Entwicklungen beobachten. Darüber hinaus geben die Analysten eigene Einschätzungen anhand des vorhandenen Zahlenwerks ab. Bei der Bildung eines angemessenen Preises sind insbesondere diese Einschätzungen und die Nachfrage am Markt von Bedeutung.

Der *lead manager* nimmt daher mit den potentiellen Kunden (vorrangig *dealer* und institutionelle Anleger) z. B. bei den *road shows* Kontakt auf, um das Interesse an der Emission abschätzen zu können.[291] Darüber hinaus verlangen die institutionellen Anleger auch eingehende Informationen über das Unternehmen, um zu einer eigenen Einschätzung gelangen zu können. In der Regel werden die hauseigenen Analysten beauftragt, anhand der Zahlen einen angemessenen Preis zu ermitteln.

Die Kontaktaufnahme mit anderen Interessenten (z. B. Kleinanleger) erfolgt später. Daran sind dann auch die übrigen *underwriter* und die Mitglieder der *selling group* beteiligt. Es werden vorläufige Prospekte verteilt und Fernseh- und Radiowerbung geschaltet. Für die Vermarktung der Emission ist die Kontaktaufnahme zu den potentiellen Anlegern besonders bedeutend. Je effektiver sie ist, desto größere Nachfrage wird bei den Anlegern bestehen. Nur so können die Absatzmöglichkeiten gesteigert werden. Zugleich dienen diese Bemühungen dazu, einen möglichst hohen Preis für die Emission zu erzielen.[292]

Die Investoren geben in dieser Zeit möglicherweise unverbindliche Angebote ab, zu welchem Preis sie wie viele Wertpapiere kaufen möchten. In der Regel tritt der *lead manager* im Rahmen der *road shows* an große institutionelle Investoren heran und fragt nach ihrem konkreten Interesse an der Emission. Der *lead manager* gibt dabei bereits eine bestimmte Preisspanne zur Orientierung vor, die bereits im vorläufigen Prospekt Niederschlag gefunden hat. Halten die Investoren diesen Preis für angemessen, werden sie ihr Interesse bekunden. Ist das nicht der Fall, werden sie den *lead manager* davon in Kenntnis setzen, daß sie zu diesem Preis keine Wertpapiere kaufen werden. Üblicherweise erfolgt dann ihrerseits ein eigenes Angebot. Somit muß sich die Abgabe der *indication of interest* preislich nicht zwingend in der vorgegebenen Preisspanne

[290] Bei einem *best-efforts underwriting* wird keine vorläufige Preisspanne ermittelt. Ein fester Preis wird bestimmt. Die *underwriter* bemühen sich innerhalb von ca. 90 Tagen, die Emission zu diesem Preis zu plazieren.

[291] Aufgrund der Vorgaben des SA dürfen neben dem vorläufigen Prospekt und möglichen *tombstone ads* nur mündlich Informationen weitergegeben werden.

[292] Vgl. *Rea/Grant*, The syndication and marketing process, in: Securities underwriting, ch. 11, S. 277, 289 f.; *Smith/Walter*, Global banking, S. 324. .

bewegen.[293] Da der *lead manager* daran interessiert ist, große Wertpapierpakete zu verkaufen[294], wird er mit den Investoren verhandeln, um einen für alle Beteiligten vertretbaren Preis zu ermitteln. Im Erfolgsfall wird eine Absprache getroffen (*institutional pact*).[295]
Alle Preisinformationen werden gesammelt und zusammengestellt (*to run the books*), so daß eine Gesamtschau von Nachfrage und Preisbedingungen entsteht.

Am Ende der *waiting period* kurz vor der Zulassung endet die Einholung der *indication of interest* (*closing the books*). Die Angaben werden ausgewertet, und es wird ein Preis festgestellt, zu dem die gesamte Emission plaziert werden kann.[296] Regelmäßig wird ein Preisabschlag (von ca. 10-15 %) vorgenommen, um die Nachfrage auch nach den *road shows* und der *waiting period* aufrecht zu erhalten, die Ausgabe insgesamt erfolgreich gestalten zu können und eine stabile Entwicklung im Sekundärmarkt sicherzustellen.[297] Besteht während der Zeichnungsphase bereits eine hohe Überzeichnung, ist es auch möglich, die Preisspanne der Nachfrage anzupassen und nach oben zu setzen. Gerade dieses Vorgehen ist insbesondere für den Emittenten vorteilhaft, da er so seinen Emissionserlös nahezu optimieren kann.
Die Nachfrage der *dealer* und institutionellen Investoren ist somit für die endgültige Preisfestlegung von großer Bedeutung. Der Privatanleger (Retailkundschaft) findet mit seinen Geboten wenn überhaupt nur mittelbar über die *dealer* Berücksichtigung. Schließlich erlaubt das Verfahren[298] aber in der Regel eine marktorientierte Preisfindung.

---

[293] Wie bereits oben kurz dargestellt, besteht die Möglichkeit gem. Rule 430A (17 C.F.R. § 230.430A), den endgültigen Preis in einem Nachtrag zum *registration statement* 15 Tage nach Zulassung festzulegen. Das ist deshalb sinnvoll (und anders als in Deutschland), da das Interesse des Marktes an der Emission erst nach der alleinigen Festlegung der Preisspanne von Emittent und *lead manager* in Erfahrung gebracht werden kann. Folglich können sich in dieser Phase von den vorgegebenen Erwartungen abweichende Tendenzen abzeichnen. Das in der *pre-filing period* keine Einholung der *indication of interest* möglich ist, zeigt die Entscheidung in re *Carl M Loeb, Rhoades & Co., 38 S.E.C. 843 (854) (1959).*

[294] Regelmäßig ist diese Art der Veräußerung für den *lead manager* einfacher als an den einzelnen Retailkunden kleinere Wertpapiermengen zu veräußern.

[295] Vgl. *Ritter*, Initial public offerings, in: Handbook of modern finance, ch. D 11, S. D 11 – 4; *Smith/Walter*, Global banking, S. 323; *Johnson/McLaughlin*, Corporate finance and the securities laws, S. 150. Allerdings kann es sich bei dem *institutional pact* nicht um einen „*final contract*" handeln, da der endgültige Verkauf erst nach der Zulassung möglich ist.

[296] *Smith/Walter*, Global banking, S. 323.

[297] *Koff/Lee*, The initial public offering process, 1012 Practising Law Institute, Corporate Law and Practice Course Handbook Series 1997, S. 109, 119; siehe dazu ferner zum *underpricing* unten C. II.

[298] Die Phase, in der diese Angebote gesammelt werden, wird auch als *bookbuilding* bezeichnet; *Ritter*, Initial public offerings, in: Handbook of modern finance, ch. D 11, S. D 11 – 17 f.; *Smith/Walter*, Global banking, S. 323.

Auch für die Abgabe der *indication of interest* sind die bereits oben erwähnten Faktoren ausschlaggebend. So begünstigen ein positives Börsenklima, eine gute Konjunkturlage und ein gesundes politisches Umfeld die Durchführung einer Neuemission. Sie schaffen die Rahmenbedingungen, um den Investoren einen Anreiz zu geben, die Wertpapiere zu kaufen. Ferner wird ein anlegerfreundliches Emissionskonzept [z. B. publikumsnahe Vermarktung und die konkreten Verkaufsanstrengungen im Rahmen der *road shows* sowie die Ausgabe von Stammaktien (*common stocks*)] Kaufinteresse wecken. Neben weiteren Faktoren wie dem Bekanntheitsgrad des Unternehmens, der Wettbewerbsposition und der Bilanzstruktur ist die „optische“ Preisgestaltung nicht außer acht zu lassen. Die potentiellen Kunden werden die Preisspanne zunächst an den Preisen vergleichbarer Unternehmen messen. Es sollen in der Regel sowohl institutionelle als auch private Anleger angesprochen werden. Das erfolgt speziell vor dem Hintergrund, daß häufig eine Börsenzulassung angestrebt wird, die eine bestimmte Streuwirkung erfordert [z. B. 2000 Inhaber von je 100 Anteilen; (*round lots*)[299]]. Die breite Streuung im Publikum bietet den Kleinanlegern den Vorteil, nicht von einem oder mehren Großinvestoren dominiert zu werden. Der Preis muß also derart gestaltet sein, daß bei den Kleinanlegern Interesse für die Emission geweckt wird.[300] Auf der einen Seite dürfen *round lots* nicht unerschwinglich sein. Auf der anderen Seite darf kein zu tiefer Preis angesetzt werden. Das könnte dazu führen, daß dem Emittenten in der Folge ein *penny stock* Image anhaftet. Anteile, die für weniger als US$ 5 ausgegeben werden sollen, werden nach wie vor als spekulativ betrachtet, obwohl sie den Regelungen des Securities Enforcement Remedies and Penny Stock Reform Act of 1990 unterliegen.[301] Dieser Reform Act hat zum Ziel, Betrug und Mißbrauch auf dem Markt für Anteile, die für weniger als US$ 5 ausgegeben und nicht an einer Börse (NYSE, AMEX etc.) gehandelt werden, zu reduzieren (*Penny Stock Market*). Als Richtwert kann eine Preisspanne von US$ 8 - 25 für IPO´s angeben werden, obwohl es regelmäßig auf die einzelnen Bedingungen ankommt.[302]

---

299 Siehe http://www.NYSE.com/public/listed/3b/3b1/3b1fm.htm.

300 Sie werden von den *dealers* im Vorfeld der Emission angesprochen, ob sie Interesse haben. Dazu wird der vorläufige Prospekt mit den ersten Anmerkungen der SEC zur Information zugesandt. Danach können die Kunden einzelne Orders abgeben, die erst dann ihre Wirkung entfalten können, wenn der Anleger den endgültigen Preis der Wertpapiere kennt.

301 17 C.F.R. 240.15g-9 (ehemals 15c 2-6); Sec. Exchange Act Release No. 27160, [1989 Transfer Binder] Fed. Sec. L. Rep. (CCH) ¶ 84, 440 (August 22, 1989); Sec. Exchange Act Release No. 32567, 54 Sec. Dock. 1024, July 2, 1993 (Umbenennung in 15g-9); s. ausführlicher dazu *Bloomenthal*, Going public and the public corporation, vol. 1A, ch. 8, S. 8-138 ff.; *Loss/Seligman*, Fundamentals of securities regulation, S. 903 ff.

302 Vgl. *Stevenson,* Preparing a company for an initial public offering, 27 Rev. Sec. & Commodities Reg. (1994), S. 203 ff. (1994 WL 2257263); *Koff/Lee*, The initial public offering process, 1012 Practising Law Institute, Corporate Law and Practice Course

C. Die beteiligten Parteien und die Preisfindung

I. Interessenkonflikte

Die Preisfindung wird in der Regel von Interessenkonflikten begleitet, weil wesentliche Bereiche (Standing, Ertrag) berührt werden. Sie spielen sich sowohl zwischen Emittent und Konsortialführer als auch zwischen abgebenden Altaktionären und dem Emittenten ab. Neben dem Emissionserlös für das Unternehmen beeinflußt der Ausgabepreis die Gewinne der Investmentbanken. Abgesehen von den zentralen Parteien des *underwriting agreement* müssen weitere Personengruppen beachtet werden. So werden die Altaktionäre (vielfach auch Gründer) ihr Hauptaugenmerk auf das Kapital richten, das der Gesellschaft zufließt. Die Investoren hingegen werden dagegen einen niedrigen Emissionspreis bevorzugen, um Zeichnungsgewinne zu erzielen.
Im einzelnen werden die im folgenden dargestellten Interessen den Preis beeinflussen, wobei u. U. auch die jeweilige Verhandlungsposition der Vertragsparteien von Bedeutung ist.

1. Emittierendes Unternehmen

Das emittierende Unternehmen ist in der Regel an einem hohen Kapitalzufluß und an einer vollständigen Plazierung interessiert. Bei diesem Vorhaben sollen möglichst geringe Kosten entstehen. Wird der Emissionspreis im Vergleich zum tatsächlich erzielbaren Marktpreis zu niedrig angesetzt, erhöht der so entgangene Erlös die Opportunitätskosten des Unternehmens. So verursachte hohe Kosten haben eine abschreckende Wirkung auf den Emittenten, so daß er einer Emission ablehnend gegenüber stehen wird. Ferner ist die Gesellschaft daran interessiert, weiteres Ansehen durch die Emission zu gewinnen. Dies gelingt nicht, wenn die Wertpapiere nicht vollständig und dauerhaft[303] plaziert werden können. Das spricht wiederum für einen niedrigeren Ausgabepreis als der erwartete Marktwert, um auch Anreize für die Investoren zu schaffen.

Handbook Series 1997, S. 109, 119; *Austin/Remillard*, An overview of initial public offerings, 541 Practising Law Institute, Corporate Law and Practice Course Handbook Series 1986, S. 467, 477; *Ritter*, Initial public offerings, in: Handbook of modern finance, ch. D 11, S. D 11 - 4.

[303] Werden die Wertpapiere nach einigen Tagen wieder verkauft (z.B. wegen der Gefahr eines Kursverfalls), ergeben sich möglicherweise Kursschwankungen auf dem Sekundärmarkt. Dies führt – trotz durchgeführter Stabilisierungsmaßnahmen – zu keinem positiven Emissionsstanding (s. dazu unter C.II).

2. Investmentbanken

Die Investmentbanken werden in erster Linie einen niedrigen Emissionspreis bevorzugen. Einmal wird ein Anreiz für das Publikum geschaffen, so daß eine vollständige Plazierung eher gewährleistet ist. Ganz im Interesse der Investmentbank wird es ferner zu kurzfristigen Kursanstiegen (Zeichnungsgewinnen) kommen und damit das Renommee der Banken steigern.[304] Eine erfolgreiche Emission einer Investmentbank stärkt ihre *bracket* Position und wirkt sich auf ihren zukünftigen Erfolg im Investmentgeschäft aus.[305]
Darüber hinaus sind die *underwriter* bemüht, den Ausgabewert nicht zu niedrig anzusetzen, da sich ihre Provision nach dem effektiven Emissionsvolumen bemißt.[306]

3. Potentielle Investoren

Für die Investoren stellt sich die Interessenlage hingegen im wesentlichen einheitlich dar. Sie wollen die Wertpapiere zu einem günstigen Ausgabekurs erwerben, der möglichst hohe Zeichnungsgewinne erwarten läßt und damit auch hohe Rendite verspricht. Auch ein langfristig denkender Anleger ist an einer guten Entwicklung der Aktien interessiert, da der Wert des Unternehmens gesteigert wird und damit der einzelne Anteil ebenfalls an Wert gewinnt.

4. Altaktionäre

Schließlich sollen auch die Interessen der Altaktionäre betrachtet werden. Dabei muß zunächst zwischen einer Neuausgabe von Aktien durch ein Unternehmen (*primary offering*) und einer Abgabe von Aktien durch einen Altaktionär (Umplazierung/ *secondary offering*) unterschieden werden.
Im ersten Fall erhält das Unternehmen die Erlöse aus der Emission. Die verbleibenden Altaktionäre (z. B. Gründer der Gesellschaft) werden in der Regel die Interessen des Unternehmens im Auge haben, da sie als Eigentümer an einer

[304] Zu den möglichen Kursanstiegen bei niedrigeren Ausgabepreisen siehe im folgenden unter II. *underpricing*.

[305] Das Interesse an einem Preisabschlag bezieht sich lediglich auf die Schaffung eines Kaufanreizes für die Kunden. Für die Reduzierung des Risikos, eine fest übernommene und überbewertete Emission nicht absetzen zu können, spielt es keine Rolle. Erstens ist das Risiko bereits in der Provision berücksichtigt. Zweitens würde solch ein erhebliches Risiko wohl nicht zu einem Preisabschlag, sondern zum Rücktritt von der Emission führen. Immerhin bleibt hier Zeit bis zum Tag vor der Zulassung.

[306] Von der Optionsausgabe etc. seitens des Emittenten soll hier einmal abgesehen werden; s. dazu oben § 6 B. III.

positiven Geschäftsentwicklung teilhaben. Mit Rücksicht auf eine Kapitalverwässerung ist eine Mindesthöhe des Emissionspreises für sie notwendig. Unter Ausblendung der Problematik hinsichtlich einer möglichen Reduzierung der Stimmrechtsmacht stellt sich dies für die in den Vereinigten Staaten üblichen nennwertlosen oder *low par value* Anteile als unproblematisch dar.[307] Der *board of directors* (wenn nicht nach der Satzung die Aktionäre hierüber zu befinden haben) hat die Pflicht, für die Anteile eine Gegenleistung zu bestimmen. Die Anteile werden dementsprechend bewertet. Als Orientierung dient der aktuelle Unternehmenswert. Er wird durch die vorhandenen Aktien dividiert. Der Ausgabekurs oder die Gegenleistung für die Wertpapiere wird daher bei ordnungsgemäßer Berechnung üblicherweise nicht unter dem Substanzwert liegen.[308] Diese Bewertung wirkt somit einer Vermögensverwässerung entgegen.
Der zweite Fall behandelt die Umplazierung von Altaktien. Dies hat den Vorteil, daß eine Kapitalverwässerung vollständig umgangen werden kann, da keine neuen Aktien ausgegeben werden. Der abgebende Aktionär wird daran interessiert sein, seine Anteile zu einem hohen Preis zu veräußern, da es sich für ihn um reinen Kapitalzufluß handelt.
Schließlich ist es möglich, daß neben den alten auch neue Aktien ausgegeben werden. Hier sind sowohl die Interessen des Unternehmens als auch die des abgebenden Aktionärs in Einklang zu bringen.[309]

5. Zusammenfassende Betrachtung

Alle Interessen werden in den Preisfestlegungsprozeß einfließen müssen. Dabei sollte berücksichtigt werden, daß nicht alle Erwartungen gänzlich erfüllt werden können. Das gilt besonders deshalb, weil es objektive Anhaltspunkte für die Bestimmung des Preises gibt (z. B. Unternehmensanalyse). Darüber hinaus

---

[307] Als Beispiel soll eine „Delaware Gesellschaft“ dienen. Dort wird in der Gründungsurkunde genehmigtes Kapital und eine bestimmte Anzahl von Anteilen festgelegt. Diese können jederzeit ohne eine weitere Zustimmung der Aktionäre emittiert werden. Daher könnte argumentiert werden, daß sich die Aktionäre mit Eintritt in die Gesellschaft mit einer möglichen Verwässerung ihrer Anteile einverstanden erklärt haben; vgl. Delaware General Corporation Law, Subchapter I, § 102.5; Subchapter V, § 161.1.

[308] Vgl. Delaware General Corporation Law, Subchapter V, § 153 (b); § 152. Der Vorstand unterliegt Treue- und Sorgfaltspflichten, die aus der *business judgement rule* (Delaware General Corporation Law, Subchapter IV, § 141.2; ferner *Block/Barton/Radin*, The business judgement rule, vol. I, ch. I, S. 2 ff.) resultieren. Es muß daher auf einer objektiven Basis bewertet werden. Durch eine *anti-dilution provision* wird der möglichen Gefahr einer Kapitalverwässerung z. B. bei der Ausgabe von *warrants* an die *underwriter* entgegengewirkt, s. dazu § 6 B. III.

[309] In diesem Fall ist der Altaktionär in der Regel auch Vertragspartei des *underwriting agreement*.

überprüft die SEC den Emissionspreis, so daß der Preis nicht nur einseitig beeinflußt werden kann. Des weiteren werden alle Parteien an einer erfolgreichen Emission interessiert sein. Es sollte jedoch erwähnt werden, daß der Begriff „erfolgreich" für jeden Beteiligten etwas anderes bedeuten kann. Folglich werden die Parteien gewillt sein, Kompromisse zu finden. Nur so läßt sich das übergeordnete Ziel – die Plazierung aller Aktien – verwirklichen. Die Parteien sind schließlich nicht daran interessiert, die Emission vollständig aufzugeben.[310]

II. Underpricing

Ein häufig auftretendes Phänomen bei IPOs[311] sind die in den ersten Tagen der Emission entstehenden hohen Zeichnungsgewinne (Rendite) bei den Anlegern. Zeichnungsgewinn ist der Preisunterschied, der zwischen dem Emissionspreis und dem Marktpreis z. B. am ersten Handelstag festgestellt werden kann.[312]
Der Ertrag resultiert aus einer anfänglichen Unterbewertung der Wertpapiere (*underpricing*)[313]. Diese Unterbewertung wird scheinbar grundsätzlich bei der Preisbestimmung in Kauf genommen, um -wie oft betont wird- dem potentiellen Investor die Wertpapiere schmackhaft zu machen.[314]

Wie bereits dargestellt, führt ein zu tief angesetzter Emissionspreis zu einer mehr oder weniger erheblichen Verminderung des Emissionserlöses für das

[310] Bereits bei einem Blick auf die Funktionen der Banken wurde deutlich, daß sich alle Beteiligten ein gutes Gelingen wünschen. Auch die Bank befindet sich in keiner neutralen Position, da sie für ihre Stellung in den *brackets* von erfolgreichen Emissionen abhängig ist.

[311] Emissionen bereits am Markt befindlicher Unternehmen werden hier nicht berücksichtigt (*seasoned offering*).

[312] Der Markt, auf dem Zeichnungsgewinne auftreten, wird als *hot issue market* bezeichnet; s. dazu *Ritter*, Initial public offerings, in: Handbook of modern finance, ch. D 11, S. D 11 – 10; *Ibbotson/Ritter*, Initial Public Offerings, in: Handbooks in operations research and management science, S. 993, 1002; *Prifti*, Securities: public and private offerings, vol. I, ch. 9, § 9:08.

[313] Ob das Phänomen *underpricing* auch vorhanden ist, wenn die Kursentwicklung über einen längeren Zeitraum beobachtet wird (*long-run performance*), ist umstritten; s. ausführlich dazu *Shayne/Soderquist*, Inefficiency in the market for initial public offerings, 48 Vand. L. Rev. (1995), S. 965 ff.; *Cooper Alexander*, The lawsuit avoidance theory of why initial public offerings are underpriced, 41 UCLA L. Rev. (1993), S. 17, 21 ff.; *Loughran/Ritter*, The new issues puzzle, 50 J. Fin. (1995), S. 23 ff.; *Ritter*, The long-run performance of initial public offerings, 46 J. Fin. (1991), S. 3 ff.; *Loughran*, NYSE vs NASDAQ returns: Market microstructurre or the poor performance of IPOs?, 33 J. Fin. Econ. (1993), S. 241 ff. Das Augenmerk soll hier auf der kurzfristigen hohen Rendite liegen. In diesem Zusammenhang wird von *underpricing* gesprochen.

[314] *Brealey/Myers*, Principles of corporate finance, ch. 15, S. 388; *Willamowski*, Bookbuilding, S. 64 ff..

Unternehmen. Davon sind auch die Altgesellschafter betroffen. Die Folge sind steigende Opportunitätskosten im Verhältnis zum Erlös. Hohe Opportunitätskosten könnten andere emissionswillige Unternehmen davon abhalten, eine Erstemission durchzuführen. Ferner wird mit dem *underpricing* möglicherweise der langfristige Plazierungserfolg gefährdet. Unterbewertete Wertpapiere ziehen Spekulanten (*flippers*) an, [315] die die Wertpapiere nur für kurze Zeit halten, um dann durch einen Verkauf hohe Kursgewinne zu verwirklichen. Je nach Anzahl der abgestoßenen Wertpapiere kann der Sekundärmarkt beeinträchtigt werden. Ein Kursrutsch ist wahrscheinlich.

Es bleibt die Frage, warum der Emittent ein *underpricing* trotz dieser Nachteile akzeptiert.[316]

1. Erklärungsansätze

Zahlreiche ökonomische Modelle haben die Signifikanz[317] des *underpricing* herausgearbeitet und auf verschiedene Art und Weise erläutert. Es soll an dieser Stelle ein Überblick über einige der Erklärungsansätze gegeben werden.

a) Winner's Curse

Ein bedeutender Erklärungsansatz setzt zunächst Informationsasymmetrien zwischen den Investoren voraus.[318] Das heißt, es gibt uninformierte und informierte Anleger. Ferner soll es sich um eine fixierte Anzahl von Anteilen handeln, die zu einem bestimmten Preis veräußert werden sollen. Es entstehe ein Nachfrageüberhang. Infolgedessen müssen die Wertpapiere repartiert werden. Der informierte Anleger habe Auskünfte über die Emission eingeholt und die

[315] Die aufgetretene Signifikanz (IPO – *underpricing* – anfänglich hohe Rendite) haben auch die *flippers* erkannt. Zu weiteren Fragen bezüglich der *flippers*, volatiler Kurse s. im folgenden § 7.

[316] In der Regel ist der Emittent der einzige, der in diesen Fällen Nachteile erleidet. Der Anleger gewinnt, und für den *underwriter* birgt ein *underpricing* keine großen Verluste (dazu im folgenden).

[317] *Ritter*, Initial public offerings, in: Handbook of modern finance, ch. D 11, S. D 11 – 6 (Figure D 11 – 2). Durchschnittlich beträgt die Anfangsrendite bei IPOs in den Jahren 1960 – 1996 danach 15, 8 %.

[318] *Rock*, Why new issues are underpriced, 15 J. Fin. Econ. (1986), S. 187 ff.; *Carter/Manaster*, Initial public offerings and underwriter reputation, 45 J. Fin. (1990), S. 1045 ff.; empirische Studien: *Ritter*, The costs of going public, 19 J. Fin. Econ. (1987), S. 269 ff.; *Beatty/Ritter*, Investment banking, reputation, and the underpricing of initial public offerings, 15 J. Fin. Econ. (1986), S.213 ff.; *Ritter*, Signalling and the valuation of unseasoned new issues: a comment, 39 J. Fin. (1984), S. 1231ff.

Wertpapiere in der Hoffnung auf eine hohe Rendite in entsprechendem Umfang geordert. Der uninformierte Anleger habe im Verhältnis zum informierten Anleger nur wenige Aktien geordert, da er die Gewinnchancen nicht erkannt habe. Er erhalte bei Repartierung eine entsprechend geringe Aktienanzahl. Dafür sei er allerdings auch bereit, im Rahmen jeder anderen Emission zu ordern, für die u. U. geringere Erträge vorhergesagt werden. Da der informierte Anleger für die weniger erfolgversprechenden Emissionen keine Aufträge abgebe, erhalte der uninformierte Investor in diesen Fällen die gewünschte Gesamtmenge („Fluch des Gewinners")[319]. Der uninformierte Anleger werde keine Kaufaufträge mehr abgeben, wenn er dieser Divergenz gewahr werde. Weitere Orders werde er aufgeben, wenn er einen Ausgleich erfahre. Ein solcher Ausgleich bestehe darin, daß die Emittenten den Ausgabepreis herabsetzen, und zwar um so weiter, je größer die Unsicherheit der uninformierten Investoren über den Wert der Emission ist.

b) Monopolstellung der Investmentbanken

Ein anderer Ansatz erklärt das *underpricing* Phänomen damit, die Investmentbanken würden ihren Informationsvorsprung in bezug auf die Marktverhältnisse gegenüber dem Emittenten ausnutzen.[320] Auch hier handelt es sich um Informationsasymmetrien. In diesem Fall bestehen sie zwischen dem Emittenten und den Investmentbanken.

Die Banken würden ein *underpricing* durchführen, um die Investoren durch die erfolgreich abgeschlossene Transaktion für weitere Geschäftsvorgänge zu interessieren.

Ein weitergehendes Modell, das sich ebenfalls mit Informationsasymmetrien zwischen Emittenten und Investmentbank beschäftigt, bescheinigt den Banken ebenfalls einen Informationsvorsprung. Deshalb befinde sich die Bank gegenüber dem Emittenten in einer Monopolstellung. Daneben würden die Banken große Verteilerkanäle besitzen, die ihnen ein weiteres Monopol gegenüber dem Emittenten einräumen würden.[321] Der Emittent, der die Vorzüge genießen und die Dienstleistungen in Anspruch nehmen möchte, sei unfähig, die Qualität zu überprüfen. Die Banken bräuchten sich daher nicht umfassend bemühen, sondern könnten im Wege des *underpricing* (auch die Preisfest-

---

[319] Der uninformierte Anleger zahlt für die Aktien einer wenig ertragreichen Emission mehr als der Markt bietet.

[320] *Ibbotson*, Price performance of common stock new issues, 2 J. Fin. Econ. (1975), S. 235 ff.; *Ritter*, Signaling and the valuation of unseasoned new issues: a comment, 39 J. Fin. (1984), S. 1231ff.

[321] *Baron*, A model of the demand for investment banking advising and distribution services for new issues, 37 J. Fin. (1982), S. 955 ff.

setzung wird ihnen wegen ihrer Fähigkeiten übertragen) die Emission erfolgreich dem Publikum zuführen.
Wenn dieses Verhalten der Banken der Wirklichkeit entspricht, könnte kein Emittent den Investmentbanken trauen und würde sich nicht ihrer Leistungen bedienen.
Im übrigen hat ein späteres Model[322] diesen Ansatz überprüft und ist zu dem Ergebnis gekommen, daß, sofern die Investmentbank ihre eigenen Anteile vermarktet und keine Informationsasymmetrien bestehen, trotzdem ein *underpricing* vorliegt. Das *underpricing* kann also nicht nur mit dem Ausnutzen überlegener Positionen begründet werden.

c) Signalwirkung

Ausgangspunkt dieses Erklärungsansatzes sind Informationsasymmetrien zwischen Emittenten und Investoren. Der Emittent habe im Vergleich zu den Anlegern einen Informationsvorsprung in bezug auf das Unternehmen (z. B. dessen Wert). Damit die Emission erfolgreich durchgeführt werden könne, müsse dem Anleger der Zugriff auf Informationen gewährt werden.
Dazu gibt es verschiedene Ansätze: Auf der einen Seite wird an den Abbau der Informationsdefizite durch den Einsatz von bestimmten Signalen angeknüpft, ohne das *underpricing* in den Vordergrund zu stellen. Es gebe hochwertige Unternehmen, die eine hochwertige Emission plazieren wollen. Dazu würden sie Signale setzen, die beim Anleger die bestehenden Unsicherheiten über den Wert des Unternehmens beseitigen sollen.[323] Das führe wiederum zu besseren Emissionsbedingungen, da die Verringerung von Unsicherheiten, den Anleger eher zum Kauf anreizen würden. In der Folge werde ein geringeres *underpricing* notwendig sein. Signalwirkung habe z. B. eine renommierte Investmentbank oder ein guter Wirtschaftsprüfer.[324]
Einem anderen Begründungsansatz zufolge wird mit dem *underpricing* selbst ein bestimmtes Signal in den Markt gegeben, was im Kern dazu führen soll, daß langfristig bessere Emissionsbedingungen geschaffen werden.[325] Zunächst

---

[322] *Muscarella/Vetsuypens*, A simple test of Baron's model of IPO underpricing, 24 J. Fin. Econ. (1989), S. 125 ff.

[323] *Balvers/McDonald/Miller*, Underpricing of new issues and the choice of auditor as a signal of investment banker reputation, 43 Acc. Rev. (1988), S. 605 ff.; *Leland/Pyle*, Informational asymmetries, financial structure, and financial intermediation, 32 J. Fin. (1977), S. 371ff.

[324] S. dazu aber bereits § 5 C. II. 2.

[325] *Welch*, Seasoned offerings, imitation costs, and the underpricing of initial public offerings, 44 J. Fin. (1989), S. 421 ff.; *Allen/Faulhaber*, Signaling by underpricing in the IPO market, 23 J. Fin. Econ. (1989), S. 303 ff.; *Grinblatt/Hwang*, Singaling and the Pricing of new issues, 44 J. Fin. (1989), S. 393 ff.

würden dem Investor die attraktiven Aussichten für das Unternehmen vor Augen geführt (positive Entwicklung am Markt). Ferner erhalte der Investor mit dem *underpricing* einen direkten Gewinn (anfängliche hohe Rendite), so daß die Nachfrage entsprechend hoch sein werde. Die Konsequenzen einer solch erfolgreichen Plazierung seien:

- positive Publicity, z. B. durch Ranking in Zeitungen[326];
- „*Leave a good taste*" bei den Investoren[327] und
- mit weiteren Emissionen (*seasoned offerings*) lassen sich hohe Preise erzielen.[328]

d) "lawsuit avoidance theory"

Nach der sog. „*lawsuit avoidance theory*" versuchen Investmentbank und Emittent, die Gefahren einer Haftung nach 15 U.S.C. § 77 k (a) SA zu minimieren, indem sie die Wertpapiere unter Wert ausgeben. [329] Ein *underpricing* habe deshalb drei Folgen:

- anfänglich hohe Renditen verringern die Wahrscheinlichkeit, daß die Investoren auf Grund eines fehlerhaften Prospekts klagen;
- es vermindert den Gesamtbetrag der Schäden, die im Fall einer Klage gedeckt werden müssen, da der SA den maximal zu ersetzenden Schaden auf die Höhe des Emissionspreises begrenzt[330];
- es verringert die Wahrscheinlichkeit eines negativen Urteils, falls ein Prozeß geführt wird.[331]

---

[326] IPOs winners' im Wall Street Journal: Die einzelnen Unternehmen, die sich gut entwickelt haben, werden regelmäßig aufgeführt (Prozentsatzsteigerung zwischen Emissionspreis und aktuellem Kurs).

[327] Die Investoren haben eine eher positive Einstellung zum Unternehmen (auch für die Zukunft).

[328] Dies könnte die niedrigeren Preise bei IPOs kompensieren.

[329] *Cooper Alexander*, The lawsuit avoidance theory of why initial public offerings are underpriced, 41 UCLA L. Rev. (1993), S. 17 ff.; *Tinic*, Anatomy of initial public offerings of common stock, 43 J. Fin. (1988), S. 789 ff.; *Hughes/Thakor*, Litigation risk, intermediation, and the underpricing of initial public offerings, 5 Rev. Fin. Stud. (1992), S. 709 ff.

[330] Anwaltskosten etc. sind in diesem Modell nicht berücksichtigt worden. Sie können durch ein *underpricing* in der Regel nicht reduziert werden.

[331] Dies erscheint allerdings fraglich; s. zur Haftung auch § 9 B.

2. Folgerungen

Keiner der oben aufgeführten Ansätze liefert eine umfassende und zweifelsfreie Erklärung für das *underpricing*.[332] Es gibt zahlreiche Kritikpunkte hinsichtlich einzelner und sehr spezifischer Voraussetzungen, die diesen Modellen zugrunde liegen. Allerdings können die Erklärungen in ihrer Gesamtheit als Begründung dafür dienen, warum der Emittent und damit auch der Altaktionär das *underpricing* akzeptieren müssen.

Das Hauptaugenmerk der Darstellungen liegt auf dem Abbau von Informationsasymmetrien. Insbesondere der Investor benötigt Informationen, damit er eine fundierte Anlageentscheidung treffen kann. Bereits bei den Ausführungen zur Rolle der Investmentbanken im *underwriting* Prozeß wurde deutlich, daß es entscheidend für das Unternehmen ist, Informationen zu veröffentlichen. So wird der emittierenden Gesellschaft besonders daran gelegen sein, ihre Hochwertigkeit deutlich zu unterstreichen. Im übrigen ist es das erklärte Ziel jeder Emission, die Aktien vollständig und dauerhaft zu plazieren. *Underpricing* kann demnach neben dem Anreiz für den Investor, eine hohe Rendite zu erlangen, weitere Folgen haben. So hinterläßt ein hoher Gewinn bei den Anlegern einen positiven Eindruck, der sich auch auf spätere Emissionen auswirken kann. Außerdem zieht eine erfolgreiche Emission eine positive Öffentlichkeitswirkung nach sich. Hinsichtlich der Höhe des *underpricing* läßt sich feststellen, daß eine leichte Unterbewertung hohe Qualität anzeigen kann.

Ein weiteres Argument für ein *underpricing* könnte der Dominoeffekt sein. Sind Investoren nicht nur auf ihre eigenen Informationen fixiert, sondern schauen auch danach, ob andere Anleger kaufen, könnte sich ein Dominoeffekt einstellen. Wenn der informierte Anleger nicht kauft, kauft auch der Anleger nicht, der den informierten Anleger beobachtet und zum Vorbild hat. Eine Unterbewertung könnte diesen unerwünschten Effekt verhindern. Ein *underpricing* könnte Anreize schaffen, den informierten Anleger zum Kauf zu animieren, was wiederum die Nachfrage der anderen Anleger erhöhen wird.

Ferner erzeugt gerade die Umplazierung von größeren Aktienpaketen eine bestimmte Zurückhaltung gegenüber den Wertpapieren. Die potentiellen Investoren werden sich regelmäßig fragen, warum der Altgesellschafter so viele Wertpapiere abgibt. Ein *underpricing* könnte auch hier die Bedenken zerstreuen.

Zusammenfassend kann dem *underpricing* eine nicht zu unterschätzende Publizitätswirkung bescheinigt werden, da der Anleger sich regelmäßig bei nachfolgenden Emissionen an eine hohe Rendite erinnern wird. Das gilt sowohl als Vorteil für den Emittenten als auch als Pluspunkt für die Investmentbank.

---

[332] Insbesondere die unterschiedlichen Strömungen bei den „Signalwirkungsmodellen" machen dies deutlich. Weitere Erklärungsansätze bei *Ibbotson/Ritter*, Initial Public Offerings, in: Handbooks in operations research and management science, S. 993 ff.

Es bleibt die Frage, warum die Investmentbanken die bewußte Unterbewertung nicht für sich selbst ausnutzen. Warum lassen die Banken die Rendite den Anlegern zukommen, und warum betreiben sie keinen „Mißbrauch“ mittels eines besonders hohen *underpricing*? Dazu läßt sich anführen, daß der Ruf der einzelnen Bank auf dem Spiel steht. Sollte der Markt einen Mißbrauch erkennen, verliert die Bank ihre Reputation. Da der Ruf für ihr tägliches Geschäft in der Investmentbranche sehr wichtig ist, wird keine Investmentbank dieses Risiko eingehen. Außerdem sinkt ihr Nutzen aus der Emission, je höher das *underpricing* ist. Den Anlegern kommt der Gewinn üblicherweise aus eigennützigen Erwägungen der Banken zu gute. Diese planen langfristig mit Sicht auf weitere Emissionen, was sich auch auszahlt.

Schließlich verbleiben Ungereimtheiten in bezug auf die *flippers* und die damit einhergehende nur sehr kurzfristige Plazierung:
Die *underwriter* verkaufen in der Regel mehr Aktien, als nach dem Emissionsvolumen vorhanden sind. Sie rechnen mit dem zügigen Verkauf durch einige Anleger unmittelbar nach der Emission. Die *underwriter* erwerben diese Aktien. Diese Maßnahmen dürfen die Banken unter bestimmten Umständen als Stützungskäufe vornehmen.[333] Infolgedessen werden die Wertpapiere nach den ersten Verkäufen üblicherweise einen dauerhaften Besitzer finden. Das gilt besonders deshalb, weil regelmäßig nur in der Anfangsphase enorme Zeichnungsgewinne zu erwarten sind.
Abschließend sollte nicht unerwähnt bleiben, daß der Prozeß der Preisfestlegung auch von dem *underpricing* beeinflußt wird, grundsätzlich aber neben den IPOs auch die *seasoned offerings* beachtet werden müssen, die dieses Phänomen nicht aufzeigen. Ferner hängt ein *underpricing* entscheidend von der Frage ab, ob und in welcher Art und Weise Werbung für die Emission betrieben wird, und um was für ein Unternehmen es sich handelt. Nicht alle IPOs werden stark unterbewertet, so daß ein Zeichnungsgewinn nicht bei jedem IPO garantiert ist.

D. Das Auktionsverfahren

Die bisherigen Ausführungen zur Preisfestlegung basieren auf der Anwendung des Bookbuilding-Verfahrens.[334] Wie aber bereits im Rahmen der Ausführungen zu den Plazierungsverfahren[335] erwähnt wurde, wird das Auktionsverfahren

[333] S. dazu § 8 B.
[334] Verf. legt der Arbeit an den entscheidenden Stellen (z. B. Zuteilung) das Bookbuilding als das am häufigsten angewandte Preisfestsetzungs- und Plazierungsverfahren zugrunde. Das innovative Auktionsverfahren soll aber zumindest an dieser Stelle Erwähnung finden. Eingehend zum Bookbuilding und den entscheidenden Unterschieden zwischen dem US-amerikanischen und deutschen Recht *Willamowski*, Bookbuilding.
[335] S. § 4.

mittlerweile auch in Zusammenhang mit Aktienemissionen genutzt und bringt einige Neuerungen mit sich.

I. Ablauf

Grundsätzlich ist das Verfahren vergleichbar mit dem Bookbuilding-Verfahren. Die Bieter geben an, wie viele Aktien sie zu welchem Preis erwerben möchten. Im Gegensatz zum Bookbuilding wird bei der Auktion aber keine Preisspanne vorgegeben, innerhalb derer sich der Bieter mit seinem Gebot bewegen muß. Dem Bieter wird lediglich ein Preis oder eine im Verhältnis zum Bookbuilding-Verfahren sehr große Preisspanne als Anhaltspunkt für sein Gebot mitgeteilt. Welchen Betrag er letztendlich bietet, liegt in seinem Ermessen. Das Gebot ist damit abhängig von seiner persönlichen Einschätzung des Unternehmens. Der Anleger kann mehrere Gebote abgeben. Zusammengerechnet darf die spätere Zuteilungsquote für einen einzelnen Anleger aber nicht mehr als 10 % des gesamten Emissionsvolumens betragen. Die innerhalb einer bestimmten Frist eingegangenen Gebote[336] werden nach der Höhe des gebotenen Preises geordnet. Die Aktien werden dann zu dem niedrigsten Preis ausgegeben, zu dem alle Aktien der Emission veräußert werden können.[337] Bei der Zuteilung werden alle diejenigen Anleger bedient, die gegebenenfalls mehr als den festgelegten Ausgabebetrag oder genau diesen Betrag geboten haben. Alle Anleger, die eine Zuteilung erhalten, zahlen den einheitlichen Emissionspreis. Die Anleger, die weniger als den Emissionspreis geboten haben, erhalten keine Aktien.[338]

II. Die Vorteile

Dieses Verfahren soll insbesondere für die Kleinanleger eine Vielzahl von Vorteilen bieten. Alle Bieter sollen die gleichen Chancen haben. Es soll keine bevorrechtigten Zuteilungen geben. Da die Gebote vertraulich behandelt werden – folglich niemand weiß, wie hoch andere Anleger geboten haben –, wird sich der Preis immer an der individuellen Einschätzung der Anleger orientieren. Somit werden zumindest theoretisch keine übermäßig hohen Zeichnungs-

---

[336] Die Investmentbank W.R.Hambrecht +Co., die dieses Verfahren als erstes Unternehmen angewandt hat, sammelt die Gebote auf elektronischem Wege. Die Webseite http://www.OpenIPO.com ermöglicht es dem Kunden, über das Internet für eine Neuemission sein Angebot abzugeben; *Bransten/Wingfield*, New company aims to shift IPO playing field, WSJ v. 8.2.1999, WL-WSJ 5439878. Die Auktion verläuft über einen verhältnismäßig langen Zeitraum von ca. 6-8 Wochen, s. die Emission von Andover.Net, Inc. (http://www.openIPO.com/offerings/auctions/openipo/andover.html).

[337] Beispiel einer Auktion bei OpenIPO (http://www.OpenIPO.com, unter: sample auction).

[338] OpenIPO behält sich hier sogar noch eine Reduzierung auf 1 % des maximalen Aktienvolumens von 10 % des einzelnen Anlegers zur Repartierung vor.

gewinne vorhanden sein, da ein *underpricing* nicht gesteuert werden kann.[339] Darüber hinaus soll der Emittent geringere Transaktionskosten zu tragen haben. Das ist zumindest im Fall der IPO-Auktion von W.R.Hambrecht+Co. feststellbar. Ein Konsortium im herkömmlichen Sinn ist nicht vonnöten, da sämtliche Aktien über das Internet vertrieben werden. Ferner ist auch die Veräußerung über das Internet kostengünstiger als der Vertrieb auf traditionellem Weg, so daß die Provisionen geringer ausfallen können.[340] Ein weiterer Vorteil für den Emittenten soll in der Plazierung der Aktien liegen. Die ausgegebenen Aktien kaufen – so jedenfalls die Hoffnung – Investoren, die sich nicht als *flipper* betätigen wollen. Der schnelle und vor allem hohe Zeichnungsgewinn soll mit diesen Aktien nicht möglich sein. Auch die Interessenkonflikte, die sich regelmäßig beim Bookbuilding ergeben, seien überschaubar. Der Emittent soll den maximalen Emissionserlös erhalten. Die Anleger zahlen das, was ihnen das Unternehmen wert ist. Die begleitende Bank erhält bei maximalem Emissionserlös eine dementsprechend hohe Vergütung.

III. Kritik

Aus Praktikerkreisen ist Kritik an dem Verfahren laut geworden. Eine Auktion – insbesondere über das Internet – könne sich nicht gegen das herkömmliche *underwriting* durchsetzen. Der Vertrieb kleinerer Tranchen der Emission über das Internet sei zwar durchaus praktikabel. Das gesamte Emissionsvolumen lasse sich aber nicht nur mit einem Auktionsverfahren über das Netz plazieren. Der Anleger könne gar nicht einschätzen, welchen Wert die Aktie habe. Auch mit Analysen und weiteren Informationen würde es sich bei dem Gebot lediglich um einen Schuß ins Blaue handeln. Der gebotene Preis sei folglich vollkommen realitätsfern. Darüber hinaus würde die Teilnahme an der Auktion für den Anleger auch Risiken bergen. Da er nicht einschätzen könne, was das Unternehmen tatsächlich wert sei, und er möglicherweise zuviel biete, könne es zu erheblichen Verlusten kommen. Für Großinvestoren wie Fonds sei dieses Verfahren ohnehin nicht geeignet, da sie schon im Vorfeld in Einzelgesprächen ihr Interesse, zu welchem Preis sie kaufen wollen, kundtun. Hier müßten sie mitbieten und würden u. U. keine Aktien zugeteilt bekommen.
Der Emittent sei aber häufig daran interessiert, Großinvestoren in seinen Aktionärskreis aufzunehmen. Ferner sei eine Begrenzung der Zuteilungsquote

---

[339] Es wird keine feste Preisrange vorgegeben und auch die spätere Preisfestlegung erlaubt grundsätzlich keine Ermessensausübung.

[340] Hier werden zwischen 3% - 5% erwartet. Im Gegensatz dazu erhält ein Konsortium für eine „normales“ IPO durchschnittlich 6% - 7%, *Bransten/Wingfield*, New company aims to shift IPO playing field, WSJ v. 8.2.1999, WL-WSJ 5439878; *Bloomberg News*, W.R.Hambrecht+Co. Pioneers new approach to investmentbanking, 08.02.1999.

auf höchstens 10 % für die Fonds zu wenig. Diese benötigten stets eine kritische Masse.
Im Ergebnis bleibt abzuwarten, wie sich das Verfahren entwickelt, und wie es vom Anleger angenommen wird. Ob es dann sämtliche Vorteile mit sich bringt, die man erwartet, und ob es sich überhaupt gegen das herkömmliche *underwriting* durchsetzt, wird sich zeigen.[341]

[341] Von W.R.Hambrecht+Co. sind inzwischen 3 IPOs mit Hilfe des Auktionsverfahrens abgewickelt worden, http://www.OpenIPO.com (Press Release: December 8, 1999).

§ 8 Zuteilung, *closing* und Stabilisierung

A. Zuteilung und closing

I. Überblick

An die Preisfestlegung und die direkt darauffolgende Börsenzulassung schließt sich unmittelbar die Zuteilung der Wertpapiere an. Damit beginnt die *post-effective period.* In dieser Zeit wird auch das *underwriting agreement* abgewickelt.

Für die Zuteilung der Aktien werden zunächst die *indications of interest* berücksichtigt. Teilweise werden diese Interessenbekundungen über die zu emittierende Haupttranche hinaus entgegengenommen. Je größer die Nachfrage während der *waiting period*, desto höher ist die Wahrscheinlichkeit einer dauerhaften und vollständigen Plazierung aller Aktien für die Investmentbanken. Mit einer Überzeichnung kann der Gefahr entgegengetreten werden, daß sich innerhalb der kurzen Zeit zwischen der Preisfestlegung und der Zulassung der Wertpapiere und damit dem Beginn des Verkaufs die Marktlage nachhaltig verändert oder die Emission bereits von Beginn an mit einem nicht marktgerechten Preis versehen worden ist.[342] Diese Entwicklungen können dazu führen, daß die Nachfrage zurückgeht oder Anteile möglicherweise nicht verkauft werden. Die Anleger sind durch die *indication of interest* nicht verpflichtet, die Wertpapiere bei der Eröffnung des Angebots tatsächlich zu erwerben. Ist die Nachfrage jedoch größer als das Emissionsvolumen, so ist die Wahrscheinlichkeit höher, daß die *underwriter* alle Aktien zuteilen können.

Auf der Grundlage der Interessenbekundungen, die der *lead manager* im Rahmen der *order-taking period* gesammelt hat, wird die Zuteilung der Aktien vorgenommen. Der *lead manager* bedient die jeweiligen *underwriter*, die institutionellen Investoren und die *selling group*.

Der letztgenannten Gruppe werden Aktien aus dem *pot* zugeteilt. Jeder *underwriter* gibt dafür einen Teil seiner übernommenen Quote ab. Bei der Zusammenstellung der *selling group* sind die *underwriter* zwar in der Regel beteiligt, so daß sie möglicherweise lieber selbständig die einzelnen *dealer* bedienen möchten. Eine zentrale Zuteilung durch den Konsortialführer ist jedoch einfacher zu handhaben. Das gilt besonders deshalb, weil eine Person „alle Fäden in der Hand hält" und den Überblick wahren kann. Letzteres ist bei den verschiedenartigen Vorgängen während der Emission oft von besonderem Wert.

---

[342] Eine falsche Preisfestlegung ist nicht auszuschließen. Immerhin ist die Überprüfung der Interessenbekundungen am Markt nur eine grobe Einschätzung; vgl. *Smith/Walter*, Global banking, S. 323.

Die institutionellen Investoren bevorzugen den direkten Kontakt mit dem *lead manager*. Da diese Investoren zumeist große Pakete der Emission erwerben, ist es für sie effizienter, die Abrechnung und die Übergabe der Aktien mit einer einzelnen Investmentbank abzuwickeln. Wegen der Größenordnung ihrer Pakete können sie aber in der Regel nur mit der konsortialführenden Bank zusammenarbeiten. Ansonsten wäre es notwendig, von verschiedenen Konsortialmitgliedern zu kaufen, da diese im Verhältnis zum Konsortialführer über einen wesentlich geringeren Eigenplazierungsanteil verfügen.[343] Die in der *waiting period* abgeschlossenen *institutional pacts* können so ausgeführt werden.
Schließlich erhalten auch die *underwriter* Wertpapiere, um sie an das Publikum zu veräußern. Allerdings bekommen sie nicht die gesamte Quote, die sie laut Konsortialvertrag (*agreement among underwriters*) übernommen haben. Ein Teil ihrer Quote wird aus dem *pot* an die *selling group* verteilt. Unter Umständen benötigt der Konsortialführer einen weiteren Anteil, um die institutionellen Investoren zu befriedigen. Die Konsorten können das verbleibende Kontingent nach der Benachrichtigung durch den *lead manager* veräußern.[344]
Sowohl die *dealer* als auch die *underwriter* beginnen dann, die Investoren von ihren Zuteilungsmöglichkeiten in Kenntnis zu setzen und Angebote einzuholen. Diese werden umgehend bestätigt, sofern ausreichende Kapazitäten zur Verfügung stehen. Die Nachfrage bei *hot issues* ist besonders groß. In diesen Fällen kann dem Auftraggeber – wenn überhaupt – nur ein Teil seiner Order zugeteilt werden. Das erfolgt mit dem Hinweis auf die Möglichkeit, den Bestand im Sekundärmarkt aufstocken zu können.[345] Solche Transaktionen sind für die gesamte Emission von Bedeutung, da eine positive Entwicklung des Anschlußmarktes über Erfolg oder Mißerfolg der Emission entscheidet.
Haben alle *underwriter* und *dealer* ihre Kontingente veräußert, benachrichtigen sie unverzüglich den Konsortialführer.[346] Dieser informiert alle Beteiligten, sobald der Plazierungsprozeß abgeschlossen ist.[347] Die Beteiligten streben einen schnellen Abschluß nur wenige Stunden nach Zulassung der Aktien an.

---

[343] S. dazu bereits § 4 B. II. c); der Eigenplazierungsanteil ist unter anderem abhängig von der Größe und der Plazierungskraft des Emissionshauses. Ferner ist es im Beziehungsgeflecht Banken – Institutionen vorteilhaft, einen großen Fonds mit Aktien einer begehrten Emission versorgen zu können.

[344] Vgl. *Loss/Seligman,* Securities regulation, vol. I, S. 338; *Goldwasser*, The underwritten offering, in: Securities law techniques, vol. 1, ch. 15, § 15.14.

[345] *Goldwasser*, The underwritten offering, in: Securities law techniques, vol. 1, ch. 15, § 15.14; *Bloomenthal/Wolff,* Securities and federal corporate law, vol. 3B, ch. 8, § 8:28.

[346] Grundsätzlich ist es auch möglich, daß das einzelne Konsortialmitglied den *lead manager* darum bittet, nicht plazierte Anteile zurückzunehmen. Damit ist eine Beteiligung an der nächsten Transaktion für die einzelnen Konsortialmitglieder aber unwahrscheinlich.

[347] Zu Käufen innerhalb der Gruppen s. § 4 B. II. 2. c).

Die Anleger sollen die schriftliche Bestätigung über ihre Transaktion innerhalb von 24 Stunden nach dem Kauf zusammen mit dem vollständigen Prospekt erhalten.[348] Eine unverzügliche Übersendung dieser Unterlagen sollte es dem *underwriter* erlauben, umgehend die Zahlung für die erworbenen Wertpapiere einzufordern. Zum Zeitpunkt des *closing*[349] sollte in der Regel das Geld der Investoren vorliegen.

II. Einzelaspekte der Zuteilung und des closing

1. Zuteilung an institutionelle Investoren

Im folgenden werden die direkte Zuteilung von großen Anteilspaketen an institutionelle Investoren sowie deren Einbeziehung in den Prozeß der Preisfindung betrachtet. Schon im Vorfeld der Zuteilung sind institutionelle Investoren für den *lead manager* von großem Interesse. Sie gehören bei den *road shows* zu den wichtigsten Beteiligten, da sie große Aktienpakete kaufen. Ihre *indication of interest* deutet dem Konsortialführer zunächst an, daß ein Teil der Aktien sicher und langfristig plaziert werden kann. Darüber hinaus erfordert die direkte Veräußerung von großen Anteilspaketen geringere Verkaufsbemühungen des *lead manager* als bei einer breit gestreuten Plazierung geringer Stückzahlen an viele Investoren. Die Zuteilung großer Aktienpakete ist daher häufig kostengünstiger. Allerdings kauft der institutionelle Investor die Aktien nur zu einem angemessenen Preis. Falls mit dem *lead manager* diesbezüglich (daneben ist die Menge ausschlaggebend) eine Einigung erzielt werden kann[350],

[348] Nicht in allen Fällen erhält der Anleger einen vollständigen Prospekt. Es ist durchaus möglich, ein *term sheet* als Erweiterung zu einem nachtragungsbedürftigen Prospekt zuzusenden (17 C.F.R. § 230.434 insbesondere für den Fall der 17 C.F.R. § 230.430A), wenn Druck und Veröffentlichung des *final prospectus* einen zu langen Zeitraum in Anspruch nimmt. Damit ist ein Weg beschrieben, um die Abhängigkeit zwischen Preisfestlegung und Zulassung flexibler zu gestalten; *Apfel*, Corporate finance – The process of registering securities, 1043 Practising Law Institute, Corporate law and practice course handbook series (1998), S. 9, 43. Üblicherweise ist es so, daß dem Anleger spätestens mit der schriftlichen Verkaufsbestätigung alle Informationen vorliegen sollten. Gundsätzlich kann der Anleger nach Erhalt der Bestätigung nicht mehr von dem Kauf zurücktreten. Allerdings geben die Veräußerer dem Kleinanleger in der Praxis häufiger diese Möglichkeit; *Johnson/McLaughlin*, Corporate finance and the securities laws, S. 22. Diese Praxis ist in den Vereinigten Staaten nicht in eine Rule aufgenommen worden und ist daher als Kulanz von Seiten des *dealers* zu werten, s. auch *Bloomenthal/Wolff*, Securities and federal corporate law, vol. 3B, ch. 8, § 8:28, § 8:52.

[349] S. unter § 8 A II.

[350] Der *lead manager* ist prinzipiell daran interessiert, daß die Emission den bestmöglichen Preis erzielt, und wird daher nicht bedeutend unter Wert verkaufen wollen.

wird ein *institutional pact* geschlossen.[351] Die getroffene Vereinbarung muß in die Preisbestimmung miteinfließen. In den abschließenden Verhandlungen mit dem Emittenten wird der Konsortialführer dies berücksichtigen. Es könnte daher die Gefahr bestehen, daß der Emittent aufgrund der Preisfindung weniger erhält, als die Anteile objektiv wert sind. Sicher könnte dem Emittenten nahegelegt werden, seine Interessen in den Verhandlungen beharrlich zu vertreten. Wie aber bereits oben erwähnt[352], befindet sich der Emittent grundsätzlich in der schwächeren Position. Von einer Verhandlung „at arms length" kann insofern keine Rede sein. Für den Emittenten ist es bedeutend, Kapital aufzunehmen und die Emission durchzuführen. Daher wird es nicht zu einem Abbruch der Emission kommen – noch dazu kurz vor der Zulassung.[353]

Die Zuteilung der großen Aktienpakete an institutionelle Investoren[354] könnte den Kleinanleger benachteiligen. Wie bereits oben dargestellt, werden die Großinvestoren direkt vom *lead manager* bedient und erhalten so in der Regel die gewünschte Tranche.
Der Kleinanleger wird demgegenüber durch die Mitglieder der *selling group* oder gar nur durch die Medien über die Emission informiert.[355] Er kann zwar sein Interesse bekunden und ein Angebot abgeben; die Chancen, vollständig bedient zu werden, sind aber gerade im *hot issue market* gering. Es besteht zwar die Möglichkeit, Aktien im Sekundärmarkt zu kaufen. Die Preise im Sekundärmarkt sind jedoch häufig höher. Insbesondere können bei einem *hot issue* innerhalb kürzester Zeit Gewinne erzielt werden, ohne ein signifikantes Risiko eingehen zu müssen.[356] Daher werden die Beteiligten der Emission im Falle des *hot issue* die Aktien bevorzugt an Freunde verteilen oder selbst einbehalten (sog. *free-riding and withholding*). Nachfrage des breiten Publikums und dazugehöriges Angebot sind demnach nicht im Gleichgewicht. Da die Nachfrage der Anleger besonders hoch sein wird, kann ein Verkauf der Anteile nunmehr mit einem erheblichen Gewinn erfolgen.

---

[351] Es handelt sich hierbei nicht um einen abschließenden Kaufvertrag, da in der *waiting period* noch kein Verkauf stattfinden darf. Man kann eher von einer Art „freundschaftlicher Absprache" reden, die allerdings nicht einklagbar erscheint. Soweit ersichtlich, gab es bisher noch keinen offenkundigen Streitfall.

[352] S. § 7 C. I.

[353] S. ausführlich § 7 C. I.

[354] Es müssen auch andere Großanleger berücksichtigt werden.

[355] Mittlerweile findet das Internet verstärkt Zuspruch, um Aktien einer Emission zu beziehen. Hier gestaltet sich die frühzeitige Information leichter. Allerdings ist neben anderen Problemen auch die Zuteilung kompliziert; s. *Lucchetti*, Web tide: initial public offerings aren't the same in era of internet-stock mania, WSJ v. 19.01.1999, 1999 WL-WSJ 5437233.

[356] Dabei handelt es sich oftmals um Vorkommnisse des Sekundärmarktes, die bereits bei der Zuteilung erkannt werden müssen. *Bloomenthal/Wolff*, Securities and federal corporate law, vol. 3B, ch. 8, § 8:59.

Infolge dieser Gegebenheiten hat die NASD eine Regelung[357] erlassen, die es den Beteiligten der Emission verbietet, auf ihre eigene Rechnung Teile der Emission zu kaufen, um sie dann möglicherweise mit Gewinn weiterzuveräußern. Des weiteren ist es problematisch, wenn Aktien zurückgehalten werden, obwohl es noch Anleger gibt, die eine Order abgegeben haben (Ablehnung der Anleger). Zweck ist es hier, die abgelehnten Anleger auf den Sekundärmarkt zu verweisen. Sie sollen die Aktien dort kaufen. Somit wird die Nachfrage und damit der Preis im Sekundärmarkt steigen. Diese Problematik wird von Betrugs- und Manipulationsvorschriften umfaßt, da auf diese Art und Weise ein illegaler *hot issue market* geschaffen wird.[358]
Die in den Regelungsbereich der Rule fallenden Personen (*broker-dealer*, *underwriter* u. s. w.) dürfen ferner keinen Teil der Emission an beschränkte Konten (*restricted accounts*) vergeben. *Restricted accounts* betreffen Veräußerungen an Vorstände, Arbeitnehmer und Vertreter der Beteiligten oder Familienangehörige.[359] Verkäufe an andere *restricted accounts* (z. B. Anwälte der *underwriter*, institutionelle Investoren und leitende Angestellte von Banken etc.) dürfen erfolgen. Es wird vorausgesetzt, daß „es sich bei dem Verkauf um einen gewöhnlichen Anlagevorgang für das Mitglied gehandelt hat, die Verkäufe geringfügig und nicht unangemessen zu den Verkäufen an das breite Publikum sind".[360] Der Verkauf von Wertpapieren durch Beteiligte an „bevorzugte Personengruppen" wird damit kontrolliert. Ferner soll ein extremes Ungleichgewicht von Nachfrage und Angebot verhindert werden (*bona fide offering*). Mit dieser Regelung steigen die Chancen für die Kleinanleger, an einer Emission teilzuhaben. Es wird damit aber nicht verhindert, daß große Aktienpakete an institutionelle Investoren zugeteilt werden.[361] Auch wenn eine bevorzugte Plazierung an Institutionen aus reiner Gewinnsucht im Rahmen von *hot issues* reglementiert ist, gibt es keine ausdrückliche Beschränkung für die Händler, die Wertpapiere bevorzugten Kunden (außerhalb des Regelungsbereichs) zuzuteilen und damit das breite Publikum zu übergehen.[362]

---

[357] NASD manual- conduct rules, (CCH) IM-2110-1 (free-riding and withholding interpretation).

[358] S. *Hazen*, The law of securities regulation, vol. 1, S. 357 ff.; *Prifti*, Securities: public and private offerings, vol. I, ch. 9, § 9:08 ff.

[359] NASD manual- conduct rules, (CCH) IM-2110-1 (b); *Bloomenthal/Wolff*, Securities and federal corporate law, vol. 3B, ch. 8, § 8:60. Zu den mit dieser Regelung verbundenen Problemen s. *Mann*, Best execution and free-riding interpretations, SB 09 ALI-ABA (1996), S. 579, 587 ff.

[360] *Bloomenthal/Wolff*, Securities and federal corporate law, vol. 3B, ch. 8, § 8:60.

[361] Es gibt noch weitere Vorschriften (z.B. 17 C.F.R. § 240.10b-5; 17 C.F.R. § 240.15c1-8), die sich aber allesamt vorrangig mit der Unterbindung von Manipulationen beschäftigen, aber nicht konkret auf die Zuteilungsproblematik abstellen ; s. *Hazen*, The law of securities regulation, vol. 1, S. 358 ff.

[362] Vgl. *Hazen*, The law of securities regulation, vol. 1, S. 360.

2. Vereinbarung bezüglich des *Closing* im *underwriting agreement*

Mit der Zuteilungsphase wird gleichzeitig das Ende der Emission eingeläutet. Die einzelnen Transaktionen (Lieferung und Bezahlung der Aktien) müssen ausgeführt werden. Im *underwriting agreement* ist eine gesonderte Regelung aufgenommen, die die Übergabe der Anteile (*firm shares*) gegen Bezahlung behandelt.[363] Damit wird die Abwicklung des *underwriting agreements* (*closing*) festgelegt. Der Zeitpunkt der Übergabe und Bezahlung wird auch als *closing date* bezeichnet.

Die Vereinbarung sieht vor, daß sowohl die Übertragung der Anteilscheine als auch deren Bezahlung im Büro des *lead manager* erfolgen muß. Die Übergabe der Aktien soll durch die Gesellschaft oder in deren Namen an den Konsortialführer erfolgen. Der Konsortialführer nimmt die Wertpapiere für die jeweiligen Depots der *underwriter* entgegen. Im Gegenzug erfolgt die Zahlung der Aktien nach bestimmten Modalitäten (z. B. mit einem bankbestätigten Scheck) auf Rechnung der einzelnen *underwriter*. Vor dem *closing*[364] muß der *underwriter* die Möglichkeit erhalten, die Wertpapiere z. B. auf ihre rechtliche Existenz zu überprüfen.

Als Zeitpunkt für das *closing* wird der dritte Geschäftstag nach dem Kauf der Aktien festgelegt. Erfolgt die Preisfestlegung für die Anteile nach 16.30 Uhr, so ist der vierte Werktag nach dem Kauf als Stichtag entscheidend. Grundsätzlich können *lead manager* und Emittent auch ein beliebiges Datum bestimmen.[365]

Die Festlegung des *closing date* unterliegt einer Spezialvorschrift der SEC.[366] Die Regelung wurde von der Behörde erlassen, um Risiken zu begegnen, die sich aus unbeglichenen Geschäften von Händlern (*broker-dealer*) ergeben können.[367] Solche Risiken resultieren aus Problemen, wie sie beim Kurseinbruch im Oktober 1987 auftraten. Viele Händler erlitten große finanzielle Verlust, da die Kunden nicht rechtzeitig die Wertpapiere bezahlen konnten. Das sollte mit der – auch als „T+3 Rule" bezeichneten – Regelung verhindert werden, die

---

[363] S. *D'Alimonte/Pohlen*, Underwriting arrangements and documents, 1043 Practising Law Institute, Corporate law and Practice Course handbook series, S. 133, 194 ff.

[364] Zumeist zwei Geschäftstage vor dem *closing*. Geschäftstag wird im *underwriting agreement* in der Regel als Handelstag an der Börse (z. B. New York Stock Exchange) definiert.

[365] In einem endgültigen Vertrag wird dies häufig der Fall sein.

[366] Inhaltlich ist die eben dargestellte Vereinbarung im *underwriting agreement* an Rule 17 C.F.R. § 240.15c6-1 angelehnt.

[367] Securities Exchange Act Release No. 33,023 [1993 Transfer Binder], Fed. Sec. L. Rep. (CCH) ¶ 85,232 (October 6, 1993; effective date June 7, 1995). Bis zu diesem Zeitpunkt galt „T+5".

daher neben dem Verhältnis Emittent – *underwriter* das Verhältnis des Anlegers zum Händler betrifft.[368]
„T+3“ steht für „Trade day +3“. Als „Trade day“ wird der Abschluß des Kaufvertrages (u. a. *underwriting agreement*) bezeichnet. Zumeist wird in dem *underwriting agreement* ein bestimmtes Datum für das Wirksamwerden des Kaufvertrags benannt. Dies liegt zeitlich nicht vor der Zulassung des *registration statement*. In jedem Fall liegt ein wirksamer Vertrag aber dann vor, wenn der *lead manager* die Wertpapiere zum Verkauf an das Publikum freigibt.[369] Bei gewöhnlichem Verlauf der Dinge wird das *underwriting agreement* am Abend vor der Zulassung der Wertpapiere unterschrieben (die Preisfestlegung erfolgt kurz vorher). Der Verkauf derselben beginnt dann am folgenden Tag. Nach dem Grundsatz „T+3“ wird das *closing* drei Geschäftstage nach der Zulassung durchgeführt.[370]
Wie bereits oben erläutert wurde, hat „T+3“ Einfluß auf das Geschäft mit den Anlegern. Der *lead manager* bestätigt den Mitgliedern der *selling group* am Zulassungstag im Namen des Konsortiums telefonisch den Verkauf der Wertpapiere. Die Mitglieder der *selling group* bestätigen wiederum ihren Kunden telefonisch den Kauf. Drei Tage später erfolgt daher nicht nur das *closing*, sondern auch die Abrechnung des Geschäfts.[371]

In der Vereinbarung bezüglich des *closing* wird regelmäßig die in Betracht kommende *Greenshoe option*[372] berücksichtigt. Wird diese Kaufoption am

---

[368] Die Regelung ist erst 1995 in Kraft getreten, da die Kommission der Ansicht war, daß sich die Branche auf diese Änderung vorbereiten müsse. Die grundsätzliche Zeitverkürzung bedeutet für sämtliche Beteiligten (Anwälte, Drucker etc.) einen erheblichen Zeitdruck; Securities Exchange Act Release No. 33,023 [1993 Transfer Binder], Fed. Sec. L. Rep. (CCH) ¶ 85,232, S. 84,501.

[369] *D'Alimonte/Pohlen,* Underwriting arrangements and documents, 1043 Practising Law Institute, Corporate law and practice course handbook series (1998), S. 133, 159; *Bloomenthal/Wolff,* Securities and federal corporate law, vol. 3B, ch. 8, § 8:37.

[370] Zu weiteren Ausnahmen s. *Bloomenthal/Wolff,* Securities and federal corporate law, vol. 3B, ch. 8, § 8:37 f.

[371] Wenn zwischen Händler und Kunde innerhalb von 3 Tagen abgerechnet werden muß, und die schriftliche Bestätigung (s.o.) spätestens mit Vollzug des Geschäfts [Kunde zahlt geforderten Preis (17 C.F.R. § 240.15c1-1 (b) (1)] zugeschickt werden muß (17 C.F.R. § 240.10b-10), dann erscheint es für den Händler vorteilhaft, seiner Verpflichtung umgehend nachzukommen. Es ist üblich, daß der Händler dem Kunden das Dokument einen Tag nach dem Geschäft zugeschickt. Ob dabei ein Nachteil für den Anleger entsteht, da er bereits Geld gezahlt hat, bleibt offen; denn er erhält im Gegenzug auch die ihm zugeteilten Wertpapiere. *Bloomenthal/Wolff,* Securities and federal corporate law, vol. 3B, ch. 8, § 8:36; Securities Exchange Act Release No. 33,023 [1993 Transfer Binder], Fed. Sec. L. Rep. (CCH) ¶ 85,232, S. 84,500; *Johnson/McLaughlin*, Corporate finance and the securities laws, S.165.

[372] Dabei handelt es sich um eine Kaufoption zugunsten des Konsortiums, dazu im folgenden unter § 8 B.

dritten Geschäftstag vor dem *closing date* oder vorher ausgeübt, so erfolgt das *closing* hinsichtlich des *Greenshoe* gemeinsam mit den Anteilen der Haupttranche. Die Modalitäten (Zahlung; Übergabeort etc.) sind die gleichen wie für die *firm shares*. Kann ein zeitgleiches *closing* nicht stattfinden, so wird noch ein *option closing date* vereinbart. Dies bezieht sich lediglich auf die *Greenshoe option shares* (Anteile aus der Ausübung der Option).

B. Stabilisierung

Während und umgehend nach der Plazierung einer Emission kann es zu erheblichen Kursschwankungen der Aktien kommen. Um eine hohe Volatilität und vor allem einen Kursrutsch unter den Emissionspreis zu verhindern, ist der *lead manager* bemüht[373], den Preis zu stabilisieren. Dazu setzt er die folgenden Mittel ein:

I. Greenshoe und overallotment

1. Inhalt

Eine besondere Art der Stabilisierungsmaßnahmen, die bereits im *underwriting agreement* festgehalten wird, ist die *Greenshoe option* zur Deckung einer Mehrzuteilung (*overallotment*).[374] Diese Option bietet die Möglichkeit, bis zu 15 % der Haupttranche zusätzlich vom Emittenten zum Preis der *firm shares* zu kaufen. Ihre Ausübung ist auf einen Zeitraum von 30 Tagen[375] begrenzt. Die Option muß nicht vollständig ausgeübt werden. Auch der Kauf eines Teils der *option shares* ist möglich. Der Konsortialführer erwirbt die Anteile auf Rechnung der jeweiligen Konsorten entsprechend der Anzahl der von ihnen übernommenen *firm shares*.[376] Die Veräußerung und Übergabe von *option*

---

[373] Nach dem *agreement among underwriters* wird der *lead manager* von den übrigen Konsorten beauftragt, Stabilisierungsmaßnahmen vorzunehmen; *D'Alimonte/Pohlen*, Underwriting arrangements and documents, 1043 Practising Law Institute, Corporate law and practice course handbook series (1998), S. 133, 261; *Goldwasser*, The underwritten offering, in: Securities law techniques, vol. 1, ch. 15, § 15.10 [1].

[374] Auch als *overallotment option* bezeichnet, s. *D'Alimonte*, S. 194 f. Die Bezeichnung „Greenshoe" ist auf das erste Unternehmen zurückzuführen, das sich einer *overallotment option* bediente, The Green Shoe Manufacturing Company; s. ausführlicher *Johnson/McLaughlin*, Corporate finance and the securities laws, S. 68 (Fn. 12).

[375] Das Wirksamkeitsdatum des *underwriting agreement* ist für die Frist entscheidend; siehe dazu bereits oben zum *closing* (A.II).

[376] Wie viele Anteile der Haupttranche der einzelne *underwriter* übernommen hat, ist im Anhang des *underwriting agreement* detailliert aufgeführt.

shares soll nicht erfolgen, solange die Aktien der Haupttranche nicht verkauft und übertragen worden sind.
Die Wertpapiere, die von der Option umfaßt sind, müssen in jedem Fall zugelassen werden. Die Option muß außerdem im Prospekt erwähnt werden. Sollte sie im Nachhinein nicht oder nur teilweise ausgeübt werden, so werden die dazugehörigen Wertpapiere durch eine Änderung nach der Zulassung *deregistered.* Das bedeutet, daß die Zulassung für diese Aktien zurückgenommen wird. Dabei entstehen bis auf die Gebühren der SEC keine Kosten.

2. Zweck und Funktionsweise der Option

Die „*Greenshoe option*" soll ein mögliches *overallotment* decken.[377] Üblicherweise werden bei einer Emission mehr als 100 % der angebotenen Anteile veräußert (*overallotment*). Der *lead manager* akzeptiert somit Kauforders, die über die Anzahl der zu verkaufenden Wertpapiere hinausgehen. Dadurch wird eine Leerverkaufsposition geschaffen. Es werden Wertpapiere verkauft, die das Konsortium nicht zu Eigentum hat, aber verpflichtet ist, zu übertragen.[378] Es besteht die Möglichkeit, die Übergabeverpflichtung durch einen Kauf am Markt zu decken. Dies ist aber nur sinnvoll, wenn die Nachfrage gering und der Preis dementsprechend niedrig ist. Ist die Nachfrage hoch, und liegt der Marktpreis über dem Emissionskurs, so wäre es ökonomisch nicht sinnvoll, die Aktien am Markt zu erwerben. Das Konsortium würde dadurch erhebliche Verluste erleiden. In diesem Fall bietet es sich an, die „*Greenshoe option*" auszuüben. Der Erwerbspreis liegt nicht über dem Emissionspreis. Somit entstehen keine Verluste.[379]
Zweck eines *overallotment* ist es demnach u. a., Marktschwankungen aufzufangen.

- Der Emissionspreis liegt über Marktpreis:
  Die Anteile, die von den Erwerbern unmittelbar nach der Ausgabe wieder in den Markt gegeben werden, können teilweise gekauft werden. Dies führt dazu, daß kein großer Angebotsüberhang entsteht und damit der Marktpreis nicht dauerhaft unter den Emissionspreis sinken wird. Der

[377] Die Verpflichtung eines jeden Konsorten wird nicht auf eine bestimmte Prozentzahl der Emission begrenzt. Die NASD hat eine Rule erlassen, die in einem *firm commitment* die Option auf 15 % der gesamten Papiere beschränkt [NASD manual, Rule 2710 (c)(6)(B)(ix)].
[378] Vgl. *Johnson/McLaughlin*, Corporate finance and the securities laws, S.67 f.; *Smith/Walter*, Global banking, S. 323.
[379] *Loeb/Shin*, Negotiating the underwriting agreement, 854 Practising Law Institute, Corporate law and practice course handbook series (1994), S. 189, 196.

Kurs wird stabilisiert. Nachfrage und Liquidität im Sekundärmarkt nehmen durch das *overallotment* zu.[380]

- Der Emissionspreis liegt unter dem Marktpreis:
  Ist die Nachfrage am Markt zu groß, um von der Haupttranche und den Käufen am Markt gedeckt werden zu können, wird die „*Greenshoe option*" ausgeübt. Der Nachfrageüberhang wird gedeckt. Sollte der Emissionspreis dauerhaft weit unter dem Marktpreis bleiben, so könnte dies auf eine zu starke Unterbewertung der Anteile hindeuten. Eine derartige Unterbewertung würde den Ruf der Banken in der Branche schädigen.[381] Potentielle Emittenten würden möglicherweise davon absehen, die Leistungen der Bank in Anspruch zu nehmen. Eine zu hohe Unterbewertung könnte signalisieren, daß der Investmentbank die nötige Erfahrung fehlt, um die Entwicklung einer Emission abschätzen zu können.

Zusammenfassend kann festgestellt werden, daß mit dem overallotment einer zu starken Volatilität der Aktien „nach oben" als auch „nach unten" begegnet werden soll. Die geschaffene Leerverkaufsposition muß in jedem Fall gedeckt werden. Die Kunden müssen bedient werden.

3. Entwicklungen der letzten Jahre

In den Konsortien wurden in den letzten Jahren verstärkt wesentlich größere Leerpositionen (ca. 135 %) gebildet, als sie von den Optionen gedeckt sind (*naked short position*).[382] Eine *naked short position* kann genutzt werden, um Wertpapiere von Spekulanten (*flippers*[383], aber auch *Hedge Funds*[384]) zurückzukaufen und sie bei den Anlegern zu plazieren, denen noch keine Aktien geliefert wurden. Die Spekulanten haben die Wertpapiere nicht als langfristige Kapitalanlage gekauft, sondern wollen durch den kurzfristigen Verkauf Zeichnungsgewinne verwirklichen. Daher ist das Angebot an Wertpapieren in diesen Fällen im Sekundärmarkt sehr groß. Dieses Problem müssen die *underwriter*

---

380 *Smith/Walter*, Global banking, S. 323.

381 S. § 7 C. II.

382 Vgl. *Ritter*, Initial public offerings, in: Handbook of modern finance, ch. D 11, S. D 11 – 19.

383 *Flipping* führt bei einer Neuemission zu erheblichem Kursdruck. Ist es daher nicht möglich, die vom *flipper* verkauften Papiere wieder an das Publikum zu veräußern, wird der Preis fallen, sobald das Angebot die von dem Konsortium geschaffene Nachfrage übersteigt.

384 Ein *Hedge Fund* ist eine unregulierte und spekulative Form einer Investmentgesellschaft; allgemein dazu *Cottier*, Hedge Funds and managed futures, S. 17 ff.; *Frankel*, The regulation of money managers, vol. 4, ch. XXXI, C § 17, S. 318 ff.

unter allen Umständen beheben. Risiken bestehen für sie darin, daß die Leerpositionen nicht von einer Option gedeckt sind (*naked short position*).[385] Die Konsorten haben im Falle steigender Marktpreise nicht die Möglichkeit, von dem Emittenten zusätzliche Anteile zum günstigeren Emissionspreis zu kaufen. Fraglich bleibt, warum die *underwriter* eine so große Leerverkaufsposition bilden, wenn sie die Aktien doch zurückerwerben werden. Warum werden nicht dementsprechend weniger Aktien veräußert?

Eine Antwort liegt auf der Hand. Im Vorfeld der Emission läßt sich nur schwer feststellen, ob der Käufer die Aktien langfristig halten möchte oder nur Zeichnungsgewinne erzielen will. Der Emittent ist regelmäßig daran interessiert, langfristige Anleger zu finden. Diese Anleger sind häufig begierig, Aktien mit der Erstausgabe zu erwerben und nicht erst im Sekundärmarkt zu kaufen. Daher ist es sinnvoll, eine größere Leerverkaufsposition zu bilden, um diese Abnehmer unmittelbar zu Beginn der Emission zu befriedigen.

Ein weiterer Grund für eine große Leerposition könnte in der bevorzugten Behandlung einiger Kunden durch den *underwriter* liegen. Es gibt einige bevorzugte Kunden, die die erworbenen Anteile schnell verkaufen wollen, um Gewinne zu erzielen. Sollte die Unterstützung des Emissionspreises dem Vorhaben der Kunden dienen, so wäre dies eine Erklärung dafür, warum so viele Anteile ausgegeben werden, und ein Rückkauf stattfinden muß. In diesem Zusammenhang sollte auch das *spinning* berücksichtigt werden. Verteilt ein *underwriter* Aktien an bevorzugte Kunden (z. B. Vorstände eines Unternehmens), die die Aktien dann umgehend verkaufen, um Gewinne zu erzielen[386], könnte ein *spinning* vorliegen. Das ist der Fall, wenn das bedachte Unternehmen in absehbarer Zukunft eine Emission plant, und der *underwriter* sich nun das Mandat erhofft.[387] Dieses Verhalten scheint dem Sinn eines *overallotment* und der Stabilisierung zuwiderzulaufen, da die entsprechende Situation absichtlich herbeigeführt wird. Auch die langfristige Plazierung, die im Interesse des Emittenten liegt, steht nicht im Vordergrund. Das Verhalten wird von der NASD bisher nicht sanktioniert, es sei denn, die bevorzugten Personen gehören zu den Personen, die in der *free-riding and withholding interpretation of the NASD* benannt sind.[388]

---

[385] Die *Greenshoe option* kann nur das Risiko der Konsortialmitglieder gegen Verluste begrenzen, die dadurch entstehen, daß ein *overallotment* in Höhe von ca. 15 % gedeckt werden muß, und der Preis für die Wertpapiere im Sekundärmarkt gestiegen ist.

[386] Inwieweit dies Verhalten erlaubt ist, wurde unter § 7 A. I. *free-riding and withholding* ausgeführt.

[387] Als Vorstand des Unternehmens kann z. B. ein mit Aktien bedachter *venture capitalist* (Risikokapitalgeber) auf das Unternehmen Einfluß nehmen.

[388] NASD Rules IM-2110. Ob gegebenenfalls Zahlungen der *underwriter* mit der möglichen Zuteilung des Mandats empfangen werden und dies gegen NASD Rule 3060 verstößt, wurde bisher ebenfalls nicht von der NASD bestätigt; s. eingehender *Cross/Roberts*, Recent developments in underwriting of IPOs: „spinning“ and syndicate penalty bid, 1084

Zusammenfassend wird in der Regel mit dem über die Option hinausgehenden *overallotment* die Wahrscheinlichkeit vergrößert, daß mehr langfristig orientierte Anleger als Spekulanten vorhanden sind.

II. Gesetzliche Regelung

1. *Regulation M*

Eine gesetzliche Regelung ist für die Stabilisierung von besonderer Bedeutung. Mit der *Regulation M*[389] wird den Beteiligten hinsichtlich ihrer Aktivitäten bei der öffentlichen Ausgabe von Wertpapieren Grenzen gesetzt. Der US-amerikanische Gesetzgeber verfolgt mit dem Bundeswertpapieraufsichtsrecht (*Federal Securities Laws)* neben dem Prinzip der vollständigen und fairen Offenlegung das Ziel, Manipulationen zu verhindern. Manipulationen beeinträchtigen die Funktionsfähigkeit der Wertpapiermärkte. Letztere können nicht mehr als unabhängige Preisfindungsmechanismen funktionieren; Integrität und Fairneß der Märkte werden untergraben. Die *Regulation M* unterbindet daher manipulatives Verhalten von Personen, die ein Interesse an dem Ergebnis der Emission haben.[390] Die Aufteilung der Regulierung erfolgt in sechs Abschnitten:

- Rule 100 beinhaltet Begriffsbestimmungen.
- In Rule 101 wird ein grundsätzliches Verbot für unmittelbar an der Plazierung Beteiligte (z. B. die *underwriter*) formuliert. Anbieten, Kaufen oder der Versuch, Personen zum Anbieten oder Kaufen bestimmter Wertpapiere während der Plazierung zu verleiten, ist untersagt. Begleitet wird dieses grundsätzliche Verbot von verschiedenen Ausnahmen und Befreiungen bezüglich bestimmter Transaktionen (z. B. Vorgänge, die mit Rule 103 oder Rule 104 übereinstimmen) und Wertpapiere (z. B. aktiv gehandelte Wertpapiere).
- Auch für den Emittenten und die abgebenden Altaktionäre sind Angebote, Käufe und verwandte Aktivitäten während der Plazierung verboten (Rule

---

Practising Law Institute, Corporate law and practice course handbook series (1998), S. 595 ff.

389 17 C.F.R. § 242.100 – 105 (effective date: April 1st, 1997); vertiefend zu den Regelungen und deren Entwicklung aus den alten „SEC *trading rules*“ s. *Johnson/McLaughlin*, Corporate finance and the securities laws, S. 181 ff.; *Bloomenthal/Wolff*, Securities and Federal Corporate Law, vol. 3B, ch. 8, § 8:46 ff.; *Beller*, SEC trading rules- recent developments, CA14 ALI-ABA (1996), S. 199 ff.; *Prifti*, Securities: public and private offerings, vol. I, ch. 5, § 5:22 ff.; mit einem Vergleich zum deutschen Recht *Lenzen*, Unerlaubte Eingriffe in die Börsenkursbildung.

390 SEC Release No. 34-38067, S. 1 f.

102). Ähnlich wie in der Rule 101 sind auch hier Ausnahmen und Befreiungen bestimmt worden.

- Rule 103 erlaubt dem *broker-dealer,* preisbestimmende Transaktionen innerhalb der Grenzen von Rule 101 durchzuführen, die sich auf Wertpapiere beziehen, die im NASDAQ gehandelt werden. Diese Möglichkeit besteht nicht, wenn gerade ein Stabilisierungsgebot (*stabilizing bid*) nach Rule 104 für die Wertpapiere besteht. Auch bei Emissionen auf *best-efforts* Basis oder bei Emissionen, die anders als mit einem Festpreisverfahren durchgeführt werden, gilt diese Erlaubnis nicht.
- Die Stabilisierung und ähnliche Aktivitäten werden in Rule 104 erfaßt.[391] Grundsätzlich sind solche Tätigkeiten verboten, es sei denn, sie dienen dem Zweck einen Kursrutsch zu verhindern oder zu verzögern.
- Rule 105 regelt die Leerverkäufe hinsichtlich einer öffentlichen Emission. Es ist rechtswidrig, einen Leerverkauf mit Wertpapieren zu decken, die von einem an der Emission beteiligten *underwriter*, *broker* oder *dealer* gekauft worden sind. Das Verbot besteht unter der Prämisse, daß der Leerverkauf entweder fünf Geschäftstage vor der Preisfestlegung beginnt und mit der Preisfeststellung endet, oder aber der Zeitraum mit der ersten Abgabe zur Registrierung des *registration statement* beginnt und mit der Preisfeststellung endet. Die *shelf registration*[392] ist von dieser Regelung ausgenommen.

2. Rule 104 (speziell für den *lead manager*)

Neben Rule 101 ist vor allem Rule 104 für den *lead manager* von besonderer Bedeutung.[393] Die Regulierung umfaßt neben dem eigentlich stabilisierenden Angebot[394] ähnliche Maßnahmen wie Deckungkäufe des Konsortiums und Angebote, die gemäß einer *penalty clause* durchgeführt werden (*penalty bid*).[395]

---

391 S. dazu im folgenden Text.

392 17 C.F.R. § 230.415.

393 Eine zentralisierte Kontrolle der Stabilisierung ist für das Syndikat von Vorteil, da Rule 104 z. B. lediglich ein *stabilizing bid* in einem Markt zum gleichen Preis und zur gleichen Zeit erlaubt.

394 Es handelt sich um ein Angebot, Wertpapiere der Emission zu einem bestimmten Preis zu kaufen, die umgehend den Weg zurück in den Markt gefunden haben (z. B. durch *flipper*). Das Angebot startet zum Emissionspreis. Der Preis fällt, sobald sich der Verkaufsdruck erhöht. Da die *underwriter* zu einem festen Preis bieten müssen, können die *flipper* mit ihren Verkäufen Verluste für die *underwriter* verursachen; SEC Release No. 34-37208 (May 13, 1996). Um diese Verlust zu vermeiden, werden *penalty bids* benutzt.

395 SEC Release No. 34-38067, S. 89. *Penalty clause* ist eine Vereinbarung, die dem *lead manager* erlaubt, die *selling concession* von den Konsortialmitgliedern in Verbindung mit einer Emission zurückzufordern. Dies ist der Fall, wenn Wertpapiere, die ursprünglich von den Konsortialmitgliedern gekauft wurden, bei einer Deckungstransaktion des *lead*

Rule 104 bestimmt Voraussetzungen, die für sämtliche Stabilisierungsmaßnahmen Geltung beanspruchen. Ferner wird in Rule 100 der Begriff „Stabilisierung" definiert. Danach ist Stabilisierung das Plazieren eines Angebots oder die Durchführung eines Kaufes, um den Preis der Wertpapiere zu stützen, oder in anderer Weise zu festigen. Allerdings sind stabilisierende Maßnahmen nur erlaubt, wenn sie die Verhinderung oder Verzögerung eines Kursrutsches zum Zweck haben.
Eine Stabilisierung scheint nicht sinnvoll, wenn sie zu einem Preis durchgeführt wird, von dem der *lead manager* weiß oder wissen müßte, daß es sich um das Ergebnis betrügerischer, manipulativer oder irreführender Aktivitäten im Sinne des Gesetzes handelt. Diese Bestimmung erlaubt dem *lead manager* nicht, eine stabilisierende Transaktion einzuleiten oder weiterzuführen, falls der Markt für das bestimmte Wertpapier während der Stabilisierungsphase manipuliert wurde. Unwichtig ist dabei, ob der Konsortialführer an der Manipulation beteiligt war. Diese Fälle erweisen sich oftmals als problematisch, da es keine Möglichkeiten gibt, die Emission durchzuführen.
Wird ein stabilisierendes Angebot abgegeben, muß es als solches bezeichnet werden.[396] Mit anderen Worten muß dem *dealer* mitgeteilt werden, daß es sich um ein *stabilizing bid* handelt. Die Informationen müssen auch publiziert werden.[397] Darüber hinaus muß der Käufer von der Stabilisierung, z. B. durch einen Prospekt, in Kenntnis gesetzt werden.[398]
Es ist notwendig, daß unabhängigen Angeboten ungeachtet ihrer Größe Vorzug vor stabilisierenden Angeboten gewährt wird. Dabei wird derselbe Angebotspreis vorausgesetzt. Mit dieser Regelung zeigt die SEC, daß Stabilisierungsmaßnahmen restriktiv gehandhabt werden.
Von der in Rede stehenden Vorschrift ist auch eine internationale Emission ohne stabilisierende Maßnahmen in den Vereinigten Staaten umfaßt.[399]

---

manager wieder zurückgekauft werden; 17 C.F.R. § 242.100. S. auch *Siconolfi/McGeehan*, Wall Street boosts penalty on IPO „flips", WSJ v. 31. 07. 1998, 1998 WL-WSJ 3503772.

[396] Die Plazierung des Angebots erfolgt durch einen Vertreter des *lead manager* auf dem Börsenparkett. Dieser wird möglicherweise ein Angebot zurückbehalten haben, um es bei geänderten Marktbedingungen abgeben zu können. Ist der *lead manager* kein Börsenmitglied, könnte ein anderes Börsenmitglied das Stabilisierungsgebot für ihn abgeben. Grundsätzlich wird ein *stabilizing bid* an der Börse durch einen Spezialisten plaziert. Im OTC-Markt werden diese Angebote durch Wertpapierhändler plaziert; *Johnson/McLaughlin*, Corporate finance and the securities laws, S. 231.

[397] 17 C.F.R. § 242. 104 (h); NASD Rule 4614; ein market maker, der ein Angebot plazieren will, muß zuvor eine Genehmigung einholen. Jedes stabilisierende Angebot ist danach durch ein Symbol auf dem NASDAQ *quotation display* zu identifizieren, SEC Release No. 34-38067, S. 90.

[398] 17 C.F.R. § 242. 104 (h) (3) plan of distribution; s. auch *Johnson/McLaughlin*, Corporate finance and the securities laws, S. 239 ff.

[399] 17 C.F.R. § 242. 104 (g).

Schließlich können stabilisierende Transaktionen nicht vorgenommen werden, falls es sich nicht um eine Emission mit einem Festpreis handelt. Dies ist z. B. bei einer Vorausregistrierung der Fall. Die Wertpapiere werden in bestimmten Abständen zum aktuellen Preis zum Kauf angeboten.
In Rule 104 sind neben den oben dargestellten Inhalten weitere spezifische Voraussetzungen für ein stabilisierendes Angebot festgelegt[400], deren Erläuterung an dieser Stelle allerdings zu weit führt.

3. Fazit

Mit Rule 104 werden demjenigen, dem die Stabilisierung obliegt, eine Reihe von Möglichkeiten eröffnet, um die Wertpapiere vor einem Kursrutsch zu bewahren. Neben der Deckung von Leerverkaufspositionen, die mit einem *overallotment* zusammenhängen, wird sowohl ein stabilisierendes Angebot als auch der *penalty bid* zur Stabilisierung genutzt.[401]
Die Stabilisierung verfolgt das übergeordnete Ziel, eine reibungslose Plazierung der Wertpapiere zu ermöglichen. Ferner dient die Stabilisierung den Interessen der Aktionäre, *underwriter* und Emittenten. Die Aktionäre sind in der Regel daran interessiert, ihr Kapital dauerhaft und wertbeständig anzulegen. Ist ein Kursverlust erkennbar, werden sie möglicherweise die Wertpapiere abstoßen (*stop loss*-Überlegungen), auch wenn dies auf lange Sicht nicht sinnvoll erscheint. Nach einmal gemachten schlechten Erfahrungen wird sich das Vertrauen der Anleger in Wertpapiergeschäfte nur schwerlich wieder herstellen lassen.
Aus Sicht der *underwriter* ist es notwendig, die Wertpapiere dauerhaft in den Händen der Erstzeichner zu plazieren. Sie müssen ihr *standing* wahren, um weitere Emissionen durchführen zu können. Schlechte Publicity führt in der Branche unmittelbar zu einem rückläufigen Geschäft. Ferner müssen sie während der Plazierung stabilisieren, da in diesem Stadium ein Kursrutsch besonders schädlich wäre. Beachtet werden muß in diesem Zusammenhang, daß mit der Ausübung des *Greenshoe* ein größerer Gewinn gemacht wird.
Der Emittent ist an einem guten Kurs-Gewinn-Verhältnis interessiert. Er kann dadurch weitere Aktionäre anziehen und seinen eigenen Marktwert steigern. Ein

[400] 17 C.F.R. § 242. 104 (f) ff. z. B. *stabilizing levels* etc.

[401] Der *penalty bid* ist mit dem Börsenboom verstärkt in die öffentliche Diskussion gerückt. Nach Berichten der Presse sollen Broker, die an institutionelle Investoren veräußern, im Gegensatz zu Brokern, die an Kleinanleger verkaufen, keine *penalty bids* auferlegt werden. In diese Diskussion hat sich auch die SEC eingeschaltet; *Siconolfi/McGeehan*, Wall Street boosts penalty on IPO „flips“, WSJ v. 31.07.1998, 1998 WL-WSJ 3503772; *Siconolfi*, SEC launches probe into IPO flipping; state regulators fire 1st volley in matter, WSJ v. 20.08.1998, 1998 WL-WSJ 3506152; *Siconolfi*, SEC launches probe into efforts to block flipping of IPOs in U.S., WSJA v. 21. 08. 1998, 1998 WL-WSJA 12984804.

Anteil, der sofort nach der Streuung an Wert verliert, kann das Vertrauen in das Unternehmen nachhaltig schwächen.
Rule 104 gewährt einen flexiblen Rahmen für die Stabilisierungsmaßnahmen. Die Vorschrift wurde geschaffen, um dem Risiko entgegenzutreten, daß die Stabilisierung für ein falsches oder irreführendes Bild des Marktes sorgt.[402]
Dem *lead manager* wird es demnach durch die Regelung ermöglicht, eine Stabilisierung zufriedenstellend durchführen.

---

[402] Manipulationen sollen folglich verhindert werden.

§ 9 Haftung, *due diligence* und Vereinbarungen im *underwriting agreement*

A. Einführung

Haftungsfragen spielen im Emissionsgeschäft eine bedeutende Rolle. Der US-amerikanische Gesetzgeber regelt diesen Bereich zwar sehr umfassend.[403] Dennoch bleiben einige Rechtsfragen offen, die insbesondere in Verbindung mit Vereinbarungen im *underwriting agreement* auftreten.

Es ist das erklärte Ziel der gesetzlichen Haftungsbestimmungen, den Anleger zu schützen, der auf Grund der Zulassung der Wertpapiere und eines Prospektes Wertpapiere gekauft hat.[404] Namentlich will der Gesetzgeber all jene Käufer schützen, die vor dem Kauf der Wertpapiere auf die Informationen aus dem *registration statement* (u. a. Prospekt) angewiesen sind und auf falsche oder irreführende Aussagen vertraut haben. Mit der umfassenden Haftpflicht sollen die an der Informationsverbreitung Beteiligten veranlaßt werden, alle zur Verfügung stehenden Informationen ordnungs- und wahrheitsgemäß zu veröffentlichen.[405]

Im *underwriting agreement* finden sich Absprachen, die die *underwriter* gegen ihre gesetzliche Haftung teilweise absichern sollen. Im folgenden wird untersucht, wieweit dies rechtlich überhaupt möglich, und wie dies zu bewerten ist.

B. Gesetzliche Haftungsregeln

I. 15 U.S.C. § 77 k (a) – Prospekthaftung

1. Tatbestand

Die Haftung für ein fehlerhaftes *registration statement* ist in 15 U.S.C. § 77 k (a) normiert. Sowohl Personen, die das *registration statement* unterzeichnet haben, als auch der Emittent, Vorstandsmitglieder des emittierenden Unternehmens, Sachverständige (z. B. Wirtschaftsprüfer)[406] und *underwriter* (jedoch nicht die Mitglieder der *selling group*) können für irreführende Angaben oder

---

[403] Dies bezieht sich lediglich auf die Bundesebene. In den einzelnen Teilstaaten gibt es das *blue sky law*, das hier nicht gesondert betrachtet wird.

[404] *Westinghouse Electric Corp. V. „21“ Intern. Holdings, Inc.*, 821 F.Supp. 212 (1993).

[405] S. nur *Klinges*, Expanding the liability of managing underwriters under the Securities Act of 1933, 53 Fordham L.Rev. (1985), S.1063, 1069 f. mit weiteren Literaturangaben.

[406] *Ebke/Siegel*, Sonderbeilage Nr. 2/2001, WM 2001, S. 11, die aber auch feststellen, daß die Wirtschaftsprüfer aufgrund sorgfältiger Formulierungen dem Risiko einer Haftung nach dem SA (zumindest in bezug auf die Ausstellung eines comfort letter) praktisch nicht ausgesetzt sind.

Auslassungen, die irreführende Absichten vermuten lassen, zur Rechenschaft gezogen werden.[407]

Klagen kann jeder Käufer der Wertpapiere, sofern der Kauf von dem *registration statement* gedeckt ist.[408] Es ist nicht notwendig, daß der Kläger die Wertpapiere direkt von dem Beklagten gekauft hat. Entscheidend ist die Darlegung, daß der Kauf durch das *registration statement* gedeckt und damit folglich auf die Emission zurückzuführen ist.[409]

Der Haftungsfall kann nur eintreten, wenn ein bereits wirksames *registration statement* vorliegt. Daraus ergibt sich weiter, daß die Regelung keine mündlichen Verhandlungen/Absprachen, vorläufige Prospekte oder andere Dokumente (außer dem *registration statement* in der Form, in der es wirksam wird) einschließt.[410]

Neben weiteren notwendigen Bedingungen, deren Erläuterung an dieser Stelle zu weit führt,[411] sollen folgende Punkte erwähnt werden. Zum einen ist die mögliche Haftung unabhängig von einem Verschulden (Böswilligkeit oder Fahrlässigkeit) der Beklagten.[412] Zum anderen muß der Kläger zunächst keine

---

407 *Ahern v. Gaussoin*, 611 F.Supp. 1465 (1985); *McFarland v. Memorex Corp.*, 493 F.Supp. 631 (1980), reconsideration granted 581 F.Supp. 878 (1984); *Strauss v. Holiday Inns, Inc.*, 460 F.Supp. 729 (1978); *Krim v. BancTexas Group, Inc.*, 989 F.2d 1435 (5th Cir. 1993); *O'Hare*, Institutional investors, registration rights, and the specter of liability under section 11 of the Securities Act of 1933, 1996 Wis. L. Rev. (1996), S. 217 ff. (zur Frage, ob die Haftung auf institutionelle Investoren erweitert werden kann).

408 *7547 Corp. V. Parker & Parsley Develpoment Parners, L.P.*, 38 F.3d 211 (5th Cir. 1994); *Stack v. Lobo*, 903 F.Supp. 1361 (1995).

409 S. vertiefend *Bloomenthal/Wolff*, Securities and federal corporate law, vol. 3C, ch. 12, § 12-30; *Wallace/Kosterlitz/Corso/Klein/ Miller*, Securities Act liability, 1012 Practising Law Institute, Corporate law and practice course handbook series (1997), S. 297, 301; *Gustafson v. Alloyd Company, Inc.*, 115 S.Ct. 1061 (1995); *Klein v. Computer Devices, Inc.*, 591 F.Supp. 270 (1984); *Fischman v. Raytheon Mfg. Co.*, 188 F.2d 783 (2nd Cir. 1951); *Barnes v. Osofsky*, 373 F.2d 269 (2nd Cir. 1967); in re: *Westinghouse Securities Litigation*, 832 F.Supp. 948, 966 (1993); *PPM America, Inc. v. Marriott Corp.*, 820 F.Supp. 970 (1993); *Gould v. Harris*, 929 F.Supp. 353, 354 (1996) (will 15 U.S.C. § 77 k nur auf IPO´s angewandt wissen).

410 In re: *Lyondell Petrochemical Company Securities Litigation*, 984 F.2d 1050, 1052 (9th Cir. 1993).

411 Siehe ausführlich zu den einzelnen Haftungsvoraussetzungen *Wallace/Kosterlitz/Corso/Klein/Miller*, Securities Act liability, 1012 Practising Law Institute, Corporate law and practice course handbook series (1997), S. 297, 300 ff.; *Seegal*, Liabilities in initial public offerings, 1008 Practising Law Institute, Corporate law and practice course handbook series (1997), S. 219, 222 ff.; *Bloomenthal/Wolff*, Securities and federal corporate law, vol. 3C, ch. 12, § 12:26 - § 12:28; *Hazen*, The law of securities regulation, vol. 1, ch. 7, S. 377 ff.

412 *Strauss v. Holiday Inns, Inc.*, 460 F.Supp. 729 (1978); *Kaplan v. Rose*, 49 F.3d 1363 (1994), rehearing denied, cert. den. 116 S. Ct. 58 (1995); *Stewart v. Bennett*, 359 F.Supp. 878 (1973), supplemented 362 F.Supp. 605 (1973).

haftungsbegründende Kausalität nachweisen, was wiederum das Verfahren für ihn erheblich vereinfacht. Er muß also weder den Prospekt noch erweiternde Angaben kennen. Hat er die Wertpapiere erworben, nachdem der Emittent eine Bilanz des Unternehmens für die ersten 12 Monate nach der Zulassung veröffentlicht hat, muß jedoch der Nachweis geführt werden, daß er die Wertpapiere im Vertrauen auf eine unwahre Behauptung im *registration statement* erworben hat.[413] Die beträchtliche Anzahl von Klagen in bezug auf das *registration statement* resultiert u. a. aus den soeben dargestellten Tatsachen.[414] Schließlich handelt es sich bei der Haftung nach 15 U.S.C. § 77 k (a) um eine Gesamtschuld, wie es in Absatz (f) ausdrücklich hervorgehoben wird. Jeder, der auf Grund der gesetzlichen Haftung in Anspruch genommen wird, kann von den anderen Beklagten einen Beitrag einfordern (*contribution*). Hat ein Beklagter wissentlich gegen § 77 k verstoßen, kann er keinen Kostenbeitrag von einem anderen Beklagten verlangen, der lediglich fahrlässig gehandelt hat.[415]

2. „Haftungsbefreiung" – „*due diligence defense*"

Jeder Beklagte kann sich erfolgreich gegen eine Klage nach 15 U.S.C. § 77 k erwehren, indem er darlegt, daß „der Kläger zur Zeit des Kaufes der Wertpapiere von der falschen Erklärung oder von dem Fehlen bestimmter Informationen wußte".[416]

---

[413] 15 U.S.C. § 77 k (a). Auch hier ist keine Notwendigkeit gegeben, daß der Kläger den Prospekt oder erweiternde Angaben gelesen hat; *Seegal*, Liabilities in initial public offerings, 1008 Practising Law Institute, Corporate law and practice course handbook series (1997), S. 219, 226; *Hazen*, The law of securities regulation, vol. 1, ch. 7, S. 380 f.; *Schwartz v. Celestial Seasonings, Inc.*, 904 F.Supp. 1191 (1995); in re: *American Continental Corporation/Lincoln Sav. and Loan Securities Litigation*, 794 F.Supp. 1424 (1992).

[414] *Alderman/Weiss/Kanberg*, Due diligence in the securities litigation reform era: some practical tips from litigators on the effective conduct, documentation and defense of underwriter investigation, 955 Practising Law Institute, Corporate law and practice course handbook series (1996), S. 303, 307; *Seegal*, Liabilities in initial public offerings, 1008 Practising Law Institute, Corporate law and practice course handbook series (1997), S. 219, 222; s. auch Fn. 407 und 409, wo nur ein Auszug der Klagen aufgeführt ist.

[415] S. eingehender *Scott*, Resurrecting indemnification: contribution clauses in underwriting agreements, 61 N.Y.U.L. Rev. (1986), S. 223, 230 f. (insb. Fn. 33); *Bloomenthal/Wolff*, Securities and federal corporate law, vol. 3C, ch. 12, § 12: 64.

[416] *Wallace/Kosterlitz/Corso/Klein/Miller*, Securities Act liability, 1012 Practising Law Institute, Corporate law and practice course handbook series (1997), S. 297, 304; *Seegal*, Liabilities in initial public offerings, 1008 Practising Law Institute, Corporate law and practice course handbook series (1997), S. 219, 228.

Ferner gibt es auch „Abwehrmechanismen“, die – mit Ausnahme des Emittenten – sämtlichen Beklagten an die Hand gegeben sind.[417] So kann z. B. der Rücktritt von einer Aufgabe, die den Beklagten in dem *registration statement* als „Akteur“ ausgibt, eine Haftung verhindern.[418] Der Beklagte muß belegen, daß er vor der Zulassung zurückgetreten ist oder zumindest alle für den Rücktritt notwendigen Schritte eingeleitet hatte. Er muß die SEC und den Emittenten davon in Kenntnis setzen und deutlich machen, daß er für Fehler im *statement* nicht verantwortlich gemacht werden kann. Sollte die Zulassung ohne Wissen des Beklagten erfolgen, muß er sofort nach Kenntnisnahme der Zulassung zurücktreten, die SEC und den Emittenten unterrichten und öffentlich bekanntmachen, daß die Zulassung – auch von fehlerhaften Teilen des *registration statement* – ohne sein Wissen erfolgt ist.[419]

Die bedeutendere Entlastungsmöglichkeit ist die *due diligence defense* (15 U.S.C. § 77 k (b) (3)), die insbesondere für die beteiligten *underwriter* wichtig ist.[420] Die *underwriter* spielen eine Schlüsselrolle bei Emissionen, da die Anleger die Wertpapiere oftmals im Vertrauen auf ihre Beteiligung kaufen. Die Gefahr, daß die Investmentbanken von einem enttäuschten Anleger verklagt werden, ist daher verhältnismäßig hoch.[421]

Im allgemeinen wird mit *due diligence* (sorgfältige Prüfung)[422] die fehlende Fahrlässigkeit bei der Anfertigung der Publizitätsdokumente bezeichnet. De

---

[417] Der Emittent ist in allen Fällen haftbar. *Krim v. BancTexas Group, Inc.*, 989 F.2d 1435 (1993); *Greenapple v. Detroit Edison Co.*, 468 F.Supp. 702 (1979), affirmed 618 F.2d 198; *Feit v. Leasco Data Processing Equipment Corp.*, 332 F.Supp. 544 (1971).

[418] 15 U.S.C. § 77 k (b) (1) und (2).

[419] Vgl. auch *Hazen*, The law of securities regulation, vol. 1, ch. 7, S. 388 f.

[420] Der *underwriter* (zumeist der *lead manager*) muß mit Hilfe seiner Anwälte sämtliche Angaben des Emittenten im *registration statement* überprüfen, um sich von einer Haftung freizeichnen zu können („play devil's advocat“; s. dazu bereits § 4 aber auch *Prifti*, Securities: public and private offerings, vol. II, ch. 11, § 11:05). Eingehend ferner *Alderman/Weiss/Kanberg*, Due diligence in the securities litigation reform era: some practical tips from litigators on the effective conduct, documentation and defense of underwriter investigation, 955 Practising Law Institute, Corporate law and practice course handbook series (1996), S. 303 ff. und *Strickland/Kaplan*, Litigation against underwriters and the due diligence defense, 1043 Practising Law Institute, Corporate law and practice course handbook series (1998), S. 59, 75 ff.

[421] Vgl. *Greene*, Determining the responsibilities of underwriters distributing securities within an integrated disclosure system, 56 Notre Dame Law. (1981), S. 755, 761 ff; *Wolfson*, Investment banking, in: Abuse on Wall Street: Conflicts of interest in the securities markets, (1980), S. 365; *Sanders v. John Nuveen & Co.*, 619 F.2d 1222, 1224 (7th Cir. 1980), cert. denied, 450 U.S. 1005 (1981); *DiJulio v. Digicon, Inc.*, 339 F.Supp. 1284, 1285 (1972).

[422] Der „terminus technicus“ *due diligence* hat im Wertpapierrecht an sich keine „Daseinsberechtigung“ und wird daher im herkömmlichen Sinne nicht benutzt. Er rührt aus dem Bereich der Unternehmenskäufe, s. *Schwerdtfeger/Kreuzer*, BB 1998, S. 1801 ff.

facto handelt es sich um einen „Fahrlässigkeitsmaßstab“.[423] Die Vereitelung der Haftung durch die Sorgfältigkeitsprüfung ist in zwei Kategorien aufgeteilt:

- Auf der einen Seite steht die Verantwortung für Teile des *registration statement*, die von Sachverständigen erstellt wurden. Als Beispiel hierfür können Wirtschaftsprüfer, die die Berichte über die Vermögenslage bestätigen, oder Rechtsanwälte, die z. B. Steuergutachten erstellen, angeführt werden.
- Auf der anderen Seite steht die Verantwortung für die Teile des Zulassungsantrages, die nicht von Sachverständigen erstellt wurden.[424] Das macht den größten Anteil des *registration statement* aus. Dazu gehört u. a. der allgemeine Bericht des Unternehmens über die Geschäftstätigkeit oder Vermögensgegenstände sowie der Aufbau des Unternehmens und ein Entwurf der Übernahmevereinbarung.[425]

Aus dieser Einteilung und der damit einhergehenden variierenden Umstände ergeben sich drei Fälle einer Vermeidung der Haftung:

- Ein Nichtsachverständiger, der auf Grund von Teilen verklagt worden ist, die nicht von einem Sachverständigen erstellt worden sind, muß beweisen,

(Fn. 1 m.w.N.). Allerdings wird diese Formulierung von Juristen genutzt, um über Mechanismen zu sprechen, die es ermöglichen, eine Haftung nach den Wertpapiergesetzen zu umgehen; *Langevoort/McLaughlin*, The statutory basis for due diligence liability under the Federal Securities Laws, 1052 Practising Law Institute, Corporate law and practice course handbook series (1998), S. 9, 11.

423 *Ernst & Ernst v. Hochfelder*, 425 U.S. 185, 208 (7th Cir. 1975).

424 *Seegal*, Liabilities in initial public offerings, 1008 Practising Law Institute, Corporate law and practice course handbook series (1997), S. 219, 228 f.; *Langevoort/McLaughlin*, The statutory basis for due diligence liability under the Federal Securities Laws, 1052 Practising Law Institute, Corporate law and practice course handbook series (1998), S. 9, 11. Genau genommen kann auch von einer Aufteilung nach Informationsarten (*expertised* und *non-expertised*) und einer Aufteilung nach Typen von Beklagten (Sachverständiger und Nicht-Sachverständiger) gesprochen werden; *Wallace/Kosterlitz/Corso/Klein/ Miller*, Securities Act liability, 1012 Practising Law Institute, Corporate law and practice course handbook series (1997), S. 297, 306.

425 *Langevoort/McLaughlin*, The statutory basis for due diligence liability under the Federal Securities Laws, 1052 Practising Law Institute, Corporate law and practice course handbook series (1998), S. 9, 13; *Wallace/Kosterlitz/Corso/Klein/ Miller*, Securities Act liability, 1012 Practising Law Institute, Corporate law and practice course handbook series (1997), S. 297, 306. Auch wenn dieser Teil oftmals von Rechtsanwälten (für die *underwriter*) erstellt wird, wird er dadurch nicht zu einem Teil, der von einem Sachverständigen erstellt wurde. Die Rechtsanwälte gehören nur begrenzt in den Personenkreis, den diese Haftungsvorschrift einschließt. Sie müssen z. B. im Falle eines fehlerhaft erstellten Gutachtens haften; in re: *Flight Trans. Sec. Lit.*, 593 F.Supp. 612, 616 (1984).

daß er „nach einer angemessenen Nachforschung der Tatsachen aus vernünftigen Gründen heraus glauben mußte und glaubte, daß zum Zeitpunkt der Zulassung die Erklärungen im *registration statement* wahr waren, und keine wesentlichen Fakten fehlten" [15 U.S.C. § 77 k (b) (3) (a)];[426]

- ein Sachverständiger, der auf Grund von Teilen verklagt worden ist, die er als Sachverständiger erstellt hat, kann sich einer Haftung entziehen, indem er nachweist, daß „die Erklärungen, die im *registration statement* veröffentlicht worden sind, seine Expertise nicht richtig wiedergeben" [15 U.S.C. § 77 k (b) (3)(B)];[427]
- schließlich sei der Fall geschildert, in dem ein Nichtsachverständiger wegen Teilen verklagt wird, die ein Sachverständiger erstellt hat. Er muß belegen, daß er „keine angemessenen Gründe hatte, zu glauben, und er auch nicht glaubte, daß zum Zeitpunkt der Anfertigung des *registration statements* die darin enthaltenen Erklärungen unwahr waren oder wesentliche Tatsachen fehlten" [15 U.S.C. § 77 k (b) (3) (C)]. Folglich hat der Nichtsachverständige in bezug auf die Angaben eines Sachverständigen keine Nachforschungspflicht.[428]

Der Sorgfältigkeitsmaßstab, der für die Begriffe „angemessene Prüfung" (*reasonable investigation*) und „vernünftige Gründe zu glauben" (*reasonable grounds of belief*) gelten soll, ist gesetzlich geregelt [15 U.S.C. § 77 k (c)]. Der Beklagte muß sich wie eine „sorgfältige Person im Management des eigenen Unternehmens"[429] verhalten. Die 1982 eingeführte Rule 176 (17 C.F.R. § 230.176) soll diesen Maßstab näher erläutern.[430] Die Rule 176 bestätigt:

---

426 *Strickland/Kaplan*, Litigation against underwriters and the due diligence defense, 1043 Practising Law Institute, Corporate law and practice course handbook series (1998), S. 59, 63; *Seegal*, Liabilities in initial public offerings, 1008 Practising Law Institute, Corporate law and practice course handbook series (1997), S. 219, 228.

427 *Seegal*, Liabilities in initial public offerings, 1008 Practising Law Institute, Corporate law and practice course handbook series (1997), S. 219, 229.

428 Vgl. *Langevoort/McLaughlin*, The statutory basis for due diligence liability under the Federal Securities Laws, 1052 Practising Law Institute, Corporate law and practice course handbook series (1998), S. 9, 13; *Strickland/Kaplan*, Litigation against underwriters and the due diligence defense, 1043 Practising Law Institute, Corporate law and practice course handbook series (1998), S. 59, 64; *Seegal*, Liabilities in initial public offerings, 1008 Practising Law Institute, Corporate law and practice course handbook series (1997), S. 219, 229.

429 „...prudent man in the management of his own property." 15 U.S.C. § 77 k (c).

430 *Strickland/Kaplan*, Litigation against underwriters and the due diligence defense, 1043 Practising Law Institute, Corporate law and practice course handbook series (1998), S. 59, 64 f.; *O'Hare*, Institutional investors, registration rights, and the specter of liability under section 11 of the Securities Act of 1933, 1996 Wis. L. Rev. (1996), S. 217, 227.

„Angemessenheit" ist immer im Kontext zu lesen und hängt daher von den einzelnen Beklagten ab.
Nach diesen Erläuterungen stellt sich die Frage, wie diese Maßstäbe anzulegen sind. Was macht also eine „angemessene Prüfung" aus? Der Gesetzestext gibt dazu keine weiteren Hinweise. Dagegen liefern diesbezügliche Urteile eine grundsätzliche Anleitung. Es würde den Rahmen dieser Arbeit sprengen, sämtliche Präzedenzfälle darzulegen. Daher werden nur einige Ansätze besprochen.[431]
Beispielhaft ist der vom United States District Court entschiedene Fall Escott v. BarChris Construction Corporation.[432] Das Urteil betont, daß es unangemessen ist, auf die Schlüsseldaten der Unternehmensführung zu vertrauen, ohne sie selbst noch einmal geprüft zu haben. Wichtig ist eine unabhängige Untersuchung der verschiedenen Informationen. Auf Grund der Annahme, daß Insider im Zusammenhang mit Wertpapiergeschäften Mißbrauch betreiben, wird bezüglich der *due diligence* ein gewisses Maß an Mißtrauen gegenüber dem Emittenten gefordert (Form von *„devil's advocacy"*). Das gilt für alle Beklagten, wobei die *underwriter* zu größter Vorsicht aufgerufen sind.[433]
In einem weiteren Fall[434] wurde der Beklagten eine unzureichende Untersuchung angelastet. Das schlichte Vertrauen in die Repräsentanten der Unternehmensführung reichte nicht aus, um den Sorgfältigkeitsanforderungen zu genügen. Die Nachprüfungen, die der *underwriter* durchführen muß, dürfen sich nicht nur auf einige wenige Geschäftsfelder des Emittenten beschränken. Daher erfüllt er mit Standortbesuchen, der Prüfung einer Aktionärsliste und dem Erhalt eines Vermögensberichts seine Untersuchungspflicht nach professionellen Maßstäben nicht. Der Beklagte muß mit eigenem Engagement Nachforschungen anstellen und darf Informationen von Dritten nicht ohne eigene Überprüfung hinnehmen. Kunden sollten befragt und u. U. auch die Einrichtungen des emittierenden Unternehmens besichtigt werden.

---

[431] Eine umfassendere „Anleitung" gerade für die beteiligten *underwriter* bieten *Alderman/Weiss/Kanberg*, Due diligence in the securities litigation reform era: some practical tips from litigators on the effective conduct, documentation and defense of underwriter investigation, 955 Practising Law Institute, Corporate law and practice course handbook series (1996), S. 303 ff. (hier auch Angaben zu dem NASD *statement* bezüglich einer due diligence Checkliste für *underwriter*); *Prifti*, Securities: public and private offerings, vol. II, ch. 11, § 11:05 f. Ferner *Johnson/McLaughlin*, Corporate finance and the securities laws, S. 270 ff.; *Hazen*, The law of securities regulation, S. 389-401; *Bloomenthal/Wolff*, Securities and Federal Corporate Law, vol. 3C, ch. 12, § 12:32 ff.

[432] *Escott v. BarChris Construction Corporation*, 283 F.Supp 643 (1968).

[433] S. auch *Wallace/Kosterlitz/Corso/Klein/ Miller*, Securities Act liability, 1012 Practising Law Institute, Corporate law and practice course handbook series (1997), S. 297, 309 ff.

[434] In re: *The Richmond Corp.*, 41 S.E.C. 398 (1963).

Aus neuerer Zeit sind einige Urteile zu erwähnen, die eher nachsichtig mit den Beklagten verfahren sind.[435] Es ist festzustellen, daß immer häufiger abgekürzte Verfahren gewährt werden, ungeachtet der sachlichen Kriterien der Angemessenheit.[436] Es scheint, als solle fortan die Praxis festlegen, was als „angemessene Untersuchung" anzusehen ist. Dazu werden Standards herangezogen, die von Rechtsanwälten, Wirtschaftsprüfern und Investmentbanken zur Durchführung der *due diligence* entwickelt wurden (u. a. die Befragung von Angestellten). Die Standards dienen nunmehr als Richtschnur, um die Anforderungen an eine Sorgfältigkeitsprüfung näher zu bestimmen.
Dies sind nur einige Anhaltspunkte dafür,[437] wie die Erwartungen an eine Sorgfältigkeitsprüfung zu erfüllen sind und eine Haftung vermieden werden kann. Deutlich wurde bei dieser Darstellung, daß die Investmentbanken ein hohes Haftungsrisiko tragen, das mit allen zur Verfügung stehenden Mitteln abgesichert werden sollte. Eine mögliche Klage ist sowohl für das Vermögen als auch für den Ruf des *underwriter* schädlich.[438] Zusammenfassend kann festgehalten werden, daß die Banken gut beraten sind, wenn sie eine umfassende und gewissenhafte Prüfung aller maßgeblichen Tatsachen vornehmen (oftmals wird das *registration statement* daher „line-by-line" überprüft[439]).

---

[435] Im folgenden sind noch einige ältere Entscheidungen aufgeführt: *Feit v. Leasco Data Processing Equipment Corp.*, 332 F.Supp. 544 (1971); *Chris-Craft Industries, Inc. v. Piper Aircraft Corp.*, 480 F.2d 341 (2nd Cir.), cert. denied, 414 U.S. 910 (1973).

[436] In re: *Software Toolworks Sec. Lit.*, 38 F.2d 1078 (9th Cir. 1994); *Laven v. Flanagan*, 695 F.Supp. 800 (1988); *Weinberger v. Jackson*, [1990-1991 Transfer Binder], Fed. Sec. L. Rep. (CCH) ¶ 95, 693 (1990).

[437] Zu weiteren Erörterungen der *due diligence* (z. B. die Übertragung der Prüfungspflicht auf einen Dritten) s. Literaturangaben in Fn. 431 und *Jennings/Marsh/Coffee*, Securities regulation, S. 879 ff.; *Fitzsimmons*, Due Diligence, in: Securities underwriting, A practitioner's guide, ch. 8, S. 179 ff.; *Committee on Federal Regulation of Securities*, Report of task force on seller's due diligence and similar defenses under the Federal Securities Laws, 48 Bus.Law (1993), S. 1185 ff. sowie zu den *Safe Habor Rules* (u.a. für *forward looking statements*): *Bloomenthal/Wolff*, Securities and Federal Corporate Law, vol. 3C, ch. 12, § 12:29; § 12:37 ff.; ch. 15, § 15:1 ff.; *Rosen*, The statutory safe habor for forward looking statements after two and a half years: has it changed the law? Has it achieved what congress intended?, 1085 Practising Law Institute, Corporate law and practice course handbook series (1998), S. 735 ff.; *Levine/Cooper*, Forward-looking statements and meaningful cautionary language under the Securities Lititgation Reform Act's safe habor, 9 Weil, Gotshal& Manges LLP's Business & Securities Litigator (1998), no. 8.

[438] Das Standing einer Investmentbank ist von großer Bedeutung für ihre weitere Geschäftstätigkeit, s. § 4.

[439] Dies kann aber nicht dazu führen, daß der Emittent geltend macht, das *registration statement* sei mit Hilfe der Anwälte des *underwriter* erstellt worden und eine mögliche Haftung träfe daher auch die *underwriter* (und Rechtsanwälte); *Goldwasser*, The underwritten offering, in: Securities law techniques, vol. 1, ch. 15, § 15.06 [6]; vgl. auch *Johnson/McLaughlin*, Corporate finance and the securities laws, S. 257.

II. 15 U.S.C. § 77 l (a) (2) - Prospekthaftung

1. Tatbestand

Die Regelung des 15 U.S.C. § 77 l (a) (2) knüpft an die eben dargestellte Haftung für einen fehlerhaften Zulassungsantrag an. Sie sanktioniert die Nutzung eines fehlerhaften Prospekts beim Verkauf von Wertpapieren.[440] Die Bestimmung schließt jede Person ein, die Wertpapiere anbietet oder verkauft (*seller*). Im Gegensatz zu 15 U.S.C. § 77 k gibt es keinen enumerativen Personenkreis. Der *seller* haftet für jede unwahre Erklärung zu wesentlichen Tatsachen. Ferner haftet er für das Versäumnis, eine notwendige, wesentliche Tatsache anzugeben. Das gilt sowohl für mündliche, als auch schriftliche Angaben im Prospekt.[441]

2. *due diligence*

Die Möglichkeit, die Haftung durch eine Sorgfaltsprüfung zu vermeiden, gibt es auch für diesen Personenkreis. Der Beklagte muß zeigen, daß er „nichts von den fehlerhaften oder fehlenden Angaben wußte und in Ausübung einer angemessenen Sorgfalt auch nichts wissen konnte". Die angemessene Nachprüfung gilt als Maßstab für eine angemessene Sorgfalt.[442] Allerdings gibt es

---

[440] Mit der Entscheidung *Gustafson v. Alloyd Company, Inc.*, 115 S.Ct. 1061 f. (1995) hat der Supreme Court deutlich gemacht, daß die Regelung nur auf öffentliche Emissionen angewandt werden soll. Privatplazierungen sollen von 17 C.F.R. § 240.10b-5 umfaßt sein. *Langevoort/McLaughlin*, The statutory basis for due diligence liability under the Federal Securities Laws, 1052 Practising Law Institute, Corporate law and practice course handbook series (1998), S. 9, 20 ff. (beschreiben andere Ansicht der Praktiker); ferner *Strickland/Kaplan*, Litigation against underwriters and the due diligence defense, 1043 Practising Law Institute, Corporate law and practice course handbook series (1998), S. 59, 65; *Wallace/Kosterlitz/Corso/Klein/ Miller*, Securities Act liability, 1012 Practising Law Institute, Corporate law and practice course handbook series (1997), S. 297, 331 ff.

[441] Vertiefend zu den Haftungsvoraussetzungen, Schäden etc. *Seegal*, Liabilities in initial public offerings, 1008 Practising Law Institute, Corporate law and practice course handbook series (1997), S. 219, 230 ff. (hier auch Vergleich zu 15 U.S.C. § 77 k); *Wallace/Kosterlitz/Corso/Klein/Miller*, Securities Act liability, 1012 Practising Law Institute, Corporate law and practice course handbook series (1997), S. 297, 330 ff.; *Hazen*, The law of securities regulation, S. 409 ff.; *Bloomenthal/Wolff*, Securities and Federal Corporate Law, vol. 3C, ch. 12, § 12:5 ff.

[442] *Sanders v. John Nuveen & Co.*, 619 F.2d 1222, 1228 (7th Cir. 1980), cert. denied 450 U.S. 1005 (1981); *Alderman/Weiss/Kanberg*, Due diligence in the securities litigation reform era: some practical tips from litigators on the effective conduct, documentation and defense of underwriter investigation, 955 Practising Law Institute, Corporate law and practice course handbook series (1996), S. 308, 309 f.; *Jacobs*, Litigation and practice under Rule 10b-5, vol. 5, § 3, S. 1-48.186.

auch Stimmen, die die Erfordernisse für die „angemessene Nachprüfung“ für strenger halten als die für die „angemessene Sorgfalt“[443] und umgekehrt.[444] In jedem Fall können die Maßstäbe nicht für alle Fälle in demselben Umfang gelten, da nicht alle Beklagten im Sinne dieser Regelung einen gleichwertigen Zugang zum Emittenten haben, um eine sorgfältige und umfassende Prüfung durchzuführen.[445]

III. 15 U.S.C. § 77 l (a) (1)

15 U.S.C. § 77 l (a) (1) betrifft die Haftung bei Verstößen gegen § 77 e. In solchen Fällen gibt es keinen wirksamen Zulassungsantrag. Es werden also Wertpapiere angeboten oder verkauft, die noch nicht zugelassen sind und nicht von der Registrierung befreit sind.[446]
Eine Vermeidung der Haftung durch eine Sorgfaltsprüfung wie in den vorangegangenen Regelungen ist nicht vorgesehen.

IV. 15 U.S.C. § 77 m

15 U.S.C. § 77 m ist keine Haftungsregelung. Sie bestimmt die Frist, in der der Kläger ein Vorhaben nach § 77 k und l vorbringen muß. Danach muß der Kläger nach Entdeckung einer unwahren Erklärung oder eines Versäumnisses innerhalb eines Jahres oder innerhalb eines Jahres nach Verstoß gegen § 77 l (1) tätig werden. In keinem Fall kann eine Klage später als drei Jahre nach dem Angebot oder dem Verkauf erhoben werden.

V. 15 U.S.C. § 77 o

Mit dieser Bestimmung wird die Haftung auf Personen ausgedehnt, die eine nach 15 U.S.C. § 77 k und l haftende Person kontrollieren. Festgesetzt wird eine

---

443 *Epstein*, „Reasonable care“ in Section 12 (2) of the Securities Act of 1933, 48 U. Chi. L. Rev. (1982), S. 372, 388.

444 *Kaminsky*, An analysis of Securities Litigation under section 12 (2) and how it compares with rule 10b-5, 13 Hous. L. Rev. (1976), S. 231

445 Vertiefend zur *due diligence*: *Alderman/Weiss/Kanberg*, Due diligence in the securities litigation reform era: some practical tips from litigators on the effective conduct, documentation and defense of underwriter investigation, 955 Practising Law Institute, Corporate law and practice course handbook series (1996), S. 310 ff.; *Epstein*, „Reasonable care“ in Section 12 (2) of the Securities Act of 1933, 48 U. Chi. L. Rev. (1982), S. 372 ff.; *Bloomenthal/Wolff*, Securities and Federal Corporate Law, vol. 3C, ch. 12, § 12:6.

446 Vertiefend *Wallace/Kosterlitz/Corso/Klein/ Miller*, Securities Act liability, 1012 Practising Law Institute, Corporate law and practice course handbook series (1997), S. 297, 324 ff.; *Hazen*, The law of securities regulation, vol. 1, ch. 7, S. 370 ff.; *Diskin v. Lomasney & Co.*, 452 F.2d 871 (2d Cir. 1971); *Pinter v. Dahl*, 486 U.S. 622 (1988).

gesamtschuldnerische Haftung. Der Kläger muß darlegen, daß eine der eben genannten Haftungsbestimmungen verletzt worden ist, und daß der Beklagte eine Person kontrolliert, die diese Verstöße begangen hat. Um sich der Haftung zu entziehen, muß der Beklagte seinen guten Glauben und das Fehlen seiner Beteiligung belegen.[447]

VI. 15 U.S.C. § 77 q (a)

15 U.S.C. § 77 q (a) sieht eine Haftung für die Personen vor, die bei Angebot oder Verkauf von Wertpapieren eine arglistige Täuschung oder einen Betrug begehen. Die Gerichte tendierten in den letzten Jahren häufiger dazu, dem Privatanleger kein Recht zur Klage einzuräumen. [448] Daher bleibt dies der SEC zur Durchführung vorbehalten (sog. *prosecutor*-Funktion).[449]

VII. 15 U.S.C. § 78 j (b) und 17 C.F.R. § 240.10b-5

Die Rule zur Ausführung des SEA,[450] die auf der Grundlage des 15 U.S.C. § 78 j (b) erlassen wurde, regelt Verstöße von Personen, die unwahre Erklärungen in Verbindung mit dem Kauf oder Verkauf von Wertpapieren abgeben oder wesentliche Tatsachen auslassen. Betrügerische oder manipulative Handlungen in bezug auf den Wertpapierhandel sind Voraussetzung für eine Haftung. Ferner wird der Kläger seinen Haftungsanspruch sowohl auf mündliche Kommunikation als auch auf schriftliche Korrespondenz stützen können. Im Gegensatz zu der vergleichbaren Haftung nach 15 U.S.C. § 77 l (2) (a) bezieht sich die in Rede stehende Rule nach Auffassung der Rechtsprechung vorrangig auf Privatplazierungen.[451] Ferner muß der Kläger in diesen Fällen nachweisen, daß der Beklagte vorsätzlich gehandelt hat.[452]
Weder die Ermächtigungsgrundlage für die Rule[453], noch die Rule selbst weisen eine Möglichkeit zur Haftungsabwehr auf. Trotzdem wird von dem Beklagten in der Regel eine *due diligence* durchgeführt. Dies hat folgende Gründe:

---

[447] Zur genaueren Erklärung dieser Begriffe und weiteren Eigenheiten der Bestimmung: *Hazen*, The law of securities regulation, S. 459 ff. (insb. Fn. 30); *Wallace/Kosterlitz/Corso/Klein/Miller*, Securities Act liability, 1012 Practising Law Institute, Corporate law and practice course handbook series (1997), S. 297, 347 ff.

[448] *Finkel v. Stratton*, 962 F.2d 169 (2d Cir. 1992); *Donaldson, Lufkin & Jenrette*, [1992 Transfer Binder] Fed. Sec. L. Rep. (CCH) ¶ 85, 035 (SEC Administration Process, 1992); *Aaron v. SEC*, 446 U.S. 680 (1980).

[449] Vgl. *Wallace/Kosterlitz/Corso/Klein/ Miller*, Securities Act liability, 1012 Practising Law Institute, Corporate law and practice course handbook series (1997), S. 297, 351 ff.

[450] 17 C.F.R. § 240.10b-5.

[451] *Gustafson v. Alloyd Company, Inc.*, 115 S.Ct. 1061 f. (1995).

[452] *Ernst & Ernst v. Hochfelder*, 425 U.S. 185, 193 (1976).

[453] 15 U.S.C. § 78 j (b).

- Eine gesetzliche Haftung soll vermieden werden. Die Sorgfältigkeitsprüfung soll die Richtigkeit der verwendeten Materialien sicherstellen;
- Die Vermeidung vertraglicher Haftung ist ebenfalls angestrebt.[454]
- Schließlich sollen mit der *due diligence* Informationen zusammengestellt und geprüft werden. Dies reduziert insgesamt das Risiko, daß falsche oder irreführende Informationen verwendet und zur Verfügung gestellt werden.[455]

Der Kläger wird häufig selbst eine Sorgfältigkeitsprüfung durchführen, um sicher zu gehen, daß kein Verstoß gegen die Rule 10b-5 vorliegt. Der Grund dafür liegt in der Tatsache, daß die Gerichte im Falle einer Klage möglicherweise kein Verständnis für den Kläger aufbringen, der zwar Zugang zu Informationen hatte, diese aber nicht überprüft hat.[456] Die Haftung gilt eben nur für Vorsatz. Für den Kläger führt dies zu einer erschwerten Beweislage, da die vergleichbare Bestimmung (15 U.S.C. § 77 l (2) (a)) bereits fahrlässiges Verhalten als Verstoß wertet.[457]

---

[454] S. dazu *Mendez/Sawyers*, Due diligence in private placements and private acquisitions, 1052 Practising Law Institute, Corporate law and practice course handbook series (1998), S. 417, 421.

[455] *Mendez/Sawyers*, Due diligence in private placements and private acquisitions, 1052 Practising Law Institute, Corporate law and practice course handbook series (1998), S. 417, 421.

[456] *Mendez/Sawyers*, Due diligence in private placements and private acquisitions, 1052 Practising Law Institute, Corporate law and practice course handbook series (1998), S. 417, 422. Vgl. auch *Jacobs*, Litigation and practice under Rule 10b-5, vol. 5B, § 63, S. 3-346, der eine Sorgfältigkeitsprüfung für den Kläger schon fast als Verpflichtung betrachtet, damit eine geeignete Grundlage für die notwendigen Ausführungen des Klägers geschaffen wird. Es muß beachtet werden, daß es sich insofern immer um ein *private placement* handelt. Nicht nur der Ablauf der Emission ist ein anderer, sondern auch die Parteien besitzen andere Eignungen. Der Kleinanleger, der auf Grund seiner Unerfahrenheit Schutz benötigt, spielt hier keine Rolle. Geht man von einem erfahrenen Käufer der Wertpapiere aus, so können möglicherweise auch andere Maßstäbe angesetzt werden; *Johnson/McLaughlin*, Corporate finance and the securities laws, S. 381 ff.

[457] S. umfassend *Jacobs*, Litigation and practice under Rule 10b-5, vol. 5, § 3, S. 1-48.186 und vol. 5B, § 63; *Mendez/Sawyers*, Due diligence in private placements and private acquisitions, 1052 Practising Law Institute, Corporate law and practice course handbook series (1998), S. 417, 422 f. Anders *Robbins*, Due diligence in private placement offerings, 28 Rev. Sec. & Commod. Rev. (1995), S. 109, 111. Er vermutet, daß Irreführungen nun tendenziell eher als vorsätzliches Handeln angesehen werden und daher dem Emittenten eine größere Last auferlegt worden ist, da er nun die Vornahme einer überaus sorgfältigen Prüfung darlegen muß. Vertiefend zu der gesamten Bestimmung *Langevoort/McLaughlin*, The statutory basis for due diligence liability under the Federal Securities Laws, 1052 Practising Law Institute, Corporate law and practice course handbook series (1998), S. 9, 24 ff.; *Strickland/Kaplan*, Litigation against underwriters and the due diligence defense, 1043 Practising Law Institute, Corporate law and practice course handbook series (1998),

VIII. 15 U.S.C. § 78 t (a)

Schließlich darf die Haftung nach 15 U.S.C. § 78 t (a) nicht unerwähnt bleiben. Sie entspricht weitestgehend 15 U.S.C. § 77 o und zielt auf eine erweiterte Haftung von kontrollierenden Personen. Arbeitgeber und Muttergesellschaften sind die Adressaten dieser Regelung.[458] Wie im Rahmen von § 77 o ist auch hier eine Abwehr der Haftung möglich.[459]

C. Vereinbarungen im *underwriting agreement*

I. Indemnification und contribution

Das *underwriting agreement* in seiner standardisierten Form[460] enthält häufig Vereinbarungen bezüglich der Schadloshaltung (*indemnification*) und der Zahlung von Ausgleichsbeiträgen (*contribution*).[461] Dabei handelt es sich um die Abschnitte des Vertrags, die sehr kontrovers diskutiert werden. Es soll zunächst der Inhalt der Absprachen dargestellt werden.

1. *Indemnification*

Die emittierende Gesellschaft und die abgebenden Altaktionäre[462] verpflichten sich, jeden *underwriter*[463] von Verlusten, Forderungen, Schäden oder Haftungsverbindlichkeiten freizuhalten. Die Verbindlichkeiten müssen allerdings auf die Nichteinhaltung der *representations and warranties* zurückzuführen sein.[464]

S. 59, 65 ff.; *Seegal*, Liabilities in initial public offerings, 1008 Practising Law Institute, Corporate law and practice course handbook series (1997), S. 219, 237 ff.; *Bloomenthal/Wolff*, Securities and Federal Corporate Law, vol. 3C, ch. 13.

458 *Wool v. Tandem Computers, Inc.*, 818 F.2d 1433 (9th Cir. 1987).

459 S. dazu bereits Fn. 447 und *Paul Newton & Co. v. Texas Commerce Bank*, 630 F.2d 1111 (5th Cir. 1980); *Hecht v. Harris Upham & Co.*, 283 F.Supp. 417 (1968), 430 F.2d 1202 (9th Cir. 1970); *Kersh v. General Council of Assemblies of God*, 804 F.2d 546 (9th Cir. 1986).

460 Wie bereits erwähnt tauchen bestimmte Vereinbarungen in jedem Vertrag auf. In der Regel hat jede Investmentbank Details in ihrem eigenen Standardvertragswerk herausgearbeitet. Diese sind nicht Gegenstand der Betrachtung.

461 Ein Muster der Vereinbarung bei *D'Alimonte/Pohlen,* Underwriting arrangements and documents, 1043 Practising Law Institute, Corporate law and practice course handbook series, S. 133, 212 ff.

462 Die Altaktionäre verpflichten sich in den meisten Fällen zunächst zur Abgabe von Informationen, die sie selbst beschafft haben. Weiter werden sie gefragt, ob sie für Informationen einstehen wollen, die das Unternehmen betreffen. Die Entscheidung hängt von der Beziehung zum Unternehmen ab.

463 Üblicherweise werden die den *underwriter* kontrollierenden Personen nach 15 U.S.C. § 77 o oder 15 U.S.C. § 78 t (a) mit in die Schadloshaltung einbezogen.

464 S. zu den *representations and warranties* § 10 B.

Eine Absicherung tritt auch in dem Fall ein, in dem die Haftungsverbindlichkeiten auf (vermutlich) unwahre Statements oder fehlende wesentliche Fakten zurückzuführen sind, die Inhalt des *registration statement*, von Prospekten oder jeglicher Änderung oder Ergänzung dazu sind. Des weiteren kommen die Anträge für die Zulassung nach dem *blue sky law* als Anknüpfungspunkt für eine Haftung in Betracht. Voraussetzung ist schließlich, daß die Gesellschaft Urheber der Falschangaben ist.
Die *underwriter* sollen für sämtliche gesetzliche und andere Ausgaben, die in Folge von Streitigkeiten über Verluste, Forderungen, Schäden oder Haftungsverbindlichkeiten auftreten, entschädigt werden. Die einzige Ausnahme bildet der Fall, in dem die *underwriters* dem Unternehmen selbst schriftliche Informationen für die Anfertigung des *registration statement* beschafft haben.
Um die Ergebnisse in einem Satz festzuhalten, kann gesagt werden, daß sich der *underwriter* grundsätzlich bei dem Emittenten schadlos halten kann, falls er von einem Anleger auf Grund von fehlerhaften Informationen verklagt wird.

Demgegenüber verpflichtet sich jeder *underwriter*, den Emittenten und auch die abgebenden Aktionäre gegen Verluste, Forderungen, Schäden oder Haftungsverbindlichkeiten, die ihn oder sie treffen, abzusichern. Hierbei geht es vorrangig um Verbindlichkeiten, die aus einer Prospekthaftung resultieren. Die Haftung muß allerdings auf unwahren Erklärungen oder Versäumnissen beruhen, die auf die Informationsbeschaffung des *underwriter* zurückzuführen sind. Diese Informationen sind jedoch sehr begrenzt. Es handelt sich lediglich um Material über die *underwriter* selbst oder die Abläufe und Techniken der Emission.[465]
Üblicherweise erfolgt eine Absicherung des Emittenten und der abgebenden Altaktionäre durch den einzelnen *underwriter* und ist nicht gesamtschuldnerisch angelegt.[466]
Schließlich kann im *underwriting agreement* auch festgelegt werden, daß der *underwriter* seinen Anspruch auf Schadloshaltung verliert. Das ist z. B. der Fall, wenn er einen vorläufigen, fehlerhaften Prospekt ausgibt und vergißt, den berichtigten *final prospectus* zu veröffentlichen.[467]

[465] *D'Alimonte/Pohlen,* Underwriting arrangements and documents, 1043 Practising Law Institute, Corporate law and practice course handbook series (1998), S. 133, 156.
[466] Das führt dazu, daß sich ein Konsortialmitglied z. B. nicht bei dem *lead manager* einen Ausgleich verschaffen kann; s. dazu vertiefend *Klinges*, Expanding the liability of managing underwriters under the Securities Act of 1933, 53 Fordham L.Rev. (1985), S.1063 ff. (insbesondere S. 1086 ff.).
[467] Hierbei handelt es sich um eine eher seltenere Klausel, zumal auf Grund der vorläufigen Prospekte kaum geklagt wird; *Johnson/McLaughlin*, Corporate finance and the securities laws, S. 93.

2. *Contribution*

Entsprechend der Vertragsvereinbarung muß die sicherungspflichtige Partei (z. B. Emittent) einen Teil des Ausfallbetrages[468] zahlen, sofern eine Schadloshaltung für die abzusichernden Partei nicht erreichbar ist oder ausreicht. Die Höhe des insgesamt aufzuteilenden Betrags ergibt sich aus den Verlusten und Schäden.

Die Vereinbarungen, wie die Beiträge zu berechnen sind, sind unterschiedlich gestaltet. Die Beiträge, die die einzelnen Parteien zahlen sollen, werden im Verhältnis zu den Gewinnen berechnet, die jeweils erzielt worden sind. Diese Gewinne sollen in der Proportion Nettoerlös des Unternehmens zu Preisnachlässen und Provisionen der *underwriter* stehen. Die Angaben auf dem Deckblatt des *final prospectus* sind entscheidend. Eine weitere Möglichkeit besteht in einer Berechnung auf der Basis von relativer Schuld und relativem Gewinn.[469]

Insgesamt ist der Beitrag für den *underwriter* begrenzt. Er soll höchstens für den Betrag aufkommen, den die von ihm selbst übernommenen Wertpapiere erzielt haben. Schäden, die der *underwriter* bereits beglichen hat, werden angerechnet.

Nach der Vereinbarung kann schließlich die Partei, die die Informationen vorsätzlich fehlerhaft den Anleger zur Verfügung gestellt hat, keinen Ausgleich von einer Partei verlangen, der eine solche Handlung nicht angelastet werden kann.[470]

In einer Kurzfassung müßte die *contribution*-Klausel folgendermaßen beschrieben werden: Kann der *underwriter* sich bei dem Emittenten nicht vollständig schadlos halten, soll der *underwriter* zumindest einen anteiligen Betrag von dem Emittenten verlangen können.

II. Vereinbarkeit mit gesetzlichen Regelungen

Die Frage nach der Vereinbarkeit der vertraglichen Absprache mit den oben genannten gesetzlichen Haftungsregelungen, kann auf zwei Ebenen gestellt werden. Zunächst ist zu klären, aus welchen gesetzlichen Bestimmungen Verbindlichkeiten resultieren, von denen die *underwriter* freigestellt werden können. Nach verschiedenen gerichtlichen Entscheidungen sind dies in jedem Fall 15 U.S.C. § 77 k (a), § 77 l (a) (2), § 77 q (a) und Rule 10b-5.[471] Auch die

[468] Der Betrag, der von der betroffenen Partei gezahlt wurde oder zu zahlen ist, wird als Ausfallbetrag bezeichnet.

[469] Diese ist dann einschlägig, falls das anzuwendende Recht die Berechnung nach relativen Gewinnen nicht erlaubt.

[470] Dies wird in Anlehnung an 15 U.S.C. § 77 k (f) festgelegt.

[471] *Globus v. Law Research Service, Inc.*, 287 F.Supp. 188, 190 (1968); *Alvarado Partners, L.P. v. Mehta*, 723 F.Supp. 540 (1989) appeal dismissed 936 F.2d 582, appeal dismissed 936 F.2d 583.

Haftungsvorschriften für kontrollierende Personen müssen berücksichtigt werden, da sie mehr oder weniger eine Erweiterung der dargestellten Prospekthaftung auf den benannten Personenkreis bewirken.
Eine Haftung nach 15 U.S.C. § 77 l (a) (1) ist bezüglich *indemnification* und *contribution* bisher in keiner Entscheidung aufgetaucht. Verbindlichkeiten, die aus dieser Vorschrift resultieren, könnten als Grundlage für eine Freistellung deshalb ausgeschlossen sein, da sie sich nicht direkt auf unwahre Erklärungen in einem Prospekt bezieht. Die Literatur hat sich bisher diesbezüglich ebenfalls noch nicht geäußert, so daß abzuwarten bleibt, wie die Gerichte urteilen werden.

Weiter ist fraglich, ob eine Vermeidung der gesetzlichen Haftung möglich ist, indem die *underwriter* sich bei dem Emittenten und umgekehrt schadlos halten. Die Entscheidung Globus v. Law Research Service, Inc.[472] hat im Jahre 1968 insofern erstmals für Aufklärung gesorgt. Demnach kann ein *indemnification agreement* nicht gerichtlich durchgesetzt werden, da es nach Auffassung der Richter gegen das zugrundeliegende Verständnis des Securities Act of 1933 und des Securities Exchange Act of 1934 verstößt.[473] Mit Hilfe dieser Gesetze beabsichtigt der Gesetzgeber, den Anleger zu schützen. Es soll gewährleistet werden, daß der Privatanleger in den Genuß einer gründlichen Untersuchung der Tatsachen – wie sie im Prospekt dargestellt sind – kommt. Die zur Haftung verpflichteten Personen sind angehalten, ihren Sorgfaltspflichten nachzukommen. Nur dadurch wird der Anleger Vertrauen in Wertpapieranlagen gewinnen. Der Ausschluß einer Schadloshaltung der *underwriter* bezieht sich in dieser Entscheidung allerdings nur auf Haftungsverbindlichkeiten, die auf betrügerisches Handeln zurückzuführen sind. Die Richter halten es für nicht tragbar, dem *underwriter* die Vermeidung der Haftung für das eigene Fehlverhalten zu ermöglichen, indem ihm ohne Umwege ein Ausgleichsanspruch für die Schäden gegen den Emittenten zustehen soll. Der Anreiz, eine gründliche Untersuchung durchzuführen und einen wahrheitsgetreuen Prospekt zu veröffentlichen, ist im Fall einer Absicherung geringer, als wenn die Schadloshaltung unter bestimmten Umständen nicht durchsetzbar ist.[474]
Auch neuere Entscheidungen lehnen die Durchsetzbarkeit von Vereinbarungen bezüglich der Schadloshaltung ab.[475] Dies wird unter anderem damit begründet,

---

[472] *Globus v. Law Research Service, Inc.*, 287 F.Supp. 188, 199 (1968), aff'd 418 F.2d 1276 (2d Cir. 1969), cert. denied, 397 U.S. 913 (1970).

[473] Die folgenden Entscheidungen vertreten dieselbe Auffassung. Eine Schadloshaltung für Haftungen, die aus den Federal Securities Laws herrührten, verstoßen demnach gegen die „Offenlegungspolitik". *Maryville Academy v. Loeb Rhoades Co.*, 530 F.Supp. 1061 (1981); *Stratton Group, Ltd. v. Strayregen*, 466 F.Supp. 1180 (1979); *Odette v. Shearson, Hammill Co.*, 394 F.Supp. 946 (1975).

[474] *Globus v. Law Research Service, Inc.*, 287 F.Supp. 188, 199 (1968).

[475] *Eichenholtz v. Brennan*, 52 F.3d 478, 484 f. (3rd Cir. 1995); *Baker, Watts & Co. v. Miles & Stockbridge*, 876 F.2d 1101, 1104 f. (4th Cir. 1989).

daß es weder ein ausdrückliches Recht zur Schadloshaltung gebe, noch ein sonstiges Recht mit den Federal Securities Laws vereinbar sei.[476]
Die ursprüngliche „*Globus*-Entscheidung" wurde durch die SEC erheblich erweitert.[477] Die SEC hält eine Schadloshaltung für sämtliche Haftungsverbindlichkeiten, die aus den *Federal Securities Laws* entstehen, für nicht tragbar. Danach werden auch die Schäden erfaßt, die lediglich durch fahrlässiges Verhalten entstehen, so als wäre der Beklagte seiner Beweislast bezüglich einer *due diligence* und der Durchführung einer angemessenen Untersuchung nicht nachgekommen.[478] Die Erweiterung der ursprünglichen Grundsätze durch die SEC erscheint allerdings durchaus nachvollziehbar, wenn man die Argumentation der Gerichte betrachtet. Die Sorgfaltspflichten in bezug auf die Informationsbeschaffung für den Anleger sollen erfüllt werden. Der Anreiz für den *underwriter,* eine *due diligence* ordnungsgemäß durchzuführen, ist eher schwach, wenn er sich trotz einer mißglückten Prüfung bei dem Emittenten schadlos halten könnte.
Nach allem kann es sein, daß der vom Anleger verklagte *underwriter* mit der gerichtlichen Durchsetzung seiner Schadloshaltung beim Emittenten scheitert. Da die Klausel in erster Linie einen Vorteil für den *underwriter* darstellt,[479] und dieser Vorteil zumindest teilweise erhalten bleiben soll, wurde im *underwriting agreement* eine Klausel angefügt. Sie sieht die Aufteilung der Haftungskosten vor. Als Berechnungsgrundlage dienen u. a. die Beträge, die die einzelnen Parteien (Emittent, *underwriter*) aus der Emission erhalten.[480] Diese Regelung

---

[476] *First Golden Bancorporation v. Weiszmann*, 942 F.2d 726, 728 (10th Cir. 1991); *Riverhead Sav. Bank v. National Mortgage Equity Corp.*, 893 F.2d 1109, 1116 (9th Cir.); *King v. Gibbs*, 876 F.2d 1275, 1281 (7th Cir. 1989); *Laventhol, Krekstein, Horwath & Horwath v. Horwitch*, 637 F.2d 672, 676 (9th Cir. 1980).

[477] 17 C.F.R. § 229.512 (h). Der Antragsteller wird unter bestimmten Voraussetzungen verpflichtet, dem *registration statement* einen Spezialteil anzufügen. Darin wird festgestellt, daß die Schadloshaltung grundsätzlich nicht durchsetzbar ist. Damit wird zwar ein spezieller Fall angesprochen, aber die grundsätzliche Haltung der SEC wird gleichwohl deutlich.

[478] Ebenso *Kennedy v. Josephthal & Co.*, 635 F.Supp. 399 (1983); *Maryville Academy v. Loeb Rhoades & Co.*, 530 F.Supp. 1061, 1071 (1981); aber *McLean v. Alexander*, 449 F.Supp. 1251, 1255 (1978); *Steinberg v. Pargas, Inc.*, Fed. Sec. L. Rep. (CCH) ¶ 91,979 (1985); s. auch *Prifti*, Securities: public and private offerings, vol. II, ch. 13, § 13:10.

[479] Wie gesehen sind die Informationen, die die *underwriter* beschaffen, sehr begrenzt. Daher ist die Wahrscheinlichkeit einer Schadloshaltung des Emittenten bei dem *underwriter* eher gering. *Johnson/McLaughlin*, Corporate finance and the securities laws, S.93; *Goldwasser*, The underwritten offering, in: Securities law techniques, vol. 1, ch. 15, § 15.06 [6]; *Scott*, Resurrecting indemnification: contribution clauses in underwriting agreements, 61 N.Y.U.L. Rev. (1986), S. 223, 231.

[480] Die andere Methode bezieht sich auf das Verhältnis „relative Schuld – relativer Gewinn". Eine Berechnung nur nach „relativer Schuld" gibt es deshalb nicht, weil dem *underwriter* damit kein ausreichender Schutz gewährt wird. Das Gericht könnte dem *underwriter* die gesamte Schuld zusprechen, und der *underwriter* müßte vollständig haften. *Scott*,

stellt für den *underwriter* eine vertretbare Lösung dar. Im Gegensatz zum Emittenten erhält er nur einen geringen Anteil des gesamten Ertrages der Emission. Der Emittent, der ca. 85% - 90 % des Gesamterlöses verbuchen kann, muß daher üblicherweise die höchsten Haftungsbeiträge leisten.
Die Vermutung liegt nahe, daß die Klausel eine reine Umgehung der richterlichen Entscheidungen bezüglich der Schadloshaltung ist. Es wurde deutlich, daß der *underwriter* mit der Durchsetzung dieser Plazierungsregelung nahezu schadlos gehalten wird. Die Gerichte haben bisher eine solche Vereinbarung befürwortet, da ein Ausgleich im Falle einer gesamtschuldnerischen Haftung auch gesetzlich vorgesehen ist.[481] Jedenfalls halten sie die Klausel nicht für eine Umgehung.[482]

III. Fazit

Nach allem kann festgestellt werden, daß sowohl die *indemnification* als auch die *contribution clause* zum Vorteil des *underwriter* in das *underwriting agreement* aufgenommen wurden. Für den *underwriter* ist diese Absicherung wichtig. Er ist bemüht, sein standing zu erhalten (z. B. eine Erwähnung im oberen *bracket*) und damit seine Marktstärke zu präsentieren.[483]

Eine mögliche Inanspruchnahme durch die Anleger führt nicht nur dazu, daß Kapital abfließt, sondern zeigt auch, daß sich der *underwriter* bei der Prüfung von Informationen nicht bewährt hat. Mit den Vereinbarungen kann der *underwriter* sowohl den Kapitalabfluß verhindern als auch den Emittenten dazu

---

Resurrecting indemnification: contribution clauses in underwriting agreements, 61 N.Y.U.L. Rev. (1986), S. 223, 252 ff. (mit zusätzlichen Allokationsmethoden); *Wander/Jerue*, Indemnification and Securities Litigation, in: Securities Law Techniques, vol. 7, ch. 121, § 121.05 [1][a]; vgl. auch *Steinberg/Olive*, Contribution and proportionate liability under the Federal Securities Laws in multidefendant securities litigation after the Private Litigation Reform Act of 1995, 50 SMU L. Rev. (1996), S. 337, 362 ff.; *Loeb/Shin*, Negotiating the underwriting agreement, 854 Practising Law Institute, Corporate law and practice course handbook series (1994), S. 189, 198 f.

[481] 15 U.S.C. § 77 k (f) und implizit auch für Rule 10b-5; *Central Bank of Denver, N.A. v. First Interstate Bank of Denver, N.A.*, 511 U.S. 164--- 114 S.Ct. 1439, 1448 (1994); *Eichenholtz v. Brennan*, 52 F.3d 478, 483 (3rd Cir. 1995); *Laventhol, Krekstein, Horwath & Horwath v. Horwitch*, 637 F.2d 672 f. (9th Cir. 1980). Inwieweit bei den verbleibenden Haftungsbestimmungen ein Ausgleich für Verbindlichkeiten ermöglicht wird, bleibt den Entscheidungen der Gerichte überlassen. Da eine gesamtschuldnerische Haftung vorausgesetzt wird, scheint ein Ausgleich nur in den genannten Fallgruppen möglich.

[482] S. dazu eingehend *Scott*, Resurrecting indemnification: contribution clauses in underwriting agreements, 61 N.Y.U.L. Rev. (1986), S. 223, 247 ff. Insgesamt zur Vereinbarung s. *Wander/Jerue*, Indemnification and Securities Litigation, in: Securities Law Techniques, vol. 7, ch. 121, § 121.05 (mit weiteren Literaturhinweisen).

[483] S. zum *standing* der Banken eingehend § 5 C. II. 2.

bewegen, wahrheitsgemäße Informationen zu veröffentlichen. Folglich könnte eine Schadensersatzklage eines Anlegers auf diese Art und Weise von vornherein verhindert werden. Ist das nicht der Fall und eine gerichtliche Entscheidung sonst unvermeidbar, bleibt lediglich eine Ausgleichszahlung für den *underwriter*. Die Gerichte könnten m. E. der Gefahr begegnen, daß das „Schadloshaltungsverbot" mit einer Ausgleichszahlung umgangen wird. Sie haben bei der Auslegung der Begriffe „relative Schuld" und „relativer Gewinn" einen gewissen Spielraum. Dieser Spielraum darf jedoch nicht dazu genutzt werden, dem *underwriter* in jedem Fall eine Vermeidung der Haftung zu ermöglichen. Dies würde dem Zweck der *Federal Securities Laws* widersprechen.

Offen bleibt die Frage, warum eine Vereinbarung über die Schadloshaltung getroffen wird, wenn doch eine gerichtliche Durchsetzung scheitert. Dies scheint auf dem ungebrochenen Optimismus der Investmentbanken zu beruhen. Sie hoffen, daß die Gerichte in zukünftigen Entscheidungen eine solche Klausel akzeptieren werden. Ferner versuchen die *underwriters*, den Emittenten mit dem Gebrauch des *indemnification agreement* zu Gesprächen über die Ausgleichszahlungen zu drängen. Der Emittent ist nicht so häufig von Klagen betroffen wie der *underwriter*. Es bestehen völlig unterschiedliche Anreize für die beteiligten Parteien. Während der Emittent selten Emissionen durchführt, ist die Investmentbank stetig in dieser Branche tätig. Für sie ist die Vermeidung von Klagen wichtig, da es sich um ein kostenintensives und imageschädigendes Unterfangen handelt. Mit Hilfe des Emittenten können Klagen vermieden werden. Wenn der Emittent sich um eine gewissenhaftere Anfertigung der Publizitätsdokumente (Prospekte) bemüht, können Haftungsfälle von vornherein vermieden werden. Der Emittent wird aber nicht freiwillig tätig, da die Gefahr einer Klage für ihn nicht so groß ist. Daher sollen ihm die drohenden Haftungsbeiträge einen Anreiz geben. Das Risiko, für Schäden in Anspruch genommen zu werden, wird damit verteilt. Zudem bemühen sich alle Beteiligten, sorgfältig zu arbeiten, da die Kosten sowohl vom *underwriter* als auch vom Emittenten getragen werden müssen. Die Risikoreduzierung hängt damit entscheidend vom Miteinander der beteiligten Parteien ab.
Ob sich ein bereits etabliertes Unternehmen in dieser Weise von dem *underwriter* drängen läßt, darf bezweifelt werden. Fest steht nur, daß die Tendenz erkennbar ist, die Verbindlichkeiten, die z. B. aus fehlerhaften Publizitätsdokumenten resultieren, vollständig auf den Emittenten zu übertragen.

§ 10 Überblick über typische Vertragsregelungen

A. Übernahme und Plazierung von Wertpapieren durch *underwriter*

In den vorangehenden Kapiteln wurden einzelne Rechtsfragen an Vereinbarungen des *underwriting agreement* angeknüpft. An dieser Stelle soll ein Überblick über weitere Klauseln[484] gegeben werden.

Die zentrale Vereinbarung des Vertrages besteht in der Übernahme der Wertpapiere vom Emittenten zu einem bestimmten Preis und der Verpflichtung der *underwriter*, die Wertpapiere beim Publikum zu plazieren.[485] Vorbehaltlich der Verkaufs- und Lieferbedingungen und auf der Basis der übrigen Klauseln (Gewährleistungen, Zusicherungen) erklärt sich der Emittent im Gegenzug bereit, die Wertpapiere auszugeben und zu übergeben. Sämtliche Vertragsklauseln richten sich an der Übernahme der Wertpapiere aus.

Neben dem Kauf der Haupttranche wird dem Konsortium gleichzeitig eine Option zum Kauf weiterer Wertpapiere eingeräumt. Diese kann das Konsortium ausüben, sofern eine Mehrzuteilung in Verbindung mit der Plazierung und dem Verkauf der Haupttranche (*firm shares*) gedeckt werden muß.[486]

Die vorgenannten Hauptmerkmale kennzeichnen die Übernahmevereinbarung im *underwriting agreement*.

B. Representations and warranties

Im Verhältnis zu der recht kurz gefaßten Übernahmevereinbarung ist der Abschnitt *representations and warranties* umfangreich gestaltet.[487] Der Emittent (teilweise auch die Altaktionäre[488]) gibt bis ins Detail beschriebene Garantien gegenüber jedem einzelnen *underwriter* ab. Das gesamte *underwriting agreement* wird zwar von dem *lead manager* im Namen der übrigen *underwriter* ausgehandelt; die verschiedenen Zusicherungen, Gewährleistungen und

---

[484] Die Darstellung beschränkt sich auf Bestimmungen, die üblicherweise in einem *underwriting agreement* zu finden sind.

[485] S. ein Muster einer solchen Vereinbarung bei *D'Alimonte/Pohlen*, Underwriting arrangements and documents, 1043 Practising Law Institute, Corporate law and practice course handbook series (1998), S. 133, 193 f.. Die Übernahme der Wertpapiere ist regelmäßig als Kauf ausgestaltet.

[486] S. zu weiteren Einzelheiten bereits oben § 8 B.

[487] S. ein Muster der *representations and warranties* bei *D'Alimonte/Pohlen*, Underwriting arrangements and documents, 1043 Practising Law Insittute, Corporate law and practice course handbook series (1998), S. 133, 182 ff..

[488] Die Altaktionäre geben eigene Garantien ab, für die der Emittent nicht verantwortlich ist.; s. statt vieler *Johnson/McLaughlin*, Corporate finance and the securities laws, S. 83 f.; *Riley*, Letters of intent and underwriting agreements in initial public offerings, 1008 Practising Law Institute, Corporate law and practice course handbook series (1997), S. 331, 341 f.

Garantien gelten aber für jeden einzelnen *underwriter*.[489] In der Regel wird das Konsortium nicht gesamtschuldnerisch verpflichtet. Zum einen soll dadurch der Betrag begrenzt werden, der das Eigenkapital der Konsorten belastet.[490] Zum anderen wird die nicht gesamtschuldnerische Haftung damit begründet, daß im Falle einer Haftung die Inanspruchnahme der „Begrenzungsbestimmung" nach 15 U.S.C. § 77 k (e) erhalten bleiben soll. Gemäß dieser Bestimmung muß jeder *underwriter* nur begrenzt haften. Ausschlaggebend für den Haftungsumfang ist der Preis, den der *underwriter* für die von ihm übernommenen und plazierten Wertpapiere gezahlt hat. Würde im *underwriting agreement* nun das Konsortium gesamtschuldnerisch verpflichtet, so könnte jeder *underwriter* zunächst für das gesamte Emissionsvolumen zur Verantwortung gezogen werden. Gerade bei großen Emissionen wäre das ein untragbares Risiko für die *underwriters*. Deshalb ist die vorgestellte Regelung in bezug auf das sog. *net capital* gerade auch unter praktischen Gesichtspunkten sinnvoll.

Die Ausgestaltung der *representations and warranties* hängt entscheidend von dem Geschäft des Emittenten und den unterschiedlichen Konsorten ab. Maßgeblich ist zudem, ob der Emittent bereits zuvor an einer Emission beteiligt war, und inwieweit er bereits anerkannt ist. Haben sowohl der Emittent als auch seine Anwälte wenig Erfahrung mit Wertpapiergeschäften, wird die Klausel entsprechend umfangreicher sein. Auch die Verhandlungsstärke der Beteiligten spielt eine bedeutende Rolle. Insgesamt läßt sich bei der Wahl der Form der *representations and warranties* allerdings häufig nur die „Handschrift" des *lead manager* wiederfinden; was weder als Kritik an dem Emittenten noch dessen Management oder Anwälten zu begreifen, sondern darauf zurückzuführen ist, daß die Vereinbarung das Risiko der *underwriter* reduzieren soll.[491]
Der Inhalt der Klausel ist häufig Gegenstand hartnäckiger Verhandlungen. Falls es zu Schwierigkeiten kommt, will sich das Konsortium absichern. Damit erklärt sich die stetige Aufnahme umfassender Regelungen in das *underwriting agreement* zumindest ansatzweise. Darüber hinaus übt sie bedeutenden Einfluß auf die *due diligence* aus. Der Blick des *lead manager* und des Emittenten wird auf einzelne Problemfelder gelenkt. Auf Grund dieser Berücksichtigung können die beteiligten Anwälte einen Teil der *due diligence* besser bewältigen.

[489] Das gleiche gilt für sämtliche Verpflichtungen und Bedingungen, die der Vertrag beinhaltet.

[490] Eine Rule der SEC zum *net capital* (17 C.F.R. § 240.15c3-1) regelt im einzelnen, wie hoch das Eigenkapital der einzelnen *underwriter* (als *broker* oder *dealer*) bemessen sein muß. Dies muß als Absicherungsmaßnahme gewertet werden. Soll der *underwriter* die Wertpapiere von dem Emittenten kaufen, müssen finanzielle Mittel für den Fall vorhanden sein, in dem nicht alle Papiere dem Publikum sofort zugeteilt werden können, da für den Emittenten der Kapitalzufluß gewährleistet sein muß.

[491] *D'Alimonte/Pohlen,* Underwriting arrangements and documents, 1043 Practising Law Institute, Corporate law and practice course handbook series (1998), S. 133, 145.

Schließlich ist die Nichteinhaltung der *representations and warranties* Grundlage für die Auflösung des *underwriting agreement*. Die Kaufverpflichtung des *underwriter* hängt z. B. entscheidend davon ab, ob die Garantien und Zusicherungen tatsächlich eingehalten und somit zutreffend sind.[492]

Im folgenden sollen die wesentlichen Inhalte der Klausel dargelegt werden. Eine bedeutende Zusicherung des Emittenten bezieht sich auf das *registration statement*.[493] Sie ist in jedem *underwriting agreement* zu finden. Die Zusicherung besagt, daß das *registration statement* zum Zeitpunkt der Zulassung inhaltlich richtig ist sowie alle Veränderungen und Ergänzungen mit dem SA, dem SEA und den in Betracht kommenden Durchführungsbestimmungen übereinstimmen.[494] Das *registration statement* enthält also laut der Zusicherung keine unwahren Angaben und es fehlen keine notwendigen Informationen. Auch der Prospekt entspricht laut dem Versprechen des Emittenten den gesetzlichen Bestimmungen. Diese Zusicherung/Garantie muß u. a. zum Zeitpunkt des *closing* vorliegen.[495]
Dies deutet auf den konkreten Absicherungswillen des Konsortiums bezüglich einer Haftung nach 15 U.S.C. § 77 k und § 77 l hin.[496] Die Vereinbarung ist ihrem Wortlaut nach in einigen Verträgen weitestgehend am Gesetzestext orientiert, so daß ihr Zweck auf der Hand liegt.
Ferner garantiert der Emittent die Unabhängigkeit seiner externen Wirtschaftsprüfer, seine ordnungsgemäße Kapitalisierung, das ordnungsgemäße Bestehen der zu emittierenden Wertpapiere sowie deren gültige Ausgabe und die nicht vorhandene Steuerpflicht. Der Emittent bestätigt, bereits als ordnungsgemäße Gesellschaft (z. B. *incorporation*) zu bestehen. Der Emittent bestätigt ferner, befugt zu sein, die Wertpapiere zu verkaufen und auszugeben. Er bestätigt, daß keine Pfandrechte und sonstigen dinglichen Belastungen bestehen. Schließlich garantiert der Emittent, die Übereinstimmung der Wertpapiere mit den Beschreibungen des *registration statements* und dem Prospekt. Zum Teil besteht der *lead manager* noch auf folgende Zusicherungen und Garantien[497]:

---

[492] *Riley*, Letters of intent and underwriting agreements in initial public offerings, 1008 Practising Law Institute, Corporate law and practice course handbook series (1997), S. 331, 337 f.

[493] Es wird vorausgesetzt, daß es sich um eine registrierungspflichtige Emission handelt (keine *private placements*).

[494] Auch eventuell verwendete besondere Zulassungsformen müssen zu diesem Zeitpunkt inhaltlich richtig sein. Hierzu gehören z. B. Form S-1 und Form S-2.

[495] S. dazu unter E.

[496] S. schon § 9 B. I. und II.

[497] Es kommt auf die jeweiligen Gegebenheiten an und was der *lead manager* für erforderlich hält.

- Finanzielle Angaben des Emittenten und deren Erstellung in Übereinstimmung mit den Bilanzierungsgrundsätzen (z. B. US-GAAP);
- Pflege der internen Bilanzierungskontrolle;
- Pflege von Versicherungen, die für das Geschäft des Emittenten angemessen erscheinen;
- Fehlen von materiellen Rechtsstreitigkeiten oder Verfahren;
- Fehlen oder Verzicht auf *registration rights*[498] zugunsten der Altaktionäre;
- Vorhandensein von notwendigen Zustimmungen oder Genehmigungen der zuständigen Gerichte oder Behörden vor der Vollendung des Verkaufs;
- pünktliche Abgabe von Steuererklärungen und Zahlung sämtlicher Steuern;
- emittierende Gesellschaft ist keine *investment company* im Sinne des ICA[499].

Die oben genannten Punkte sind nur ein Auszug dessen, was in den *representations and warranties* festgelegt wird. Der jeweilige Umfang und die genauen Formulierungen hängen im einzelnen von den Vertragsparteien ab.

C. Nebenvereinbarungen des Emittenten (Covenants of the issuer)

Neben den Garantien und Zusicherungen verpflichtet sich der Emittent, verschiedene Handlungen vorzunehmen. Der Emittent sichert dem *lead manager* zu, ihn von allen Mitteilungen der SEC bezüglich des *registration statement* in Kenntnis zu setzen. Insbesondere nimmt der Emittent keine Änderungen des *registration statement* oder Ergänzungen zum Prospekt vor, gegen die von dem *lead manager* oder dessen Anwälten Einwände erhoben werden. Der Emittent soll dem *lead manager* oder dessen Anwälten geänderte und ergänzte Schriftstücke bereitstellen.
Ferner versichert der Emittent:

- zu veranlassen, daß das *registration statement* zugelassen wird (sofern er das nicht bereits getan hat);
- notwendige Informationen i. S. v. Rule 430 A[500] an die SEC zu übermitteln;

---

[498] S. oben § 6 B. III.

[499] Im ICA gibt es spezielle Regulierungen für *investment companies* bezüglich des *underwriting* [15 U.S.C. § 80 (a)- 15 (b) und (c)]; s. *Lemke/Lins*, Investment Company Act of 1940, in: Securities law techniques, vol. 6, ch. 83, § 83.07 [8] [b] und [e]; s. auch *Steck*, Regulierung von US-amerikanischen Investmentgesellschaften, S. 125 ff.

[500] 17 C.F.R. § 230.430 A; der Prospekt als Teil des *registration statement* muß u. a. Informationen über den Emissionspreis, das Konsortium, die Provisionen der *underwriters* und *dealers*.

- *Earning statements* (z. B. Gewinn- und Verlustrechnung) zu übergeben, wie es 15 U.S.C. § 77 (k) (a) und 17 C.F.R. § 230.158 fordern;
- die Aufwendungen für die Emission zu begleichen (es sei denn, es wurde anders vereinbart);
- die *underwriter* über einen bestimmten (üblicherweise einige Jahre) Zeitraum mit aktuellen Informationen über das Unternehmen zu versorgen;
- bei der Qualifizierung und Registrierung der Wertpapiere nach den einschlägigen Gesetzen und Vorschriften (*federal securities laws* oder *blue sky laws* der Bundesstaaten) bei dem Angebot und dem Verkauf mitzuwirken;
- innerhalb eines bestimmten Zeitraumes keine Wertpapiere derselben Gattung zu verkaufen (*black-out period*). Die Länge des Zeitraumes beträgt in der Regel 90-180 Tage. Die Parteien richten sich dabei u. a. nach der Art des Unternehmens und dem Marktbedingungen.

Mit den Zusicherungen will das Konsortium Risiken reduzieren, die sich z. B. daraus ergeben können, daß der Emittent kurz nach dem IPO eine weitere Emission begibt. In diesem Fall hätte der *lead manager* erhebliche Schwierigkeiten etwaige Kurspflege oder Stabilisierungsmaßnahmen erfolgreich durchzuführen.[501] Eine schlechte Performance des Wertpapierkurses wirkt sich aber möglicherweise auf das *standing* des *lead manager* aus, so daß er derartige Risiken von vornherein eingrenzen muß. Daneben geht der *underwriter* mit den Nebenvereinbarungen sicher, daß er über das Unternehmen informiert bleibt (z. B. durch Informationen, die ihm von dem Unternehmen bereitgestellt werden). Dies erfolgt zum Teil in der Absicht, die Gesellschaft zu binden. Diese Bindungswirkung erhöht die Wahrscheinlichkeit, auch in Zukunft weitere Geschäfte mit der Gesellschaft tätigen zu können.

D. Lock-up agreement

Als Pendant zur letztgenannten Zusicherung gilt das *lock-up agreement.* Hierin erklären die Führungskräfte und Großaktionäre, ihre Wertpapiere nicht ohne Zustimmung des *lead manager* zu verkaufen. Dies gilt typischerweise für einen Zeitraum von 90 bis 180 Tagen nach der Zulassung der Wertpapiere.[502]
Das Augenmerk wird bei dieser Zusicherung auf die Anzahl der Aktien gerichtet, die während und direkt nach einer Emission absatzfähig sind. Das Konsortium will damit einen Angebotsüberhang vermeiden. Ein Angebotsüberhang hat regelmäßig einen Kursrutsch zur Folge, so daß die Entwicklung im Sekundärmarkt erheblich beeinflußt würde. Im Ergebnis würden sich

[501] S. dazu auch die folgenden Ausführungen zum *lock-up agreement*, unter D.

[502] Sofern der Zuteilungsprozeß durch einen Verkauf nicht gestört wird, wird der *lead manager* – in praxi – jederzeit einer Veräußerung zustimmen.

Schwierigkeiten für den *lead manager* bei der Stabilisierung ergeben. Die bis dahin eingehaltene Strategie (Nachfrage am Markt, *overallotment*) würde ins Wanken geraten.
Die Durchsetzung der Bestimmung setzt voraus, daß der Emittent seinem *transfer agent* eine Übertragungssperre für die Wertpapiere aufträgt (*stop transfer instruction*). Dies ist ein wirksamer Weg, ein *lock-up* durchzusetzen.[503] Allerdings muß beachtet werden, daß weder Führungskräfte noch Großaktionäre gesetzlich verpflichtet sind, eine *lock-up* Vereinbarung einzugehen. Die *underwriters* bestehen jedoch aus den oben dargelegten Gründen auf diese Zusicherung. Damit gerät der Emittent unter Druck, wenn die Emission unter allen Umständen durchgeführt werden soll, aber sich eine dieser Personen beharrlich weigert, eine *lock-up* Erklärung abzugeben.

In diesem Zusammenhang treten besonders bei volatilen Aktien (z. B. im Bereich „new technology") Probleme auf.[504] Dabei sind zwei Fälle zu unterscheiden. Ist das *lock-up agreement* getroffen worden, können die Altaktionäre die Anteile erst nach Ablauf der *lock-up* Periode veräußern. Bis zu diesem Zeitpunkt können die Verkaufsmöglichkeiten der Altaktionäre grundsätzlich unbeachtet bleiben. Danach können die Altaktionäre die Aktien jedoch ungehindert absetzen. Ein plötzlicher Paketverkauf durch einige Altaktionäre hat in der Regel einen sinkenden Börsenkurs zur Folge.[505] In diesem Fall besteht eine erhöhte Verlustgefahr für die Anleger.
Um dieser Gefahr zu begegnen, muß der Anleger bereits im Vorfeld von möglichen Verkäufen in Kenntnis gesetzt werden. Daher enthält der Prospekt sowohl Angaben über ein *lock-up agreement* als auch Hinweise auf die Risiken, die mit dem späteren Verkauf der Wertpapiere durch die Altaktionäre verbunden sind.
Sollte es kein *lock-up* geben, und sollten die Altaktionäre bereits während der Plazierungsphase der neuen Emission ihre (Alt)Aktien verkaufen, so wird dieses Überangebot möglicherweise für einen Kursrückgang zu Lasten der neuen Anleger sorgen. Der zunächst festgelegte Ausgabepreis würde durch die zusätzlichen Verkäufe nach unten korrigiert, sofern die alten Aktien bei der Preisbildung nicht berücksichtigt worden sind. Dies würde dazu führen, daß die

---

[503] Vgl. *Austin/Remillard*, An overview of initial public offerings, 541 Practising Law Institute, Corporate law and practice course handbook series (1996), S. 467, 477.

[504] S. dazu *Wyatt*, Old stocks, new technology, more questions, New York Times v. 16.02.1999, S. C1 und C11 und auch Handelsblatt v. 09./10.04.1999, S. 26. Das Problem tritt auch bei weniger volatilen Werten auf. Dann sind aber in der Regel keine so hohen Verluste zu beklagen, wie es bei den IT- und Internetwerten der Fall ist.

[505] Häufig reicht für einen Kursverfall die Nachricht, daß die Papiere von den Altaktionären für den Verkauf registriert worden sind; s. *Wyatt*, Old stocks, new technology, more questions, New York Times v. 16.02.1999, S. C1 und C11.

Anleger, die zu dem höheren Ausgabekurs gekauft haben, sogleich ungeahnte, aber vermeidbare Verluste hinnehmen müßten.
Ein solches Ergebnis ist unter dem Gesichtspunkt des Anlegerschutzes – wie im vorhergehenden Fall – nicht hinnehmbar. Vielmehr wird bereits im Prospekt auf entsprechende Risiken hingewiesen werden. Es wird darauf aufmerksam gemacht werden, daß die Altaktionäre ihre Aktien ohne weiteres verkaufen können. Diese Information wird bei genügender Transparenz in den Prozeß der Preisfindung einfließen. Den Anlegern werden diese zusätzlichen Informationen insofern zugute kommen, als sie wegen der bereits angepaßten Preise keine ungeahnten Verluste erleiden.

E. Zu den Bedingungen der Kaufverpflichtung der *underwriter*

Die Verpflichtung der *underwriter,* die Wertpapiere zu kaufen, wird im *underwriting agreement* neben den *representations and warranties* an folgende Bedingungen geknüpft[506]:

- Das *registration statement* muß zu einem bestimmten Termin wirksam werden (hier wird üblicherweise ein Zeitpunkt gewählt, der auf den Tag der Unterzeichnung des *underwriting agreement* fällt)[507];
- Sämtliche Informationen, die nach Rule 424[508] oder Rule 430 A[509] erforderlich sind, müssen eingereicht worden sein;
- Es dürfen keine wesentlichen Verschlechterungen des Geschäfts, der finanziellen Bedingungen oder der Gewinne des Emittenten bis zum *closing date* eintreten.[510]
- Die Konsorten müssen von ihren Anwälten Gutachten (*legal opinion*) erhalten haben. Diese Gutachten bewerten u. a. die Gründung des Emittenten sowie die Gültigkeit der Wertpapiere.
- Die Konsorten müssen ferner von den Anwälten des Emittenten[511] Gutachten (*legal opinion*) erhalten haben, die z. B. folgendes bestätigen: die

[506] Viele der Verpflichtungen müssen sowohl am Unterzeichnungstag des *underwriting agreement* als auch beim *closing* erfüllt sein. Bei einigen ist die Erfüllung bis zum *closing* erforderlich (daher auch als *closing conditions* bezeichnet).
[507] An dieser Stelle wird nochmals erwähnt, daß das *registration statement* auch am *closing date* keine Fehler enthalten soll.
[508] 17 C.F.R. § 230.424; dort ist die Anzahl der Prospekte und der jeweilige Zeitpunkt der Hinterlegung bei der SEC geregelt.
[509] 17 C.F.R. § 230.430 A; der Prospekt als Teil des *registration statement* muß u. a. Informationen über den Emissionspreis, das Konsortium, die Provisionen der *underwriters* und *dealers.*
[510] Zu dieser Klausel ausführlicher unter G.
[511] Handelt es sich um ein *secondary offering*, so müssen die Anwälte der abgebenden Altaktionäre ebenfalls Gutachten erbringen.

ordnungsgemäße Gründung des Emittenten, dessen rechtmäßige Existenz, die ordnungsgemäße Kapitalisierung, die Wirksamkeit des *registration statement*, die ordnungsgemäße und rechtmäßige Erfüllung des *underwriting agreement* durch den Emittenten und den nicht gegen Gesetz oder Vertrag verstoßenden Verkauf der Wertpapiere.[512]

- Ferner erklären die Anwälte des Emittenten in einem weiteren Gutachten, daß das *registration statement* zum Zeitpunkt der Zulassung – soweit für ihn ersichtlich – fehlerfrei war (*disclosure opinion*);[513]
- Schließlich erhalten die Konsorten von den unabhängigen Wirtschaftsprüfern des Emittenten einen *comfort letter.*[514] Dieser enthält Angaben über die Vermögenslage des Emittenten und bestätigt die zutreffende und vollständige Übernahme bestimmter Angaben aus den Rechnungswerken des Emittenten in den Prospekt.[515]

Es ist notwendig, daß verschiedene Gutachten von den einzelnen Anwälten erbracht werden; denn der Anwalt des Emittenten wird mit dem Unternehmen besser vertraut sein als der Anwalt, der sich extern mit den rechlichen Fragen befaßt, die das Unternehmen betreffen. So erhalten die Konsorten keinen comfort, wenn ein externer Rechtsbeistand um ein Gutachten gebeten wird, welches „interne" Belange bewertet.
Werden die dargestellten Bedingungen nicht bis zum *closing* erfüllt, darf der *underwriter* das *underwriting agreement* auflösen und sich auf diesem Wege von der Kaufverpflichtung befreien.[516]

F. Verzug der Konsorten

Sollten ein oder mehrere *underwriters* mit dem Kauf seiner/ihrer Quote beim *closing* in Verzug sein, müssen die anderen *underwriters* die Wertpapiere anteilig gemäß ihren Quoten übernehmen.[517] Dies gilt aber nur, sofern der *lead*

---

[512] Teilweise wird sich die *legal opinion* der Anwälte der underwriters mit der *legal opinion* der Anwälte des Emittenten decken.

[513] Auch die Anwälte der *underwriters* geben eine *disclosure opinion* ab.

[514] Dieser *comfort letter* erleichtert den Konsorten die Exkulpation insbesondere bei Haftungsfragen nach dem SA und dem SEA; s. eingehend dazu und ferner z. B. zu *side-* und *bring-down letters Ebke/Siegel*, Sonderbeilage Nr. 2/2001, WM 2001, S. 10 ff..

[515] S. statt vieler *Johnson/McLaughlin*, Corporate finance and the securities laws, S. 91 f.

[516] Die Übernahmeverträge sind an dieser Stelle variabel. Es finden sich auch Formulierungen, die einer aufschiebenden Bedingung nach deutschen Recht gleichkommen. Das Rechtsgeschäft wird ohne den Eintritt der Bedingung nicht wirksam, und der *underwriter* wird nicht zur Aktienübernahme verpflichtet, s. dazu auch die Darstellung des deutschen Rechts unten § 15 B.

[517] Der Anteil wird folgendermaßen berechnet. Die Quote des sich nicht im Verzug befindlichen *underwriter* wird in Verhältnis zu der Gesamtmenge, der nicht im Verzug

manager nicht mit einem oder mehreren *underwriter* innerhalb eines bestimmten Zeitraumes[518] eine Vereinbarung über den Kauf treffen kann. Es besteht ebenfalls die Möglichkeit, daß ein anderer *underwriter* als Ersatz gefunden wird (*substitution of underwriters*). Die Menge der nicht übernommenen Aktien darf einen bestimmten Prozentsatz des Emissionsvolumens nicht übersteigen. Das sind üblicherweise 10 %. Sind einige *underwriter* im Verzug und übersteigt die nicht gekaufte Wertpapiermenge 10 % des Gesamtvolumens, so sind die sich nicht im Verzug befindlichen *underwriter* von ihrer Kaufverpflichtung befreit. Diese Befreiung geht mit der Auflösung des *underwriting agreement* einher. Der Emittent behält gleichwohl die Ansprüche (z. B. Verzugsschaden), die er gegen die sich im Verzug befindlichen *underwriter* geltend machen kann.[519]

Zur Befreiung und damit zur Auflösung des *underwriting agreement* soll es nur kommen, falls der *lead manager* (möglicherweise nach Rücksprache mit dem Emittenten) nicht in der Lage ist, eine der oben genannten Notfalllösungen für den Kauf der Wertpapiere innerhalb von 24/48 Stunden[520] anzubieten.

Die Verzugsvereinbarung findet ihre Grundlage darin, daß sämtliche *underwriters* einzeln zur Übernahme der Aktien verpflichtet werden.[521] Versäumt nur ein *underwriter* den Kauf der Wertpapiere, würde der Emittent weniger Kapital erhalten als ursprünglich geplant. Daher gibt es eine Bestimmung, die ggf. eine begrenzte Erhöhung der zu kaufenden Quote der verbleibenden *underwriters* vorsieht. Sie kommt selten zur Anwendung, da die Investmentbanken alles daran setzen, mit ihrer Kaufverpflichtung nicht in Verzug zu geraten.[522]

Die Vereinbarung stellt im Ergebnis eine sinnvolle Absicherung für den Emittenten dar, soweit die Konsorten einzeln in dem *underwriting agreement* verpflichtet werden.

---

befindlichen Papiere gesetzt. Nach diesem Verhältnis werden die nicht aufgekauften Anteile verteilt.

[518] Die Angaben in den jeweiligen Verträgen reichen hier von 24 bis 48 Stunden.

[519] S. auch schon *Weiss*, The underwriting agreement – Form and commentary, 26 Bus. Law. (1971), S. 647, 664.

[520] S. Fn. 517.

[521] S. § 10 A.

[522] In einem bekannten Fall war es notwendig, die Klausel in Anspruch zu nehmen. Zwischen der Unterzeichnung des *underwriting agreement* und dem *closing* der Emission wurde auf Grund der Regelungen des SIPA das Konkursverfahren über ein Unternehmen (Weis Securities, Inc.) eröffnet. Weis konnte seiner Verpflichtung zum Kauf nicht nachkommen. Deshalb mußten die übrigen Konsorten die Papiere übernehmen; s. *Johnson/McLaughlin*, Corporate finance and the securities laws, S.101 f.

G. Auflösung und *market out*

Das *underwriting agreement* kann von den Konsorten aufgelöst werden, falls der Emittent die Bedingungen nicht eingehalten hat, die Voraussetzung für die Kaufverpflichtung der *underwriter* sind (z. B. falsche Angaben im *registration statement*)[523]. Der *lead manager* kann auch von dem Auflösungsrecht Gebrauch machen, wenn unvorhergesehene Ereignisse vor dem *closing* eintreten. Dafür kommen folgenden Ereignisse in Betracht:

- Der Handel mit den Wertpapieren wird zeitweilig ausgesetzt.
- Die Wertpapiere sind generell vom Handel an bedeutenden Börsenplätzen (New York Stock Exchange) ausgeschlossen oder nur beschränkt zugelassen.
- Bundes- oder Staatsautoritäten rufen ein generelles Bankenmoratorium aus.
- Der Ausbruch eines Krieges, das Eintreten einer Naturkatastrophe oder ähnliche nicht oder nur schwer vorhersehbare Ereignisse machen es nach Ansicht des *lead manager* unmöglich, die Emission erfolgreich fortzusetzen (*calamity out*).
- Das alltägliche Geschäft, das Management oder die Finanzlage des Emittenten haben sich maßgeblich geändert. Der *lead manager* ist im Namen des Konsortiums berechtigt, die Verpflichtungen der einzelnen *underwriter* gegenüber dem Emittenten aufzuheben. Die Veränderungen müssen nach Ansicht des *lead manager* allerdings so wesentlich sein, daß es keinen Sinn macht, die Emission unter den gegebenen Umständen weiterzuführen.
- Das Geschäft des Emittenten erfährt Verluste oder wird in anderer Weise durch Feuer, Explosionen, Überschwemmungen oder andere Katastrophen beeinträchtigt.[524] Sofern es zu wesentlichen, nachteiligen Änderungen der angenommenen Bedingungen kommt, kann der Vertrag aufgelöst werden.

---

[523] Enthält das *registration statement* am Zulassungstag falsche Angaben oder sind wesentliche Tatsachen nicht aufgenommen worden, so muß kein *closing* stattfinden. Häufig hat der *lead manager* die Kompetenz, darüber zu entscheiden, s. *ABA Comm. on Fed. Reg. of Sec.*, Current issues and developments in the duties and liabilities of underwriters and securities dealers, 33 Bus. Law. (1977), S. 335, 345 f. Es handelt sich hierbei nicht um ein *market out* (s. im folgenden unter G), s. insgesamt dazu *Kaiser-Frazer Corp. v. Otis & Co.*, 195 F. 2d 838 (2d Cir. 1952), cert. denied 344 U.S. 856 (1952). S. auch *Loeb/Shin*, Negotiating the underwriting agreement, 854 Practising Law Institute, Corporate law and practice course handbook series (1994), S. 189, 197.

[524] Zur Bombenexplosion unter dem World Trade Center in New York 1993 und dessen Auswirkungen auf eine bevorstehende Emission s. *Johnson/McLaughlin*, Corporate finance and the securities laws, S. 99 f.

- Schließlich ist dem Konsortium in bestimmten Fällen ein sehr weitreichendes Auflösungsrecht vorbehalten. Gemäß dieser – gelegentlich als *market out* bezeichneten – Klausel[525], sind die *underwriter* berechtigt, den Vertrag aufzulösen, sofern nach ihrem Ermessen die politischen und ökonomischen Rahmenbedingungen den Wertpapiermarkt nachteilig beeinflussen und eine Emission demnach nicht erfolgreich wäre. Dieses Auflösungsrecht ist weitestgehend unabhängig vom Emittenten.

Das sog. *calamity out* wurde im Laufe der Zeit immer wieder modifiziert, um auf alle in Betracht kommenden Ereignisse, die den Finanzmarkt beeinflussen können, vorbereitet zu sein. Damit soll jeder erdenkliche Krisenfall einkalkuliert sein. Das Konsortium hat also die Möglichkeit, die Emission zu beenden, sofern keine Chance besteht, die Wertpapiere angemessen zu vermarkten. Das Risiko der *underwriter*, das aus der Übernahme der Aktien resultiert,[526] wird damit für die in Rede stehenden Fälle nicht nur begrenzt, sondern ausgeschlossen.[527]

Besonderheiten ergeben sich bezüglich der *market out clause*. Zunächst ist zu beachten, daß ein *market out* kein *calamity out* ist. Beim letzteren wirken äußere Umstände und Ereignisse so sehr auf den Markt und dessen Umfeld ein, daß es keinen Sinn hätte, die Emission fortzuführen. Die *market out clause* setzt dagegen auf das Urteilsvermögen der *underwriter*, insbesondere des *lead manager*. Nach dem Marktcrash 1929, der große Verluste sowohl für die Anleger als auch für Finanzintermediäre mit sich brachte, wollten sich die *underwriter* absichern. Sie verlangten nach Mitteln, um ein eigenes finanzielles Desaster verhindern zu können. Die beschriebene Klausel entsprach diesen Anforderungen. In den fünfziger Jahren wurde die *market out* Vereinbarung zunehmend aus den Verträgen verbannt. Die Zeiten waren ruhig. Eine Absicherung wurde in dem Maße nicht mehr für notwendig erachtet. Nach dem Crash im Oktober 1987 nahmen allerdings viele Investmentbanken diese Klausel wieder auf. Heute ist sie wieder weitestgehend in ihrer ursprünglichen Form[528] aus dem *underwriting agreement* verschwunden. Die Beteiligten nutzen

---

[525] Die Bezeichnung ist nicht einheitlich. Als *market out* soll in dieser Arbeit die oben genannte Klausel bezeichnet werden.

[526] Auch bei einem *best efforts underwriting* hat der *underwriter* in diesen Fällen keine Möglichkeit, die Wertpapiere am Markt abzusetzen. Daher gibt es auch beim *best efforts underwriting* ein *calamity out*, obwohl die *underwriter* die Papiere nicht übernehmen.

[527] Einige Veränderungen, die im Laufe der Zeit eingetreten sind bei *Johnson/McLaughlin*, Corporate finance and the securities laws, S. 100 zu finden.

[528] Die Klausel ist vielfach erweitert worden. Sie sollte auch für „ähnliche Ereignisse (neben ökonomischen Veränderungen des Wertpapiermarktes) gelten, bei denen es dem *lead manager* nicht angezeigt erschien, die Emission fortzusetzen", *Walk-In Medical Centers, Inc. v. Breuer Capital Corp.*, 818 F.2d 260, 261 (2d Cir. 1987) [Mittelpunkt dieser Entscheidung war der Begriff „*adverse market condition*", der nicht den Kursrückgang

inzwischen eine abgewandelte Form. Dies ist auch darin begründet, daß nach Auffassung der SEC eine solche Klausel unter folgenden Bedingungen unangemessen ist:

- Es handelt sich um nicht wesentliche Ereignisse, die den Emittenten oder die Wertpapiermärkte beeinflussen;
- Die Wertpapiere lassen sich plazieren.[529]

Da sich die *underwriters* unter diesen Bedingungen grundsätzlich im letzten Moment von ihren Verpflichtungen befreien könnten, handelt es sich insofern nicht mehr länger um eine Risikoübernahme. Das Risiko verbleibt beim Emittenten und es handelt sich wohl eher um ein *„best efforts underwriting"* als um ein *firm commitment.*[530]
Die SEC bestätigt grundsätzlich eine Auflösungsmöglichkeit in den Fällen, in denen ein wesentliches, nachteiliges Ereignis den Emittenten beeinflußt, so daß die Investmentqualität der angebotenen Wertpapiere materiell beeinträchtigt wird.[531]
Verschiedene Gerichte (z.B. *Delaware Supreme Court*) sind Bedenken entgegengetreten, der *lead manager* verfüge über ein „unbeschränktes Ermessen" oder ihm sei eine „unbeschränkte Beurteilungsmöglichkeit" einzuräumen. Dies allein – so die Gerichte – mache eine Klausel nicht undurchsetzbar, da mit einem „unbeschränkten Ermessen" eine „vernünftige" Ausübung desselben gefordert werde.[532] Eine „unbeschränkte Beurteilungsmöglichkeit" ließe darüber hinaus ein Urteil erwarten, welches auf Aufrichtigkeit, Ehrlichkeit und Fairness basiert.[533]
Nach diesen Feststellungen ist die *market out clause* mit ihren weitgefächerten Anwendungsmöglichkeiten wohl nur begrenzt durchsetzbar. Dieses Ergebnis ist insofern angemessen, als der Emittent die *underwriters* für die Übernahme des Risikos vergütet. Zudem ist es unter praktischen Gesichtspunkten

---

bezeichnete, sondern sich lediglich auf einen Markt bezog, in dem die *underwriter* die Wertpapiere vielleicht nicht verkaufen konnten. Da die Klausel mehrdeutig war, entschied das Gericht im Sinne des Klägers. Weitere Fragen, z. B. ob eine solche Klausel überhaupt haltbar ist, ließ das Gericht offen.]

[529] *First Boston Corp.*, 1985 Fed. Sec. L. Rep. (CCH) ¶ 78, 152 (Sept. 2, 1985), 1985 WL 54385 (SEC No-Action Letter), S. 1, 3.

[530] *Freilich/Janvey*, Understanding „best efforts" offerings, 17 Sec. Reg. L. J. (1989), s. 151, 155 f. *Market outs* müssen in einem *„best efforts underwriting"* genau dargelegt werden; 17 C.F.R. 229.508 (a). Daraus wird vielfach geschlossen, daß ein *market out* in dieser Form in einem *firm commitment* keinen Sinn machen kann.

[531] *First Boston Corp.*, 1985 Fed. Sec. L. Rep. (CCH) ¶ 78, 152 (Sept. 2, 1985), 1985 WL 54385 (SEC No-Action Letter), S. 1, 3.

[532] *Richard Bruce & Co. v. J. Simpson & Co.*, 243 N.Y.S.2d 503, 505f. (1963).

[533] *Blish v. Thompson Automatic Arms Corp.*, 64 A.2d 581, 597 (1948).

unangemessen, solche breiten „Schlupflöcher" für die *underwriter* zu öffnen. Die Klausel in diesem Ausmaß in ein *underwriting agreement* einzufügen, könnte demnach zusätzlich den Ruf der Investmentbank gefährden oder gar beschädigen.

Im Hinblick auf die gesamte Auflösungsvereinbarung ist abschließend festzuhalten, daß sie dem Konsortium an sich die Möglichkeit eröffnet, die Emission jederzeit abzubrechen und von den damit verbundenen Verpflichtungen befreit zu werden. Das gilt, obwohl das *underwriting agreement* bereits unterzeichnet wurde. Die Vereinbarung soll die *underwriter* davor bewahren, nicht auch dann zur Durchführung der Emission verpflichtet zu sein, wenn dadurch große Verluste drohen.
Auch für den Emittenten kann die Klausel von Vorteil sein. Zeichnet sich z. B. vor dem *closing* ab, daß die Wertpapiere wegen äußerer Umstände (Krieg, Naturkatastrophen etc.) nicht plaziert werden können, und die *underwriter* die Wertpapiere vollständig übernehmen müssen, ist dem Emittenten dadurch geholfen, die Emission auf einen späteren Zeitpunkt zu verschieben. Muß das Konsortium die Wertpapiere übernehmen, würde das Unternehmen je nach Größe der Emission von dem Konsortium beherrscht. Es könnte nur zu einer geringen Streuung im Publikum kommen. Der Emittent wünscht aber regelmäßig eine breitere Streuung der Aktien, um so die Macht innerhalb der Gesellschaft auf verschiedene Aktionäre zu verteilen.

Ein anderer in diesem Zusammenhang sicher erwähnenswerter Fall ist der Aufschub einer bereits vorbereiteten Emission. Eine Reihe von geplanten *public offerings* (darunter auch Goldman, Sachs & Co.)[534] wurden im September und Oktober 1998 in letzter Minute abgesagt. Grund dafür war die schlechte Börsenlage, die die Emittenten davon abhielt, ihre Wertpapiere mit „Verlust" im Markt unterzubringen.[535] Unter solchen Umständen fällt das erzielte Emissionsvolumen entsprechend der Marktlage gering aus, oder die Wertpapiere können gar nicht alle plaziert werden. Neben diesen Nachteilen hat die Emission auch nicht die gewünschte Öffentlichkeitswirkung. Für alle Beteiligten erscheint es dann vorteilhafter, den Zeitpunkt der Emission hinauszuzögern. Zwar entstehen

---

[534] S. SEC New registrations report, Goldman Sachs registration enlivens IPO market, vol. 5, issue 8 (August 1998), S. 1; *Raghavan*, Goldman, Wall Street's holdout, to go public, WSJ v. 15. 6. 1998, 1998 WL-WSJ 3497887; s. auch Handelsblatt v. 19.04.2000, S. 37.

[535] S. z. B. *McGeehan*, Goldman shelves indefinitely its IPO, WSJ v. 29.09.1998, 1998 WL-WSJ 18986088; *Bloomberg NEWS*, Goldman Sachs cancels IPO as financial shares plunge, 28.09.1998, story 20, S. 1 ff.; *McGough*, Neuberger & Berman cancels IPO plan, WSJ v. 7.10 1998, 1998 WL-WSJ 18987183; *Anders*, Healtheon cancels planned offering, will raise $40 Million from backers, 21.10.1998, 1998 WL-WSJ 18988953; auch schon im August 1998 viele IPO's abgesagt, *Prial*, IPO outlook: canceled deals generate news, 3.8.1998, 1998 WL-WSJ 3503910.

dabei erhebliche Kosten, da unter anderem erneut für die Emission geworben werden muß. Insgesamt ist es aber ökonomisch sinnvoller, eine bessere Marktlage abzuwarten. Nimmt das Publikum die Emission nicht an, müssen die *underwriter* die Wertpapiere übernehmen.[536] Gerade das ist weder das Ziel der *underwriter*, noch des Emittenten. Entweder wird eine Auflösung des *underwriting agreement* angestrebt,[537] oder die Emission wird vor der Unterzeichnung des *underwriting agreement* beendet. Ist bereits bei den *road shows* und anderen Werbemaßnahmen zu erkennen, daß keine ausreichende Nachfrage besteht, und die Marktbedingungen eher schlecht sind, kann schon an dieser Stelle die Emission auf unbestimmte Zeit verschoben werden.
Für keine der beteiligten Parteien bestehen dann vertragliche Verpflichtungen. Daran wird deutlich, auf welches Minimum die Risikofunktion der *underwriter* reduziert wurde. Nach allem bleibt die weitgehend abgesicherte Position der *underwriter* festzuhalten. Sie können mit Hilfe von verschiedenen Mechanismen die Emission unter bestimmten Voraussetzungen auflösen oder aufschieben.

H. Fortbestand bestimmter Vereinbarungen

Sowohl die *indemnification and contribution clause* als auch die *representation and warranties* bleiben nach der Übergabe der Wertpapiere an die *underwriters* wirksam. Darüber hinaus sollen sie auch ungeachtet einer Auflösung oder Ungültigkeitserklärung des *underwriting agreement* in Kraft bleiben.
Diese Vereinbarung über den Fortbestand bestimmter Klauseln nach Auflösung des Vertrages bezweckt abermals die Absicherung der *underwriter.* Gerade nach der Abwicklung einer Emission werden Haftungsfragen aufgeworfen. Entwickeln sich die Wertpapiere nicht wie von den Anlegern erhofft, können die Anleger gegen die Beteiligten klagen. Als Klagegrund kann z. B. eine falsche Angabe im Prospekt angeführt werden. Allerdings wird der Anleger erst mit dem abgeschlossenen Kauf (Abwicklung) der Wertpapiere den Prospekt und damit die entscheidenden Dokumente erhalten. Gleichwohl ist der Kauf der Wertpapiere eine der bedeutendsten Voraussetzungen für die Klage.[538]
Ferner muß bedacht werden, daß die Klagen bedingt durch die Klagefristen auch erst einige Zeit nach der Abwicklung der Emission erhoben werden können.[539] Sollten die erwähnten Vereinbarungen nach dem *closing* oder auch nach einer Auflösung keine Anwendung mehr finden, kommt das Konsortium im Falle einer Klage nicht mehr in den Genuß einer Schadloshaltung oder zumindest

---

[536] Die *underwriter* müssen die übernommenen Papiere in ihrem Portefeuille halten. Ein Weiterverkauf ist vorerst nicht möglich, da noch keine Plazierung stattgefunden hat.
[537] Es handelt sich dann um die eben dargestellte Klausel.
[538] Z. B. für die Klage nach 15 U.S.C. § 77 (k).
[539] 15 U.S.C. § 77 (m); längstens drei Jahre nach der Emission oder drei Jahre nach dem Verkauf.

einer Aufteilung der entstandenen Kosten.[540] Um diese Nachteile zu vermeiden und um Risiken zu verteilen, wird eine entsprechende Vereinbarung in das *underwriting agreement* aufgenommen.

I. Parteien

Im *underwriting agreement* wird schließlich auch festgehalten, daß nur die einzelnen *underwriter*, der Emittent, Führungskräfte oder kontrollierende Personen sowie deren Nachfolger[541] Nutzen aus dem Vertrag ziehen dürfen. Keine andere Person soll Rechte aus dieser Vereinbarung ableiten können. Damit wird ausgeschlossen, daß z.B. der Anleger Ansprüche aus dem Vertrag herleitet; z. B. den Anspruch auf Verkauf der Anteile an das Publikum. Insgesamt ist das *underwriting agreement* ein Vertrag zur Absicherung und Risikominimierung für die *underwriters*.

---

540 Ein Ausgleich der bereits getätigten Zahlungen ist zwar gesetzlich vorgesehen [15 U.S.C. § 77 (k) (f)], geschieht aber nur in Fällen, in denen die Modalitäten vertraglich festgehalten wurden.

541 Es ist nicht möglich, durch den Kauf von Anteilen von einem *underwriter* den Status eines Nachfolgers im Sinne dieser Vereinbarung zu bekommen.

Dritter Teil: Deutsches Recht

§ 11 Grundzüge des Emissionsgeschäfts

A. Allgemeines

Die Anzahl der Börsengänge von Unternehmen hat in Deutschland insbesondere bis Mitte des Jahres 2000 stark zugenommen.[542] Allein bis Dezember des Jahres 1999 gab es 168 Börsenneulinge.[543] Im Jahr zuvor gingen 73 Unternehmen an die Börse. Das stellt im Vergleich zu den vorhergehenden Jahren einen neuen Rekord dar.[544] Obwohl eine Emission nicht zwingend mit einem Börsengang einhergeht, ist der Börsengang umgekehrt in der Regel mit der Emission von (neuen) Wertpapieren verbunden. Im Zusammenhang mit der steigenden Zahl von Börsenneulingen steigt auch die Bedeutung des Emissionsgeschäfts. Letzteres rückt durch den rapiden Anstieg der Börsengänge in den letzten Jahren immer mehr in den Mittelpunkt des allgemeinen und wissenschaftlichen Interesses.

I. Begriffsbestimmung

Generell wird unter dem Begriff „Emissionsgeschäft" oder „Emission" die Ausgabe und Plazierung neuer Wertpapiere verstanden. Die Ausgabe und Plazierung wird entweder von dem Emittenten oder von einem Dritten (z. B. Investmentbanken) vorgenommen.[545] Wertpapiere sind als Gegenstand des

---

[542] Ab Mitte 2000 verringerte sich das Angebot an Neuemissionen an den Märkten aufgrund der allgemein schlechten Börsenlage. Im Jahre 2000 wurden insgesamt „nur" 152 IPOs durchgeführt. Im Zuge eines Marktaufschwungs, auf die Branche nun wartet, werden etliche auf unbestimmte Zeit verschobene Börsengänge nachgeholt werden (so z. B. bereits die Fraport AG Ende Mai/Anfang Juni 2001).

[543] www.boersenforum.de (Neuemissionen); Handelsblatt v. 28.12.1999, Zeichnungsgewinne bei Börsengängen schrumpfen, S. 20; Handelsblatt v. 16.12.1999, Emissionsfeuerwerk zum Start des neuen Jahrtausends, S. 42, in denen für das Jahr 2000 mit 150 bis 200 Börsengängen gerechnet wird. Dabei muß berücksichtigt werden, daß auf Grund der zum Teil schlechten Bedingungen am Neuen Markt im Jahr 1999 viele Börsengänge verschoben werden mußten, die teilweise im ersten Halbjahr 2000 nachgeholt worden sind (Neuemissionen insgesamt in 2000: 152).

[544] Im Jahr 1997 wurden insgesamt nur 36 Börsengänge verzeichnet; s. dazu DAI-Factbook 1999, S. 29 ff.; *Blättchen*, Going Public von Familienunternehmen, Finanz Betrieb 1999, S. 1 f.; *Klein*, IPOs in der EU: Neuer Markt sorgt für Furore, Die Bank 1999, S. 152 ff.

[545] *Kümpel*, Bank- und Kapitalmarktrecht, Rn. 9.2; *Canaris*, Bankvertragsrecht, Rn. 2237; *Grundmann*, in: Schimanski/Bunte/Lwowski, Bankrechts-Handbuch, § 112 Rn. 1; BuB-*Bosch*, Emissions- und Konsortialgeschäft, Rn. 10/65, der aber noch auf die Unterscheidung zwischen wertpapierrechtlichem (Begebung der Papiere) und wirtschaftlichem Begriff (tatsächlicher Absatz von Papieren) hinweist, Rn. 10/66; *Hopt*,

Emissionsgeschäft sogenannte Effekten.[546] Im Gegensatz zu der US-amerikanischen Bestimmung[547] werden die zu emittierenden Wertpapiere als Gegenstand der Emission in Deutschland abstrakt definiert (z. B. § 1 Abs. 1 DepotG). Dies hat den Vorteil, daß auch neue Finanzinstrumente als Wertpapiere Geltung erlangen können. In den Vereinigten Staaten wäre dazu möglicherweise erst eine spezifische Regelung erforderlich.

Die Bezeichnung „Emissionsgeschäft" im engeren Sinne bezieht sich auf die Begebung neuer Wertpapiere. Der Begriff im weiteren Sinne wird für das Angebot und die Plazierung bereits vorhandener Wertpapiere verwandt. Als Beispiel kann hier das Bestreben eines Großaktionärs dienen, der seine Beteiligung einem möglichst breiten Anlegerpublikum zugänglich machen will. In diesem Fall wird auch von einer „Sekundärplazierung" oder „Umplazierung" gesprochen. Aus Sicht der Banken sind bei beiden Plazierungsweisen Parallelen in bezug auf die zu erbringenden Leistungen festzustellen.[548] Darüber hinaus werden oftmals Neuemissionen mit Sekundärplazierungen gekoppelt.[549] Mit Hilfe einer Kapitalerhöhung werden junge Aktien geschaffen. Außerdem werden bei diesen Emissionen Altaktien aus dem Bestand von Altaktionären veräußert.[550]

Allein bei dem Vergleich der wirtschaftlichen Ziele werden Unterschiede zwischen den Emissionsarten deutlich. Die Gesellschaft möchte durch eine Kapitalerhöhung und den gegebenenfalls damit verbundenen Börsengang Kapital aufnehmen. Bei einer Neuemission kommt der Erlös folglich der Gesellschaft zugute. Veräußert hingegen ein Altgesellschafter aus seinen Beständen Altaktien, erhält er den dadurch erzielten Erlös. Dadurch hat das Unternehmen unter wirtschaftlichen Gesichtspunkten keine unmittelbaren Vorteile. Da das Emissionsgeschäft gemäß seiner Begriffsbestimmung aber keinen wirtschaftlichen Erfolg für das Unternehmen voraussetzt, ist auch die Sekundärplazierung

---

Die Verantwortlichkeit der Banken bei Emissionen, Rn. 19 (jeweils mit weiteren Angaben). In der Praxis wird darüber hinaus die Gesamtheit der Stücke als „Emission" bezeichnet, die Gegenstand einer Neuausgabe waren.

546 Effekten sind Wertpapiere des Kapitalmarktes. Sie gelten als handelbare Wertpapiere und müssen nach ihrer allgemeinen Zweckbestimmung der Geldanlage dienen (z.B. Anleihen oder Aktien). Zu weiteren Voraussetzungen s. BuB-*Bosch*, Emissions- und Konsortialgeschäft, Rn. 10/3 f.; *Baumbach/Hefermehl*, Wechselgesetz und Scheckgesetz, WPR, Rn. 22; *Grundmann*, in: Schimanski/Bunte/Lwowski, Bankrechts-Handbuch, § 112 Rn. 6; *Kümpel*, Bank- und Kapitalmarktrecht, Rn.10.1; *Schäfer/Schwintowski*, Bankrecht, § 11 Rn. 1 ff.

547 S. dazu § 3 B. I.

548 Z. B. fordern beide Fallgruppen eine starke Plazierungskraft sowie das Know-how der Banken, die Papiere erfolgreich an ein (breitgestreutes) Anlegerpublikum zu veräußern; s. zu den Aufgaben § 12 A.

549 Z. B. beim Börsengang der ProSieben Media AG oder der Essanelle Hair Group AG.

550 Verkaufsprospekt/Börsenzulassungsprospekt der ProSieben Media AG vom 4. Juli 1997.

als Emission zu bezeichnen. Es kommt also nicht zwingend auf die Ausgabe neuer Wertpapiere an.

II. Bedeutung für die Normanwendung

Mit der sechsten KWG-Novelle[551] wurde das Emissionsgeschäft als Bankgeschäft erlaubnispflichtig (§ 1 Abs. 1 Satz 2 Nr. 10 KWG).[552] Wer demzufolge gewerbsmäßig „die Übernahme von Finanzinstrumenten für eigenes Risiko zur Plazierung oder die Übernahme gleichwertiger Garantien (Emissionsgeschäft)" betreibt, muß eine Bankerlaubnis vorweisen.[553] Ebenso als Bankgeschäft eingestuft und damit erlaubnispflichtig ist „die Anschaffung und die Veräußerung von Finanzinstrumenten im eigenen Namen für fremde Rechnung (Finanzkommissionsgeschäft)".[554] Dazu zählt die kommissionsweise Übernahme der Wertpapiere für den Emittenten (*best-efforts*).[555] Im Ergebnis dürfen sich nur Unternehmen mit einer Bankerlaubnis gewerbsmäßig mit den dargestellten Formen des Emissionsgeschäfts beschäftigen.
In der bisherigen Praxis handelte es sich beim Emissionsgeschäft um ein Geschäft eines Finanzinstituts gem. § 1 Abs. 3 Nr. 8 KWG a. F. Trotzdem beschäftigten sich überwiegend Kreditinsitute i. S. d. § 1 Abs. 1 KWG mit dem Emissionsgeschäft. Kreditinstitute i. S. d. § 1 Abs. 1 S. 1 KWG bieten ihren Kunden häufig eine Reihe von Dienstleistungen an (z. B. Kredit- und Einlagengeschäft, Girogeschäft, Diskontgeschäft), die bereits einer Bankerlaubnis nach § 32 i. V. m. § 1 Abs. 1 KWG bedürfen,[556] so daß die nunmehr verlangte

---

[551] Art. I. des Gesetzes zur Umsetzung von EG-Richtlinien zur Harmonisierung bank- und wertpapierrechtlicher Vorschriften, BR-Drucks. 417/97 vom 13.6.1997, BGBl. I 1997, S. 2518, in Kraft getreten am 1. Januar 1998.

[552] Bis zu diesem Zeitpunkt gehörte das Emissionsgeschäft nicht zu den Bankgeschäften i. S. d. § 1 Abs. 1 KWG; vgl. *Grundmann*, in: Schimanski/Bunte/Lwowski, Bankrechts-Handbuch, § 112 Rn. 2; *Schäfer/Schwintowski*, Bankrecht, § 15 Rn. 2, aber Rn. 4; *Claussen*, Bank- und Börsenrecht, S. 617 Rn. 302.

[553] *Kümpel*, Bank- und Kapitalmarktrecht, Rn. 9.8 ff.. Als typisches Emissionsgeschäft wird somit die Festübernahme (*firm commitment*) oder die Absatzgarantie durch Banken bezeichnet; s. dazu im folgenden unter B. II. Nur die Festübernahme und die Absatzgarantie fallen unter § 1 Abs. 1 S. 2 Nr. 10 KWG, Boos/Fischer/Schulte-Mattler-*Fülbier*, § 1 Rn. 103 f.

[554] Finanzkommissionsgeschäft nach § 1 Abs. 1 Satz 2 Nr. 4 KWG (verdeckte Stellvertretung).

[555] „Die Anschaffung und die Veräußerung von Finanzinstrumenten im fremden Namen für fremde Rechnung" (§ 1 Abs. 1 a Satz 2 Nr. 2 KWG) stellt nach der Novelle kein Bankgeschäft, sondern eine Finanzdienstleistung dar. Die Abschlußvermittlung als Fall einer offenen Stellvertretung soll aus dem Bereich, der nur den Kreditinstituten vorbehalten ist, herausgelöst werden.

[556] Z. B. Führung der Geldkonten, die für die Abwicklung der Wertpapiergeschäfte erforderlich sind, sowie die Durchführung von Zahlungsvorgängen (§ 1 Abs. 1 Satz 2 Nr. 1

Erlaubnis für das Emissionsgeschäft einen geringen zusätzlichen Aufwand bedeutet. Wegen ihres verhältnismäßig großen Kundenkreises liegt es für die Kreditinstitute auch nahe, in das Emissionsgeschäft einzusteigen (Vertriebsfunktion). Daneben sind die Kreditinstitute bei einer wichtigen Form der Kapitalerhöhung gegen (Bar-) Einlagen gemäß § 186 Abs. 5 AktG nicht wegzudenken. Sie haben in diesem Fall eine Ausschließlichkeitsstellung. Nur mit ihrer Hilfe kann eine Emission mit Bezugsrechten mittelbar durchgeführt werden (§ 186 Abs. 5 AktG).[557] Auch bei der Börseneinführung von Aktien zum amtlichen Handel oder geregelten Markt sind Kreditinstitute unverzichtbare Begleiter. Gemäß § 36 Abs. 2 BörsG (Amtlicher Handel) und § 71 Abs. 2 BörsG (Geregelter Markt) muß ein Kreditinstitut/Finanzdienstleistungsinstitut[558] die Zulassung zum amtlichen Handel oder zum geregelten Markt gemeinsam mit dem Emittenten beantragen.[559]

Bis zur Änderung des KWG mußte für bestimmte Bereiche im Emissionsgeschäft (z. B. Zulassungsantrag) immer ein Kreditinstitut/Finanzdienstleistungsinstitut (möglicherweise zusätzlich) eingeschaltet werden. Durch die Änderung des KWG ist das Emissionsgeschäft generell erlaubnispflichtig geworden. Den großen Kreditinstituten, die verschiedene Bankgeschäfte betreiben, bereitet diese Änderung keine Schwierigkeiten. Problematischer ist die Situation für kleinere Unternehmen, die mindestens eine Teilbankerlaubnis benötigen. Insgesamt ist die Erlaubnispflicht zu begrüßen, da zugunsten der Anleger mehr Seriosität garantiert wird. Das Bundesaufsichtsamt für das Kreditwesen kontrolliert die Fachkompetenz und überprüft die Kapitalausstattung.[560] Der geforderte Bankenstatus kann so als Qualitätssignal betrachtet werden.

---

und 9 KWG); weitere Beispiele BuB-*Bosch*, Emissions- und Konsortialgeschäft, Rn. 10/7. Das deutsche Universalbankensystem bringt das Angebot einer großen Anzahl an Dienstleistungen mit sich.

[557] § 186 Abs. 5 AktG umfaßt Kreditinstitute i. S. v. § 1 Abs. 1 KWG, die das Emissionsgeschäft nach § 1 Abs. 1 S. 2 Nr. 10 KWG betreiben dürfen. Darüber hinaus stellt § 186 Abs. 5 AktG den Kreditinstituten die nach § 53 Abs. 1 S. 1 oder § 53 b Abs. 1 S. 1 und Abs. 7 KWG tätigen Unternehmen gleich, weil auch sie das Emissionsgeschäft betreiben dürfen. Finanzdienstleistungsinstitute und Finanzinstitute gem. § 1 Abs. 1 a und Abs. 3 KWG sind nicht von § 186 Abs. 5 AktG erfaßt, *Hüffer*, AktG, § 186 Rn. 46.

[558] Auch ein Finanzdienstleistungsinstitut (§ 1 Abs. 1a KWG) kann die Zulassung beantragen. Das Kreditinstitut, welches z. B. die Festübernahme begleitet, muß nicht stets den Zulassungsantrag mit dem Emittenten gemeinsam stellen.

[559] Die Aufnahme der Notierung im Neuen Markt setzt die Zulassung zum geregelten Markt voraus, so daß die genannten Voraussetzungen auch für den Neuen Markt entscheidend sind.

[560] Die Kapitalausstattung richtet sich nach § 10 KWG. Bei der Festübernahme kann in bestimmten Fällen ein Ausnahmeantrag gestellt werden (z. B. erfolgt die Übernahme am Ende der Zeichnungsfrist; zu diesem Zeitpunkt sind bereits alle Aktien veräußert); ferner §§ 32 f., 35 KWG; *Reischauer/Kleinhans*, KWG, Einleitung (Nr. 112), S. 1.

B. Vorbereitungsphase

I. Strategische Vorüberlegungen und Vorbereitungsmaßnahmen

Möchte ein Unternehmen Wertpapiere emittieren, muß die Unternehmensführung strategische Vorüberlegungen anstellen und Vorbereitungsmaßnahmen treffen.[561] Erfolgreich ist die Emission letzten Endes nur, wenn die Gesellschaft den Anleger in sachlicher und rechtlicher Hinsicht überzeugt und sämtliche Eventualitäten berücksichtigt hat. Das Pro und Kontra einer Öffnung für das Anlegerpublikum im Wege eines Börsengangs muß sorgfältig abgewogen werden.[562]

Entscheidend sind rechtliche Vorbereitungsmaßnahmen, die die Organisation der Gesellschaft betreffen. Wird die Emission mit einem Börsengang verknüpft, muß es sich bei dem Unternehmen um eine AG, eine KGaA oder eine GmbH&Co. KGaA handeln.[563] Diese Rechtsformen sind erforderlich, da an deutschen Börsen nur Wertpapiere der benannten Gesellschaftsformen gehandelt werden. Neben der gegebenenfalls notwendigen Umwandlung der Gesellschaft ist die Auswahl von Banken[564] und Beratern und die Erstellung einer *equity-story*[565] vonnöten. Die *equity-story* soll potentielle Investoren und Analysten für

---

[561] Deutsche und US-amerikanischen Geschäftspraktiken unterscheiden sich kaum. Daher wird an dieser Stelle auf eine detaillierte Darstellung verzichtet. Für die Beteiligten gilt ähnliches wie im US-amerikanischen Recht, s. § 3 B. Lediglich der *transfer agent*, der in der US-amerikanischen Emissionspraxis regelmäßig beteiligt ist, hat in Deutschland keine Bedeutung. Dafür spielt im deutschen Emissionsgeschäft der Registerrichter eine bedeutende Rolle. Zur Vorbereitung (und auch Durchführung) eines Börsengangs und besonders zu den externen Beratern s. *Schanz*, Börseneinführung, S. 185 ff.; *Rödl/Zinser*, Going Public.

[562] Vertiefend auch zu den Vor- und Nachteilen *Harrer/Heidemann*, Going Public-Einführung in die Thematik, DStR 1999, S. 254; *Blättchen*, Going Public von Familienunternehmen, Finanz Betrieb 1999, S. 1, 2 ff.; *Reutner*, FRIATEC AG- ein Traditionsunternehmen geht an die Börse, in: Going Public (Hrsg. Volk), S. 141, 146 f.; *Ehrhardt*, Börseneinführungen von Aktien am deutschen Kapitalmarkt, S. 7 f.

[563] Häufigste Erscheinungsform ist die Aktiengesellschaft. Sie ist transparent und gewährt den Aktionären viele Rechte; *Harrer/Heidemann*, Going Public- Einführung in die Thematik, DStR 1999, S. 254, 255. Häufig wird vor dem Börsengang ein Pre-IPO durchgeführt. Es dient der Kapitalaufnahme und läßt sich regelmäßig durch die Ankündigung des Börsengangs leichter vermarkten als eine Emission ohne Börsengang.

[564] Die Wahl eines geeigneten Konsortialführers und eines Konsortiums sind entscheidende Schritte für den bevorstehenden Börsengang. Daher ist es notwendig, daß der Emittent verschiedene Banken zu einer Präsentation (*beauty contest*) einlädt, um feststellen zu können, welche Bank geeignet ist, seinen Börsengang durchzuführen, s. vertiefend *Schanz*, Börseneinführung, S. 258 ff. (262 ff.). Die grundsätzlichen Funktionen der Banken im Emissionsgeschäft werden im folgenden unter § 12 A. dargestellt.

[565] Sie beinhaltet die Darstellung des Unternehmenskonzepts und der Unternehmensgeschichte.

das Unternehmenskonzept gewinnen. Sie kann als eine der ersten Werbemaßnahmen für die Emission betrachtet werden. Eine weitergehende Imagekampagne muß folgen, um entsprechendes Interesse bei einem breiten Anlegerpublikum zu wecken.
Sofern es sich um eine AG handelt, müssen in der Vorbereitungsphase noch die erforderlichen Hauptversammlungsbeschlüsse gefaßt werden. Soll eine Kapitalerhöhung gegen Einlagen erfolgen, so ist ein Beschluß nach § 182 Abs. 1 AktG erforderlich. Soweit nicht auf Grund anderslautender Bestimmungen in der Satzung eine einfache Mehrheit ausreichend ist, muß der Beschluß mit einer ¾ Mehrheit gefaßt werden. Sowohl der Beschluß über eine bedingte Kapitalerhöhung als auch der Beschluß über ein genehmigtes Kapital bedürfen gemäß §§ 192, 193 Abs. 1 und § 202 Abs. 2 AktG ebenfalls einer ¾ Mehrheit. Für die Durchführung einer Kapitalerhöhung ist dementsprechend immer ein Hauptversammlungsbeschluß notwendig. Das gilt unabhängig davon, auf welche Art das Kapital beschafft werden soll. Verträge, die im Rahmen der Emission abgeschlossen werden (insbesondere der Übernahmevertrag), sind einfache Geschäftsführungsmaßnahmen des Vorstands und verlangen deshalb keinen Hauptversammlungsbeschluß (§ 119 Abs. 2 AktG).
Zu erörtern bleibt, ob auch eine bloße Börseneinführung bereits bestehender Anteile als Geschäftsführungsmaßnahme bezeichnet werden kann. Das würde bedeuten, daß kein Hauptversammlungsbeschluss erforderlich wäre. Der Gesetzgeber schreibt nicht ausdrücklich eine Zustimmung der Hauptversammlung zur Börseneinführung vor (vgl. § 119 Abs. 1 Nr. 1-8 AktG). In der Literatur[566] wird jedoch überzeugend darauf hingewiesen, daß eine Zustimmung der Hauptversammlung unerläßlich ist. Diese Erwägungen fußen auf den Grundsätzen der „Holzmüller"-Rechtsprechung[567]. Danach sollen wesentliche Strukturmaßnahmen, die das gesamte Unternehmen betreffen, einen Hauptversammlungsbeschluß erforderlich machen. Auch wenn die Börseneinführung grundsätzlich weder den satzungsmäßigen Unternehmensgegenstand noch die Rechtsform des Unternehmens verändere,[568] handele es sich beim Börsengang dennoch aus den nachstehenden Gründen um eine wesentliche faktische

---

[566] *Grupp*, Börseneintritt und Börsenaustritt, S. 149 ff.; *Lutter/Drygala*, in: FS für Raisch, S. 239, 240 f.; *Vollmer/Grupp*, Der Schutz der Aktionäre beim Börseneintritt und Börsenaustritt, ZGR 1995, S. 459, 465 ff.; *Picot/Land*, Going Public – Typische Rechtsfragen des Ganges an die Börse, DB 1999, S. 570, 571; *Lutter*, FS für Zöllner, Band I, S. 363, 380; *Lutter/Leinekugel*, ZIP 1998, S. 805, 806, wohl auch *Semler*, in Semler/Volhard (Hrsg.), Arbeitshandbuch für die Hauptversammlung (1999), Rdz. I A 180, 183, für das Listing von Tochtergesellschaften auch *Baums/Vogel*, in: Lutter/Scheffler/Schneider (Hrsg.), Handbuch der Konzernfinanzierung, S. 247, 281; tendenziell a. A. *Hopt*, in: FS für Drobnig, S. 525, 536 f.

[567] BGHZ 83, S. 122 ff.

[568] *Picot/Land*, Going Public – Typische Rechtsfragen des Ganges an die Börse, DB 1999, S. 570, 571.

Strukturmaßnahme, die die Ertragsaussichten der Aktionäre gegenüber ihrem ursprünglichen Investment wohl grundlegend verändere. Besonders für kleine Aktiengesellschaften ergeben sich gravierende Veränderungen. Vereinfachungen und Erleichterungen, die sich aus der Aktienrechtsnovelle von 1994[569] ergeben, entfallen mit dem Gang an die Börse. So kann eine Hauptversammlung z. B. nicht mehr gemäß § 121 Abs. 4 AktG per eingeschriebenem Brief einberufen werden. Ferner verändert sich mit dem Börsengang der Charakter der Gesellschaft von einer geschlossenen in eine Publikumsgesellschaft. Mit der Öffnung für das Publikum steigen auch die Publizitätsanforderungen an die Gesellschaft. Hinsichtlich der Abschlußpublizität unterliegt eine börsennotierte Gesellschaft den Anforderungen für große Kapitalgesellschaften gemäß § 267 Abs. 3 Satz 2 HGB. Das ist zunächst unabhängig von der Größe des einzelnen Unternehmens. Darüber hinaus müssen börsenrechtliche Publizitätspflichten beachtet werden. Ein Emissionsprospekt muß gemäß § 36 Abs. 3 Nr. 2 BörsG i. V. m. §§ 13 ff. BörsZulVO erstellt werden. Die Gesellschaft muß darüber hinaus Zwischenberichte erstellen und ist verpflichtet, ad-hoc-Mitteilungen zu veröffentlichen (§§ 44 b BörsG, 15 WpHG). Ferner müssen auch die Belastungen für die Aktionäre durch die bußgeld- und strafbewehrten Pflichten nach dem Wertpapierhandelsgesetz beachtet werden (Verbot von Insidergeschäften § 14 Abs. 1; Meldepflichten § 21 Abs. 1 WpHG).[570] Auf der anderen Seite greifen aufgrund des Listing zusätzliche aktionärsschützende Regeln (z. B. §§ 44, 45 BörsG), und es entsteht ein öffentlicher Sekundärmarkt, der die Fungibilität der Wertpapiere erheblich erhöht.

II. Wahl der Emissionsform

Vor einer Darstellung der Emissionsformen sollte grundsätzlich zwischen einer Emission mit Bezugsrechten für die Altaktionäre und einem IPO[571] unterschieden werden. Eine Emission mit Bezugsrechten setzt voraus, daß zunächst alle Altaktionäre die Möglichkeit haben, ihr Bezugsrecht unter bestimmten Konditionen auszuüben (§ 186 AktG).

Gemäß § 186 Abs. 1 S. 2 AktG muß dem Aktionär eine Ausübungsfrist von mindestens zwei Wochen gewährt werden. Darüber hinaus ist der Vorstand verpflichtet, den Ausgabebetrag der Aktien bekanntzugeben (§ 186

[569] Gesetz für kleine Aktiengesellschaften und zur Deregulierung des Aktienrechts vom 02.08.1994, BGBl. I/1994, S. 1961.

[570] Vertiefend *Grupp*, Börseneintritt und Börsenaustritt, S. 149 ff.; ferner *Schanz*, Börseneinführung, S. 196 ff.

[571] Bei einem IPO könnte es grds. ein kombiniertes Angebot geben. Das bedeutet, daß den Altaktionären (häufig die Gründer) Bezugsrechte und dem Publikum neue Aktien angeboten werden. In jedem Fall wird aber eine bestimmte Anzahl an Wertpapieren dem Publikum angeboten.

Abs. 2 AktG). Es gilt hingegen nicht als Ausschluß des Bezugsrechts, wenn ein Kreditinstitut den Altaktionären die Aktien zum Bezug anbietet (§ 186 Abs. 5 AktG). Allerdings ist der Vorstand in diesem Fall verpflichtet, das für die Aktien zu leistende Entgelt bekanntzugeben (§ 186 Abs. 5 S. 2 AktG).
Alle diese Voraussetzungen kennt das IPO in der Regel nicht. Im Gegensatz zur Emission mit Bezugsrechten ist der Kreis der Anleger beim IPO nicht bekannt.[572] Deshalb setzt ein erfolgreiches IPO wesentlich mehr Marketingaktivitäten und eine umfangreichere Öffentlichkeitsarbeit als die Emission mit Bezugsrechten voraus. Darüber hinaus unterscheidet sich die gesamte Durchführung der Wertpapierausgabe.[573] Das wird insbesondere bei der vertraglichen Ausgestaltung deutlich.[574]

1. Selbstemission

Der Emittent entscheidet bereits in der Vorbereitungsphase, ob er eine Emissionsbank einschaltet oder die Wertpapiere aus eigener Kraft plaziert. Insofern trifft er die Wahl zwischen einer sog. „Eigen“ – oder „Selbstemission“ und einer „Fremdemission“. Zum Teil wird in der Praxis auch von einer „Direktplazierung“ und einer „mittelbaren Plazierung“ durch die Banken gesprochen.
Die Direktplazierung –vergleichbar mit dem *direct offering* aus den Vereinigten Staaten – wird vorrangig von den Banken selbst gewählt. Sie sind naturgemäß in der Lage, ihre eigenen Emissionen ohne fremde Hilfe durchzuführen.[575] Aber nicht nur die Banken führen Eigenemissionen durch. Die Emission von Bezugsrechten kann z. B. vom Emittenten selbst durchgeführt werden.[576] Die Ein-

[572] Der häufig kleine Aktionärskreis wird für ein IPO vom Bezugsrecht ausgeschlossen, damit sich die Aktiengesellschaft dem Publikum vollkommen öffnen kann.

[573] Bisher war es z. B. üblich, bei einer Bezugsrechtsemission das Festpreisverfahren anzuwenden, während bei einem IPO häufig das Bookbuilding-Verfahren angewandt wird.

[574] Auf die Unterschiede wird an den entsprechenden Stellen eingegangen.

[575] S. dazu das IPO der Goldman Sachs Group im Mai 1999. Es kann zwar nicht von einer reinen Direktplazierung gesprochen werden, da auch andere *underwriter* eingeschaltet wurden, aber die weltweite Koordination der Emission wurde von dem Emittenten übernommen. Auf Grund der Größe der Emission wurde das Einschalten weiterer Konsorten im In- und Ausland erforderlich, BörsZ v. 13.4.1999, Goldman Sachs erhöht Emissionspreis auf 45 bis 55 Dollar, S. 1.

[576] Die Durchführung einer Eigenemission ohne Bezugsrechte ist in der Regel schwierig, da dem Emittenten das notwendige Know how, die Plazierungskapazitäten und die Erfahrung fehlen. Eine zukünftige Möglichkeit der Eigenemission liegt in der Plazierung über das Internet. Über das Internet kann eine Vielzahl von Kunden angesprochen werden. Ob dies ausreichen wird, um eine Emission ohne die Erfahrung, das Know how und das gute Standing einer emissionsbegleitenden Bank erfolgreich durchführen zu können, bleibt

schaltung einer Bank ist hier nicht zwingend erforderlich. Gleichwohl erleichtert eine emissionsbegleitende Bank dem Emittenten die Durchführung der Plazierung (§ 186 Abs. 5 AktG). Die selbständige Abwicklung einer Emission von Bezugsrechten ist bei kleineren Aktiengesellschaften ohne große Schwierigkeiten durchführbar. Da die Altaktionäre bekannt sind, benachrichtigt der Emittent die Aktionäre wegen der Zeichnung sinnvollerweise persönlich. Jeder Aktionär muß die Zeichnungsscheine in doppelter Ausführung zeichnen (§§ 185, 188 AktG) und ¼ des Nennbetrages und den eventuellen Mehrbetrag (Agio) vor der Anmeldung zur Eintragung in das Handelsregister eingezahlt haben (§§ 188 Abs.2; 36 Abs. 2; 36a AktG). Schaltet das Unternehmen eine Bank ein, so ergeben sich Vorteile bezüglich der Abwicklung. Die Banken gewährleisten in erster Linie einen schnelleren und reibungsloseren Ablauf.[577] Sie übernehmen alle Aktien, so daß lediglich ein Zeichnungsschein in doppelter Ausführung für die Eintragung in das Handelsregister erforderlich ist. Dies läßt sich in der Regel zügiger verwirklichen als die Zeichnung durch jeden einzelnen Aktionär (Postversendung und Überprüfung von mehreren Zeichnungsscheinen beim Handelsregister etc. entfallen). Hinzu kommt, daß die Eintragung der Durchführung der Kapitalerhöhung häufig innerhalb eines Tages erfolgen muß. Das ist nur möglich, wenn dem Registerrichter alle erforderlichen Unterlagen für die Eintragung (z. B. Zeichnungsscheine) im Vorfeld übermittelt werden. Er kann diese bereits überprüfen und mögliche Mängel rügen. Sobald der Zeichnungsschein vollständig von der Bank ausgefüllt werden kann,[578] erhält der Registerrichter die endgültigen Unterlagen. Er muß nur noch die Änderungen prüfen und kann danach die Eintragung vornehmen. Eine Eintragung innerhalb eines Tages läßt sich bei einer Eigenemission kaum verwirklichen. Alle Zeichnungsscheine müssen einzeln überprüft werden. Eine ordnungsgemäße Kontrolle nimmt das Registergericht eine gewisse Zeit in Anspruch. Es läßt sich daher festhalten, daß die Direktplazierung einer Bezugsrechtsemission zwar durchaus möglich, aber in jedem Fall zeitaufwendiger und organisatorisch umfangreicher gestaltet ist.

Schließlich kann die Privatplazierung von Wertpapieren als Direktplazierung gestaltet werden. Die Privatplazierung erfaßt den Verkauf großer Anteilspakete an wenige ausgesuchte Anleger. Ansonsten ist die Eigenemission eher die

---

abzuwarten. Vertiefend in bezug auf Internet-IPOs *Assmann*, in: FS für Schütze (1999), S. 15 ff..

[577] Praktische Probleme können sich bei einer Eigenemission ergeben, wenn z.B. die Aktionäre beide Zeichnungsscheine unterschiedlich ausfüllen oder die Zweitschrift, die beim Handelsregister eingereicht werden muß, einbehalten. Diese Fehler werden vermieden, wenn die Bank die Aktien zeichnet. Vgl. dazu *Priester*, in: FS für Brandner (1996), S. 97 f.; *Schippel*, in: FS für Steindorf (1990), S. 249, 250.

[578] Das ist regelmäßig am Ende der Bookbuildingphase der Fall.

Ausnahme.[579] Dem Emittenten fehlt es zumeist an der notwendigen Plazierungskraft und der erforderlichen Erfahrung, die Emission erfolgreich an das Publikum zu veräußern.[580]

2. Fremdemission

Von einer Fremdemission wird gesprochen, wenn die Ausgabe und Plazierung von Wertpapieren unter Zuhilfenahme eines oder mehrerer Kreditinstitute erfolgt. Die Banken geben dem Emittenten entweder eine Absatzsicherheit (Festübernahme) oder sie treten als Absatzvermittler in Erscheinung (kommissionsweise Übernahme und Absatzvermittlung). Von dieser Unterscheidung und der Frage, ob es sich um ein IPO oder eine Bezugsrechtsemission handelt, hängt die Gestaltung des Übernahmevertrages (*underwriting agreement*) entscheidend ab. Der Übernahmevertrag regelt die Beziehung zwischen dem Emittenten und der/den Konsortialbank/en. Er ist regelmäßig als Vertrag sui generis mit Elementen des Geschäftsbesorgungsvertrages i.S.d. §§ 675, 611 BGB zu qualifizieren. Diese Elemente rühren z. B. aus der Verpflichtung der Banken, die Aktien den Anlegern zum Kauf anzubieten oder die Aktien an einer Börse notieren zu lassen.[581] Darüber hinaus sind Zeichnungs- und Übernahmeverpflichtung zu unterscheiden. Der Konsortialführer verpflichtet sich regelmäßig unter bestimmten Bedingungen, einen Zeichnungsschein auszustellen (Angebot). Durch die Annahme der Gesellschaft kommt es zum Abschluß eines korporationsrechtlichen Vertrages (Beitrittsvertrag).[582] Dieser Vertrag beinhaltet allerdings noch keinen Anspruch des Zeichners auf Durchführung der Kapitalerhöhung.[583] Die Übernahmeverpflichtung ist eng mit der Zeichnungsverpflichtung verwoben. Vorbehaltlich der Eintragung der Durchführung der Kapitalerhöhung verpflichten sich die Konsorten die Aktien gemäß der Quote zu erwerben. Alle diese Elemente zusammengenommen ergeben dann den soeben erwähnten gemischttypischen Vertrag.

Sofern mehrere Banken an einer Emission beteiligt sind, schließen sie untereinander einen Konsortialvertrag (*agreement among managers*), der die erfor-

---

[579] *Canaris,* Bankvertragsrecht, Rn. 2236; *Grundmann,* in: Schimanski/Bunte/Lwowski, Bankrechts-Handbuch, § 112 Rn. 6; *Hopt*, Emissionsgeschäft und Emissionskonsortien, in: FS für Kellermann, S. 181, 184.

[580] S. auch § 12 A. II.(Plazierungsfunktion). Zu weiteren Fragen im Hinblick auf Selbstemissionen, *Rapp*, Der Markt für Aktien-Neuemissionen, S. 142 ff.

[581] S. nur *Canaris,* Bankvertragsrecht, Rn. 2244 und *Schäfer/Schwintowski*, Bankrecht, § 15 Rn. 68.; *Kümpel*, Bank- und Börsenrecht, Rn. 9.193; MüKo-*Ulmer*, vor § 705 Rn. 42.

[582] S. nur *Hüffer*, AktG, § 185 Rn. 23 f. .

[583] S. vertiefend *Lutter*, in: Kölner Kommentar, § 186 Rn. 34 m. w. N..

derlichen Rechtsbeziehungen festgelegt.[584] So wird u. a. in dem Konsortialvertrag bestimmt, wie viele Wertpapiere dem einzelnen Konsorten zur Plazierung zugeteilt werden (Quote). Die Führung innerhalb eines Konsortiums übernimmt in der Regel eine Bank (*lead manager*) oder eine Bankengruppe (*joint lead managers/joint bookrunner*).[585]

a) Festübernahme

Bei einer Festübernahme werden sämtliche oder auch nur ein Teil der Wertpapiere von einer Bank oder einem Bankenkonsortium (Übernahmekonsortium[586]) im Namen und auf Rechnung der Bank vom Emittenten erworben. Übergeordnetes Ziel ist in der Regel die Weiterveräußerung an das Publikum. Ferner können die Banken auch für das eigene Wertpapierportefeuille die Aktien erwerben. Bei der Festübernahme mit anschließender Weiterveräußerung tragen die Banken letzten Endes das Absatzrisiko,[587] ob und in welchem Umfang die Tranche am Markt untergebracht werden kann. Sie erwerben die Wertpapiere zu Eigentum, um sie in der Folge dauerhaft beim Publikum zu plazieren.[588] Gleichzeitig bedeutet dies für den Emittenten, daß er mit der Festübernahme die Sicherheit erhält, alle Wertpapiere unterbringen zu können. Das Absatzrisiko liegt bei den Banken.
Der bei der Festübernahme geschlossene Vertrag zwischen dem Emittenten und dem Konsortialführer[589] wird als Übernahmevertrag oder *firm commitment*

---

[584] Das *agreement among managers* ist entbehrlich, sofern der *invitation letter* (Einladungsschreiben an die Banken, an der Emission als Konsortialmitglied teilzunehmen) in Zusammenhang mit dem LoE und dem Übernahmevertrag bereits umfassende Regelungen enthält.

[585] Zu Konsortien im allgemeinen s. nur BuB-*Bosch,* Emissions- und Konsortialgeschäft, Rn. 10/26 ff.; *De Meo*, Bankenkonsortien; *Schäfer/Schwintowski*, Bankrecht, § 15 Rn. 12.

[586] *De Meo*, Bankenkonsortien, Erstes Kapitel Rn. 17.

[587] Zur Festübernahme s. *Canaris,* Bankvertragsrecht, Rn. 2239; *Hopt*, Emissionsgeschäft und Emissionskonsortien, in: FS für Kellermann, S. 181, 184; *Kümpel,* Bank- und Kapitalmarktrecht, Rn. 9.8; BuB-*Bosch,* Emissions- und Konsortialgeschäft, Rn. 10/77 (mit Mustern).

[588] Ein solches Konsortium, das sowohl die Übernahme der Wertpapiere als auch das Bemühen um den Absatz zur Aufgabe hat, wird auch als „Einheitskonsortium" bezeichnet. Da im Regelfall von einem Übernahmekonsortium sowohl die Übernahme als auch der Absatz angestrebt ist, gibt es kaum Unterschiede zum Einheitskonsortium. S. BuB-*Bosch,* Emissions- und Konsortialgeschäft, Rn. 10/80. Einen anderen Standpunkt vertritt *De Meo*, Bankenkonsortien, Erstes Kapitel Rn. 17 ff. Nach seiner Auffassung wird das Übernahmekonsortium nur zur Übernahme der Papiere gebildet. Zur Begebung der Papiere werde ein Begebungskonsortium zusammengesetzt. Das Einheitskonsortium sei eine Kombination aus beiden und überschneide sich nicht mit dem Übernahmekonsortium.

[589] Der Konsortialführer wird in dem Konsortialvertrag (*agreement among managers/ underwriters*) dazu autorisiert, im Namen der Konsorten mit dem Emittenten zu verhandeln.

underwriting bezeichnet. Das Vertragswerk regelt die Rechte und Pflichten der Parteien in bezug auf die Übernahme und Plazierung der Emission.[590]

Eine abgewandelte Form der Festübernahme ist die Absatzgarantie. Die Bank oder das Konsortium (Garantiekonsortium[591]) verpflichten sich, die nicht beim Publikum abgesetzten Stücke zu einem vorher festgelegten Preis selbst zu zeichnen und zu übernehmen. Es handelt sich dabei um eine bedingte Erwerbszusage seitens der Bank oder des Konsortiums.[592] Aus wirtschaftlicher Sicht bestehen allerdings kaum Unterschiede zur herkömmlichen Festübernahme. Der Emittent hat wie bei der Festübernahme die Garantie, daß die Emission vollständig übernommen wird.[593]

b) Kommissionsweise Übernahme und Absatzvermittlung

Im Fall der kommissionsweisen Übernahme und Absatzvermittlung bemüht sich die Bank lediglich im eigenen (Kommission) oder fremden Namen (Absatzvermittlung) um den Absatz der Wertpapiere. Es erfolgt keine Übernahmezusage seitens der Bank, und die Bank wird nicht Eigentümerin der Wertpapiere.[594] Auf Grund dieser fehlenden Übernahmezusage trägt allein der Emittent das Risiko der Plazierung. Für die Bank bestehen geringere Unsicherheiten (z. B. Reputationsverlust). Eine Konsortialbildung ausschließlich zur Begebung der Wertpapiere (Begebungs- oder Plazierungskonsortium)[595] erfolgt daher nicht.[596] Ein Konsortium dient gerade der Risikoverteilung. Sollte die

---

[590] Dazu bereits oben § 10.

[591] *De Meo*, Bankenkonsortien, Erstes Kapitel Rn. 22.

[592] Die Festübernahme soll rechtlich einem unbedingten Wertpapiererwerb gleichstehen; *Achleitner*, Handbuch Investment Banking, S. 384. Allerdings ist hierzu auf § 15 B zu verweisen, in dem verschiedene „Bedingungen" dargestellt werden, an die die Übernahme der Wertpapiere geknüpft wird.

[593] Eine weitere Übernahmeform bietet der *bought deal*. Er wird heute wegen der Risiken nur noch selten angewandt. Das Konsortium übernimmt die Aktien zu vorher festgelegten Konditionen vom Emittenten. Hier werden Kursänderungs- und Plazierungsrisiken vollständig zu einem sehr frühen Zeitpunkt übernommen; s. *Schanz*, Börseneinführung, S. 276 und *Escher-Weingart*, AG 2000, S. 164, 165.

[594] Bei der Effektenkommission sorgt eine Verfügungsermächtigung für den direkten Eigentumsübergang vom Emittenten auf den Anleger (z. B. Aktienverkauf aus dem Bestand der Gesellschaft). Bei einem IPO entstehen die Aktien erst in den Händen des Anlegers mittels des Zeichnungsvertrages und der Eintragung der Durchführung der Kapitalerhöhung. Die Absatzvermittlung als Fall der offenen Stellvertretung schließt von vornherein die Frage nach einer Eigentümerstellung der Banken aus.

[595] *De Meo*, Bankenkonsortien, Erstes Kapitel Rn. 19; *Schäfer/Schwintowski*, Bankrecht, § 15 Rn. 10.

[596] BuB-*Bosch*, Emissions- und Konsortialgeschäft, Rn. 10/78; MüKo-*Ulmer*, vor § 705 Rn. 37.

Emission z. B. im Fall der Festübernahme nicht vollständig plaziert werden können, wird der möglicherweise entstehende Verlust unter den Konsorten aufgeteilt. Jeder Konsorte muß die von ihm übernommenen Wertpapiere eigenständig beim Publikum plazieren. Gelingt ihm das nicht, hat der einzelne Konsorte nur für seine eigene Quote den Verlust zu tragen.[597]

Sollten im Fall einer kommissionsweisen Übernahme dennoch mehrere Banken beteiligt sein, unterhält jede eine eigenständige Vertragsbeziehung zum Emittenten.

C. Durchführung der Emission

I. Überblick

Im Anschluß an die Vorbereitungsphase, die oben ausführlich beschrieben wurde, treten die Beteiligten in die Durchführungphase der Emission. Besonders wichtig ist in dieser Phase ein genau abgestimmtes Timing, da das Zusammenspiel mehrerer Parteien erforderlich ist.[598] Der Beschluß einer Kapitalerhöhung muß zur Eintragung in das Handelsregister angemeldet werden (§ 184 AktG). Die neuen Aktien müssen gezeichnet werden (§ 185 AktG). Anders verhält es sich bei einer kommissionsweisen Übernahme oder bei einer Selbstemission, da das Publikum direkt zeichnet. Nach der Zeichnung muß die Durchführung der Kapitalerhöhung in das Handelsregister eingetragen werden (§ 188 AktG). Vor oder mit Beginn der Zeichnungsfrist wird eine Pressekonferenz anberaumt und das Verkaufsangebot veröffentlicht. Das Angebot muß – abhängig von der Preisfestsetzung – den Preis oder eine Preisspanne beinhalten. Wird eine Preisspanne vorgegeben, wird der Preis in einem Preisfestsetzungsverfahren (z. B. Bookbuilding) ermittelt und später als endgültiger Bezugspreis festgelegt (Emissionspreis). Ferner müssen die Aktien zugeteilt werden, und die Stabilisierungsphase beginnt.[599] Ein wesentliches Dokument im Rahmen der

[597] Ähnliches gilt für die Haftung. Aus der Bildung eines Konsortiums und dessen Übernahme der Wertpapiere ergibt sich eine gesamtschuldnerische Haftung aus § 427 BGB. Das ist unabhängig von der Frage, ob es sich bei dem Konsortium um eine BGB-Gesellschaft im Sinne von §§ 705 ff. BGB handelt. In der Vertragspraxis wird diese Haftung in der Regel auf die Quote der einzelnen Konsorten beschränkt. Vertiefend zu Konsortien *De Meo*, Bankenkonsortien, Zweites und Drittes Kapitel (m. w. N.); BuB-*Bosch,* Emissions- und Konsortialgeschäft, Rn. 10/26 ff.; *Kümpel*, Bank-und Kapitalmarktrecht, Rn. 9.230 ff.; MüKo-*Ulmer*, vor § 705 Rn. 37 ff.; *Achleitner*, Handbuch Investment Banking, S. 394 ff.

[598] Beispiel eines groben Zeitplans bei *Schanz*, Börseneinführung, S. 263 und 286.

[599] Sollte es sich um eine Emission mit Börseneinführung handeln, ist ein Antrag auf Börsenzulassung bei der Zulassungsstelle der jeweiligen Börse erforderlich. Ferner muß ein Verkaufsprospekt/Unternehmensbericht erstellt werden. Sobald die Zulassung zur Börse erteilt und die Aktien zugeteilt wurden, erfolgt eine erste Preisfeststellung an der Börse (Notierungsaufnahme).

Emission ist der Verkaufsprospekt.[600] Er ist alleinige Grundlage für die Kaufentscheidung der Anleger. Die Banken erstellen neben dem Verkaufsprospekt noch Researchberichte. Bei diesen Dokumenten handelt es sich um eine Einschätzung der wirtschaftlichen Lage des emittierenden Unternehmens. Die Beurteilung fußt auf der Planbilanz. Die zukünftige Umsatz - und Ertragsentwicklung und das voraussichtliche Wachstum werden darin beschrieben. Die Researchberichte können nicht als Kaufempfehlung betrachtet werden. Sie enthalten lediglich die persönliche Auffassung des jeweiligen Analysten. Darüber hinaus können Kurzinformationen über den Emittenten in Umlauf gebracht werden. Solange jedoch kein Verkaufsprospekt veröffentlicht wurde, darf kein öffentliches Angebot unterbreitet werden (§ 9 i. V. m. § 1 VerkProspG).

II. Plazierungsmethoden

Die Plazierung der Wertpapiere beim Publikum ist das Hauptziel einer jeden Emission. Sie kann auf unterschiedliche Weise erfolgen.

1. Öffentliches Angebot

Grundsätzlich wird zwischen einem öffentlichen Angebot und einer Privatplazierung unterschieden. Diese Unterscheidung ist besonders für die Frage der Prospektpflicht nach § 1 Wertpapier-Verkaufsprospektgesetz und die daran anknüpfende Prospekthaftung von Bedeutung. Bei der Durchführung eines öffentlichen Angebots besteht die Verpflichtung, einen Verkaufsprospekt zu erstellen. Es handelt sich um ein öffentliches Angebot, wenn sich der Veräußerer an einen unbestimmten Personenkreis wendet (z. B. durch Werbung in den Medien). Die Größe des Adressatenkreises hat in diesem Zusammenhang lediglich Indizwirkung. Es ist vielmehr entscheidend, daß es sich um einen nicht mehr individuell bestimmbaren Personenkreis handelt. Im Rahmen eines öffentlichen Angebots soll der einzelne potentielle Anleger dem Veräußerer nicht persönlich bekannt sein.[601]

---

[600] Bei einer Börseneinführung muß ein Unternehmensbericht/Börsenzulassungsprospekt angefertigt werden.

[601] *Schäfer*, Emission und Vertrieb von Wertpapieren nach dem Wertpapierverkaufsprospektgesetz, ZIP 1991, S. 1557, 1559; *Waldeck/Süßmann*, Die Anwendung des Wertpapier-Verkaufsprospektgesetzes, WM 1993, S. 361, 363; Schäfer-*Hamann*, VerkProspG, § 1 Rn. 13 ff.; *Grimme/Ritz*, Die Novellierung verkaufs-prospektrechtlicher Vorschriften durch das Dritte Finanzmarktförderungsgesetz, WM 1998, S. 2091 ff.; s. insbesondere eingehend zum Verhältnis § 2 Nr. 2 VerkProspG *Assmann/Lenz/Ritz*, Verkaufsprospektgesetz, § 1 Rn. 39 ff.

a) ***Freihändiger Verkauf***

Die Wertpapiere werden beim freihändigen Verkauf den Konsorten fest nach ihrer Quote zugeteilt. Diese Wertpapiere kann der einzelne Konsorte nach eigenem Ermessen an das Publikum veräußern.[602]

b) ***Öffentliche Zeichnung***

Bei der öffentlichen Zeichnung oder der Subskription wird der Anleger aufgefordert, für Wertpapiere einer Emission innerhalb einer bestimmten Frist zu einem festen Preis ein Angebot gegenüber den Konsortialbanken oder davon benannten Stellen abzugeben.[603] Das abgegebene Angebot kann von den Konsortialbanken angenommen werden. Die Zeichnung begründet noch keinen Anspruch auf Zuteilung. Erfolgt jedoch eine Zuteilung, ist der Vertrag zustande gekommen.

Ist die Emission überzeichnet, können die Wertpapiere nur partiell zugeteilt werden (Repartierung). Wie diese Zuteilung erfolgt, kann im vorhinein von den Banken (mit dem Emittenten) bestimmt worden sein. Den Konsortialbanken bleibt diesbezüglich in der Regel ein gewisser Ermessensspielraum.[604]

c) ***Tender- und Bookbuilding-Verfahren***

Das Tenderverfahren ist eine Abwandlung der öffentlichen Zeichnung. Bei diesem Vorgang handelt es sich um ein Bieterverfahren. Dabei wird kein fester Kurs vorgegeben. Die Zeichner bestimmen durch ihre Gebote den Preis. Es ist möglich, daß ein Mindestkurs festgesetzt wird, der als Orientierungshilfe für die Bieter dient. Wird das Tenderverfahren – wie üblich – zur Ausgabe von Schuldverschreibungen genutzt, wird in der Regel eine bestimmte Größe (entweder Zins oder Menge) vorgegeben. Unter Berücksichtigung dieser Vorgabe geben die Anleger ihre Gebote ab.[605]

Die Aktien können daraufhin auf unterschiedliche Weise zugeteilt werden.[606] Nach dem Bieterverfahren wird ein Kurs bestimmt. Danach können die Anleger berücksichtigt werden, die mindestens den festgelegten Kurs geboten haben. Ob die Zuteilung zu einem einheitlichen Kurs oder zu dem jeweils von dem Anleger gebotenen Kurs erfolgt, entscheiden Emittent und Konsortialbanken gemeinsam.

---

[602] *Kümpel,* Bank- und Kapitalmarktrecht, Rn. 9.31; *Schäfer/Schwintowski,* Bankrecht, § 15 Rn. 12.

[603] *Schäfer/Schwintowski,* Bankrecht, § 15 Rn. 17; *Kümpel,* Bank- und Kapitalmarktrecht, Rn. 9.30; BuB-*Bosch,* Emissions- und Konsortialgeschäft, Rn. 10/84.

[604] Dazu im folgenden unter § 12 B. II.

[605] S. nur *Hopt,* Die Verantwortlichkeit der Banken bei Emissionen, Rn. 30.

[606] Zum Tenderverfahren bei Offenmarktgeschäften Deutsche Bundesbank, vgl. insbesondere Monatsbericht Mai 1994, S. 61, 67 f.

Das Bookbuilding-Verfahren[607] ist eine weitere Variante der öffentlichen Zeichnung. Es handelt sich um ein Bieterverfahren, bei dem den Anlegern eine Preisspanne vorgegeben wird, innerhalb derer sie ein Angebot für die Wertpapiere gegenüber den Konsorten abgeben können. Die Angebote werden in einem Buch von dem Konsortialführer geordnet zusammengestellt (*bookrunner*). Nach Ablauf einer bestimmten Frist (Order-Taking-Periode) wird der Plazierungspreis anhand des Buches ermittelt[608] und mit dem Emittenten vereinbart. Der Konsortialführer teilt den einzelnen Konsorten die Wertpapiere zur Weitergabe an die Anleger zu. Regelmäßig ist das die Anzahl an Aktien, die die Konsortialmitglieder anhand der bei ihnen eingegangenen Angebote in das elektronische Buch eingegeben haben. Die Zuteilungsmenge der Aktien muß nicht zwingend mit der übernommenen Quote übereinstimmen. Der Konsortialführer teilt den Konsortialmitgliedern die Anzahl der Aktien mit, die direkt an institutionelle Investoren zugeteilt wird (*directed allocation*) und dem Konsorten nicht zur Verfügung steht. Feste Regeln, an wen die Aktien z. B. bei einer Überzeichnung verteilt werden, gibt es nicht. Die Zuteilung liegt also grundsätzlich im Ermessen der Konsortialbanken.[609] Die Börsensachverständigenkommission hat allerdings Grundsätze für die Zuteilung von Aktienemissionen aufgestellt (07.06.2000).[610] Diese sollen als Verhaltensempfehlung für Emittenten und Wertpapierdienstleistungsunternehmen, die an Aktienemissionen beteiligt sind, das Ermessen einschränken. Danach soll die Zuteilung so transparent wie möglich für die Anleger gestaltet werden. Sobald verbindliche Einzelheiten über die Zuteilung bekannt sind, sollen diese Informationen zumindest auf Nachfrage des Anlegers entweder vor oder nach Abschluß der Zuteilung veröffentlicht werden. Darüber hinaus werden verschiedene Verfahren und sachliche Kriterien vorgegeben, die bei der Zuteilung ausschließlich gelten sollen. Die Nicht-

---

[607] Eingehend insbesondere zu Unterschieden zum US-amerikanischen Verfahren, *Willamowski*, Bookbuilding; *Schäfer/Schwintowski*, Bankrecht, § 15 Rn. 74; BuB-*Bosch,* Emissions- und Konsortialgeschäft, Rn. 10/86; *Achleitner*, Handbuch Investment Banking, S. 389; *Weiler*, Bookbuilding – Die neue Plazierungsform beim Gang an die Börse, in: Going Public (Hrsg. Gerrit Volk), S. 267, 270 ff. Das Bookbuilding wird häufig bei Aktienemissionen verwendet.

[608] Auch die Berücksichtigung weiterer Faktoren ist möglich (z. B. Qualität der Zeichner).

[609] Als weitere Plazierungsmethode wird die Plazierung an der Börse bezeichnet. Direkter Absatz über die Börse ist auf Grund von sich täglich ändernden Börsenkursen aber wohl selten. Mit der Börsenzulassung ist die Möglichkeit der Anleger beschrieben, die Papiere im Sekundärmarkthandel an der Börse zu veräußern; BuB-*Bosch,* Emissions- und Konsortialgeschäft, Rn. 10/82; *Achleitner*, Handbuch Investment Banking, S. 389.

[610] Die Grundsätze sind unter www.deutsche-boerse.com/INTERNET/EXCHANGE/index.htm (Über uns-Gruppe Deutsche Börse-Kooperationen-Kapitalmarktpolitische Initiativen) zu finden. S. dazu auch *Willamowski*, WM 2001, S. 653 ff..

einhaltung der Empfehlung ist an keinerlei Sanktionen geknüpft, so daß es gegebenenfalls „nur" einen Reputationsverlust zur Folge hat.[611]
Regelmäßig kann nur der Anleger Aktien erhalten, der mindestens den festgestellten Emissionspreis geboten hat. Bei begehrten Emissionen geben die Anleger häufig das Höchstgebot ab, um überhaupt eine Chance auf Zuteilung zu erhalten.

d) ***Auktionsverfahren***

Das Auktionsverfahren ist ebenfalls ein klassisches Bieterverfahren.[612] Im Gegensatz zum Bookbuilding-Verfahren wird keine Preisspanne vorgegeben, innerhalb derer der Anleger sein Gebot abgeben muß. Allerdings wird bei der Auktion zumeist ein Mindestgebot vorgegeben. Was der einzelne Anleger bieten möchte, bleibt ihm jedoch selbst überlassen. Anhand verschiedener Analysen von konservativ bis positiv kann sich der Anleger über Wachstumschancen des jeweiligen Unternehmens informieren. Die Analysen sind Orientierungshilfe. Anders als beim Bookbuilding-Verfahren können nur Gebote berücksichtigt werden, die sowohl die georderte Aktienstückzahl als auch den Preis beziffern, da es keine obere Preisgrenze gibt.
Die Gebote werden ebenfalls durch den *bookrunner* gesammelt. Nach Ende der Zeichnungsfrist werden die Gebote der Höhe nach geordnet. Vom höchsten Gebot angefangen erfolgt die Zuteilung bis das gesamte Emissionsvolumen zugeteilt ist. Der Preis aller Aktien wird durch das niedrigste Gebot bestimmt, zu dem quasi die letzte Aktie zugeteilt wurde. Für die Konsorten gibt es erst jetzt eine feste Zuteilung, da nunmehr feststeht, welche Anleger mindestens den Emissionspreis geboten haben. Es kann kraft Natur der Sache keine gesonderte Zuteilung an institutionelle Investoren erfolgen. Sie müssen ihr Gebot wie die Kleinanleger abgeben. Alle Bieter, deren Gebot unterhalb des Emissionspreises liegt, erhalten keine Aktien. Sollten zum Emissionspreis mehr Aktien gezeichnet worden sein als vorhanden sind, muß repartiert werden.[613] Beim Auktionsverfahren liegt die Zuteilung weder im Ermessen des Konsortialführers noch der

[611] S. dazu § 12 B II. Auch die Richtlinie des BAWe gem. § 35 Abs. 6 WpHG zur Konkretisierung der §§ 31 und 32 WpHG für das Kommissionsgschäft, den Eigenhandel für andere und das Vermittlungsgeschäft der Wertpapierdienstleistungsunternehmen vom 9. Mai 2000, die in Teil B 3.4 (Wertpapierzuteilung) die Information der Kunden bzgl. der Zuteilung festlegt, sanktioniert Zuwiderhandlungen nicht unmittelbar. Sie bestimmt, daß Mitarbeiter der Wertpapierdienstleistungsunternehmen nicht günstiger gestellt werden dürfen und die Zuteilung insgesamt transparent verlaufen soll.

[612] Das Verfahren entspricht einer *dutch auction* (s. § 4 B. und § 7 D.).

[613] Es besteht z. B. die Möglichkeit, daß ein großer Teil der Anleger einen einheitlichen Preis (von 50) bietet und alle anderen Anleger nur noch Gebote darunter abgegeben haben. Das Emissionsvolumen reicht aber lediglich für 50 % der Anleger, die den hohen Preis geboten haben. Es muß repartiert werden.

übrigen Konsorten. Darüber hinaus werden Zeichnungsgewinne, wie sie z. B. im Jahr 1999 am Neuen Markt zu vereinnahmen waren,[614] vermieden.[615]
Das Auktionsverfahren wurde in Deutschland bisher zur Preisfeststellung bei Neuemissionen vereinzelt genutzt. Es versucht, die Preisbildung im Sekundärmarkthandel zu antizipieren. Ob sich das Auktionsverfahren im Neuemissionsgeschäft ebenso etablieren kann wie im Sekundärmarkt, bleibt abzuwarten.[616]

2. Privatplazierung

Das Gegenstück zur öffentlichen Plazierung bildet die Privatplazierung (*private placement*). Als solche können alle diejenigen Emissionen von Wertpapieren bezeichnet werden, die einem eng begrenzten und bestimmten Anlegerkreis wie z. B. Fonds, Versicherungen und privaten Großanlegern angeboten werden.[617] Infolge einer gesetzlichen Ausnahme, § 2 Nr. 2 VerkProspG, sind sie nicht publizitätspflichtig. Die Publizitätspflicht dient dem Anlegerschutz. Jeder Anleger soll mit den zur Verfügung gestellten Informationen über das Unternehmen (z. B. in Form des Prospektes) die Möglichkeit haben, eine ausgewogene Anlageentscheidung zu treffen. Bei einer Privatplazierung muß sich der Käufer der Wertpapiere die erforderlichen Informationen selbst beschaffen, besitzt sie bereits, oder sie werden ihm vom Veräußerer zur Verfügung gestellt, da die Beteiligten persönlich miteinander bekannt sind. Ein allgemein zugängliches und öffentliches Dokument ist in solchen Fällen nicht erforderlich. Die Privatplazierung wird insbesondere dann genutzt, wenn die Emission nicht breit gestreut werden soll, oder wenn es von vornherein einige wenige Großanleger gibt, die die gesamte Emission erwerben wollen.[618]

---

[614] FAZ v. 25.6.1999, Die meisten Neuemissionen sind erfolgreich, S. 25. Dort wird z. B. für die Entertainment AG von 644,44 % Kurszuwachs zum Emissionspreis berichtet wird.

[615] Kritisch Handelsblatt v. 7./8.01.2000, Auktionsverfahren birgt für Anleger und Unternehmen Risiken, S. 20.

[616] Als erstes Unternehmen in Deutschland hat die TRIUS AG, Friedrichsdorf unter Führung durch die Trigon Wertpapierhandelsbank AG, Bad Homburg das Auktionsverfahren zur Preisfestsetzung und Zuteilung eingesetzt, Handelsblatt v. 27.01.2000, Mit TRIUS feiert das Auktionsverfahren Deutschland-Premiere, S. 25; BörsZ v. 27.01.2000, TRIUS startet mit Auktion, S. 12.

[617] *Claussen*, Bank- und Börsenrecht, S. 616 Rn. 300; *Kümpel,* Bank- und Kapitalmarktrecht, Rn. 9.27 f.; *Schäfer/Schwintowski*, Bankrecht, § 15 Rn. 14; *Hopt,* Die Verantwortlichkeit der Banken bei Emissionen, Rn. 31; *Achleitner*, Handbuch Investment Banking, S. 389 ff.

[618] S. vertiefend *Achleitner*, Handbuch Investment Banking, S. 390 ff.

D. Gegenüberstellung

Ein Vergleich des deutschen und US-amerikanischen Rechts kann nur in dem Bewußtsein geschehen, daß das US-amerikanische Rechtssystem im Gegensatz zum deutschen Recht grundsätzlich fallbezogen (*common law*) ist. Allerdings ist das Kapitalmarktrecht eines der wenigen Rechtsgebiete in den Vereinigten Staaten, das umfassende Gesetzestexte (SA, SEA etc.) und dazugehörige Ausführungsvorschriften aufweist.
Beim Vergleich der Regeln des deutschen Emissionsgeschäfts mit dem US-amerikanischen System[619] werden sowohl Unterschiede als auch eine Reihe von Gemeinsamkeiten deutlich. Zentraler Gegenstand des Emissionsgeschäftes ist neben den üblichen Beteiligten[620] der Wertpapierbegriff. Während in Deutschland eine weitgehend abstrakte und damit flexible Begriffsbestimmung gefunden wurde, sieht das US-amerikanische Recht eine detaillierte Definition vor. Sie stammt aus der Entstehungszeit des SA und entspricht der üblichen Gesetzestechnik der Setzung konkreter und allumfassender Normen in den Vereinigten Staaten.
Der Ablauf der Emissionen gestaltet sich etwas anders als in Deutschland. Das zwingende Aktienrecht enthält einige Regelungen (z. B. Eintragung einer Kapitalerhöhung in das Handelsregister), die das Timing einer Emission nicht unerheblich beeinflussen. Das zwingende deutsche Aktienrecht macht einen entscheidenden Unterschied zum Ablauf und der Durchführung des US-amerikanischen Emissionsgeschäfts aus. Je näher sich die deutsche Emissionspraxis dem US-amerikanischen Modell annähert, um so schwieriger wird es, die US-amerikanischen Praktiken mit dem deutschen Recht in Einklang zu bringen. Allerdings hat man mit den im Vorfeld getätigten Absprachen mit dem Regsiterrichter eine adäquate Möglichkeit gefunden, daß Verfahren zügig durchzuführen

Unterschiede ergeben sich aus der Tatsache, daß in Deutschland nur für das Emissionsgeschäft zugeslassene Banken das Emissionsgeschäft gewerbsmäßig betreiben dürfen, während in den Vereinigten Staaten eine solche Einschränkung nicht besteht. Als *underwriter* betätigt sich in den Vereinigten Staaten jeder, der Wertpapiere von einem Emittenten zum Zweck der Weiterveräußerung erwirbt. Die *underwriters* müssen aber Mitglieder der NASD sein (*dealer*). Die NASD hat verschiedene Regeln aufgestellt, an die die Mitglieder gebunden sind, damit ein fairer Handel gewährleistet wird.[621]

---

[619] S. dazu die § 3 und § 4.

[620] Die Beteiligten – wie in § 3 aufgeführt – unterscheiden sich nicht von den Teilnehmern des deutschen Emissionsgeschäfts.

[621] Sie müssen z. B. mit ausreichendem Kapital ausgestattet sein, um sich im Emissionsgeschäft betätigen zu können. Ausreichende Eigenkapitalausstattung ist in

Wegen der verschiedenen Banksysteme ergeben sich weitere Unterschiede, die sich aber inzwischen nicht mehr in dem Maße polarisieren lassen, wie es noch vor einigen Jahren der Fall war. Das liegt erstens daran, daß entscheidende Regelungen des Glass Steagall Act aufgehoben wurden. Es ist nunmehr[622] unter bestimmten Voraussetzungen möglich, unter einer Bankholding sowohl das Einlagenkreditgeschäft als auch das Emissionsgeschäft zu betreiben. Es bleibt abzuwarten, wie sich diese Neuerungen auf den Aufbau und die Geschäfte der US-amerikanischen Banken und insbesondere auf das Emissionsgeschäft auswirken werden. Festzuhalten ist aber in jedem Fall, daß sich das US-amerikanische System an das europäische und damit deutsche Banksystem annähert. Zweitens gibt es in Deutschland immer mehr Emissionshäuser, die keine Universalbanken sind und auch nicht mit einer solchen verbunden sind.[623] Diese Emissionshäuser sind den US-amerikanischen Investmentbanken ähnlich. Sie stellen lediglich Dienstleistungen für das Emissionsgeschäft zur Verfügung, besitzen aber z. B. keine Genehmigung für das Einlagengeschäft (§ 1 Abs. 1 KWG).[624] Damit haben sie weder einen Retailkundenstamm noch ein Filialnetz, so daß sie häufig im Vergleich zu den großen Universalbanken über eine geringere Plazierungskraft verfügen. Diese Emissionshäuser müssen sich – ebenso wie bisher in den Vereinigten Staaten – ihren Platz am Markt und in den Konsortien mittels Innovationen und Spezialisierungen in bestimmten Bereichen hart erkämpfen. Der Wettbewerb hat sich folglich erheblich verschärft. Auch hier kann somit eine Annäherung des deutschen an den US-amerikanischen Markt festgestellt werden.[625]

Die einzelnen Emissionsformen weisen dagegen nach der obigen Betrachtung keine Unterschiede auf. Sowohl die Festübernahme (*firm commitment underwriting*) als auch die kommissionsweise Übernahme (*best efforts underwriting*) sind in beiden Staaten rechtlich zulässig und gängig. Das *stand-by underwriting* kommt in der dargestellten Form[626] in Deutschland selten vor und zählt, anders als in den Vereinigten Staaten, nicht zu den Grundformen der

Deutschland eine Voraussetzung, um den Bankenstatus zu erlangen. Folglich sind die beiden Rechtssysteme in diesem Punkt ähnlich.

622 Der hier relevante Teil des Reformgesetzes (Gramm-Leach-Bliley-Act) ist am 12.03.2000 in Kraft getreten.

623 S. Handelsblatt v. 28.12.1999, Zeichnungsgewinne bei Börsengängen schrumpfen, S. 20.

624 Es handelt sich folglich um Teilbanken.

625 Es darf daher bezweifelt werden, daß das Trennbanksystem für die US-amerikanischen Banken nur erhebliche Wettbewerbsnachteile auf dem internationalen Markt mitgebracht hat, vgl. *Gruson*, Die Reform des Trennbanksystems in den USA, S. 153, 154 (Fn. 10). Gerade durch das Trennbanksystem haben sich starke Investmentbanken herausgebildet, die weltweit anerkannt sind. In Deutschland bilden sich nun kleinere Emissionshäuser m.E. auch auf Grund der Tatsache, daß die US-amerikanischen Investmentbanken vielfach erfolgreich arbeiten. Dieser Erfolg hat sich auch deshalb eingestellt, weil sie nur im Investmentgeschäft tätig und spezialisiert sind.

626 S. § 4 B. I.

Plazierung. Zwar wird das *stand-by underwriting* in den Vereinigten Staaten nur selten genutzt, weil Bezugsrechte als umständlich gelten. Es handelt sich aber um die herkömmliche Form, Bezugsrechte zu emittieren. Daher verwundert es um so mehr, daß diese Plazierungsmethode in Deutschland nicht regelmäßig angewandt wird, obwohl Bezugsrechte hierzulande üblich sind. In Deutschland erwachsen den Aktionären Bezugsrechte aus ihrem Mitgliedschaftsrecht. Solche Bezugsrechte können nur in Ausnahmefällen ausgeschlossen werden. Es sollte daher überlegt werden, diese Emissionsform auch in Deutschland zu etablieren, zumal es sich um ein Verfahren mit geringeren *out-of-pocket* Kosten[627] als bei der herkömmlichen Festübernahme handelt. Es kann sich dann allerdings nicht um ein mittelbares Bezugsrecht handeln. Die Bezugsrechte müßten zunächst von dem Emittenten direkt (z. B. via Internet)[628] oder von dem Konsortium (z. B. in der Funktion des Absatzvermittlers) angeboten werden. Erst wenn nach der Zeichnungsfrist nicht alle Altaktionäre gezeichnet haben, könnte ein Konsortium die Wertpapiere zu einem festgelegten Preis übernehmen. Das Konsortium veräußert die Wertpapiere dann weiter an das Publikum.[629] Die Provision des Konsortiums würde in der ersten Phase (Angebot an die Altaktionäre) gering ausfallen. Allerdings würde diese Gebühr lediglich für das Abwarten gezahlt (*stand-by fee*). In der zweiten Phase würden die Konsorten entsprechend der zu übernehmenden und zu plazierenden Wertpapiermenge vergütet. Dieses Verfahren bietet sowohl für den Emittenten als auch für das Konsortium Vorteile. Der Emittent spart Emissionskosten. Sollten alle Altaktionäre ihre Bezugsrechte ausüben, so zahlt er lediglich die *stand-by fee*, die geringer ausfallen wird als bei einer mittelbaren Bezugsrechtsemission. Das Konsortium erhält zunächst eine Provision dafür, daß es abwartet, ob seine Dienstleistungen überhaupt benötigt werden. Wenn das Konsortium die Aktien am Ende doch übernehmen und plazieren muß, erhält es zusätzlich eine Vergütung.

Gegen dieses Verfahren könnte der Sinn und Zweck des mittelbaren Bezugsrechts sprechen. Mit dem mittelbaren Bezugsrecht sollten gerade Bezugsrechtsemissionen für den Emittenten vereinfacht und der Emissionserlös gesichert werden.[630] Muß der Emittent nun doch an alle Aktionäre doppelte Zeichnungsscheine senden, wäre dieses Ziel verfehlt. Dem muß folgendes entgegengehalten werden: Zunächst sollte beachtet werden, daß der Emittent durchaus

[627] Diese Kosten umfassen die Auslagen einer Emission.

[628] Die Banken könnten Beratungstätigkeiten übernehmen.

[629] Vgl. dazu die Deutsche Telekom II Emission im Juni 1999. Die Aktien, die auf Bezugsrechte entfielen und die unausgeübt bleiben, wurden von dem Konsortium der öffentlichen Plazierung zugeführt.

[630] S. dazu oben C I.

professionelle Hilfe in Anspruch nehmen kann.[631] Das bedeutet eine erste Erleichterung bei der Emission von Bezugsrechten. Darüber hinaus ist gerade das *stand-by underwriting* ein Verfahren, das erstens den Emissionserlös sichert, da die Banken sich verpflichten, die nicht plazierten Aktien zu kaufen. Zweitens erhöht das *stand-by underwriting* den Nettoemissionserlös, weil die Banken regelmäßig keine so hohen Provisionen erhalten, die mit einem *firm commitment underwriting* vergleichbar sind. Daher wäre es begrüßenswert, wenn die deutsche Emissionsbranche im Hinblick auf Bezugsrechtsemissionen dieses US-amerikanische Verfahren verstärkt einsetzen würde.

Als Ergebnis ist festzustellen, daß die Emissionspraxis in Deutschland erheblich vom US-amerikanischen Verfahren beeinflußt wird. Viele Entwicklungen, die in den Vereinigten Staaten in diesem Bereich bereits vollzogen wurden, zeichnen sich in Deutschland ab.[632] Darüber hinaus wird in der Praxis zunehmend der US-amerikanische Vertragsstandard übernommen, wobei die US-amerikanischen Verträge umfangreicher gestaltet sind als die deutschen Kontrakte. Ob eine ganzheitliche Angleichung an die Praxis der Vereinigten Staaten sinnvoll ist, ist bereits mit Blick auf die Grundlagen des Emissionsgeschäfts (z. B. Wertpapierbegriff) zu verneinen. Die flexiblere Handhabung bietet der deutsche Wertpapierbegriff in seiner abstrakten Fassung. Eine konkrete Aufzählung von Wertpapieren – wie es im US-amerikanischen Recht der Fall ist – würde (lediglich) zu einer Beschränkung führen. Letztere müßte durch regelmäßige Gesetzes-

[631] Gerade durch das Medium Internet könnten die Investmentbanken allerdings einen Teil ihrer Aufgaben verlieren. Ist der Emittent in Lage eine Bezugsrechtsemission selbständig mittels Internet abzuwickeln, wird er möglicherweise auch einen Weg finden, um ein IPO durchzuführen, ohne eine Bank mit der Übernahme zu beauftragen. Es bleibt die Frage, ob die Banken um ihre Stellung bangen müssen, wenn sie verstärkt ein *stand-by underwriting* anbieten. Nach heutiger Rechtslage ist dies nicht der Fall, da für die Beantragung der Börsenzulassung, die häufig mit einem IPO einhergeht, ein Kreditinstitut erforderlich ist. Die Banken werden sich kaum darauf einlassen, lediglich den Antrag zu stellen ansonsten aber leer auszugehen. Die Verhandlungsposition des Emittenten muß stark sein, um die Emission in dieser Form durchzusetzen.

[632] Das Bookbuilding-Verfahren wird in Deutschland z. B. erst seit 1995 angewandt. In den Vereinigten Staaten ist dieses Preisfestsetzungsverfahren bereits länger etabliert. Es zeigte sich, daß es eine bessere Einschätzungsmöglichkeit des Marktes bietet. Zu den Problemen, die sich aus dem US-amerikanischen Recht ergeben (z. B. neben dem vorläufigen Prospekt nur knappe mündliche Angaben zu der Emission nach Einreichung des *registration statement*) und der marktnäheren Ausgestaltung des Verfahrens in Deutschland, s. *Willamowski*, Bookbuilding.

änderungen ausgeweitet werden. Mit der abstrakten Definition aber wird einem stetigen Regelungsbedarf vorgebeugt.

§ 12 Die Rolle der Banken und deren Anreize

A. Die Funktionen der Banken

Welche Bedeutung die Banken im Emissionsgeschäft haben, wird anhand ihrer Funktionen in diesem Bereich ersichtlich. Hier soll untersucht werden, ob sich einige Aufgaben der Banken auf Grund der fortschreitenden Entwicklungen beim *underwriting* nach dem Vorbild der Vereinigten Staaten[633] verändert haben. Wie bereits in § 5 sollen auch in diesem Rahmen nur die wesentlichen Aufgaben der Banken besprochen werden.[634]

I. Übernahme des Risikos

1. Allgemeines

In der vorangehenden Darstellung der Grundlagen des Emissionsgeschäfts wurde angedeutet, was es bedeutet, das einer Emission immanente Risiko zu übernehmen. Die einzelnen Emissionsformen führen unausweichlich zu einer differenzierten Darstellung der Risikoübernahme. Der Entschluß für eine der oben genannten Emissionsformen ist eine endgültige Entscheidung in bezug auf die Risikoübernahme. Im Zusammenhang mit einer Emission wird von einem übergeordneten Absatzrisiko gesprochen. Dabei wird wiederum zwischen dem Preisrisiko (*pricing risk*) und dem Plazierungsrisiko unterschieden.[635] Das Plazierungsrisiko kann mit der Nichtabsetzbarkeit oder unvollständigen Plazierung der Wertpapiere beschrieben werden.[636] Eng damit verbunden ist das Preisrisiko. Die darin liegende Gefahr kann sich realisieren, wenn der Emissionspreis festgesetzt wurde, die Übernahme erfolgt ist und die Wertpapiere noch nicht zugeteilt worden sind.[637] Zu diesem Zeitpunkt ist noch nicht sicher, ob die Aktien zum angestrebten Emissionspreis tatsächlich beim Publikum plaziert werden. Sowohl das Plazierungsrisiko als auch das Preisrisiko hängen von der Entwicklung des Marktes ab und gefährden damit den Hauptzweck der Emission – die Aufnahme eines bestimmten Kapitalbetrages. Außerdem dürfen die Risiken nicht losgelöst betrachtet werden, denn die Verwirklichung des Preisrisikos bedeutet zugleich ein bestimmtes Maß an Nicht-

---

633 Dazu § 5.

634 Der Emittent muß bei der Auswahl des Konsortialführers und des Konsortiums weitere Kriterien beachten, die an dieser Stelle nur gestreift werden können, vertiefend *Schanz*, Börseneinführung, S. 258 ff.

635 *Jakob*, Initial Public Offerings, S. 308. Auch die Gefahr einer Haftung muß beachtet werden, die durch die Mitwirkung der Banken an dem Prospekt (§§ 45, 46 BörsG) entsteht.

636 *Obst/Hintner*, Geld-, Bank- und Börsenwesen, S. 542.

637 *Jakob*, Initial Public Offerings, S. 308.

absetzbarkeit. Letzterer kann durch Herabsetzung des Emissionspreises begegnet werden.

Das Plazierungs- und das Preisrisiko werden von den Banken regelmäßig bei Fremdemissionen übernommen.[638] Diese Risikoübernahme ist eine der Grundfunktionen der Banken im Emissionsgeschäft.[639] Das gilt mit folgender Einschränkung: Die Bank verpflichtet sich – wie gezeigt – bei der kommissionsweisen Übernahme oder der Absatzvermittlung nicht zur Plazierung aller Wertpapiere.[640] Der Emittent trägt somit sowohl das Risiko, daß nicht alle Aktien abgesetzt werden können, als auch das Risiko, daß der gewünschte Emissionserlös nicht erzielt werden kann. Folglich übernehmen die Banken nur im Falle der Absatzgarantie und der Festübernahme die in Rede stehenden Risiken. Wirtschaftlich betrachtet erkennt man allerdings zwischen der Absatzgarantie und der Festübernahme keinerlei Unterschiede, denn der Emittent legt in beiden Fällen großen Wert darauf, daß ihm der Emissionserlös zufließt und die Wertpapiere plaziert werden.[641] Können die Wertpapiere bei den Anlegern nicht zu dem ins Auge gefaßten Emissionspreis abgesetzt werden, behält zunächst der einzelne Konsorte die Wertpapiere. Dies gilt zumindest für den Fall der Festübernahme. Bei der Absatzgarantie müssen die Wertpapiere von den Konsorten infolge des Garantieversprechens noch gekauft werden.

2. Exkurs

An dieser Stelle bietet sich ein Blick auf die „Haftung der Konsorten im Verhältnis zum Emittenten" an. Sowohl bei der Absatzgarantie als auch bei der Festübernahme erfolgt eine Aufteilung des Risikos nach Quoten. Die gesamtschuldnerische Haftung wird dabei ausgeschlossen (*several not jointly*).[642]

---

[638] Bei der Selbstemission muß der Emittent die Risiken naturgemäß selber tragen, da keine Kreditinstitute eingeschaltet sind. Zu den aufsichtsrechtlichen Fragen in bezug auf die Übernahme der Risiken (GroMiKV), s. *Pfüller/Flatten*, Finanzbetrieb 2001, S. 388, 389 ff..

[639] *Kümpel*, Bank- und Kapitalmarktrecht, Rn. 9.8 und 9.18; *Rudolph*, Funktionen und Konditionen der Kreditinstitute im Emissionsgeschäft, WiSt 1981, S. 60, 61.

[640] *Obst/Hintner*, Geld-, Bank- und Börsenwesen, S. 542.

[641] *Rapp*, Der Markt für Aktien-Neuemissionen, S. 71, 147. Die Banken sind allerdings nur selten gewillt, eine reine Absatzgarantie abzugeben. Muß die Absatzgarantie tatsächlich in Anspruch genommen werden, rückt die gesamte Emission in ein schlechtes Licht. Ein Plazierungsmißerfolg wird das *standing* des Emittenten verschlechtern und somit für nachfolgende Emissionen Nachteile hervorrufen, so *Carls*, Das Going-public-Geschäft deutscher Banken, S. 60; *Scholze*, Das Konsortialgeschäft der deutschen Banken, 1. Halbband, S. 294.

[642] Ob ein solcher Ausschluß der gesamtschuldnerischen Haftung bei neu geschaffenen Aktien aktienrechtlich möglich ist, ist umstritten, s. dagegen BGH WM 1992, S. 1225 ff.; BGH WM 1995, S. 1409 ff.; *Singhof*, Die Außenhaftung von Emissionskonsortien für

Eine Aufteilung des Risikos erhöht für den Emittenten grundsätzlich die Sicherheit, den gewünschten Kapitalbetrag zu erhalten. Zeichnet eine Bank allein die gesamte Emission, erhält der Emittent nichts, wenn die Bank die nicht abgesetzten Wertpapiere nicht finanzieren kann.[643] Wird hingegen nach der Quotenaufteilung verfahren, nach der jeder Konsorte für eine bestimmte Wertpapiermenge einstehen muß, hat der Emittent gute Chancen, zumindest einen Teil des Mindestausgabebetrages der Aktien zu erhalten, falls sich diese wieder Erwarten als unplazierbar erweisen.
Neben dieser eher theoretischen Begründung nutzen die beteiligten Kreditinstitute die Risikoaufteilung vorrangig, um das Gesamtrisiko der Emission für sich zu begrenzen. Je nach Emissionsvolumen sind große Kapitalmengen erforderlich, die die einzelnen Institute nicht aufbringen wollen (oder können). Das gilt besonders deshalb, weil Emissionen immer häufiger international ausgerichtet sind, und dementsprechend das Volumen den Handlungsspielraum einer Bank übersteigt. Bei einem Mißerfolg würde nicht nur der Ruf der einzelnen Bank gefährdet. Die Verluste können sogar die Existenz gefährden. Diese Gefahren werden durch eine Begebung konsortialiter zumindest verringert (Diversifikationsgedanke).

Sowohl das Preis- als auch das Plazierungsrisiko sind abhängig von der Lage am Kapitalmarkt. Während einer Baissephase lassen sich die Wertpapiere erfahrungsgemäß nur schwer absetzen. Dies muß nicht mit der *equity-story* des Emittenten verknüpft sein. In diesen Fällen ist die Plazierung ebenso wie der konkret festgestellte Preis gefährdet. Das Konsortium soll diese Unsicherheiten bis zur tatsächlichen Zuteilung der Wertpapiere tragen. Allerdings sieht der Übernahmevertrag Rücktrittsmöglichkeiten für die Investmentbanken vor.[644] Mit fortschreitender Entwicklung des Emissionsgeschäfts übernehmen die Banken für immer kürzere Zeiträume die Risiken. Die späte Unterzeichnung des Übernahmevertrags ist nur ein Beispiel dafür, wie die Banken die Risiken möglichst lange bei dem Emittenten belassen. Heute liegen zwischen der Zeichnung und Übernahme der Aktien durch die Banken und der Zuteilung zumeist nur zwei oder drei Tage. Da die Banken den Vertrag unter bestimmten Voraussetzungen auch noch in diesem Zeitraum rückabwickeln können, verringert sich das Risiko der Banken auf ein Minimum. Darüber hinaus wird durch neue Methoden der Preisfestsetzung[645] das Bemühen deutlich, das Risiko noch weiter zu verringern. Im Gegensatz dazu läßt das sog. *hard underwriting*, bei dem die Wertpapiere

Aktieneinlagen; *Timm/Schöne*, ZGR 1994, S. 113, 122 ff.; dafür *Kümpel*, Bank- und Kapitalmarktrecht, Rn. 11.143 f..

[643] Diese Konstellation stellt eine theoretische Annahme dar. Üblicherweise müssen die Banken bei der festen Übernahme von Wertpapieren nach dem KWG über ausreichende Eigenkapitalmittel verfügen (§§ 10, 13 KWG).

[644] S. dazu unter § 15 B.

[645] Bookbuilding- und Auktionsverfahren.

über einen längeren Zeitraum[646] im Eigentum der Banken stehen, nur eine eingeschränkte Risikoverringerung zu. Daher kommt es in der heutigen Emissionspraxis nur noch für Bezugsrechtsemissionen in Betracht.
Dieses früher für sämtliche Emissionen übliche Festpreisverfahren sieht vor, daß das Konsortium bereits bei Abschluß des Übernahmevertrags an den Emissionspreis gebunden ist. Das kann besonders bei zeitlich ausgedehnten Zeichnungsphasen große Risiken für die Banken bergen. Beispielhaft soll die Bezugsrechtsemission dargestellt werden. Sie weist bereits zu Beginn der Bezugsfrist einen festen Emissionspreis auf. Die Altaktionäre üben ihre Bezugsrechte regelmäßig nur aus, wenn sie dadurch einen Vorteil erlangen. Können sie die Aktien am Markt günstiger erwerben, muß das Konsortium die – im Verhältnis zu den alten Aktien – teuren jungen Aktien in das eigene Portefeuille übernehmen oder mit Verlust am Markt absetzen. Verluste entstehen für die Banken nur, wenn sie die Aktien zu einem festen Preis (Bezugspreis) übernommen haben. Die Banken vermeiden regelmäßig die Übernahme der Aktien zum Bezugspreis. Sie zeichnen nur noch zum Nennwert. Diese Tatsache hat einen Meinungsstreit von grundlegender Bedeutung entfacht. Es ist umstritten, ob die Banken die Aktien zum Nennwert übernehmen und das Agio als Mehrerlös lediglich auf Grund einer schuldrechtlichen Verpflichtung an den Emittenten abführen können. Dieser Frage soll erst an späterer Stelle nachgegangen werden.[647]

Regelmäßige Anwendung findet heute das Bookbuilding-Verfahren.[648] Die Banken geben dabei nach Absprache mit dem Emittenten eine Preisspanne vor, innerhalb derer die Anleger ihr Angebot abgeben können. Ist die Zeichnungsfrist abgelaufen, bestimmen die Banken gemeinsam mit dem Emittenten den endgültigen Preis. Da der Übernahmevertrag erst kurz vor Ende der Bookbuildingphase geschlossen wird, ist der Preis und die Nachfrage am Markt für die Konsorten dann ohne weiteres einschätzbar. Entwickelt sich in der kurzen Zeit bis zur Zuteilung der Wertpapiere die Marktlage ungünstig, trägt das Konsortium das Absatzrisiko.
Es bleibt festzuhalten, daß von einem *hard underwriting* im herkömmlichen Sinne kaum noch gesprochen werden kann, da sich die Banken auch für die Zeit nach der Zeichnung z. B. durch die Rücktritts- und Vertragsanpassungsklausel absichern.[649] Im Ergebnis trägt also der Emittent die Risiken der Emission.

---

[646] Als längerer Zeitraum kann z. B. die gesamte Zeichnungsfrist bezeichnet werden.
[647] S. dazu § 15 B.
[648] Eingehend zum Verfahren *Willamowski*, Bookbuilding.
[649] Ebenso selten ist inzwischen der *bought deal*, bei dem die Banken die Emission von dem Emittenten zu einem festgelegten Preis kaufen. Häufig mußten die Banken die Wertpapiere unter dem Einkaufspreis veräußern, s. vertiefend *Achleitner*, Handbuch Investment Banking, S. 393.

II. Plazierungsfunktion der Banken

Im Rahmen der Ausführungen zur Risikoübernahmefunktion wurde bereits deutlich, daß die Plazierungsfunktion eng mit der Risikoübernahme verbunden ist. Das gilt besonders deshalb, weil ein Hauptrisiko in der unvollständigen Plazierung der Emission liegt.

Die Kreditinstitute sollen ihre Vertriebskanäle nutzen, um die Wertpapiere möglichst dauerhaft im Publikum unterzubringen.[650] Die Banken sollen durch ihre Absatzmöglichkeiten die verschiedenen Interessen der Beteiligten einer Emission zusammenführen. Der Emittent ist in der Regel nicht in der Lage, für die gesamte Emission dauerhafte Abnehmer zu finden. Daher schaltet die Gesellschaft ein Kreditinstitut als Konsortialführer ein. Der Konsortialführer oder ein Konsortium verpflichtet sich, die gesamte Emission zu plazieren. Darüber hinaus müssen eine Vielzahl von weiteren Faktoren bei der Auswahl des Konsortiums, insbesondere aber des Konsortialführers beachtet werden.[651] Für die Beauftragung eines Konsortialmitgliedes sprechen z. B. seine Kontakte zu institutionellen (Investmentfonds, Versicherungen und Pensionsfonds) und privaten Investoren, da so gewährleistet ist, daß viele potentielle Anleger direkt vom Konsortialmitglied angesprochen werden. Für diese Kontaktaufnahme ist ferner die Größe des in- und ausländischen Filialnetzes sowie die Zahl der betreuten Wertpapierdepots bedeutend. Diese Plazierungskraft und die Stärken im Marketing einer Bank sind wiederum entscheidend für die Beteiligung an einem Konsortium. Neben der Plazierungskraft und dem Know-how, das die Banken für die Koordinierung und Durchführung einer Emission mitbringen sollten,[652] ist die Analystenabteilung der Konsortialmitglieder von besonderer Bedeutung.[653] Mittels einer eingehenden Analyse des Emittenten und seiner Branche können die Marketingaktivitäten der Banken für die angebotenen Wertpapiere nachhaltig unterstützt werden. Eine ausgezeichnete Analystenabteilung fördert darüber hinaus das Renommee einer Bank. Sie erfüllt somit

[650] *Reimnitz*, Das Primärgeschäft im Emissionsbereich, in: Handbuch des internationalen Bankgeschäfts, S. 241, 259; *Rudolph*, Funktionen und Konditionen der Kreditinstitute im Emissionsgeschäft, WiSt 1981, S. 60, 62; *Kümpel,* Bank- und Kapitalmarktrecht, Rn. 9.16 f.

[651] Zur Bedeutung der Auswahl des Konsortiums, insbesondere des Konsortialführers s. eingehend Schanz, Börseneinführung, S. 258 ff.

[652] Für die Durchführung und Koordinierung einer Emission ist innerhalb einer Universalbank die Corporate Finance- oder Investment Banking Abteilung zuständig. Dabei wurden in Deutschland die anglo-amerikanischen Bezeichnungen wie bei vielen anderen Begriffen in diesem Tätigkeitsbereich übernommen.

[653] Die Trennung dieser Abteilung innerhalb der Bank ist von übergeordneter Bedeutung, s. auch FAZ vom 02.08.2001, S. 27.

zwei Aufgaben: Zum einen trägt sie zum guten Ruf der Bank bei. Zum anderen nimmt sie damit positiven Einfluß auf den Absatz der Wertpapiere.[654]
Von der Plazierungskraft hängt die Verteilung der Quoten ab.[655] Diese bestimmen wiederum das jeweilige Risiko für die einzelnen Konsortialmitglieder.[656] Hat ein Konsorte eine hohe Plazierungskraft, übernimmt er eine größere Menge an Wertpapieren als ein Kreditinstitut mit einer geringeren Plazierungskraft. Es wird deutlich, wie eng die Risikoübernahme mit der Plazierungsfunktion verbunden ist.
Es gab allerdings auch Emissionen, bei denen die beiden Funktionen voneinander getrennt behandelt wurden. Bei der Emission von Euro-Anleihen war es z. B. üblich, *selling groups*[657] einzusetzen. Diese waren nur für die Plazierung der Wertpapiere zuständig, während die *underwriter* das Risiko übernommen haben. Das würde verdeutlichen, daß Konsortien vorrangig zur Risikoteilung gebildet werden und die Plazierung selbst an unabhängige Wertpapierhändler weitergegeben werden kann. Da die Funktion der Risikoübernahme heute aber erheblich reduziert ist, können Konsortien nicht ausschließlich der Risikoverteilung dienen. Vielmehr spielt die Plazierungskraft für die Bildung von Konsortien ebenfalls eine große Rolle. Kann der Emittent seine Emission alleine oder mit wenigen Konsorten veräußern, wird er ohne ein großangelegtes Konsortium arbeiten, um Kosten zu sparen.[658] Grundsätzlich gibt es heute also keine *selling group* mehr. Sollte ein Konsorte nicht in der Lage sein, seine Quote zu plazieren, tritt je nach Bedarf ein einzelner *selling agent* auf. Er verhandelt direkt mit dem einzelnen Konsortialmitglied über die Plazierung eines Teils der Wertpapiere. Er hat regelmäßig keinen Kontakt zu dem gesamten Konsortium.

---

[654] Gerade dieser mögliche Einfluß führt allerdings verstärkt zu Kritik, s. FAZ vom 02.08.2001, S. 27; FAZ vom 04.08.2001, S. 22.

[655] Dazu *Schanz*, Börseneinführung, S. 269 f.

[656] S. dazu bereits oben.

[657] *Selling groups* sind keine Konsortien, BuB-*Bosch,* Emissions- und Konsortialgeschäft, Rn. 10/79.

[658] Der Konsortialführer erhält regelmäßig den größten Anteil am Plazierungsvolumen (ca. 50 % des gesamten Plazierungsvolumens, Handelsblatt v. 24.06.1999, Guter Rat muß nicht zu teuer sein, S. 34). Der Anteil am Plazierungsvolumen wird damit begründet, daß der Konsortialführer auch die institutionellen Anleger anspricht, die regelmäßig den größten Anteil der Emission erwerben, s. auch *Schanz*, Börseneinführung, S. 269 f. Der Konsortialführer muß nicht unbedingt gleichzeitig das wesentliche Risiko übernehmen. Daraus folgt, daß die Quote der übernommenen Papiere mit den tatsächlich zu plazierenden Papieren nicht übereinstimmt, s. dazu oben § 11 C. II. 1. c).

III. Signalfunktion

Eine immer wichtiger werdende Funktion, die die Emissionsbanken – insbesondere der *lead manager* – erfüllen, ist das Bereitstellen des sog. Emissionskredits[659] (Signalfunktion). Als Emissionskredit wird das *standing* der Bank bezeichnet. Damit fördert die Bank die Emission. Das Vertrauen der Anleger gründet auf dem *standing* der Bank und auf vorausgegangenen Transaktionen, die von den entsprechenden Emissionsbanken durchgeführt und begleitet wurden.[660] Das *standing* umfaßt alle Eigenschaften, die einer Bank besonderes Ansehen an den nationalen und internationalen Kapitalmärkten verleihen.[661] Das *standing* der Bank soll dem Anleger die Sicherheit geben, daß die Emission erfolgreich verläuft. Außerdem signalisiert der gute Ruf der Bank dem Anleger, daß es sich bei den Wertpapieren um ein hochwertiges Investment handelt. Diese Einschätzung der Anleger fußt bei eher volatilen Aktien im Gegensatz zu festverzinslichen Wertpapieren nicht auf einem rationalen Urteil. Die Kursrisiken, die von der aktuellen Marktlage abhängig sind, können auch von den Emissionsbanken nicht konkret eingeschätzt werden. Daraus könnte geschlossen werden, daß die Qualität der Aktien nicht mit den begleitenden Emissionbanken in Verbindung steht. In der Praxis gilt allerdings etwas anderes. Kaufentscheidend ist für viele Anleger, die durch die oftmals gleichzeitige Börseneinführung der Emission angesprochen werden, das Renommee der Banken.[662] Der Investor überprüft die Wertpapiere der Emission nicht gesondert, da er die Teilnahme der vertrauten und renommierten Banken als Signal einer erfolgreichen Emission deutet.[663] Das *standing* der Banken ist somit ein Qualitätssignal für die Anleger. Dieses Signal kann dem Emittenten unter Umständen auch Informationskosten ersparen.[664] Wird die Emission von einer oder mehreren renommierten Emissionsbanken begleitet, werden vermutlich weniger Ausgaben für Werbung und andere Informationen getätigt. Der Anleger

---

[659] Als Emissionskredit wird auch die Vorfinanzierung der Wertpapiere durch die Konsorten einschließlich der damit verbundenen Risikoübernahme bezeichnet. Dieser Begriff ist irreführend, vgl. *Rudolph*, Funktionen und Konditionen der Kreditinstitute im Emissionsgeschäft, S. 60, 62.

[660] *Neus*, Emissionskredit und Reputationseffekte, ZfB 1993, S. 897, 898.

[661] Z. B. eine funktionsfähige Verwaltung, die Qualität der Effekten, eine gute Kurspflege etc., vgl. *Scholze*, Das Konsortialgeschäft der deutschen Banken, 1. Halbband, S. 287 f.; *Carls*, Das Going- public-Geschäft deutscher Banken, S. 48.

[662] *Reimnitz*, Das Primärgeschäft im Emissionsbereich, in: Handbuch des internationalen Bankgeschäfts, S. 241, 257.

[663] Sicher überprüfen renommierte Bankhäuser die auszugebende Emission und sicherlich ist auch eine Verbindung zwischen einer guten Bank und risikoarmen Aktien herzustellen. Nur auf diese Tatsache zu vertrauen, erscheint allerdings riskant.

[664] Vgl. *Rudolph*, Funktionen und Konditionen der Kreditinstitute im Emissionsgeschäft, WiSt 1981,
S. 60, 62; s. dazu eingehender *Rapp*, Der Markt für Aktien-Neuemissionen, S. 116 ff., 126.

wertet die Begleitung durch die Emissionsbank bereits als eine von den Emissionsbanken vorgenommene Vorauswahl und Überprüfung der umfangreichen Informationen über die Emission.[665]
Die Qualität der Banken wird oftmals auch durch ihre *bracket* Position angezeigt. In den Verkaufsangeboten und Hinweisbekanntmachungen für die Emission, die in einschlägigen Zeitungen[666] abgedruckt werden, sind die Mitglieder des Konsortiums in verschiedene Stufen eingeteilt. Das Stufenverhältnis wird durch das Layout der Anzeige sichtbar.[667] In der Regel wird in eine *major*, *medium* und möglicherweise *minor bracket* eingeteilt,[668] wobei an erster Stelle die Angehörigen der *major bracket* (Konsortialführer) aufgeführt werden.[669]
Für die Einteilung in die einzelnen *brackets* ist hauptsächlich die Plazierungskraft maßgeblich. Je größer der Kundenstamm und das Filialnetz, je umfangreicher die Verbindungen zum internationalen Kapitalmarkt und je hochkarätiger die Zusammensetzung des Einlegerkreises der Bank, desto wahrscheinlicher ist ein Platz in der *major bracket*. Folgende Faktoren sind für die Stellung der einzelnen Emissionsbank von Bedeutung:

- Erfahrungen in den unterschiedlichen Unternehmenszweigen sowie bisher erfolgreich durchgeführte Emissionen: Rangiert eine Bank in der obersten Stufe, so ist ihr die Teilnahme an erfolgversprechenden und großen Emission sicher.[670]
- vorhandene Kundenbeziehungen: Ist ein Emittent Kunde bei einem Kreditinstitut (Hausbank), dann ist die Wahrscheinlichkeit hoch, daß auch dieses Kreditinstitut die Emission begleiten wird.[671] Insoweit kommt es nicht allein auf die *bracket* Position an.

[665] Eine gesonderte Betrachtung von Informationsproblemen auf dem deutschen Kapitalmarkt kann an dieser Stelle nicht erfolgen. Eingehend dazu *Rapp*, Der Markt für Aktien-Neuemissionen, S. 96 ff..
[666] Vor allem die Börsenpflichtblätter.
[667] Der oder die Konsortialführer führen im Fettdruck die Auflistung an. Unter den Konsortialführern folgen die anderen Mitglieder des Konsortiums im Normaldruck.
[668] *Reimnitz*, Das Primärgeschäft im Emissionsbereich, in: Handbuch des internationalen Bankgeschäfts, S. 241, 258; ähnlich *Carls*, Das Going-public-Geschäft deutscher Banken, S. 61 f.
[669] Vgl. *Carls*, Das Going-public-Geschäft deutscher Banken, S. 61.
[670] Vgl. *Carls*, Das Going-public-Geschäft deutscher Banken, S. 63; vgl. zum gesamten Themenbereich *Schanz*, Börseneinführung, s. 270 ff..
[671] Dies setzt voraus, daß ein vorteilhaftes und überzeugendes Emissionskonzept für den Emittenten vorgelegt wird, *Wolff*, Going Public in der Schweiz, in Deutschland und in den USA, S. 73.

- Das Verhältnis der potentiellen Konsortialmitglieder zum Konsortialführer: Der Konsortialführer stellt das Konsortium zusammen.[672] Die Geschäftsbeziehungen, die zu anderen Emissionsbanken bestehen, werden dabei üblicherweise berücksichtigt.
- Die Reziprozität: Ihr kommt insbesondere im internationalen Geschäft hohe Bedeutung zu.[673] Eine Bank, die zur Teilnahme an einem Konsortium von dem Konsortialführer berufen wurde, berücksichtigt bei nachfolgenden Emissionen, die von ihm durchgeführt werden, den früheren Konsortialführer.

Abschließend kann festgehalten werden, daß ein gut ausgewähltes Konsortium den Anlegern ein gewisses Maß an Qualität anzeigt und damit die Plazierung der Wertpapiere vereinfacht.

IV. Technische Durchführung

Schließlich ist die technische Durchführung der Emission eine Hauptaufgabe der begleitenden Emissionsbanken. Nur die konsortialführende Bank kann diese Funktion ausfüllen. Der Konsortialführer berät den Emittenten bei der Vorbereitung der Emission.[674] Er handelt und fertigt die Entwürfe für die Konsortialverträge sowie den Übernahmevertrag aus und koordiniert die Erstellung des Verkaufsprospektes. Er stellt erforderliche Anträge und holt Genehmigungen ein. Nach der Plazierung nimmt der Konsortialführer die Kurspflege für die emittierten Wertpapiere vor. Die Banken haben die erforderlichen Kontakte zu den Anlegern. Ferner haben sie die technische Ausrüstung, die Zeichnungsanträge in großer Stückzahl zu bearbeiten und weitere damit in Zusammenhang stehende Aufgaben zu erfüllen (Zuteilung; Wertpapierabrechnung).[675]

---

[672] Der Emittent sollte die Entscheidung nicht vollständig dem Konsortialführer überlassen. Es stellt sich allerdings die Frage, inwieweit der Emittent seinen Einfluß geltend machen kann. Das hängt von der Stärke seiner Verhandlungsposition ab, die er weitestgehend ausnutzen sollte, vgl. insgesamt *Schanz*, Börseneinführung, S. 270 ff.

[673] *Obst/Hintner*, Geld-, Bank- und Börsenwesen, S. 531; *Wolff*, Going Public in der Schweiz, in Deutschland und in den USA, S. 94; Vgl. *Carls*, Das Going-public-Geschäft deutscher Banken, S. 58.

[674] Die beratende Funktion, die die Banken erfüllen, wird nicht gesondert aufgeführt, sondern zur technischen Durchführung gezählt, *Rudolph*, Funktionen und Konditionen der Kreditinstitute im Emissionsgeschäft, WiSt 1981, S. 60, 63; *Rapp*, Der Markt für Aktien-Neuemissionen, S. 60 f., anders *Reimnitz*, Das Primärgeschäft im Emissionsbereich, in: Handbuch des internationalen Bankgeschäfts, S. 241, 255; *Carls*, Das Going-public-Geschäft deutscher Banken, S. 45.

[675] S. zu den Aufgaben bei der technischen Durchführung: *Carls*, Das Going-public-Geschäft deutscher Banken, S. 47; *Ehrhardt*, Börseneinführungen von Aktien am deutschen Kapitalmarkt, S. 22.

Die Emissionsbanken erfüllen auch eine gesetzlich festgelegte Funktion bei Aktienemissionen. Gem. § 186 Abs. 5 AktG handelt es sich nicht um einen Bezugsrechtsausschluß, wenn ein Kreditinstitut die Aktien vom Emittenten übernimmt und sich verpflichtet, den Altaktionären die Wertpapiere zum Bezug anzubieten. Da die Banken in diesem Verfahren zunächst die gesamte Emission zeichnen, wird die Variante regelmäßig bei Emissionen von Aktien mit Bezugsrechten angewandt, um den Ablauf zu vereinfachen. Mit der Übernahme der Aktien durch die Kreditinstitute wird der Emittent während der Bezugsfrist der Altaktionäre abgesichert. Darüber hinaus beinhaltet das sog. mittelbare Bezugsrecht noch weitere Vereinfachungen hinsichtlich des Ablaufs (Zeichnungsscheine etc.).[676] Sofern eine Emission mit der Notierungsaufnahme an einer Börse verbunden ist, beantragt ein Kreditinstitut oder ein Finanzdienstleister gemeinsam mit dem Emittenten die Zulassung zum Amtlichen Handel oder Geregelten Markt (§§ 36 Abs. 2, 71 Abs. 2 BörsG). Der Antragsteller muß nicht immer der Konsortialführer sein. In der Regel ist das aber der Fall.

V. Fazit

Nach allem wird deutlich, daß die Emissionsbanken wesentliche Aufgaben bei der Durchführung einer Emission wahrnehmen. Nicht alle Aufgaben sind zwingend mit der Rolle der Banken verbunden. Dies ist in den Fällen offensichtlich, in denen die Banken nicht unbedingt ihre Leistungen zur Verfügung stellen müssen, damit eine Emission erfolgreich durchgeführt werden kann. Die durch die neuen elektronischen Medien entstandenen Möglichkeiten erweitern z. B. den Wettbewerb im Emissionsgeschäft und lassen nicht nur Emissionen auf traditionellem Wege zu. Insbesondere die reine Plazierung kann wirksam online durchgeführt werden. Wertpapierhandelshäuser, die das Internet als Emissionsplattform anbieten,[677] geben dem Emittenten die Möglichkeit, das breite Anlegerpublikum über das Internet zu erreichen. Der Aktienerwerb ist hier depotbankunabhängig, weshalb der Anleger eine reelle Chance auf Zuteilung haben soll. Da der Erfolg einer Emission aber häufig maßgeblich von der Qualität einer Bank abhängig ist, wird die Bank regelmäßig mit allen Aufgaben der Emission betraut. Die Erfolgsaussichten werden dann gesteigert, wenn alle Dienstleistungen wie z. B. Akquisition, Management, Plazierung und Handel in einer Hand liegen. Die Qualität gründet sich auf einer engen Zusammenarbeit der einzelnen mit der Emission befaßten Abteilungen. Ein enges Zusammenwirken der Research-Gruppe, der Sales-Abteilung, der Filialen und der speziell mit der Emissionsdurchführung befaßten Abteilung zahlt sich erfahrungsgemäß aus.

---

[676] S. oben § 11 C. I.

[677] www.trigon-online.de; www.netipo.de; www.going-public.de.

B. Anreize der Banken für die Erbringung der Leistungen

Die Rolle der Banken bei Emissionen ist vielfältig und erschöpft sich nicht in der vorstehenden Darstellung. Nachdem beispielhaft eine Auswahl von Funktionen der Banken beim Emissionsgeschäft dargestellt wurde, sollen in einem zweiten Schritt die Motive der Banken betrachtet werden, eine Emission zu begleiten.[678] Eine vertiefte Betrachtung bietet sich deshalb an, weil die Durchführung des Emissionsgeschäftes für die Banken kurzfristig mit erheblichen Risiken verbunden sein kann. Fraglich ist also, welche Anreize von dem Emittenten oder auch von anderen Beteiligten für die Banken gesetzt werden?

I. Vergütung

Die Leistungen der Banken werden durch Provisionen vergütet. Der größte Posten ist die Übernahme-/Abwicklungsprovision.[679] Ihre Berechnungsgrundlage ist abhängig von der jeweiligen Emissionsform. Bei einer Aktienemission mit Bezugsrechtsausschluß nach § 186 Abs. 3 Satz 4 AktG wird ein bestimmter Prozentsatz des Plazierungspreises je neuer Aktie gezahlt. Bei der erstmaligen Einführung von Aktien an der Börse (IPO) in Verbindung mit einer Kapitalerhöhung mit Bezugsrechtsausschluß gilt ebenfalls der im Übernahmevertrag/Preisfestsetzungsvertrag festgelegte Plazierungspreis der plazierten Aktien als Berechnungsgrundlage für die Provision.[680] Für die zusätzliche Börseneinführung erhalten die Banken einen Betrag, der einen bestimmten Prozentsatz des Gesamtnennbetrages der neuen Aktien ausmacht[681] bzw. der Gesamtnennbetrag des gesamten Grundkapitals der Gesellschaft ist entscheidend. Für die Bezugsrechtsemission ist der Bezugspreis der Aktien Grundlage für die Berechnung der Provision.[682]

---

[678] Vgl. die Darstellung des US-amerikanischen Systems, oben in § 6.

[679] Zeitweise wurde die Übernahmeprovision auf der Grundlage des Nennbetrages berechnet. Bei Aktienemissionen betrug sie ca. 4 % des Nennbetrages der jungen Aktien, wobei Schwankungen nicht ausgeschlossen waren (1 % - 4 %). Bei der Emission von Anleihen beträgt die Provision ca. 2,5 % des Emissionsbetrages. Auch hier sind Schwankungen möglich, *Hielscher/Laubscher*, Finanzierungskosten, S. 16 f. und 37; *Scholze*, Das Konsortialgeschäft der deutschen Banken, 1. Halbband, S. 403 f. und 486; *Busch*, Externe Eigenfinanzierung bei Kapitalgesellschaften, in: Finanzierungshandbuch, S. 499, 521; *Obst/Hintner*, Geld-, Bank- und Börsenwesen, S. 546.

[680] Die Banken erhalten eine Provision in Höhe eines bestimmten Prozentsatzes des Plazierungspreises je plazierter Aktie, BuB-*Groß*, Emissions- und Konsortialgeschäft, Rn. 10/324 (XIII. Provision).

[681] BuB-*Groß*, Emissions- und Konsortialgeschäft, Rn. 10/326 (XII. Provision).

[682] BuB-*Groß*, Emissions- und Konsortialgeschäft, Rn. 10/325.

Die Höhe der Übernahmeprovision beläuft sich auf ca. 2-6 % des gesamten Emissionsvolumens. Sie hängt von einer Vielzahl von Faktoren ab:[683]

- Der Marktlage und der Art der auszugebenden Wertpapiere: Je schwieriger es ist, die Wertpapiere zu plazieren, desto höher wird die Provision ausfallen. Das Konsortium muß sich bei einer schlechten Marktlage viel mehr bemühen (z. B. aufwendige Werbekampagnen, umfassende Öffentlichkeitsarbeit), um die Emission veräußern zu können.[684]
- Der Verhandlungsposition des Emittenten: Handelt es sich um ein kleines, noch nicht etabliertes Unternehmen, hat der Vorstand in der Regel keine starke Verhandlungsposition. Handelt es sich beim Emittenten um ein großes und renommiertes Unternehmen, kommt das Konsortium dem Emittenten bei den Verhandlungen eher entgegen.
- Der Börsenattraktivität des Unternehmens.[685]
- Dem Wettbewerb zwischen den Emissionshäusern: Das Konsortium kann hohe Provisionsforderungen geltend machen, wenn kein anderer Wettbewerber um die Rolle des Emissionsbegleiters streitet. Dagegen schlägt sich der Wettbewerb mehrerer Banken um die Emission in günstigen Konditionen für die Dienstleistungen nieder.
- Der Durchführung eines Beauty Contest um das konsortialführende Mandat sowie von den Erfahrungen und dem Verhandlungsgeschick des Emissionsberaters.[686]

Wegen des Zusammenspiels einer Vielzahl von Faktoren kann nicht allgemein verbindlich angegeben werden, wie hoch die Provision für eine Aktienemissionen bemessen ist. Es steht nur fest, daß die Provision wegen der hohen Volatilität des Aktienmarktes[687] und der damit verknüpften Risiken für Aktienemissionen höher ausfällt als z. B. für Anleiheemissionen.[688]

Die Übernahmeprovision setzt sich regelmäßig aus der Vergütung für die Beratung (Führungs- oder Managementprovision und dem generellen Praecipuum), der Vergütung für die Übernahme des Risikos (Konsortialnutzen), der Vergütung für den Vertrieb der Wertpapiere (Verkaufsvergütung oder

---

683 Sie ist insbesondere bei gleichzeitiger Börseneinführung von der Wahl des Marktsegments abhängig.

684 *Obst/Hintner*, Geld-, Bank- und Börsenwesen, S. 545; *Reimnitz*, Das Primärgeschäft im Emissionsbereich, in: Handbuch des internationalen Bankgeschäfts, S. 241, 263.

685 Ist eine Vielzahl von Anlegern an dem Unternehmen interessiert?

686 Handelsblatt v. 24.06. 1999, Guter Rat muß nicht zu teuer sein, S. 34.

687 Dies wird besonders bei der Betrachtung der Werte des Neuen Marktes der Börse Frankfurt deutlich.

688 Vgl. *Rudolph*, Funktionen und Konditionen der Kreditinstitute im Emissionsgeschäft, S. 64; *Obst/Hintner*, Geld-, Bank- und Börsenwesen, S. 545.

Selling-Provision) und häufig einer zusätzlichen *incentive fee* zusammen. Der Emittent zahlt dem Konsortialführer[689] eine Führungsprovision für die beratende Tätigkeit und die technische Durchführung der Emission.[690] Das generelle Praecipuum beansprucht in der Regel auch der Konsortialführer für sich. Beides macht ca. 30 % der gesamten Übernahmeprovision (Marge) aus.[691] Den Konsortialnutzen teilen die Konsorten im Verhältnis der Quoten untereinander auf. Diese Gebühr – auch *underwriting fee* genannt – beträgt ca. 20 % der gesamten Marge.[692] Auch die Verkaufsvergütung wird in der Regel unter den Konsorten aufgeteilt. Es handelt sich mit ca. 50 % der Provision um den größten Anteil. Da die übernommene Quote nicht zwingend mit der abgesetzten Quote übereinstimmt,[693] kann die Höhe des Konsortialnutzens und der Verkaufsvergütung für den einzelnen Konsorten unterschiedlich hoch ausfallen. Der Ertrag des einzelnen Konsortialmitgliedes bemißt sich somit nach der übernommenen Quote und dem Entgelt für die tatsächlich abgesetzten Wertpapiere.[694] Häufig wird eine Regelung in den Übernahmevertrag aufgenommen, wonach die Gesellschaft und auch die abgebenden Altaktionäre dem Konsortium eine *incentive fee* zahlen können, wenn sie mit den Leistungen zufrieden waren und einen weiteren Anreiz für den Abschluß der Transaktion setzen wollen. Sie macht ca. 0,5 % der gesamten Vergütung aus, wobei sich die Gesamtvergütung bei Zahlung einer incentive Gebühr um 0,5 % erhöht.

Die Börseneinführung der Aktien wird getrennt von der Übernahmeprovision vergütet. Der Gesamtnennbetrag der neuen Aktien[695] ist die Berechnungsgrundlage für die Provision. Neben den prozentual errechneten Vergütungsbeträgen erhält das Konsortium eine Kostenpauschale, die je nach Vertragsgestaltung unterschiedlich hoch ausfällt.[696] Die Kosten, die in direktem Zusammenhang mit der Emission stehen (z. B. Prospekt, Börsenzulassung) übernimmt der Emittent vollständig. Kosten, die in Zusammenhang mit den Rechtsberatern der Bank und den Wirtschaftsprüfern stehen, zahlt der Emittent häufig zur Hälfte.

---

689 Es ist auch möglich, daß diese Provision insgesamt unter den Kosorten aufgeteilt wird.

690 *Rudolph*, Funktionen und Konditionen der Kreditinstitute im Emissionsgeschäft, S. 64.

691 *Obst/Hintner*, Geld-, Bank- und Börsenwesen, S. 546; Handelsblatt v. 24.06.1999, Guter Rat muß nicht zu teuer sein, S. 34.

692 *Rudolph*, Funktionen und Konditionen der Kreditinstitute im Emissionsgeschäft, S. 64; *Obst/Hintner*, Geld-, Bank- und Börsenwesen, S. 546; wobei verhandelt werden kann, ob für den Greenshoe auch noch Gebühren gezahlt werden, da hierbei kein Risiko besteht.

693 Vgl. BuB-*Groß*, Emissions- und Konsortialgeschäft, Rn. 10/263.

694 Der Konsortialführer erhält z. B. 50 % des Plazierungsvolumens. Bekommt er einen höheren Anteil des Plazierungsvolumens, fällt die Provision möglicherweise geringer aus und der Emittent spart Kosten.

695 Bei einem IPO wäre das der Gesamtnennbetrag des gesamten Grundkapitals.

696 Handelsblatt v. 24.06.1999, Guter Rat muß nicht zu teuer sein, S. 34, darin wird von bis zu 250.000,- DM gesprochen.

II. Reputation

Die Banken sind stets darauf bedacht, ihr vorhandenes Renommee zu erhalten und zu verbessern oder überhaupt erst einen guten Ruf in dieser Branche aufzubauen. Das kann allerdings nur mit Hilfe einer gelungenen Emission geschehen. Eine erfolgreiche Erstbegleitung garantiert den Beteiligten bei nachfolgenden Begebungen eine Berücksichtigung bei der Konsortialbildung. Dies schafft wiederum neben der üblichen Vergütung einen weiteren Anreiz, eine Emission zu begleiten. Insbesondere kleinere und unbekanntere Banken, die sich die Branche noch nicht erschlossen haben, sind bemüht, sich ein Renommee zu erarbeiten.[697] Je öfter sie an erfolgreichen Emissionen mitwirken, desto weiter steigt ihr Ansehen. Das wiederum eröffnet den Weg zur Teilnahme an großen Emissionen, die in der Regel höhere Vergütungsanreize bieten.
Hat sich eine Emissionsbank auf die Emission von bestimmten Unternehmen spezialisiert, spielt trotzdem die Reputation eine große Rolle. Das Teilnahmeinteresse an großen und damit häufig auch sehr lukrativen Emissionen mag in diesen Fällen nicht so ausgeprägt sein. Damit der Emittent jedoch überhaupt an die Bank herantritt, muß ein bestimmtes Renommee vorhanden sein. Dies ist wiederum vorrangig durch die Teilnahme an anderen Emissionen zu erlangen. Somit gibt auch der Reputationsgewinn einen Anreiz.[698]
Die Teilnahme an - wenn auch kleinen, aber dennoch guten - Emissionen ist trotz der möglicher Risiken für die Banken bedeutend, um sich ein gutes *standing* zu verschaffen. Dadurch wird die Emissionsbank bei nachfolgenden größeren Begebungen berücksichtigt[699] und kann letzten Endes höhere Erträge erwirtschaften. Der Reputationsgewinn bildet also ebenfalls einen Anreiz für die Banken, sich an Emissionen zu beteiligen.

III. Weitere Vorteile für die Banken

1. Beratungstätigkeiten

Es gibt Anreize, die von der Provision unabhängig sind. Zunächst sind langfristige Vorteile für die Banken zu nennen. Bestreitet eine Bank eine Emission erfolgreich, bleibt das emittierende Unternehmen möglicherweise der

[697] Häufig sind sie daher auch bereit, nur geringe Provisionszahlungen in Kauf zu nehmen, wenn sie nur teilnehmen können.

[698] An dieser Darstellung wird deutlich, daß es sich um eine Art Teufelskreis handelt (guter Ruf durch Teilnahme an großen und guten Emissionen; Teilnahme aber nur möglich, wenn Renommee vorhanden).

[699] Es muß bedacht werden, daß das Kreditinstitut die vorgeschriebenen Rücklagen gebildet und auch weitere Voraussetzungen (z. B. aufsichtsrechtlicher Natur) erfüllt haben muß, um überhaupt an der Emission teilnehmen zu dürfen.

Bank[700] bei weiteren Geschäften (Kreditgeschäft, Kapitalerhöhung etc.) treu. Auch auf anderen Gebieten könnte die Emissionsbank beratend tätig werden. Da in Deutschland das Universalbankensystem vorherrscht, bietet das einzelne Institut dem Emittenten eine vielseitige Produktpalette. Damit kann die Bank eine Anzahl weiterer *Cross-Selling*-Wirkungen erzielen.[701] Der erfolgreiche Abschluß einer Emission kann sich positiv auf andere Geschäftsbereiche auswirken. Der gute Ruf zieht erfahrungsgemäß auch in anderen Bereichen neue Kunden an.

2. Vorteile auf Grund der Zuteilung der Wertpapiere

Ein weiterer Anreiz für die Emissionbanken ist in der weitgehend freien Zuteilung der Wertpapiere begründet. Freunde und Geschäftspartner könnten bevorzugt bedient werden.[702] Im Gegenzug erwartet die Bank, bei späteren Geschäften der so bevorrechtigten Empfänger berücksichtigt zu werden.[703] Großinvestoren können erheblichen Druck auf die einzelnen Banken ausüben. In der Regel sind gerade die großen Emissionen bei den institutionellen Investoren begehrt. Die Banken streben in diesen Fällen eine Beteiligung an, um – neben anderen Faktoren – diese Investoren nicht als Kunden zu verlieren. Sie wollen die Institutionen unbedingt bedienen, um sich selbst neue Geschäftsmöglichkeiten zu eröffnen.

C. Zusammenfassung

Die Rolle der Banken im US-amerikanischen *underwriting* Prozeß wurde bereits in § 5 dargestellt. Vergleichend läßt sich feststellen, daß die wesentlichen Funktionen der Banken übereinstimmen. Sie tragen sowohl in Deutschland als

[700] Voraussetzung ist allerdings, daß die Bank auch diese Geschäfte betreiben darf.

[701] *Reimnitz*, Das Primärgeschäft im Emissionsbereich, in: Handbuch des internationalen Bankgeschäfts, S. 241, 265.

[702] Zu den möglichen Einschränkungen s. die Anmerkungen § 11 C II c).

[703] Die Zuteilung von Wertpapieren bei Emissionen ist mit dem Börsenboom ins Rampenlicht gerückt. Immer wieder wurde und wird in diesem Zusammenhang auf die geringe Transparenz und die geringen Zuteilungschancen von Kleinanlegern hingewiesen. Wie die Zuteilung durchzuführen ist, ist gesetzlich nicht geregelt. Nur die Wohlverhaltensrichtlinie für die Kreditinstitute und Finanzdienstleister spricht von einer fairen Zuteilung (s. § 11 C II c), vgl. *Escher-Weingart*, AG 2000, S. 164 ff. Mit den Grundsätzen für die Zuteilung von Aktienemissionen an Privatanleger vom 7. Juni 2000 der Börsensachverständigenkommission wurde allerdings zumindest eine Richtschnur geschaffen, die eine transparente Zuteilung für den Anleger ermöglichen sollte, *Willamowski*, WM 2001, S. 653 ff.; s. aber auch FAZ vom 09.09.2000, S. 21 (Neue Zuteilungsregeln wurden mehrfach gebrochen).

auch in den Vereinigten Staaten das Risiko der Emission. Das Risiko ist in den Vereinigten Staaten allerdings noch weiter begrenzt als in Deutschland.
Ein Grund dafür ist der unterschiedliche Registrierungsprozeß. Das zwingende Aktienrecht in Deutschland ermöglicht es nach bisheriger Rechtslage nicht, das Risiko bis zur Zuteilung beim Emittenten zu belassen. Für die Emission wird in der Regel eine Kapitalerhöhung durchgeführt, die erst mit der Eintragung in das Handelsregister wirksam wird. Die neuen Aktien entstehen erst in diesem Zeitpunkt. Wenn die Banken die Aktien von dem Emittenten übernehmen wollen, um sie den Anlegern zum Kauf anzubieten, kann eine Eigentumsübertragung (das dingliche Rechtsgeschäft) erst nach der Eintragung erfolgen. Das setzt voraus, daß die Banken die Aktien noch vor der Zuteilung zeichnen und übernehmen. Da die Übernahme zum Nennwert/anteiliger Betrag am Grundkapital erfolgen soll, um das Risiko zu begrenzen, muß vor der Preisfeststellung am Ende des Bookbuilding-Verfahrens gezeichnet werden. So ist eine Rechtfertigung gegeben, nur zum Nennwert zu zeichnen.[704] Diese Umstände muß der *underwriter* in den Vereinigten Staaten nicht berücksichtigen. Kurz bevor das *registration statement* wirksam wird, kaufen die *underwriter* die Aktien. Wenige Stunden später sind die Aktien bereits vollständig weiterveräußert. Ein mögliches Warten auf die Eintragung durch den Registerrichter entfällt. Die Abwicklung erfolgt insgesamt zügiger.
In Deutschland wurde die Abwicklung insofern flexibler und schneller, als die Rechtsanwälte der Gesellschaft in ständigem Kontakt mit dem Registerrichter stehen. Bevor dem Registerrichter kurz vor der Preisfestlegung die Originalunterlagen zur Eintragung vorliegen, hat er alle Entwürfe der Dokumente eingesehen und auf mögliche Fehler geprüft. Die Folge dieses Prozedere ist eine zügige Eintragung in das Handelsregister. Es kann also festgehalten werden, daß das deutsche System sich sukzessive an das US-amerikanische anpaßt. So werden die Risiken Schritt für Schritt auf ein Minimum reduziert.

Es zeigte sich ferner, daß sich die Grundfunktionen der Banken kaum voneinander unterscheiden. Aufgrund der gesetzlich festgelegten Bezugsrechte der Altaktionäre und des im Aktiengesetz näher bestimmten mittelbaren Bezugsrechtes werden deutsche Emissionsbegleiter häufig zur Vereinfachung einer Bezugsrechtsemission eingesetzt. Da Bezugsrechte in den Vereinigten Staaten kaum eine Rolle spielen, erübrigt sich dieses Betätigungsfeld für US-amerikanische *underwriter*. Auf Grund der Internationalisierung werden die großen US-amerikanischen Investmentbanken in diesem Bereich aber zunehmend in Deutschland tätig.

Die Plazierungsfunktion nimmt sowohl in den Vereinigten Staaten wie auch in Deutschland eine immer wichtigere Rolle ein. Während früher noch regelmäßig

[704] Dazu noch eingehend unter § 15 B.

selling groups (insbesondere in den Vereinigten Staaten) die Plazierung übernahmen, ist heute ein gegenläufiger Trend zu beobachten. Immer häufiger plazieren die Konsorten die Wertpapiere selbst, oder sie engagieren eigene *selling agents*[705]. Damit vermeiden die Konsorten, daß ein Großteil der Provision (Verkaufsprovision) vollständig von ihnen an weitere Beteiligte durchgeleitet werden muß. Deutsche Banken verfügen zumeist über ein großes Filialnetz und können so die Aktien erfolgversprechend plazieren. Vermehrt engagieren sich auch in Deutschland Wertpapierhandelshäuser, die lediglich eine Teilbanklizenz besitzen und häufig kein Einlagen-/Kredit- und/oder Depotgeschäft betreiben. Ihnen fehlt regelmäßig ein eigenes Filialnetz, so daß es zu Plazierungsschwierigkeiten kommen kann. Um keine *selling groups* bilden zu müssen, werden auch hierzulande häufig *selling agents* eingebunden. Sie wirken bei der Plazierung mit, erhalten aber nicht die gesamte Verkaufsprovision.

Da die Prospekthaftung in den Vereinigten Staaten häufiger in Anspruch genommen wird und auch „anlegerfreundlicher" gestaltet ist, ist die damit verknüpfte Signalfunktion der Banken noch stärker ausgeprägt als in Deutschland.

Schließlich bleibt anzumerken, daß die Publizitätspflichten in den Vereinigten Staaten erheblich strenger sind als in Deutschland. Die *underwriter* werden in den Vereinigten Staaten von der NASD, der SEC und der NYSE überwacht. Das gilt insbesondere auch für die Vergütung der Banken. Ein Großteil der verschiedenen Vergütungsformen, die die Banken bei der Teilnahme an einer Emission erhalten, sollen hier aufgedeckt werden. Die Banken müssen sich diesbezüglich an u. a. von der NASD vorgegebene Richtwerte halten. Im Gegensatz dazu muß in Deutschland nur die Gesamtvergütung der an der Durchführung der Emission beteiligten Personen und Gesellschaften in den Börsenzulassungsprospekt[706] aufgenommen werden. Ob davon auch Anreize umfaßt werden, die keinen unmittelbaren geldwerten Ausgleich darstellen, darf bezweifelt werden. Gerade diese Anreize sind für die Emissionsbegleiter häufig auf lange Sicht bedeutender als die geldliche Vergütung. Gerade die mittelbare Vergütung schafft Abhängigkeiten bei dem Emittenten. Diese Abhängigkeiten, z. B. im Hinblick auf zukünftige Emissionen, beinhalten Informationen, die auch dem Anleger vor dem Kauf der Wertpapiere zugänglich gemacht werden müßten. Eine Regulierung, wie hoch die Vergütung sein darf, ist demgegenüber nicht erforderlich. Diesbezüglich sollte die Privatautonomie der Parteien unberührt bleiben. Ein besonderes Schutzbedürfnis der Emittenten kann bei der

---

[705] Ein *selling agent* ist eine Bank, die einen Teil der Quote des *underwriter* im Publikum plazieren soll.

[706] S. § 16 Abs. 1 Nr. 8 BörsZulVO. Das gleiche gilt für den Neuen Markt (RNM 4.1.4. Abs. 1 Nr. 8).

Vergütung regelmäßig nicht festgestellt werden. Auch kleinere Emittenten können in der Vorbereitungsphase Angebote von verschiedenen Banken einholen und sich dann für ein angemessenes Angebot entscheiden. Zwar wird nicht jeder Emittent eine solch herausragende Verhandlungsposition wie z. B. große international operierende Unternehmen besitzen, aber er hat einen Handlungsspielraum, den es auszuschöpfen gilt; der aber gleichzeitig ein besonderes Schutzbedürfnis nicht greifbar macht.

Abschließend sollte für dieses Kapitel festgehalten werden, daß es keine starren Muster gibt, an denen man die Zusammensetzung eines Konsortiums, die Risikoaufteilung oder auch die Vergütung ausrichten kann. Ausschlaggebend ist regelmäßig die Verhandlungsposition der einzelnen Parteien. Das gilt sowohl für die Banken, die an einem Konsortium teilnehmen wollen, als auch für den Emittenten und den Konsortialführer, die die Vergütung aushandeln.

§ 13 Garantien und Haftungsfreistellungsklausel

A. Einleitung

Der Übernahmevertrag beinhaltet eine Reihe von Pflichten für den Emittenten. Seine Ausgestaltung variiert allerdings von Fall zu Fall. Daher hat hier nur eine Auflistung gebräuchlicher Bestandteile Sinn. Der Übernahmevertrag enthält beispielsweise:

- Die Verpflichtung des Emittenten, die Provision an das Konsortium abzuführen und sämtliche Aufwendungen in Zusammenhang mit der Emission zu erstatten.[707]
- Die Verpflichtung des Emittenten, der Bank eine oder mehrere Aktienglobalurkunden mit Gewinnanteilsscheinen über den gezeichneten Nennbetrag der neuen Aktien zu übergeben.[708]
- Eine Option (Greenshoe), die den Banken die Möglichkeit einräumt, über die Haupttranche hinaus weitere Aktien z. B. von dem Emittenten zu erwerben. In Zusammenhang mit dem Greenshoe kann sich auch ein Altaktionär zu einem Wertpapierdarlehen verpflichten.
- Die Verpflichtung des Emittenten und der Altaktionäre, weitere Kapitalmaßnahmen oder die Veräußerung von Aktien nicht vor Ablauf von mindestens 6 Monaten nach Plazierung der Emission durchzuführen (sog. *lock-ups* oder auch Marktschonungsvereinbarungen).[709]
- Die Verpflichtung des Emittenten die Konsortialbanken innerhalb der ersten 6 Monate nach der Plazierung unverzüglich über Ereignisse zu informieren, die eine Änderung der Plazierungsdokumente erforderlich machen und diese Änderungen nach Rücksprache mit den Konsortialbanken in den Dokumenten vorzunehmen.[710]
- Garantien[711] des Emittenten und der (abgebenden) Altaktionäre; der Emittent und die Aktionäre verpflichten sich, Aufwendungen und Schäden, die im Fall der Nichteinhaltung der Garantien entstehen, zu ersetzen.[712]

---

[707] S. dazu oben § 12 B.

[708] S. BuB-Groß Mustertexte, S. 10/197 (Vollzug).

[709] Näher unter § 14.

[710] Dies betriff z. B. Informationen zur Finanz- und Ertragslage oder wesentliche Entwicklungen und Veränderungen des Geschäftsbetriebes.

[711] Dieser Teil des Übernahmevertrages wird häufig auch mit Gewährleistungen oder Zusicherungen überschrieben. Im US-amerikanischen Recht spricht man von *representations and warranties* (s. oben § 10 B).

[712] Im folgenden näher B.

B. Garantien

Neben den soeben dargestellten Verpflichtungen geben die Parteien Garantien ab. Auch diese sind im einzelnen z. B. von der Art der Emission (IPO, Kapitalerhöhung, Bezugsrechtsausschluß) oder von dem emittierenden Unternehmen (Tätigkeitsbereich, Risikostufe) abhängig.
In einem umfassenden Katalog von Garantien sichert die Gesellschaft den Konsortialbanken u. a. die Richtigkeit und Vollständigkeit der Plazierungsdokumente zumindest für die Teile der Dokumente zu, die von der Gesellschaft oder ausschließlich mit Informationen der Gesellschaft erstellt werden. Das sind in der Regel alle Teile dieser Dokumente, die nicht originär aus der Feder anderer Beteiligter stammen.[713] Zusätzlich wird garantiert, daß seit der Fertigstellung der vorläufigen Plazierungsdokumente keine Veränderungen eingetreten sind, die den Geschäftsbetrieb wesentlich beeinträchtigen, und der Geschäftsbetrieb in seinem gewöhnlichen Umfang abläuft. Ferner sichert die Gesellschaft zu, daß der Kapitalerhöhungsbeschluß wirksam ist. Er unterliegt weder der Anfechtung durch die Aktionäre noch durch die Mitglieder des Vorstandes oder des Aufsichtsrats. Handelt es sich um eine Emission, bei der ein Bezugsrechtsausschluß greift, gewährleistet der Emittent ferner, daß die Bezugsrechte auch wirksam ausgeschlossen wurden. Er garantiert, daß die neuen Aktien frei von Rechten Dritter und frei übertragbar sind. Eine Ausnahme bilden die Verfügungsbeschränkungen, die in den Kapitalmarktgesetzen der Vereinigten Staaten und der Einzelstaaten sowie in den Plazierungsdokumenten verankert sind. Die Gesellschaft sichert zu, daß sie weder auf Grund von Rechtsvorschriften noch behördlicher Maßnahmen, rechtsgeschäftlicher Erklärungen oder Vereinbarungen in irgendeiner Weise gehindert ist, ihren aus diesem Vertrag und den damit im Zusammenhang stehenden Abreden erwachsenden Verpflichtungen in vollem Umfang nachkommen zu können. Darüber hinaus versichert die Gesellschaft, daß sämtliche ihrer Beteiligungsgesellschaften ordnungsgemäß errichtet sind und keine Beeinträchtigungen für den Geschäftsbetrieb durch fehlende Genehmigungen, Lizenzen, Gerichtsentscheidungen, Schiedssprüche oder behördliche Maßnahmen vorliegen oder zu erwarten sind. Zudem wird das Nichtvorliegen von gerichtlichen oder behördlichen Verfahren gegen die Gesellschaft, eine ihrer Beteiligungsgesellschaften oder ihre Organe zugesagt. Es wird zugesichert, daß die Voraussetzungen für eine Plazierung im Ausland vorliegen und die Gesellschaft

[713] Der blood letter beinhaltet z. B. die Stellen des Prospekts, die von der Bank bzw. deren Rechtsanwälten erstellt wurden. Prospekthaftungsansprüche aufgrund dieser Textpassagen unterliegen nicht der Haftungsfreistellung der Banken [s. im folgenden III. 1. c); aber auch Mustertext bei BuB-*Groß*, Emissions- und Konsortialgeschäft, Rn. 10/324 (S. 10/202 f.)].

weder jetzt noch nach Durchführung der Plazierung eine *investment company* i.S.d. ICA darstellt.[714]

Ebenso wie die Gesellschaft Garantien abgibt, geben auch die Altaktionäre Garantien ab. Hier muß regelmäßig eine Unterscheidung zwischen den im Rahmen der Emission abgebenden Altaktionären, den möglicherweise abgebenden geschäftsführenden Altaktionären und den sonstigen Altaktionären getroffen werden. Die geschäftsführenden Altaktionäre geben in der Regel diesselben Garantien ab wie auch die Gesellschaft. Die abgebenden Altaktionäre versichern, daß die Gesellschaft ordnungsgemäß errichtet und die Kapitalerhöhung vorschriftsmäßig durchgeführt wurde. D. h., die damit in Zusammenhang stehenden Beschlüsse sind wirksam und unterliegen nicht der Anfechtung durch Aktionäre, Mitglieder des Vorstands oder Mitglieder des Aufsichtsrats. Die Aktionäre garantieren ferner, daß die alten Aktien und die Greenshoe-Aktien frei von Rechten Dritter und frei übertragbar sind. Darüber hinaus wird von den Aktionären zugesichert, daß die Angaben zur Gesellschaft in den Plazierungsdokumenten richtig und vollständig sind. Die Abgabe von Garantien von den sonstigen Altaktionären kann häufig nicht durchgesetzt werden. Zudem gestaltet sich die Einbeziehung dieser Aktionäre in den Übernahmevertrag insbesondere bei großen Gesellschaften schwierig, da regelmäßig jeder Aktionär selbst den Übernahmevertrag unterzeichnen muß.[715]
Alle Garantien der Aktionäre und des Emittenten sollen unabhängig von einem Verschulden sein. Ebenfalls belanglos sind Einreden, Einwendungen und der Umstand, daß die Bank eigenständig gewisse Bereiche des Geschäftsbetriebes der Gesellschaft überprüft hat.

---

[714] S. zur sog. „Inadvertent Investment Company" *Steck*, Regulierung von US-amerikanischen Investmentgesellschaften, S. 54 ff.

[715] Ansonsten würde es sich um einen unzulässigen Vertrag zulasten Dritter handeln.

I. Sinn und Zweck der Garantien

Das früher regelmäßig verwendete Vertragsmuster[716] beinhaltet keinen umfassenden Garantienkatalog. Die Garantien wurden erst mit der Internationalisierung des Emissionsgeschäfts eingeführt. Sie sind größtenteils den *representations and warranties* des *underwriting agreement* nachgebildet. Letztere sind unverzichtbarer Bestandteil in jedem *underwriting agreement,* so daß bei internationaler Beteiligung derartige Garantien in einem „deutschen" Übernahmevertrag nicht fehlen dürfen. Mittlerweile gehören sie daher auch bei Emissionen mit ausschließlich deutscher Beteiligung zum Standard. Die Garantien dienen vorrangig dazu, das Konsortium abzusichern. Die Banken versuchen auch hier das grundsätzlich bestehende (Prospekt)Haftungsrisiko zu minimieren. Für fehlerhafte Angaben, die der Emittent (z. B. in den „Geschäftsaussichten") macht, wollen sie nicht einstehen und lassen sich daher die Richtigkeit der Angaben garantieren. Die Nichteinhaltung der Garantien soll dann zu einer Haftungsfreistellung der Banken führen.[717]
Daneben dient die Auflistung umfassender Garantien dazu, den Emittenten zu sensibilisieren. Er soll die Informationen, z. B. daß die Aktien frei von Rechten Dritter sind, sorgfältig überprüfen, damit der Prospekt zutreffende Angaben enthält. Auch die Arbeit der Banken (z. B. die *bring down due diligence)* profitiert von dieser Auflistung, da sie anhand der Liste überprüfen können, welche Bereiche noch eingehender geprüft werden müssen.

II. Garantiefall und gesamtschuldnerische Haftung

Im Falle der Nichteinhaltung der Garantien sollen der Emittent und die Altaktionäre die entstandenen Schäden ersetzen und das Konsortium von jeglicher Haftung in diesem Zusammenhang freistellen.[718] Insbesondere sind die Schäden und Aufwendungen zu ersetzen und eine Freistellung von der Haftung geboten, die sich daraus ergeben, daß in den Plazierungsdokumenten unrichtige, unvollständige oder irreführende Angaben enthalten sind. Darüber hinaus ist der Emittent verpflichtet, für die Aufwendungen, die mit der Verteidigung gegen Ansprüche Dritter verknüpft sind, angemessene Vorschüsse an die Konsortialbank zu leisten. Kein Ersatz und keine Freistellung erfolgt, wenn die Bank bei

---

[716] Hierbei hat es sich regelmäßig im Gegensatz zu dem Übernahmevertrag um eine Offerte gehandelt, s. ein Muster bei BuB-*Groß,* Emissions- und Konsortialgeschäft, Rn. 10/325.

[717] Dazu sogleich ausführlich.

[718] Die Haftungsfreistellung gilt einschließlich aller Verluste, Haftungs- und Schadensersatzansprüche sowie aller angemessenen Kosten und Auslagen, die im Zusammenhang mit der Untersuchung und Abwehr von Klagen oder Ansprüchen entstehen.

der selbständigen Erstellung bestimmter Passagen der Plazierungsdokumente[719] vorsätzlich oder grob fahrlässig gehandelt hat.
Das gleiche gilt für die Nichteinhaltung der Garantien, die von den Altaktionären abgegeben wurden.

1. Gesamtschuld

Sofern auch die Altaktionäre Garantien abgeben, hat das Konsortium zwei Anspruchsgegner. Es könnte daher eine Gesamtschuld gem. § 421 BGB vorliegen. Voraussetzung dafür sind nicht nur mehrere Anspruchsgegner, sondern auch die Tatsache, daß eine Leistung geschuldet wird. Die Pflichten der Gesamtschuldner müssen sich auf dasselbe Leistungsinteresse beziehen. Dabei ist eine völlige Identität von Leistungsinhalt und Umfang der Leistung nicht erforderlich.[720] Bei unterschiedlichem Umfang ist eine Gesamtschuld nur insoweit gegeben, als sich die Pflichten decken.[721] Entscheidend ist also, ob die Leistungen trotz ihrer Divergenz dasselbe Leistungsinteresse befriedigen.[722] Das ist der Fall, wenn die Garantien sowohl des Emittenten als auch der Altaktionäre inhaltlich gleichgerichtet sind. Beide Schuldner garantieren z. B. die Richtigkeit und Vollständigkeit der Plazierungsdokumente. Aber nicht beide Schuldner garantieren, daß die alten Aktien frei von Rechten Dritter sind. Dies erfolgt ausschließlich durch die Altaktionäre, während der Emittent für die neuen Aktien einsteht. Es ist für das gleiche Leistungsinteresse nicht erforderlich, daß die Ansprüche auf demselben Rechtsgrund beruhen.[723] Um überhaupt einen Rechtsgrund angeben zu können, müssen die vertraglichen Absprachen zwischen Konsortialbanken, Emittent und Altaktionären rechtlich eingeordnet werden. Üblicherweise wird in dem Übernahmevertrag von Garantien gesprochen, so daß ein Garantievertrag vorliegen könnte. Neben dieser Bezeichnung wird häufig die Formulierung Zusicherung oder Gewährleistung gewählt. Daran wird deutlich, daß es sich nicht zweifelsfrei um eine herkömmliche Garantie handelt. Grundsätzlich kommen folgende Schuldsicherungen als Rechtsgrund in Betracht:

- eine Bürgschaft gem. § 765 BGB,
- ein abstraktes Schuldversprechen gem. § 780 BGB oder
- ein Garantievertrag.

---

[719] Diese Passagen werden z. B. im *blood letter* festgehalten.
[720] BGHZ 43, 227(233); *Palandt-Heinrichs*, § 421 Rn. 4.
[721] *MüKo-Selb*, § 421 Rn. 6; RGZ 82, 439; BGHZ 52, 39 (45); Düss NJW 1995, 2565 f.
[722] Vertiefend zur Gesamtschuld *Larenz*, I § 37 I.
[723] *MüKo-Selb*, § 421 Rn. 6; BGHZ 58, 216 ff.

Die Annahme, bei den Garantien handele es sich um eine Bürgschaft, ist fernliegend. Ist die Zusicherung die Hauptschuld, müßte die Bürgschaft dazu akzessorisch sein. Wird also die Hauptschuld erfüllt, so erlischt die Bürgschaft gem. § 767 BGB. Es kann aber nicht festgestellt werden, ob nun die Zusicherung des Emittenten oder die Zusicherung der Altaktionäre die Hauptschuld bildet. Somit ist nicht eindeutig, was als Bürgschaft und was als Hauptschuld zu bezeichnen ist. Aus dem Übernahmevertrag ist ferner nicht ersichtlich, ob einer der beiden Schuldner die Schuld nur als eine fremde will. Die Anspruchsgegner der Konsortialbanken haben jeweils ein eigenes wirtschaftliches Interesse. Beide wollen durch die Plazierung der Aktien mit Hilfe der Banken Erträge erwirtschaften. Das eigene Interesse wird auch dadurch deutlich, daß die Leistungsverpflichtung der Schuldner nur teilweise übereinstimmt. Beide Schuldner haben noch individuelle Verpflichtungen übernommen. Eine Bürgschaft liegt daher nicht vor.

Bei den Zusicherungen könnte es sich um ein abstraktes Schuldversprechen handeln. Der einzelne Schuldner muß unabhängig von einem Schuldgrund eine Leistung versprechen.[724] Er verspricht die Zahlung schlechthin.[725] Sowohl der Emittent als auch die Altaktionäre verpflichten sich im Fall der Nichteinhaltung der Zusicherungen, den entstandenen Schaden zu tragen. Diese Verpflichtungen sind somit abhängig von einem Schuldgrund. Die Zahlung erfolgt damit nicht schlechthin. Folglich handelt es sich nicht um ein abstraktes Schuldversprechen.

Schließlich kommt noch ein Garantievertrag in Betracht. Ein Gewähr-(Garantie-)Vertrag zeichnet sich dadurch aus, daß der Garant eine Verpflichtung zur Schadloshaltung übernimmt, falls der garantierte Erfolg nicht eintritt.[726] Der Garantievertrag gewährt dem Garantienehmer also eine versicherungsähnliche Absicherung.[727] Im Gegensatz zum abstrakten Schuldversprechen ist der typische Zweck des Garantievertrages in der Sicherung des Gläubigers für den Fall zu sehen, in dem sich ein im Vertrag näher bezeichnetes Risiko verwirklicht. Das ist hier gewollt. Emittent und Altaktionäre sollen die Konsortialbanken im Falle der Nichteinhaltung der Gewährleistungen absichern. Da Schuldner und Garant identisch sind, muß der garantierte Erfolg über die eigentliche Vertragsleistung hinausgehen.[728] Im Übernahmevertrag verpflichten sich die Banken, die alten und neuen Aktien zu übernehmen und zu plazieren. Der Emittent und die Altaktionäre zahlen als Gegenleistung eine Provision an die Banken. Die Zusicherungen des Emittenten und der Altaktionäre gehen über diese Hauptleistung hinaus. Ihr Vorliegen wird zusätzlich garantiert.[729] Eine

[724] Kübler, Feststellung und Garantie, S. 91; *Brox*, Besonderes Schuldrecht, Rn. 349.

[725] *MüKo-Habersack*, vor § 765 Rn. 15.

[726] *MüKo-Habersack*, vor § 765 Rn. 13; *Palandt-Sprau*, Einführung vor § 765 Rn. 16; RGZ 146, 120 (123); BGHZ 82, 398 (401).

[727] *MüKo-Habersack*, vor § 765 Rn. 15; *Fikentscher*, Schuldrecht, Rn. 1008.

[728] Vgl. *MüKo-Habersack*, vor § 765 Rn. 13.

[729] Nach allem erübrigt sich eine unselbständige Garantie.

selbständige Garantie ist somit Rechtsgrundlage für die Ansprüche, die den Konsortialbanken im Fall der Nichteinhaltung zustehen. Das gilt sowohl für den Emittenten als auch für die Aktionäre. Die jeweiligen Forderungen der Konsortialbanken gegen die Schuldner beruhen also auf demselben Rechtsgrund.
Für das Vorliegen einer Gesamtschuld müssen die Schuldner ferner „auf das Ganze" verpflichtet sein. Dazu muß aber nicht jeder in der Lage sein, die Leistung tatsächlich zu erbringen.[730] Es handelt sich z. B. nicht um eine Verpflichtung „auf das Ganze", wenn Nebenbürgen für verschiedene Teile derselben Hauptschuld haften. Dieser Fall liegt hier nicht vor. Sowohl der Emittent als auch die Aktionäre verpflichten sich, sämtliche Aufwendungen und Schäden zu ersetzen, die sich aus der Nichteinhaltung der Garantien ergeben. Es erfolgt somit keine Teilung der Schuld. Beide Anspruchsgegner sind zur Bewirkung der ganzen Leistung verpflichtet.
Die Konsortialbanken sind nur einmal zur Forderung der Leistung berechtigt. Die abgegebenen Gewährleistungen sind als jeweils selbständige Garantieverträge zu qualifizieren.[731] Trotzdem handelt es sich nicht um eine Leistungsanhäufung, die eine Gesamtschuld ausschließt. Die Klausel des Übernahmevertrages dient der Absicherung der Konsortialbanken.[732] Zur Absicherung reicht es aus, wenn die Banken die Leistung einmal von einem der Anspruchsgegner fordern können. Außerdem ist nicht ersichtlich, weshalb die Schuldner sich auf eine Leistungsanhäufung einlassen sollten. Allein die Gesamtschuld ist für die Anspruchsgegner bereits eine große Belastung. Da sie die Konsortialbanken zufriedenstellt, ist eine weitergehende Leistungsanhäufung nicht zu begründen. Schließlich ist die Gleichstufigkeit der Verpflichtungen für die Annahme einer Gesamtschuld entscheidend. Eine Gleichstufigkeit liegt z. B. vor, wenn jeder Schuldner mit der Schuld des anderen rechnet.[733] Keiner der beiden Schuldner hat ausschließlich die Funktion, die Verpflichtung des anderen zu decken. Aus dem Übernahmevertrag kann dies jedenfalls nicht gefolgert werden. Weder der Altaktionär noch der Emittent stehen der Anspruchserfüllung der Konsortialbanken näher. Für die Garantien mit gleichem Inhalt haften im Fall ihrer Nichteinhaltung sowohl der Emittent als auch die Altaktionäre. Daher ist eine Gleichstufigkeit der Verpflichtungen gegeben. Für dieses Ergebnis spricht auch die Ausnahmeregelung des § 427 BGB, wonach im Zweifel eine Gesamtschuld anzunehmen ist, wenn sich mehrere gemeinschaftlich durch Vertrag zu einer teilbaren Leistung verpflichten. Ferner entspricht dies der

---

[730] *Palandt-Heinrichs*, § 421 Rn. 2.
[731] Sie sind folglich unabhängig von der Wirksamkeit des Vertrages und können selbständig eingeklagt werden.
[732] S. dazu bereits die rechtliche Einordnung und später unter Sinn und Zweck.
[733] BGH NJW 1959, 2160 (2161 f.).

allgemeinen Verkehrsauffassung. Sie nimmt für die gemeinsamen Zusicherungen üblicherweise eine Gesamtschuld an.[734]

2. Ergebnis

Folglich liegt eine Gesamtschuld gem. § 421 BGB vor.[735] Der Emittent und die Aktionäre sind im Fall der Nichteinhaltung der abgegebenen übereinstimmenden und gleichgerichteten Garantien Gesamtschuldner,[736] sofern nicht ausdrücklich etwas anderes im Übernahmevertrag geregelt wurde.

III. Problemfelder der Haftungsfreistellung und Schadensersatzansprüche

Mit der Haftungsfreistellung und den Schadensersatzansprüchen der Konsortialbanken gegenüber dem Emittenten sind spezielle Probleme verknüpft. Das gilt besonders unter Berücksichtigung des Aktienrechts.

1. Prospekthaftung und Kapitalerhaltungsgrundsatz

Die gesetzliche Prospekthaftung der Konsortialbanken gegenüber den Anlegern und die mit dieser Haftung verbundenen Rechtsverteidigungskosten sind häufig Grundlage für eine Haftungsfreistellung oder einen Schadensersatzanspruch. Im Zusammenhang mit der eigenen Prospekthaftung des Emittenten stellt sich allerdings schon die Frage nach deren Verhältnis zum Grundsatz der Kapitalerhaltung[737] der Aktiengesellschaft. Verstößt diese Haftung bereits gegen das Verbot der Einlagenrückgewähr gem. § 57 AktG und den unerlaubten Erwerb eigener Aktien nach § 71 AktG, so würde sich erst recht die Haftungsfreistellung der Banken durch den Emittenten im Innenverhältnis als Umgehung dieser aktienrechtlichen Grundsätze darstellen.

---

[734] Vgl. *Technau*, AG 1998, S. 454.

[735] In vielen Verträgen wird die Gesamtschuld inzwischen ausdrücklich geregelt. Da die Altaktionäre häufig eine stärkere Verhandlungsposition als der Emittent haben, sind auch Konstellationen möglich, wonach erst nach einer erfolglosen Inanspruchnahme des Emittenten die Altaktionäre in Anspruch genommen werden sollen.

[736] In diesem Zusammenhang muß beachtet werden, daß die geschäftsführenden Altaktionäre andere Garantien abgeben als die abgebenden Altaktionäre (s. dazu § 13 B).

[737] *Hirte*, Kapitalgesellschaftsrecht, Rn. 670 ff.

a) Grundlagen der Prospekthaftung

Voraussetzung für einen Hauptfall der Prospekthaftung – die börsengesetzliche Prospekthaftung nach §§ 45, 46 BörsG[738] - ist ein Prospekt, dessen Angaben für die Beurteilung der Wertpapiere falsch oder unvollständig sind.[739] Der Emittent muß einen Prospekt einreichen, um zum Börsenhandel zugelassen zu werden. Ebenfalls Gegenstand der Prospekthaftung sind schriftliche Darstellungen, die veröffentlicht wurden, um den Emittenten von der eigentlichen Prospektpflicht zu befreien (§ 45 Abs. 4 BörsG).[740] Als Gesamtschuldner haften diejenigen, die für den Prospekt die Verantwortung übernommen haben, und diejenigen, von denen die Anfertigung des Prospekts ausgeht. Es wird somit zwischen den Urhebern des Prospekts und den formal Verantwortlichen für den Prospekt unterschieden.[741] Die erste Gruppe besteht aus den Unterzeichnern des Prospekts. Dazu gehören nach § 36 Abs. 2 und § 13 Abs. 1 Satz 3 BörsZulVO der Emittent und die emissionsbegleitende Bank.[742] In der Regel handelt es sich um ein (Börseneinführungs-)Konsortium, wobei aber nicht alle Konsortialmitglieder notwendigerweise auch Emissionsbegleiter sind. Das hängt erstens von der Art der Emission[743] ab. Zweitens erfüllt möglicherweise nicht jedes Konsortialmitglied die Voraussetzungen des § 36 Abs. 2 BörsG. Die Konsortialmitglieder, die den Zulassungsantrag nicht mit stellen, können sich aber gem. § 14 BörsZulVO dazu verpflichten, ebenfalls als Prospekt-

---

[738] Auch § 77 BörsG (für den geregelten Markt) und § 13 VerkProspG (wenn ein öffentliches Angebot im außerbörslichen Bereich vorliegt) verweisen auf diese Vorschriften. Die Haftung ist somit in diesen Bereichen weitgehend übereinstimmend. Geringfügige Abweichungen befinden sich in § 13 Abs. 1 VerkProspG.

[739] Vertiefend Schäfer-*Hamann*, BörsG, §§ 45, 46 a. F; *Schwark*, BörsG, §§ 45, 46 (a. F. anwendbar bis 31.03.2000); *Kort*, AG 1999, S. 9 ff.; *Groß*, AG 1999, S. 199 ff.(n. F.); *Groß*, Kapitalmarktrecht, §§ 45, 46 BörsG, Rn. 10 ff.; *Ellenberger*, in: Festschrift für Herbert Schimansky, S. 591 ff.

[740] Damit wird das sog. Informationsmemorandum dem Börsenprospekt gleichgestellt, BGBl. I 1998, S. 536; *Pötzsch*, WM 1998, S. 949, 951; *Krämer/Baudisch*, WM 1998, S. 1161, 1170; Schäfer-*Hamann*, BörsG, §§ 45, 46 n.F. Rn. 14.

[741] *Schwark*, BörsG, §§ 45, 46 Rn. 6, 7; Schäfer-*Hamann*, BörsG, §§ 45, 46 n.F. Rn. 11.

[742] *Lehmann*, WM 1985, S. 181, 183; *Brondics/Marc*, AG 1989, S. 339, 342; *Kort*, AG 1999, S. 9, 10; *Assmann*, in: Handbuch des Kapitalanlagerechts, § 7 Rn. 202 (mit weiteren Angaben).

[743] Insbesondere bei internationalen Emissionen sind in der Regel nicht alle Konsorten Emissionsbegleiter. Neben der Tatsache, daß diese Konsortialmitglieder häufig nicht den Anforderungen des § 36 Abs. 2 BörsG entsprechen, ist es auch aus Marketinggesichtspunkten nicht unbedingt erforderlich, ausländische Emissionshäuser als Verantwortliche aufzuführen. Die Beteiligung einer in Deutschland eher unbedeutenden ausländischen Investmentbank hebt das Ansehen der Emission beim deutschen Anleger nicht. Wichtiger ist für ihn die Beteiligung seiner Hausbank (z.B. kleine Regionalbank) oder die Beteiligung einer Großbank mit herausragender Reputation. S. oben § 12 A. III.

verantwortliche genannt zu werden.[744] Diese Verpflichtung ist im Übernahmevertrag[745] oder im Konsortialvertrag verankert.
Die tatsächlichen Urheber des Prospektes werden von § 45 Abs. 1 Nr. 2 BörsG erfaßt. So soll verhindert werden, daß sich die eigentlichen Urheber des Prospekts durch Einschaltung Dritter der Haftung entziehen.[746] Alle Personen, die ein „eigenes geschäftliches Interesse an der Emission haben", werden zur Haftung herangezogen.[747] Dazu gehören u. a. Unternehmen (Konzernmuttergesellschaften oder Institutionen, die große Beteiligungen veräußern) und Einzelpersonen (die Prospekterstellung maßgeblich steuernde Aufsichtsratsmitglieder oder ein Großaktionär, der seine Beteiligung veräußert).[748] Als Einzelpersonen können auch die Vorstandsmitglieder haften.[749] Allerdings müssen sie ein eigenes geschäftliches Interesse an der Emission haben und die Prospekterstellung maßgeblich beeinflussen können. Der Vorstand einer AG ist als Geschäftsführungsorgan bei der Erstellung des Prospektes federführend, da ihm alle Informationen über die Gesellschaft zugänglich sind. Ein eigenes geschäftliches Interesse könnte z. B. darin liegen, daß die einzelnen Mitglieder des Vorstandes eigene Aktien im Zuge der Emission veräußern wollen.[750]
Ferner muß es sich um Wertpapiere handeln, die auf Grund des Prospekts zum Handel zugelassen worden sind. Die Neufassung des § 45 BörsG umfaßt auch andere, nicht unterscheidbare Wertpapiere desselben Emittenten (§ 45 Abs. 1 S. 3). Hält der Anleger bereits Wertpapiere mit derselben Wertpapier-Kennummer und gleicher Ausstattung in seinem Depot, ist er heute möglicherweise nicht in der Lage, den Neuerwerb bestimmter Wertpapiere nachzuweisen.[751] Diese Problematik bringt die Girosammelverwahrung mit sich, in deren Rahmen die Wertpapiere unterschiedslos verwahrt werden.[752]

---

[744] Das wird regelmäßig der Fall sein, da Sinn und Zweck eines Konsortiums gerade die Risikodiversifizierung (auch der Prospekthaftungsrisiken) ist.

[745] Eine entsprechende Absprache enthält die Klausel bezüglich der Börseneinführung.

[746] *Schwark*, BörsG, §§ 45, 46 Rn. 7.

[747] *Assmann*, in: Handbuch des Kapitalanlagerechts, § 7 Rn. 204; *Schwark*, BörsG, §§ 45, 46 Rn. 7.

[748] *Gehrlein*, BB 1995, S. 1965 ff.; *Sittmann*, NZG 1998, S. 490, 493.

[749] *Krämer/Baudisch*, WM 1998, S. 1161, 1167; *Schwark*, in: FS für Raisch, S. 269, 285.

[750] Für den Fall, in dem die Vorstandsmitglieder persönlich für die Emission werben, ansonsten aber kein persönliches geschäftliches Interesse entwickeln, kann eine allgemeinzivilrechtliche Prospekthaftung greifen. Zur Frage, ob auch Experten (z. B. Wirtschaftsprüfer aufgrund eines *comfort letter*) haften s. ausführlich *Ebke/Siegel*, Sonderbeilage Nr. 2/2001, WM 2001, S. 1, 18 ff.; *Bosch*, ZHR 163 (1999), S. 274, 279 ff.

[751] Ein Nachweis, den allerdings die Prospektverantwortlichen beibringen müssen (§ 46 Abs. 2 Nr. 1 BörsG), könnte möglicherweise durch einen Depotauszug geführt werden

[752] S. zu den Unterscheidungsproblemen die Regierungsbegründung zum Dritten Finanzmarktförderungsgesetz, BT-Drucks. 13/8933, S. 54, 77; *Grundmann/Selbherr*, WM 1996, S. 985, 990; *Assmann*, Prospekthaftung, S. 381 ff.; *Assmann*, in: Freundesgabe für

Gegenmaßnahmen zur Haftungsbegrenzung muß der Emittent selbst einleiten (z.B. unterschiedliche Wertpapier-Kennummern).

Die Prospekthaftung ist an verschiedene Erfordernisse in bezug auf den Erwerb der Wertpapiere geknüpft. Zunächst muß es sich um ein Erwerbsgeschäft auf Grund der Prospektveröffentlichung handeln. Das Erwerbsgeschäft in diesem Sinne schließt nur den entgeltlichen Erwerb ein.[753] Dieser entgeltliche Erwerb muß nach der Prospektveröffentlichung und innerhalb von sechs Monaten nach der erstmaligen Börseneinführung der Wertpapiere erfolgt sein.[754] Ein Erwerb vor der Veröffentlichung des Prospektes ist dementsprechend nicht geschützt. Unerheblich ist hingegen, ob es sich bei dem in Rede stehenden Erwerbsgeschäft um einen Erst- oder Zweiterwerb handelt. Jeder Erwerber ist ersatzberechtigt.[755] Der Anleger muß nicht nachweisen, daß der Prospekt der ausschlaggebende Grund für den Erwerb der Wertpapiere war.[756] Gem. § 45 Abs. 3 BörsG muß das Erwerbsgeschäft einen Inlandsbezug haben, sofern der Emittent seinen Sitz im Ausland hat, und die Wertpapiere auch im Ausland zugelassen sind. Nur mit einem Inlandsbezug ist ein Anspruch nach § 45 Abs. 1 oder Abs. 2 BörsG möglich. Der Inlandsbezug ist gegeben, wenn die Wertpapiere auf Grund eines im Inland abgeschlossenen Geschäfts oder einer ganz oder teilweise im Inland erbrachten Wertpapierdienstleistung erworben wurden.[757]
Sind alle in § 45 BörsG genannten Voraussetzungen erfüllt, stellt sich die Frage des Verschuldens. Eine Haftung gem. § 45 BörsG scheidet nämlich aus, wenn der Verantwortliche nachweisen kann, daß er die Unrichtigkeit oder Unvollständigkeit nicht gekannt hat und die Unkenntnis nicht auf grober Fahrlässigkeit beruht (§ 46 Abs. 1 BörsG). Grobe Fahrlässigkeit liegt vor, wenn die im Verkehr erforderliche Sorgfalt bei der Erstellung eines Prospekts bzw. der Mitwirkung bei der Erstellung desselben in besonders schwerem Maße verletzt wurde.[758] Werden einfachste, ganz naheliegende Überlegungen nicht angestellt, und das nicht beachtet, was gegebenenfalls jedem hätte einleuchten müssen, ist die

---

Friedrich Kübler, S. 317, 343 ff.; *Kort*, AG 1999, S. 9, 11 f ; *Sittmann*, NZG 1998, S. 490, 491.

[753] BR-Drucks. 605/97, S. 76.

[754] Für die Prospektveröffentlichung gelten die Voraussetzungen des § 36 Abs. 4 BörsG. Die Einführung der Wertpapiere ist in § 42 Abs. 1 S. 1 BörsG geregelt.

[755] S. § 45 Abs. 2 BörsG; *Kort*, AG 1999, S. 9, 12; *Groß*, AG 1999, S. 199, 205.

[756] Regierungsbegründung zum Dritten Finanzmarktförderungsgesetz, BT-Drucks. 13/8933, S. 54, 78 i. V. m. 76; Schäfer-*Hamann*, BörsG, §§ 45, 46 n.F. Rn. 29.

[757] S. dazu Schäfer-*Hamann*, BörsG, §§ 45, 46 n.F. Rn. 24 ff.

[758] Grundlegend BGHZ 10,14, 17; 153, 161; prospekthaftungsrechtlich *Groß*, AG 1999, S. 199, 206; Schäfer-*Hamann*, BörsG, §§ 45, 46 a.F. Rn. 95.

verkehrserforderliche Sorgfalt verletzt.[759] Von dieser Begriffsbestimmung werden auch in der Person des Handelnden begründete Umstände berücksichtigt. Daher kann das gleiche Verhalten verschiedener Prospektverantwortlicher zu unterschiedlicher (folglich individueller) Beurteilung der Haftung führen.[760] Je näher der jeweilige Verantwortliche den Informationen für die Prospekterstellung steht, desto größer ist der Grad seiner Verantwortung.[761] Grundsätzlich erstellen die Emissionsbanken den Prospekt auf der Grundlage der vom Emittenten zur Verfügung gestellten Informationen. Die Emissionsbanken können sich aber nicht generell darauf verlassen, daß die Angaben zutreffend sind. Sie sind nicht von der Pflicht entbunden, Kontrollen durchzuführen. Um eine vermeidbare Unkenntnis seitens der Banken möglichst auszuschließen, sind die Banken selbst gehalten, die bereitgestellten Informationen im Rahmen des Möglichen und Zumutbaren zu überprüfen.[762] Eine Nachforschungspflicht besteht immer dann, wenn Anhaltspunkte für die Unrichtigkeit von Prospektangaben vorliegen oder Informationen vorhanden sind, die Zweifel an der Richtigkeit des Prospektes wecken.[763] Selbst wenn deutliche Zweifel an Informationen von sachkundigen Dritten auftreten, müssen die Banken diese Informationen überprüfen.[764] Weisen die Prospektverantwortlichen eine ordentliche und angemessene Sorgfältigkeitsprüfung

---

[759] *Canaris*, Bankvertragsrecht, Rn. 2280; *Schwark*, BörsG, §§ 45, 46 Rn. 20; Schäfer-*Hamann*, BörsG, §§ 45, 46 a.F. Rn. 95; *Palandt-Heinrichs*, BGB, § 277 Rn. 2.

[760] *Schwark*, BörsG, §§ 45, 46 Rn. 21; *Palandt-Heinrichs*, BGB, § 277 Rn. 2; Schäfer-*Hamann*, BörsG, §§ 45, 46 a.F. Rn. 95.

[761] So sind der Emittent als Gegenstand der Informationen und die abgebenden Vorstandsmitglieder anders zu behandeln als die emissionsbegleitenden Banken. Die Verantwortung der einfachen Konsortialmitglieder (u. a. Plausibilitätskontrolle) und des Konsortialführers (Prüfung im Rahmen des Zumutbaren s. o.) müssen dabei ebenfalls unterschieden werden; s. *BuB-Bosch*, Emissionsgeschäft, Rn. 10/146; *Grundmann*, in: Bankrechts-Handbuch, § 112 Rn. 59; *Groß*, AG 1999, S. 199, 206 f.; a.A. *Schwark*, BörsG, §§ 45, 46 Rn. 24 (einheitlicher Sorgfaltsmaßstab).

[762] *Schwark*, BörsG, §§ 45, 46 Rn. 21 mit weiteren Nachweisen; *Schwark*, ZGR 1983, S. 162, 173; *Köndgen*, AG 1983, S. 120, 127; RGZ 80, 196 (198 ff.); *Hopt*, S. 99 Rn. 192; *Groß*, AG 1999, S. 199, 206 f.. Für die Angaben über die Vermögens-, Finanz- und Ertragslage des Emittenten gilt dies nach der Rechtsprechung allerdings nur, soweit konkrete Anhaltspunkte für die Unrichtigkeit oder Unvollständigkeit der Angaben bestehen, RGZ 80, 196, 198 f.; BGHZ 139, 225; BGH NJW 1982, S. 2823, 2825 = WM 1982, 826; ferner *Groß*, AG 1999, S. 199, 206; *Baumbach/Hopt*, HGB, § 45 BörsG Rn. 7; *Ebke/Siegel*, Sonderbeilage Nr. 2/2001, WM 2001, S. 1, 5.

[763] RGZ 80, 196 (199); *Assman*, in: Handbuch des Kapitalanlagerechts, § 7 Rn. 217.

[764] S. dazu OLG Frankfurt, ZIP 1999, S. 1005, 1007; *Kort*, AG 1999, S. 9, 18. Zur Problematik weiterer Nachforschungspflichten s. *Assmann*, in: Handbuch des Kapitalanlagerechts, § 7 Rn. 218 ff.; *Schwark*, BörsG, §§ 45, 46 Rn. 21; *Schwark*, ZGR 1983, S. 162, 173 ff.; RGZ 80, 196 (199 f.); BGH WM 1982, S. 862, 864.

nach,[765] ist der Vorwurf entkräftet, daß ihre Unkenntnis von der Mangelhaftigkeit des Prospekts auf grober Fahrlässigkeit beruht.

Neben einer fehlenden Haftung auf Grund von fahrlässiger Unkenntnis (fehlendes Verschulden nach § 46 Abs. 1 BörsG) besteht kein Anspruch, wenn einer der Gründe aus § 46 Abs. 2 BörsG greift. Gem. § 46 Abs. 2 Nr. 1 BörsG besteht kein Anspruch, wenn der Prospekt nicht kaufentscheidend war. Ausschlaggebend ist also die Frage, ob eine entsprechende Anlagestimmung vorgelegen hat,[766] wobei im Gegensatz zur alten Fassung des § 46 BörsG zugunsten des Anlegers eine Beweislastumkehr Platz greift. Ist der Prospektmangel nicht (mit-)ursächlich für den Verfall des Börsenpreises, ist ein Anspruch gem. § 46 Abs. 2 Nr. 2 BörsG ausgeschlossen.[767] Ferner kann der Erwerber keinen Anspruch geltend machen, wenn er den Prospektmangel kannte (§ 46 Abs. 2 Nr. 3 BörsG). Bloß fahrlässige Unkenntnis schadet dem Erwerber allerdings nicht und führt daher nicht zu einer anteilsmäßigen Minderung des Prospekthaftungsanspruchs.[768] Schließlich ist die Haftung ausgeschlossen, wenn vor dem Abschluß des Erwerbsgeschäfts, eine Berichtigung des Prospektmangels im Rahmen des Jahresabschlusses oder des Zwischenberichts des Emittenten erfolgt (§ 46 Abs. 2 Nr. 4 BörsG).[769] Rechtsfolge eines wirksam geltend gemachten Prospektmangels ist die Erstattung des Erwerbspreises und der mit dem Erwerb verbundenen üblichen Kosten gegen Übernahme der Wertpapiere (§ 45 Abs. 1 BörsG). Im Fall des § 45 Abs. 2 BörsG[770] kann der Geschädigte nur die Differenz zwischen dem Erwerbspreis und dem Veräußerungspreis der Wertpapiere sowie den mit dem Erwerb und der Veräußerung verbundenen üblichen Kosten verlangen.
Der Anspruch aus §§ 45, 46 BörsG verjährt spätestens in 3 Jahren seit der Veröffentlichung des Prospektes (§ 47 BörsG). Grundsätzlich beträgt die Verjährungsfrist 6 Monate ab Kenntnis des Prospektmangels.

Abgesehen von der börsengesetzlichen Prospekthaftung kommen grundsätzlich noch die von der Rechtsprechung aus dem Rechtsinstitut der c.i.c. entwickelten

---

[765] Als Nachweis in einem gerichtlichen Verfahren könnte beispielsweise die Vorlage des *comfort letter* der Wirtschaftsprüfer oder der *disclosure opinion* der Rechtsanwälte dienen.

[766] Hier werden die Überlegungen der Rechtsprechung zu Anlagestimmung aufgegriffen. Regierungsbegründung zum Dritten Finanzmarktförderungsgesetz, BT-Drucks. 13/8933, S. 54, 78 i. V. m. 76; BGH, ZIP 1998, S. 1528, 1531; *Kort*, AG 1999, S. 9, 12 f.; Schäfer-*Hamann*, BörsG, §§ 45, 46 n. F. Rn. 29.

[767] Auch hier hat der Haftende nachzuweisen, daß keine Kausalität vorliegt.

[768] *Assmann/Lenz/Ritz*, VerkprospG, § 13 VerkprospG Rn. 59.

[769] S. *Groß*, AG 1999, S. 199, 209; Schäfer-*Hamann*, BörsG, §§ 45, 46 n. F. Rn. 37 ff.

[770] Der Erwerber gem. § 45 Abs. 1 BörsG ist nicht mehr Inhaber der Wertpapiere.

Grundsätze der zivilrechtlichen Prospekthaftung[771] (allgemein-zivilrechtliche Prospekthaftung) als Haftungsgrundlage in Betracht. Danach können auch Rechtsanwälte, Steuerberater, Wirtschaftsprüfer und andere Sachverständige sowie die Gründer und Initiatoren haften. Es wird zwischen Prospekthaftung im engeren und im weiteren Sinne unterschieden.[772] Erstere basiert auf dem typisierten Vertrauen des Anlegers auf die Richtigkeit und Vollständigkeit der von den Prospektverantwortlichen gemachten Angaben.[773] Ihre Entwicklung erfolgte zwar aus dem Rechtsinstitut der c.i.c., sie ist jedoch inzwischen als eigenständiges Rechtsinstitut anerkannt und zeichnet sich durch verselbständigte Merkmale aus.[774] Die Prospekthaftung im weiteren Sinne knüpft an ein besonderes persönliches Vertrauen, das der Anleger seinem Verhandlungspartner entgegenbringt, an. Die Ausgestaltung dieser Haftung orientiert sich in den Einzelheiten an den Regeln der c.i.c. (Verschulden bei Vertragsschluß).[775]
Die allgemein-zivilrechtliche Prospekthaftung kann dort Anwendung finden, wo der Anwendungsbereich der börsengesetzlichen und spezialgesetzlichen Prospekthaftung endet.[776] Das ist dann der Fall, wenn kein Börsenzulassungsprospekt, kein Verkaufsprospekt nach VerkProspG, KAGG oder AuslInvestmG und kein Unternehmensbericht, der zum Zweck der Einführung von Wertpapieren verbreitet wird, vorliegt. Eine weitergehende Anwendung parallel zur börsengesetzlichen Prospekthaftung ist fraglich. Die h. M. verneint ein Eingreifen der allgemein-zivilrechtlichen Prospekthaftung (i. e. S.) neben der börsengesetzlichen Prospekthaftung. Letztere sei insoweit abschließend. Wäre eine allgemein-zivilrechtliche Haftung möglich, würden die Beschränkungen der börsengesetzlichen Haftung gegenstandslos.[777] Eine Analogie zu § 48 Abs. 2

---

[771] BGHZ 71, 284 ff.; 74, 103 (109); 77, 172 (175); 79, 337 (340 ff.); 83, 222 (224); 126, 166 (172); 115, 213 (218 f.); 123, 106 (109) mit weiteren Nachweisen.

[772] S. eingehend BGHZ 83, 222 (227); *Assmann*, in: Handbuch des Kapitalanlagerechts, § 7 Rn. 98 ff. m. w. N.; *Assmann*, in: Neue Entwicklungen im Bankhaftungsrecht, S. 55, 58 ff., *Assmann*, in: Freundesgabe für Friedrich Kübler, S. 317, 324 ff.; *Baumbach/Hopt*, HBG, Anhang § 177 a Rn. 60 ff.; *Siol*, in Bankrechts-Handbuch, Band I, § 45 Rn. 30 ff.

[773] BGHZ 123, 106 (109).

[774] BGH ZIP 1984, S. 1086 f.; BGH WM 1985, S. 533 f.; OLG Frankfurt (Sachsenmilch), WM 1997, S. 361 (363).

[775] Eingehend *Assmann*, in: Handbuch des Kapitalanlagerechts, § 7 Rn. 100 ff.; OLG Frankfurt (Sachsenmilch), WM 1997, S. 361, 363.

[776] Detailliert zu den Voraussetzungen und der Problematik der zivilrechtlichen Prospekthaftung s. *Köndgen*, AG 1983, S. 85 ff. (Teil I), S. 120 ff. (Teil II); Assmann, in: Handbuch des Kapitalanlagerechts, § 7 Rn. 94 ff.; *Assmann*, AG 1996, S. 508, 511 f.; von Westphalen, BB 1994, S. 85, 88 f.; *BuB-Bosch,* Emissionsgeschäft, Rn. 10/136 ff.; Schäfer-*Hamann*, BörsG, §§ 45, 46 a.F. Rn. 20 ff.; Groß, Kapitalmarktrecht, §§ 45, 46 BörsG, Rn. 64.

[777] OLG Frankfurt (Sachsenmilch), WM 1997, 361, 363 mit eingehender Begründung; *von Westphalen*, BB 1994, S. 85, 88; *Kümpel*, Bank- und Kapitalmarktrecht, Rn. 9.349; *Schwark*, ZGR 1983, S. 162, 182 ff.; *Kort*, AG 1999, S. 9. 19; *Waldeck/Süßmann*, WM

BörsG[778] ist in bezug auf eine Prospekthaftung im engeren Sinne nicht möglich, da keine quasivertragliche Haftungsgrundlage vorliegt. Zwar wurde die Prospekthaftung im engeren Sinne aus den Regeln der c.i.c. entwickelt, aber sie ist heute ein eigenes Rechtsinstitut und kann daher nicht als individuelles vorvertragliches Verhältnis betrachtet werden.[779]
Anders verhält es sich mit der Prospekthaftung im weiteren Sinne. Sie kann in Analogie zu § 48 Abs. 2 BörsG als quasivertraglicher Haftungsanspruch neben der börsengesetzlichen Prospekthaftung bestehen, da sie im Detail auf den Regeln der c.i.c. beruht.[780] Weitergehende Ansprüche, die z. B. aus einer vorsätzlichen unerlaubten Handlung (§§826, 823 Abs. 2 BGB i.V.m. §§ 263, 264 a StGB) erhoben werden können, stehen neben dem Prospekthaftungsanspruch aus §§ 45, 46 BörsG.[781] Gesellschaftsrechtliche Ansprüche (§§ 47 Nr. 3, 117 AktG) können im Einzelfall ebenso neben den börsengesetzlichen Prospekthaftungsanspruch treten.[782]

b) Die US-amerikanische Regelung

Schließlich soll die Prospekthaftung nach deutschem Recht in ausgewählten Punkten der US-amerikanischen Regelung gegenübergestellt werden. Ein entscheidender Unterschied liegt darin, daß das US-amerikanische Recht die

1993, S. 361, 367; Anmerkung zum Urteil LG Frankfurt v. 6.10.1992 (Altmeppen), DB 1993, S. 84, 85 f. m. w. N.; a. A. *Canaris*, Bankvertragsrecht, Rn. 2289; *Baumbach/Hopt*, HGB, Anhang § 177a Rn. 62.

[778] Weitergehende Ansprüche, die nach den Vorschriften des bürgerlichen Rechtes auf Grund von Verträgen oder vorsätzlichen unerlaubten Handlungen erhoben werden können, bleiben unberührt. Allerdings gilt § 48 Abs. 2 BörsG nach zutreffender Ansicht nur für tatbestandlich konkurrierende Ansprüche, nicht hingegen für Ansprüche, die schon tatbestandlich mit der Börsenprospekthaftung nicht konkurrieren.

[779] Vgl. *Schwark*, BörsG, §§ 45, 46 Rn. 43.

[780] Sofern Ansprüche aus c.i.c. vorliegen, können auch diese geltend gemacht werden. Dazu Schäfer-*Hamann*, BörsG, § 48 a.F. Rn. 5, 8; *Kort*, AG 1999, S. 9, 18 f.; *Groß*, Kapitalmarktrecht, §§ 45, 46 BörsG Rn. 64; Vortmann-*Hauptmann*, § 3 Rn. 142. Die allgemein zivilrechtliche Prospekthaftung i.w.S. wird im Schrifttum häufig deliktsrechtlich qualifiziert, auch wenn sie als Fall der culpa in contrahendo verstanden wird, s. *Hopt*, Die Verantwortlichkeit der Banken, S. 124 m.w.N..

[781] Schäfer-*Hamann*, BörsG, § 48 n. F. Rn. 5; Vortmann-*Hauptmann*, § 3 Rn. 144 ff.; *Groß*, Kapitalmarktrecht, § 48 Rn. 2. Da eine vorsätzliche Begehungsweise gefordert wird, ist § 823 Abs. 2 i. V. m. einem Schutzgesetz, welches nur Fahrlässigkeit fordert, ausgeschlossen. Ein weitergehender Vermögensschutz kann aber schon durch § 823 Abs. 2 BGB i. V. m. § 264 a StGB, § 399 Abs. 1 Nr. 4 AktG und § 400 Abs. 1 AktG gewährt sein, wobei der Vorsatz allerdings nur schwer darzulegen, zu beweisen und in der Praxis auch kaum vorliegen wird; zum Schutzcharakter der genannten Vorschriften s. nur *Schwark*, BörsG, § 48 Rn. 48 ff.

[782] *Schwark*, BörsG, §§ 45,46 Rn. 46 f.; BGH WM 1982, 867, 868; Schäfer-*Hamann*, BörsG, § 48 n. F. Rn. 5 und § 48 a. F. Rn. 10.

kollektive Verfolgung von Individualansprüchen geschädigter Anleger zuläßt (*class action*),[783] womit das Verfahren in den Vereinigten Staaten schon aus wirtschaftlicher Sicht günstiger für den einzelnen Aktionär ist.[784] Darüber hinaus kann sich der Emittent in den Vereinigten Staaten nicht auf eine *due diligence defense* berufen, während in Deutschland § 46 BörsG für sämtliche Prospektverantwortlichen Anwendung findet. Einige andere Aspekte der US-amerikanischen Regelung wurden jedoch hierzulande bei der Neufassung[785] der Prospekthaftung berücksichtigt. Die neue Fassung verfolgt dabei zwei Schutzzwecke: Erstens den Schutz des Anlegers und zweitens den Funktionenschutz des Kapitalmarktes. Auf der Grundlage der Überlegungen zum Dritten Finanzmarktförderungsgesetz, die eine Steigerung der Attraktivität des Finanzplatzes Deutschland vor dem Hintergrund der zunehmenden Verschärfung des internationalen Wettbewerbs auf den Kapitalmärkten beabsichtigten,[786] wurde versucht, die Prospekthaftung den internationalen Standards, insbesondere den US-amerikanischen Regelungen anzupassen. Die Ausrichtung an dem US-amerikanischen Modell bot sich z. B. bei den Verjährungsfristen an. In den Vereinigten Staaten verjährt der Anspruch in einem Jahr nach Kenntniserlangung, spätestens aber 3 Jahre nach dem Kauf der Wertpapiere. Dieser kurzen Verjährungsfrist steht im Gegensatz zum deutschen Recht eine verhältnismäßig strenge Haftung gegenüber. Während in Deutschland nur 6 Monate nach Prospekterwerb eine Anlagestimmung vermutet wird, wird diese im US-amerikanischen Recht für 12 Monate angenommen. Zudem wird in den Vereinigten Staaten weitgehend verschuldensunabhängig gehaftet. Diese strengen Regelungen zugunsten der Anleger in Kombination mit der Möglichkeit, diese Individualansprüche kollektiv zu verfolgen, rechtfertigen in den Vereinigten Staaten eine kurze Verjährungsfrist. In Deutschland bringt die Verkürzung der Verjährungsfrist erhebliche Schwierigkeiten für den Anleger mit sich.[787] Bei der vorgesehenen kurzen Frist ist zweifelhaft, ob der Anleger in dieser Zeit alle notwendigen Schritte zur Wahrung seiner Haftungsansprüche

---

783 *Baetge/Eicholtz*, in: Basedow u. a. (Hrsg.), Die Bündelung gleichgerichteter Interessen im Prozeß, S. 285 ff.; *Baetge/Wöbke*, in: Basedow u. a. (Hrsg.), Die Bündelung gleichgerichteter Interessen im Prozeß, S. 363 ff.; ablehnend zur class action und weitere Vorschäge zu kollektiver Verfolgung von individuellen Anlegeransprüchen, *Baums*, Gutachten F zum 63. DJT, 2000, S. F 32 ff. m. w. Nachweisen S. F 38.

784 Im Internet gibt es inzwischen Anbieter, die den Anleger auffordern, sich einer Klage anzuschließen, die der Anbieter bereits vertritt oder vertreten soll. Der Anleger soll via e-mail seinen Fall schildern und der class action beitreten; s. allgemein m.w.Verweisen www.sec.gov/litigation.shtml.

785 Letzte Änderung durch das Dritte Finanzmarktförderungsgesetz vom 01.04.1998.

786 *Pötzsch*, AG 1997, S. 193; *Grundmann/Selbherr*, WM 1996, S. 985.

787 Nach § 47 BörsG a. F. verjährte der Anspruch innerhalb von 5 Jahren nach Zulassung der Wertpapiere.

einleiten kann.[788] Beispiele aus der Praxis zeigen, daß die Sachverhaltsaufklärung regelmäßig schwierig ist und dementsprechend lange dauert.[789] Erst nach dieser Aufklärung kann der Anleger die Chancen oder Risiken einer Klage ausreichend beurteilen. Zudem kostet die Vorbereitung einer Schadensersatzklage gegen ein großes oder mehrere Kreditinstitute, besonders bei auslandsbezogenen Sachverhalten regelmäßig viel Zeit. Die sechsmonatige Frist erweist sich als zu kurz, um die Anspruchsvoraussetzungen der §§ 45 ff. BörsG zuverlässig zu prüfen. Es besteht die Gefahr, daß der Geschädigte „auf Verdacht" klagen muß, um der Einrede der Verjährung vorzubeugen, und sich damit in ein „finanzielles Abenteuer stürzt" [790]. Den Schwierigkeiten und Nachteilen für die Anleger stehen erhebliche Rechtssicherheit für die Unternehmen, Banken und sonstigen Prospektverantwortlichen gegenüber. Mit der Verkürzung der Verjährungsfristen wird die Berechenbarkeit der Haftungsansprüche deutlich verbessert.

Weitere Überlegungen zielten darauf ab, eine Haftungsverschärfung nach US-amerikanischem Modell einzuführen. Das hätte bedeutet, daß bereits leicht fahrlässige Unkenntnis der Prospektverantwortlichen für eine Haftung ausreicht. Unter Umständen hätte sogar eine verschuldensunabhängige Haftung greifen können. Dieser wesentlich strengere Haftungsrahmen hätte allerdings ein Hindernis für den Börsengang des Emittenten gebildet und darüber hinaus die Bereitschaft der Kreditinstitute gemindert, Emissionen zu begleiten.[791] Die Unberechenbarkeit des Haftungsrisikos hätte eine zu starke Belastung der Emissionsbanken im internationalen Wettbewerb bedeutet. Dieses Argument hätte dadurch entkräftet werden können, daß sich regelmäßig eine Klausel in den Übernahmeverträgen findet, die die Haftungsfreistellung der Banken regelt.[792] Weiter wurde argumentiert, daß die Wettbewerbsposition des deutschen Kapitalmarktes dadurch nicht gestärkt werde. Zudem könne der Handel mit Kapitalanlagen nicht belebt werden.[793]

Allerdings seien diese Argumente unter Berücksichtigung der Kapitalmärkte in anderen Ländern (z. B. England, Frankreich und USA) unzutreffend. Dort würden sich Emissionsbanken trotz der strengeren Haftung an der Plazierung beteiligen, und der Handel mit Kapitalanlagen boome.[794] Zudem sind u. a. in dem Diskussionsentwurf deutliche Anzeichen dafür zu finden, daß das Ziel der Bemühungen eine Angleichung an die internationalen Standards sein soll. Schon

---

788 *Baums*, Schriftliche Stellungnahme zur öffentlichen Anhörung zum Dritten Finanzmarktförderungsgesetz vom 12.11.1997, S. 3.

789 Stellungnahme der DSW, S. 2 f.

790 *Baums*, Schriftliche Stellungnahme zur öffentlichen Anhörung zum Dritten Finanzmarktförderungsgesetz vom 12.11.1997, S. 3.

791 Diskussionsentwurf zum Dritten Finanzmarktförderungsgesetz, S. 130 und 132.

792 (S. im folgenden).

793 Diskussionsentwurf zum Dritten Finanzmarktförderungsgesetz, S. 130 und 132.

794 *Grundmann/Selbherr*, WM 1996, S. 985, 987.

aus diesem Grund wäre eine (weitere) Haftungsverschärfung geboten gewesen. Aus den allgemein-zivilrechtlichen Haftungsregelungen war und ist auch kein anderer Maßstab ableitbar.[795] Die Attraktivität und die Wettbewerbsfähigkeit des deutschen Kapitalmarktes können gesteigert werden, wenn den Anlegern das Schutzniveau gewährt wird, das auf den führenden Kapitalmärkten herrscht. Besonders der US-amerikanische Kapitalmarkt bietet dem Anleger erheblich mehr Schutz als der deutsche. Die Prospektverantwortlichen werden zu besonders sorgfältiger Tätigkeit durch den Gesetzgeber veranlaßt. Durch den wesentlich größeren Wettbewerb der Investmentbanken untereinander,[796] sind die dortigen Banken in diesem Zuge auch bereit, mehr Informationen in den Markt zu geben. Sie können sich durch herausragende Leistungen bei den Emissionen profilieren. Da die Vorgehensweise des Gesetzgebers in den Vereinigten Staaten vorrangig darauf abzielte, die Verantwortlichen zu besonders sorgfältiger Tätigkeit zu veranlassen, und dies insbesondere von den Banken dazu genutzt wird, ihren Ruf zu verbessern, wird den Anlegern „hochwertige Ware" angeboten. In Deutschland hat der Gesetzgeber unter Abwägung widerstreitender Interessen von Anlegern und Prospektverantwortlichen versucht, einen Kompromiß zu finden. In jedem Fall hat der Gesetzgeber aber dem Anlegerschutz nicht die Priorität eingeräumt wie in den USA. In Deutschland sind die Prospektverantwortlichen zurückhaltender, was die Bereitstellung von Informationen angeht. Bisher sind nicht alle Möglichkeiten ausgeschöpft worden, den Anleger mit sämtlichen Informationen auszustatten, um ihm eine überlegte Anlageentscheidung zu ermöglichen.

Am Beispiel des US-amerikanischen Kapitalmarktes läßt sich bereits heute feststellen, daß die strengeren und umfassenderen Prospekthaftungsregeln (auch in bezug auf die Sachverständigen) der Wettbewerbsfähigkeit, der Attraktivität des Finanzplatzes und dem Handel in Kapitalanlagen dienen.
Im Ergebnis bleibt daher folgendes festzuhalten. Einige der Neuregelungen der Prospekthaftung (z. B. Einbeziehung von Darstellungen, Beweislastumkehr) sind von Vorteil für den Anleger. Sie sind als Verbesserung zu werten. Im Vergleich zum US-amerikanischen Recht sind in Deutschland jedoch einige wichtige Erwägungen z. B. zum Verschuldensmaßstab oder zur Verjährung nicht kritisch genug hinterfragt worden. Daher hat sich die Position des Anlegers diesbezüglich nicht verbessert. Es bleibt schwierig, Ansprüche geltend zu machen. Die positiven Entwicklungen in der Prospekthaftung sind durch diese „Mängel" aufgehalten worden. Ob durch die Neuregelung nicht trotz aller

---

[795] *Köndgen*, AG 1983, S. 120, 128 f.; *Grundmann/Selbherr*, WM 1996, S. 985, 989; *Hopt*, S. 87 Rn. 168 f.

[796] S. oben § 5 C. II. 2.

vorgebrachten Bedenken ein besserer Schutz als bisher[797] gewährleistet wird, bleibt im Interesse der Anleger zu hoffen.

c) Verstoß gegen Kapitalerhaltungsvorschriften?

Nach dieser Darstellung soll nun geprüft werden, ob ein Verstoß gegen den Kapitalerhaltungsgrundsatz vorliegt, wenn der Emittent einen Prospekthaftungsanspruch des Anlegers erfüllt. Die Problematik ist in der älteren Literatur und Rechtsprechung eingehend erörtert worden.[798] Sie beruht auf dem Konflikt zwischen Anlegerschutz und Gläubigerschutz. Wird ein Prospektmangel gem. § 45 BörsG wirksam geltend gemacht, sind die Prospektverantwortlichen angehalten, die Wertpapiere zurückzunehmen und den Erwerbspreis[799] zu erstatten. Das verpflichtet den Emittenten als Prospektverantwortlichen zum Rückerwerb eigener Aktien.[800] Der Rückerwerb und die damit verbundene Einlagenrückgewähr stehen in Widerspruch zu dem althergebrachten Verständnis, dem Gläubigerschutz im deutschen Aktienrecht absoluten Vorrang vor anderen Schutzzielen zu gewähren. Die „Bindung des gesamten Vermögens des Rechtsträgers"[801] soll der Sicherung der Zugriffsmasse für den Gläubiger

---

[797] Es gibt bisher nur wenige Prospekthaftungsfälle [(BGH („Beton & Monierbau"), NJW 1982, S. 2823 ff.; OLG Frankfurt („MHM Mode"), ZIP 1999, S. 1005 ff.; OLG Frankfurt („Sachsenmilch"), AG 1997, S. 131 ff; OLG Bremen („Elsflether Werft AG"), EWiR § 45 BörsG 1/98, S. 453 f.], die tatsächlich gerichtlich entschieden werden mußten. Das wird vielfach der „unglücklichen" Regelung zugerechnet. Ein aktueller (aber wohl nicht in Deutschland zu entscheidender) Fall, der möglicherweise zu einer Klage führt, ist die Schadensersatzforderung in Höhe von bis zu Euro 1,8 Mrd., die WOL-Aktionäre gegenüber den Konsortialführern ABN Amro und Goldman Sachs sowie gegenüber World Online International geltend machen. Die Aktionäre sind der Auffassung, daß im Börsenprospekt entscheidende Informationen gefehlt haben, Handelsblatt v. 20.6.2000, S. 25.

[798] S. zu der Diskussion Schäfer-*Hamann*, BörsG, §§ 45, 46 a.F. Rn. 46 ff .m. w. N.; s. umfassend zu der gesamten Problematik „Börsenprospekthaftung und Kapitalerhaltung" *Gebauer*, Börsenprospekthaftung.

[799] Der Erwerbspreis darf den ersten Ausgabepreis nicht überschreiten. Ansonsten wird nur der Ausgabepreis zurückerstattet. Im folgenden wird wegen der gebotenen Kürze nur von Erwerbspreis gesprochen.

[800] Nicht anders gestaltet sich der Fall des § 45 Abs. 2 BörsG. Es handelt sich zwar nicht um einen Rückerwerb eigener Aktien für den Emittenten, aber dennoch kann der Kapitalerhaltungsgrundsatz § 57 AktG verletzt sein. Es wird hier an einen früheren Aktionär geleistet. Grundsätzlich ist die Leistung an Dritte erlaubt (*Lutter,* in: Kölner Kommentar, § 57 Rn. 39). Andere Regelungen greifen, wenn der Dritte ehemaliger Aktionär der Gesellschaft ist, und wenn die Leistung in sachlichem oder nahem zeitlichen Zusammenhang mit dieser Mitgliedschaft steht (Geßler/Hefermehl-*Bungeroth,* AktG, § 57 Rn. 23; *Hüffer*, AktG, § 57 Rn. 14). Sofern diese Voraussetzung vorliegt, greift auch hier das grundsätzliche Verbot der Einlagenrückgewähr.

[801] Hüffer, AktG, § 57 Rn. 1 und 4.

dienen.[802] Im Gegensatz dazu soll eben der aus § 45 BörsG resultierende und § 57 AktG berührende Schadensersatzanspruch dem Anleger Schutz gewähren. Dieser Konflikt könnte sich auflösen,[803] wenn es sich gem. § 57 Abs. 1 S. 2 AktG um einen zulässigen Erwerb eigener Aktien handelt. Zunächst ist der entgeltliche Erwerb eigener Aktien als verdeckte Einlagenrückgewähr zu qualifizieren und daher verboten. Allerdings ist unter bestimmten Voraussetzungen nach § 71 AktG eine Ausnahme von § 57 AktG möglich (§ 57 Abs. 1 S. 2 AktG).[804] Somit stellt sich die Frage, ob die börsenrechtliche Prospekthaftung einen den aktienrechtlichen Ausnahmen ähnlichen Fall darstellt, so daß sie ihre eigene Berechtigung erhält.[805] Dazu muß eine Zweckbetrachtung der Ausnahmen des § 71 AktG vorgenommen werden. Als weitreichendste Regelung wird zunächst § 71 Abs. 1 Nr. 1 AktG betrachtet. Diese Regelung eröffnet die Möglichkeit, wegen eines drohenden Schadens die Aktien zurückzuerwerben. Der Schaden muß die Vermögenskraft des Unternehmens beträchtlich schwächen. Mit dieser Ausnahme beabsichtigt der Gesetzgeber, die Gesellschaft als solche in ihrem Bestand zu schützen. Bei der Prospekthaftung handelt es sich um keinen ähnlichen Fall. Der Anleger steht im Vordergrund. Ihm sollen Schäden ersetzt werden. Ferner kann § 71 Abs. 1 Nr. 3 AktG kaum zum Vergleich herangezogen werden. Der Erwerb eigener Aktien ermöglicht es der Gesellschaft, Aktionäre mit Aktien abzufinden, so daß eine Kapitalerhöhung und damit ein originärer Erwerb nicht erforderlich wird. Es ist Zweck des § 71 Abs. 1 Nr. 3 AktG, den Aktionären, die durch eine Umwandlung oder Konzernbildung benachteiligt worden sind, einen angemessenen Ausgleich zu verschaffen. Diese Konstellation ist nicht identisch mit der Prospekthaftung, denn bei § 71 Abs. 1 Nr. 3 AktG erwirbt die Gesellschaft Aktien zurück, um die betroffenen Aktionäre abzufinden. Bei der Prospekthaftung geben die Aktionäre ihre Aktien gegen Zahlung des Erwerbspreises zurück. Der Beweggrund beider

[802] Ob sich die Gläubiger allerdings zu ihrem Schutz am satzungsmäßigen Nennkapital orientieren, ist fraglich. Hier werden andere Bezugsgrößen z. B. cash flow an Bedeutung gewinnen, so daß Kritik an der Zeitgemäßheit des Gläubigerschutzsystems laut geworden ist, s. *Kübler*, Aktie, Unternehmensfinanzierung und Kapitalmarkt, S. 29 ff., 61 f.; *Kübler*, AG 1994, S. 141, 145f.; *Hirte*, Kapitalgesellschaftsrecht, Rn. 615 ff. m.w.N.; zu weiteren Schutzzielen des § 57 wie Aktionärsschutz und Schutz der potentiellen Anleger, s. *Henze*, in: Großkommentar, § 57 Rn. 7.

[803] Teilweise wird angenommen, daß dieser Zielkonflikt gar nicht bestehe, da die haftungsauslösende Verletzung der Informationspflicht bereits zeitlich vor der Emission liege und der Geschädigte zu diesem Zeitpunkt noch gar nicht Aktionär sei. Das Problem kann sich anhand dieser formalen Betrachtungsweise aber nicht schon im Ansatz auflösen, da z. B. auch Leistungen an zukünftige Aktionäre möglicherweise § 57 AktG betreffen, s. nur *Henze*, in: Großkommentar, § 57 Rn. 19 m.w.N..

[804] *Lutter*, in: Kölner Kommentar, § 71 Rn. 10; *Hirte*, Kapitalgesellschaftsrecht, Rn. 700 ff.

[805] Eine direkte Anwendung des § 71 AktG kommt grundsätzlich nicht in Betracht. Auch die extensive Auslegung des § 71 Abs. 1 Nr. 1 AktG kann den bestehenden Konflikt nicht vollständig auflösen, s. Schwark, in: FS für Raisch, S. 269, 278 f.

Normen ist aber identisch. Durch beide Vorschriften sollen die Aktionäre entschädigt werden.[806] Allerdings wird die Abfindung im Fall des § 71 Abs. 1 Nr. 3 AktG nicht auf Grund eines fehlerhaften Verhaltens der Gesellschaft gezahlt. Veränderungen, die eine Abfindung erforderlich machen (z. B. die Umwandlung), beruhen zumeist auf der Zustimmung der Hauptversammlung. Daher werden diese Entscheidungen von der Mehrheit der Aktionäre getragen. Obwohl dies bei der Prospekthaftung anders gelagert ist, läßt sich eine Ähnlichkeit der beiden Fallgestaltungen nicht von der Hand weisen.

Darüber hinaus ist eine Vergleichbarkeit zu § 71 Abs. 1 Nr. 6 AktG zu erwägen. Danach können die Aktien gemäß eines Beschlusses der Hauptversammlung erworben werden. Der Beschluß bezieht sich auf die Einziehung von Aktien nach den Vorschriften über die Herabsetzung des Grundkapitals (§ 237 AktG). In dem Beschluß muß der Umfang der Aktien festgelegt werden, die zum Erwerb vorgesehen sind.[807] Die Aktien müssen sich zum Zeitpunkt der Beschlußfassung über die Kapitalherabsetzung durch Einziehung nicht unbedingt im Besitz der Gesellschaft befinden. Es ist denkbar, daß die Aktien zur Einziehung erst noch erworben werden müssen. Insoweit ist der Hauptversammlungsbeschluß dann bedingt.[808] Unter Gesichtspunkten des Gläubigerschutzes muß bei der Festlegung des Entgelts beachtet werden, daß entweder nur der Nominalbetrag (Buchgewinn aus der Kapitalherabsetzung) ausgezahlt wird oder § 237 Abs. 3 AktG[809] berücksichtigt wird.[810] In letzterem Fall kann aber auch nur der Betrag ausgezahlt werden, der zu Lasten des Bilanzgewinns geht oder von einer anderen Gewinnrücklage gedeckt ist.[811]

Ferner besteht die Möglichkeit, von den Regeln der ordentlichen Kapitalherabsetzung abzuweichen, sofern es sich nach § 237 Abs. 3 AktG um voll eingezahlte Aktien handelt. In diesem Fall kann das entsprechende Entgelt für die Aktien umgehend ausgezahlt werden. Findet eine ordentliche Kapitalherabsetzung statt (§§ 222 ff. AktG), so darf das Entgelt gem. § 237 Abs. 2 Satz 3 i.V.m. § 225 Abs. 2 Satz 1 AktG erst nach Ablauf der sechsmonatigen Gläubigerschutzfrist und sonstiger Sicherung der Gläubigeransprüche gezahlt werden.[812] Soll also § 71 Abs. 1 Nr. 6 AktG vergleichbar sein, kann lediglich der

---

[806] S. im Ergebnis Schäfer-*Hamann*, BörsG, §§ 45, 46 a.F. Rn. 48.

[807] *Lutter*, in: KölnerKommentar, § 71 Rn. 66; Geßler/Hefermehl-*Bungeroth*, AktG, § 71 Rn. 120 f.

[808] *Lutter*, in: Kölner Kommentar, § 237 Rn. 78.

[809] Die Vorschriften über die ordentliche Kapitalherabsetzung brauchen demnach nicht befolgt zu werden, wenn Aktien, auf die der Ausgabebetrag voll geleistet ist,

1. der Gesellschaft unentgeltlich zur Verfügung gestellt oder
2. zu Lasten des Bilanzgewinns oder einer anderen Gewinnrücklage, soweit sie zu diesem Zweck verwandt werden können, eingezogen werden.

[810] *Hüffer*, AktG, § 237 Rn. 17; *Lutter*, in: Kölner Kommentar, § 237 Rn. 61.

[811] *Lutter*, in: Kölner Kommentar, § 237 Rn. 100 ff.

[812] *Lutter*, in: Kölner Kommentar, § 71 Rn. 67 und § 225 Rn. 37 ff.

Weg des § 237 Abs. 3 AktG beschritten werden. Nur in diesem Fall ist es möglich, den Anlegern den Erwerbspreis der Wertpapiere zuzüglich der mit dem Erwerb üblicherweise verbundenen Kosten auszuzahlen. Ferner braucht § 225 Abs. 2 AktG[813] nicht berücksichtigt werden. Zudem sind die Anforderungen an den Kapitalherabsetzungsbeschluß vereinfacht. Es bedarf nur einer einfachen Stimmenmehrheit. Eine Kapitalmehrheit wird nicht gefordert.
Der Zweck einer Kapitalherabsetzung durch Einziehung der Aktien kann nun darin liegen, auf die Zusammensetzung der Aktionäre der Gesellschaft einwirken zu können oder bestimmte Aktiengattungen auszulöschen. Mit der Einziehung werden die Mitgliedschaftsrechte der betroffenen Aktionäre vernichtet. Die Einziehung ist nur auf Grund eines Hauptversammlungsbeschlusses möglich. Es liegt folglich in der Hand der Aktionäre, was geschieht. Darüber hinaus müssen die verschiedenen Zwecke berücksichtigt werden, die mit der Kapitalherabsetzung regelmäßig verbunden sind. So kann die Kapitalrückzahlung im Vordergrund stehen, wenn das Geschäft verkleinert werden soll. Oder es kann eine Sanierung bezweckt sein.[814] Auch bei dieser Ausnahme sind die Belange der Gesellschaft der Ausgangspunkt. Will sich die Gesellschaft z. B. von bestimmten Aktionären trennen oder das Geschäft verkleinern, faßt die Hauptversammlung einen entsprechenden Beschluß. Die Prospekthaftung hat ein anderes Ziel. Sie soll dem Anleger den Schaden ersetzen, der z. B. aus einer fehlerhaften Aussage in dem Prospekt entstanden ist. Der Gesetzgeber beabsichtigte hiermit nicht, zum Wohle der Gesellschaft zu entscheiden, sondern den entstandenen Schaden der Aktionäre auszugleichen. Zwar wird die Mitgliedschaft des betroffenen Aktionärs beendet. Das bedeutet aber nicht gleichzeitig, daß das notwendig mit Hilfe einer Kapitalherabsetzung durch Einziehung erfolgen muß. Es liegt nach allem kein mit der Prospekthaftung vergleichbarer Fall vor.
Schließlich kommt auch § 71 Abs. 1 Nr. 8 AktG als Vergleichsgrundlage in Betracht. Diese Ausnahmeregelung wurde vorrangig zur Flexibilisierung der Eigenkapitalfinanzierung eingeführt. Mit dem Rückerwerb können erstens Aktienoptionen bedient werden. Zweitens kann eine endgültige Einziehung vorbereitet werden. Und drittens kann eine überkapitalisierte Gesellschaft eine Verminderung ihres Eigenkapitals herbeiführen.[815] Auch hier muß die Hauptversammlung zunächst den Rückerwerb beschließen. Darüber hinaus muß der

---

[813] Zahlungen an die Aktionäre dürfen auf Grund der Herabsetzung des Grundkapitals erst geleistet werden, nachdem seit der Bekanntmachung der Eintragung sechs Monate verstrichen sind und nachdem den Gläubigern, die sich rechtzeitig gemeldet haben, Befriedigung oder Sicherheit gewährt worden ist. Auch eine Befreiung der Aktionäre von der Verpflichtung zur Leistung von Einlagen wird nicht vor dem bezeichneten Zeitpunkt und nicht vor Befriedigung oder Sicherstellung der Gläubiger wirksam, die sich rechtzeitig gemeldet haben.

[814] Insgesamt dazu *Lutter,* in: Kölner Kommentar, § 237 Rn. 13.

[815] *Hüffer*, AktG, § 71 Rn. 19c m. w. N.

Gleichbehandlungsgrundsatz (§ 53 a AktG) beim Rückerwerb Anwendung finden. Außerdem kann die Gesellschaft nicht mehr als 10 % des Grundkapitals erwerben. Wie schon bei anderen Ausnahmen weist auch § 71 Abs. 1 Nr. 8 AktG keine der Prospekthaftung ähnliche Gestaltung auf. Alle Aktionäre müssen gleiche Möglichkeiten zum Verkauf der Aktien haben. Die Prospekthaftung erschöpft sich aber nicht in einer freiwilligen Rückgabe der Aktien, sondern besteht in einem Schadensersatzanspruch wegen fehlerhaften Verhaltens der Gesellschaft. Die Prospekthaftung räumt keine Wahlmöglichkeit für die Gesellschaft ein. Sie billigt nicht gleichermaßen allen Aktionären einen Schadensersatzanspruch zu.

Eine vergleichbare Gestaltung liegt (wenn überhaupt) also nur bei § 71 Abs. 1 Nr. 3 AktG vor.[816] Dies ist ein Argument dafür, daß der Prospekthaftung neben den Ausnahmetatbeständen des § 71 Abs. 1 AktG eine spezielle Berechtigung zukommen muß.[817]

Anders wird dies teilweise in der Literatur gesehen. Der Emittent sei zwar grundsätzlich berechtigt und verpflichtet insbesondere Schadensersatzansprüche der Aktionäre zu erfüllen,[818] allerdings sei dies in dem gerade dargestellten Konflikt insbesondere wegen des Rückerwerbs der eigenen Aktien nicht möglich. Die §§ 57, 71 AktG seien infolge der Umsetzung der EG-Kapitalrichtlinie[819] durch die Novelle des Aktiengesetzes im November 1978[820] lex posterior zu den börsengesetzlichen Haftungsvorschriften.[821] Dem steht zunächst entgegen, daß mit dem Dritten Finanzmarktförderungsgesetz die §§ 45 ff. BörsG novelliert worden sind.[822] Ist damit allerdings die Börsenprospekthaftung als das

816 Das erfordert dann allerdings auch die Erfüllung der Voraussetzungen des § 71 Abs. 2 AktG, s. Schäfer-*Hamann*, BörsG, §§ 45, 46 a.F. Rn. 48.

817 Dies soll zunächst unabhängig davon sein, ob es sich um einen Zeichnungs- oder Umsatzerwerb handelt (s. dazu am Ende dieses Abschnitts).

818 *Lutter*, in: Kölner Kommentar, § 57 Rn. 5; *Henze*, in: Großkommentar, § 57 Rn. 17.

819 Zweite Richtlinie vom 13. Dezember 1976 (77/191/EWG).

820 BGBl. I 1976, S. 1959.

821 Lutter, in: Kölner Kommentar, § 71 Rn. 69. Das führt dazu, daß erstere den §§ 45 ff. BörsG vorgehen und der Emittent im Schadensfalls nicht in Anspruch genommen werden kann. Im Ergebnis so auch erste Entscheidungen des Reichtsgerichts RGZ 54, 128, 132; 62, 29 f.. In späteren konkreten Auseinandersetzungen mit der Problematik gab das Reichsgericht diesen restriktiven Ansatz auf und differenzierte nach Zeichnungs- und Umsatzerwerb, RGZ 71, 97, 99 f.; 88, 271, 272; eine eingehendere Darstellung der Rechtsprechung findet sich bei Schäfer-*Hamann*, BörsG, §§ 45, 46 a.F. Rn. 46 ff. m.w.N. und *Krämer/Baudisch*, WM 1998, S. 1161, 1163 f.; so auch die heute wohl h.M. OLG Frankfurt, AG 2000, S. 132 ff.= EwiR 1999, S. 501, 502 m. Anmerkungen *Kort*; LG Frankfurt, ZIP 1998, S. 641 ff m. Anmerkungen *Huber* S. 645 f.=EwiR 1998, S. 579 f. m. Anmerkungen *Hommelhoff/v.Aerssen*; *Henze*, in: Großkommentar, § 57 Rn. 20 ff.; *Technau*, AG 1998, S. 445, 456; *Schwark*, BörsG, §§ 45, 46 Rn. 8.

822 Ebenfalls gegen die lex posterior Position der §§ 57, 71 AktG LG Frankfurt, ZIP 1998, S. 641, 645 (kritisch dazu EwiR 1998, S. 579 f. m. Anmerkungen *Hommelhoff/v.Aerssen*,

neuere Gesetz zu bezeichnen, dann steht sie im Rangverhältnis vor dem § 57 AktG.[823] Dies Ergebnis entspricht dem Willen des Gesetzgebers, der in der Begründung zum Dritten Finanzmarktförderungsgesetz ausdrücklich die abschließende Spezialität der Börsenprospekthaftung zum Kapitalerhaltungsgrundsatz erklärte.[824] Es ist auch sachlich im Hinblick auf den Konflikt „Gläubigerschutz versus Anlegerschutz" gerechtfertigt.

Die Anleger gehen mit dem Kauf der Aktien und damit der Mitgliedschaft Risiken ein, für die sie keine feste Verzinsung erhalten, und die zunächst unbefristet sind. Sie erhalten zwar eine Gewinnanteilsberechtigung, aber auch diese ist ungewiß.[825] Stellen die Anleger dem Unternehmen ihr Kapital zur Verfügung, so ist es als eine Art Risikokapital zu bezeichnen.[826] Da die Anleger als Kapitalgeber aber zum Bestand der Gesamtwirtschaft beitragen und auch weiter beitragen sollen, müssen ihre Risiken - ebenso wie auch die der Gläubiger[827] - berücksichtigt werden. Ferner soll die Aktienkultur insgesamt in Deutschland gefördert und die Attraktivität des Finanzplatzes Deutschland vor dem Hintergrund einer zunehmenden Intensivierung des internationalen Wettbewerbs erhöht werden.[828] Dies ist langfristig nur zu erreichen, wenn auch die Schutzmechanismen funktionieren.[829] Läuft die Prospekthaftung leer, da die Verantwortlichen entweder nicht in Anspruch genommen werden können oder sich freizeichnen können, so wird das in den letzten Jahren aufflammende Interesse[830] für die Kapitalanlage „Aktie" womöglich schnell wieder erlöschen. Das Vertrauen der Anleger in den Kapitalmarkt soll gestärkt werden. Muß der Emittent aber nicht haften, ist die gesetzlich festgelegte Haftung für einen fehlerhaften Prospekt bedeutungslos. Der Anleger, der glaubt, daß der Emittent im Haftungsfall in Anspruch genommen werden kann, wird irregeführt. Außerdem kann es dem Emittenten unter diesen Voraussetzungen grundsätzlich

---

S. 580); *Groß*, Kapitalmarktrecht, BörsG, §§ 45, 46 Rn. 7; *Schwark*, BörsG, §§ 45, 46 Rn. 8; *Schwark*, in: FS für Raisch, S. 269, 279.

823 Hierbei kann es sich aber wohl nicht um das tragende Argument handeln, da diese Kollisionslage trotz gesetzgeberischer Tätigkeiten im Aktien- und Börsenrecht seit langem besteht.

824 Regierungsbegründung zum Dritten Finanzmarktförderungsgesetz, BT-Drucks. 13/8933, S. 54, 78.

825 *Kübler*, Aktie, Unternehmensfinanzierung und Kapitalmarkt, S. 58.

826 Das Kapital der Anleger ist wohl eher als Risikokapital zu bezeichnen als das der Gläubiger, *Schwark*, in: FS für Raisch, S. 269, 283.

827 Der Gläubigerschutz wird z. B. durch den Kapitalerhaltungsgrundsatz gewährleistet.

828 S. *Pötzsch*, WM 1998, S. 949 ff. und AG 1997, S. 193 ff.; *Kübler*, Gesellschaftsrecht, S. 390 f.

829 Gerade in Hinblick auf das US-amerikanische Kapitalmarktrecht, welches dem Anleger einen besonders umfassenden Schutz bietet, könnten die Wettbewerbschancen der Emittenten verringert werden, wenn dem Gläubigerschutz absoluter Vorrang gewährt wird; vgl. *Krämer/Baudisch*, WM 1998, S. 1161, 1167, 1174.

830 DAI-Factbook 1999, S. 29 ff.

gleichgültig sein, ob der Prospekt zutreffende Informationen enthält.[831] Da er zudem als Gegenstand des Prospekts den leichtesten und unmittelbarsten Zugang zu den erforderlichen Informationen hat, wird der Prospekthaftungsanspruch ohne seine Inanspruchnahme zusätzlich zu einem Scheingebilde.

Die Prospekthaftung hält mit anderen Informations- und Aufklärungsverpflichtungen (z. B. §§ 15, 21, 25, 26, 31 Abs. 2 Nr. 2 WpHG) die Funktionsfähigkeit des Kapitalmarktes aufrecht. Entfallen diese Verpflichtungen, sind Informationslücken zwangsläufig die Folge. Ohne Informationen kann ein Anleger aber keine fundierte Anlageentscheidung treffen. Die falsche Anlageentscheidung kann zu Verlusten beim Anleger führen. Das Vertrauen in den Kapitalmarkt wird nachhaltig gestört und seine Funktionsfähigkeit ist letzten Endes nicht mehr gewährleistet. Das kann dadurch verhindert werden, daß alle Beteiligten die gesetzlich normierten Verhaltensmaßstäbe (wie etwa die Maßstäbe der Prospekthaftung) einhalten.
Schließlich handelt es sich bei der Börsenprospekthaftung um einen sehr spezifischen Fall. Er legt die Haftung für unvollständige und unrichtige Prospekte fest, also Ansprüche nur aus einem Rechtsgrund.[832] Im Gegensatz dazu umfaßt § 57 AktG sämtliche Vermögensverschiebungen zugunsten der Aktionäre.

Im Ergebnis verstößt daher weder die Rücknahme der Aktien zum Erwerbspreis noch die Zahlung des Unterschiedsbetrages zwischen Erwerbspreis und Veräußerungspreis (§ 45 Abs. 2 BörsG) gegen den Kapitalerhaltungsgrundsatz, sofern der Prospekthaftungsanspruch gegen den Emittenten gerichtet ist.[833] Eine Ausnahme könnte dann vorliegen, wenn ein Fall der Eigen- oder Selbstemission[834] gegeben ist und der Anspruchsteller die Aktien i.S.v. § 185 Abs. 1 S. 1 AktG zeichnet.[835] Mit der Geltendmachung eines Prospekthaftungs-

---

[831] Dies gilt allerdings nur eingeschränkt, da die Banken die Informationen überprüfen müssen und somit Nachlässigkeiten in größerem Umfang nicht ungeahndet lassen. Im Ergebnis würde eine Nichthaftung also nicht stets zu mangelhaften Prospekten führen.

[832] LG Frankfurt a. M., WM 1998, S. 1181, 1185.

[833] Die Rückabwicklung erfolgt im Rahmen der entsprechenden Anwendung der §§ 71 b, 71 c Abs. 1 und Abs. 3 AktG, s. auch *Baumbach/Hopt*, HGB, § 45 BörsG, Rn. 5; *Schäfer-Hamann*, BörsG, §§ 45, 46 a.F. Rn. 48 a.E.; *Henze*, in: Großkommentar, § 57 Rn. 20. Der Emittent hat demnach keine Rechte aus den Aktien und muß sie innerhalb einer Jahresfrist veräußern, anderenfalls unterliegen sie der Einziehung.

[834] S. § 11 B. II.

[835] Im Gegensatz dazu steht der Umsatzerwerb, bei dem der Anleger Aktien durch ein rechtsgeschäftliches Umsatzgeschäft erwirbt. Nichts anderes als für den Umsatzerwerb kann für den wirtschaftlich zu demselben Ergebnis führenden mittelbaren Aktienbezug gelten. Auch wenn hier rechtlich dasselbe Ergebnis wie bei § 185 AktG erzielt werden soll, erwirbt der Anleger die Aktien durch Kauf/Umsatzgeschäft von den Banken und zeichnet nicht selbst beim Emittenten, so daß die §§ 45 ff. BörsG ohne Verstoß gegen § 57 AktG

anspruchs gegenüber dem Emittenten müßte daher der Zeichnungsvertrag rückabgewickelt werden. Dies ist den Zeichnern in aller Regel nach Eintragung der Kapitalerhöhung verwehrt. Mit dieser Ablehnung von Schadensersatzansprüchen des Zeichners gegen die AG soll insbesondere die Kapitalaufbringung nicht gefährdet werden.[836] Es muß sichergestellt sein, daß die Zeichnung Bestandskraft hat.[837] Folglich muß § 57 AktG in diesen Fällen weiter berücksichtigt werden.[838] Die gegenteilige Auffassung[839] verkennt, daß der Anleger in diesem Fall grundsätzlich nicht schutzlos gestellt wäre. Er könnte möglicherweise gegen die Organmitglieder einen Schadensersatzanspruch geltend machen.[840] Das darüber hinaus vorgebrachte Argument, der Gesetzgeber habe in der Gesetzesbegründung ausdrücklich das lex specialis Verhältnis von Börsenprospekthaftung zum Kapitalerhaltungsgrundsatz festgehalten, kann hier allein keine Überzeugungsarbeit leisten, da der Gesetzgeber sich mit dieser Aussage augenscheinlich nicht explizit zur Frage der Kapitalaufbringung geäußert hat. Gerade das ist im Fall des Zeichnungserwerbs aber problematisch.[841] Damit kann die Börsenprospekthaftung in den seltenen Fällen der Selbstemission keinen Vorrang vor § 57 AktG genießen.[842] Ähnliches muß auch im Verhältnis weitergehender Ansprüche (z. B. §§ 123, 812, 826, 823 Abs. 2 BGB i. V. m. § 264 a StGB) zum Kapitalerhaltungsgrundsatz gelten. Auch

---

Anwendung finden können, s. nur *Henze*, in: Großkommentar, § 57 Rn. 24, a.A. *Schwark*, in: FS für Raisch, S. 169, 286.

[836] Mit unterschiedlichen Begründungen im Ergebnis aber ähnlich, *Lutter*, in: Kölner Kommentar, § 185 Rn. 15; RGZ 142, 98, 103; *Wiedemann*, in: Großkommentar, § 185 Rn. 64; Geßler/Hefermehl-*Bungeroth*, § 185 Rn. 98; *Hüffer*, AktG, § 185 Rn. 10.

[837] Dies ist beim Umsatzerwerb garantiert, da die Banken die Zeichnung vornehmen und dieser Zeichnungsvertrag nicht Gegenstand der Rückabwicklung ist.

[838] S. nur OLG Frankfurt, AG 2000, S. 132, 134; RGZ 71, 97, 98 f.; 88, 271, 272; *Krämer/Baudisch*, WM 1998, S. 1161, 1165, 1167 ff.; *Assmann*, in: Handbuch des Kapitalanlagerechts, § 7 Rn. 202; *Schwark*, BörsG, §§ 45, 46 Rn. 8.

[839] *Groß*, Kapitalmarktrecht, §§ 45, 46 BörsG Rn. 7; *Baumbach/Hopt*, HGB, § 45 BörsG Rn. 5 und im Ergebnis auch *Gebauer*, Börsenprospekthaftung, S. 201 ff., 204 f.

[840] S. *Kunz*, S. 119; BGHZ 123, 106, 107, 110. Ferner wählt der Emittent diese Emissionsform nur selten, da das mittelbare Bezugsrecht die gangbarere alternative ist, *Krämer/Baudisch*, WM 1998, S. 1161, 1169 f.

[841] S. auch *Henze*, in: Großkommentar, § 57 Rn. 22 f..

[842] Betrachtet man allerdings die Börsenprospekthaftung als eine vergleichbare Gestaltung zu § 71 Abs. 1 Nr. 3 AktG und mißt ihr aus diesem Grund eine spezielle Berechtigung neben den Ausnahmetatbeständen des § 71 AktG zu, dann könnte man an dieser Stelle zumindest einen Rückerwerb eigener Aktien nach den Grundsätzen des § 71 Abs. 2 AktG annehmen. Auf diese Art und Weise erfährt der Anleger, der gleichzeitig Zeichner der Aktien ist, Schutz.

hier ist es nicht möglich, den Zeichnungsvertrag rückgängig zu machen und die Einlage zurückzufordern.[843]

2. Haftungsfreistellung und Kapitalerhaltungsgrundsatz

An diese Erwägungen schließt sich die Frage an, ob die Regelung im Übernahmevertrag, die eine Haftungsfreistellung betrifft, gegen den Kapitalerhaltungsgrundsatz verstößt. In der Regelung wird festgelegt, daß der Emittent (und ggf. die Altaktionäre) den Konsortialbanken alle Schäden und Aufwendungen ersetzen und sie von jeglicher Haftung freistellen müssen. Diese Schäden sind entweder aus der Nichteinhaltung der vom Emittenten abgegebenen Garantien entstanden, oder sie ergeben sich aus der Mangelhaftigkeit des Prospektes (z. B. Prospekthaftung).
Die vertraglich geregelte Freistellung der Banken von der Prospekthaftung könnte zu einem Verstoß gegen den Kapitalerhaltungsgrundsatz führen, da die Banken kurzzeitig Aktionäre der Gesellschaft sind (zwischen Zeichnung und Plazierung) und so eine verdeckte Vermögenszuwendung gegeben sein könnte. Ein solcher Verstoß gegen die Kapitalerhaltungsregelungen kann jedoch mit Verweis auf die soeben gemachten Ausführungen verneint werden. Gerade bei der Einschaltung von Banken und damit beim Umsatzerwerb für den Anleger konnte dort festgestellt werden, daß § 57 AktG von der Börsenprospekthaftung verdrängt wird. Der Emittent kann demnach ohne Verstoß gegen § 57 AktG die Aktien des Anlegers gegen Erstattung des Erwerbspreises zurücknehmen.

Beispielhaft sollen nun verschiedene Fallkonstellationen betrachtet werden. Zunächst der naheliegendste und wohl auch Regelfall: Danach haften sowohl die Banken als auch der Emittent nach §§ 45 ff. BörsG. Die Konsortialbanken und der Emittent sind Gesamtschuldner gem. § 45 BörsG. Sie sind im Verhältnis zueinander nach § 426 Abs. 1 Satz 1 BGB zu gleichen Teilen verpflichtet, es sei denn, es ist etwas anderes bestimmt.[844] In den Übernahmeverträgen ist regelmäßig etwas anderes geregelt. Der Emittent soll die Konsortialbanken im Innenverhältnis von jeglicher Haftung freistellen.[845] Dem wird entgegnet, daß

---

[843] So die stetige Rechtsprechung seit ROHGE 5, 415, 417 f.; 10, 51; 20, 175; s. auch *Baums*, Der Geschäftsleitervertrag, S. 234 ff.; *Hüffer*, AktG, § 185 Rn. 28 f.; *Lutter*, in: Kölner Kommentar, § 185 Rn. 13 ff., 17 f.

[844] Etwas anderes kann z. B. in einem Rechtsgeschäft geregelt werden, Palandt-*Heinrichs*, BGB, § 426 Rn. 8.

[845] Der Emittent ist nur dann zum Ersatz des Schadens und zu einer Haftungsfreistellung verpflichtet, wenn die mangelhaften Prospektangaben nicht auf vorsätzlichem oder grob fahrlässigem Verhalten der Banken bei der Unterstützung der Erstellung bestimmter Passagen beruhen, so ein Mustervertrag bei BuB-*Groß*, Emissions- und Konsortialgeschäft, Rn. 10/324. Sollte die Bank in diesen Fällen zuerst in Anspruch genommen werden, muß der Emittent im Innenverhältnis keinen Ausgleich schaffen. Wird der

diese umfassende Befreiung dem gesetzlich normierten Grundfall „Ausgleich zu gleichen Teilen“ widerspreche. Der Emittent werde benachteiligt,[846] zumal die Banken eine *due diligence* bei dem Emittenten durchführen, die den Anteil an dem Gesamtschuldnerausgleich der zu übernehmen sei, erhöhen müssen.[847] Es kann jedoch jederzeit eine anderslautende Absprache getroffen werden (§ 426 Abs. 1 S. 1 2. HS BGB). Diese kann z. B. einen Gesamtschuldner umfassend befreien, da die Vertragsgestaltung dem Willen der Parteien untersteht (Privatautonomie). Entscheidend zum Schutz des Anlegers ist, daß Anspruchsgegner vorhanden sind, die ihm die geltend gemachten Schäden ersetzen. Es soll ihm mit zwei oder mehr Gesamtschuldnern möglich sein, seine Forderung zumindest an einen liquiden Anspruchsgegner zu richten. Wie der Ausgleich im Detail im Innenverhältnis erfolgt, unterliegt dem Parteiwillen und betrifft nicht den Anlegerschutz. Es könnte weiter eingewandt werden, daß die Banken sich mit der Freistellungsklausel der Haftung nach dem BörsG völlig entziehen und damit ein weiteres Ziel des Gesetzgebers umgehen. Die Prospekthaftung soll u. a. zu einer zutreffenden Informationsaufbereitung führen. Wenn die Banken immer freigestellt werden, könnte ihre Sorgfalt bei der Informationsüberprüfung nachlassen. Gegen diesen Einwand spricht die Tatsache, daß die Banken im Ernstfall[848] u. U. selbst haften müssen. Darüber hinaus leidet ihre Reputation, wenn sie keine sorgfältige *due diligence* durchführen und in einen Schadensfall verwickelt werden. Die Freistellung ist zwar eine Absicherung für die Banken, sie hat aber nicht zur Folge, daß die Banken weniger sorgfältig arbeiten.

Das aktienrechtliche Hauptproblem, das in Verbindung mit einem Rückerwerb eigener Aktien durch den Emittenten von den Konsortialbanken auftaucht, läßt sich in der oben beschriebenen Weise lösen. Haftet der Emittent in jedem Fall und stellt seine Haftung keinen Verstoß gegen § 71 AktG dar, kann der innere Ausgleich an die Konsortialbanken auch nicht als Verstoß betrachtet werden.[849] Wird die Bank zunächst in Anspruch genommen, muß sie die Aktien gegen Erstattung des Erwerbspreises zurücknehmen. Aufgrund ihrer früheren

Emittent zunächst in Anspruch genommen, führt die Bank regelmäßig einen Haftungsausgleich herbei.

[846] Er zahle die Provision an die Banken, sehe sich dem Prospekthaftungsrisiko ausgesetzt und müsse im Innenverhältnis die möglichen Ansprüche der Banken ausgleichen. Dem kann allerdings entgegengehalten werden, daß der Emittent für die Provisionszahlung auch die Gegenleistung der Banken erhält, die Prospekthaftung gesetzlich normiert ist und ihm zum größten Teil der Emissionserlös zufließt, so daß es wirtschaftlich angemessen erscheint, wenn er auch die Ersatzansprüche der Anleger zu begleichen hat.

[847] *Hirte*, in: Handbuch der Konzernfinanzierung, Rn. 35.36.

[848] Ein solcher Fall liegt vor, wenn der Emittent z. B. insolvent ist.

[849] Anders *Hirte*, in: Handbuch der Konzernfinanzierung, Rn. 35.35. Es soll ein Verstoß gegen § 71 a Abs. 1 Satz 1 AktG vorliegen. Auch wenn der dargestellte Fall unter § 71 a AktG subsumiert werden könnte, wird dabei die Wertung des Gesetzgebers, die §§ 45, 46 BörsG als abschließende Spezialregelung zu §§ 57, 71 ff. AktG zu betrachten, außer Acht gelassen.

Aktionärsstellung könnte mit der nun geforderten Freistellung ein Verstoß gegen §§ 57, 71 ff. AktG vorliegen, zumal es in bezug auf die Konsortialbanken nicht um die Verwirklichung des Anlegerschutzes geht. Es ist aber inkonsequent, insofern einen Verstoß gegen die Kapitalerhaltungsregelungen anzunehmen. Wird der Emittent als erster in Anspruch genommen, ist seine Haftung unumgänglich. Er muß die Anleger entschädigen und die Aktien im Gegenzug zurückerwerben. Wenn er erst im zweiten Schritt in Anspruch genommen wird – also im Innenausgleich, und hier der Kapitalerhaltungsgrundsatz wieder greift, könnte die gesetzlich normierte Haftung von dem Emittenten umgangen werden. Er kann im Zweifelsfall versuchen, den Anleger zunächst auf die Konsortialbanken zu verweisen, und müßte später keinen Ausgleich zahlen. Der Gesetzgeber kann diese Umgehung der Prospekthaftung nicht gewollt haben. Es handelt sich immerhin um eine gesetzlich festgelegte Wertung. Sie würde durch eine entsprechende Regelung im Innenverhältnis ihre Wirkung verlieren. Folglich verstößt die Freistellung nicht gegen den Kapitalerhaltungsgrundsatz, sofern der Emittent und die Banken Gesamtschuldner sind.

Neben dem einfachen Fall, daß der Emittent nach §§ 45 ff. BörsG ebenfalls haftet, ist auch die Konstellation möglich, daß zwar die Banken haften, der Emittent aber nicht. Er kann z. B. im Gegensatz zu den Banken seine fahrlässige Unkenntnis nachweisen. Der Emittent und die Konsortialbanken haften folglich nicht als Gesamtschuldner.[850] Es stellt sich die Frage, ob der Emittent die Banken in diesen Fällen überhaupt freistellen muß. Da nur die Banken wegen grob fahrlässiger Unkenntnis oder Kenntnis nach §§ 45, 46 BörsG haften müssen, kann die Freistellungsausschlußklausel aus dem Übernahmevertrag in Betracht gezogen werden. Diese besagt, daß der Emittent die Banken nicht freistellen muß, wenn die unrichtige, unvollständige oder auf andere Weise irreführende Angabe auf einem vorsätzlichen oder grob fahrlässigen Verhalten der Bank bei ihrer Unterstützung der Erstellung bestimmter Passagen des Prospektes beruht.[851] Ein vorsätzliches oder grob fahrlässiges Verhalten ist nicht mit Kenntnis oder grob fahrlässiger Unkenntnis gleichzusetzen. Im letzteren Fall reicht es aus, daß die Bank bei der Überprüfung des Prospektes einen wesentlichen Punkt übersehen hat, der eine Haftung zur Folge hat.[852] Der andere Fall betrifft Fehler bei der aktiven Mitwirkung an bestimmten Passagen des Prospektes. Zur Erstellung dieser Passagen ist die konkrete Mithilfe der Banken erforderlich. Da die Mängel des Prospektes im dargestellten Fall nicht durch die

[850] Diese Fallkonstellation ist theoretischer Natur. Es wird selten vorkommen, daß der Emittent nicht nach §§ 45, 46 BörsG haftet, die Banken jedoch haften müssen. Da der Emittent die Informationen zur Erstellung des Prospektes weiterleiten muß und den besten Zugriff auf Informationen hat, ist eine alleinige Haftung der Banken nur schwer vorstellbar.

[851] Mustervertrag bei BuB-*Groß*, Emissions- und Konsortialgeschäft, Rn. 10/324.

[852] Die Bank hat z. B. keine ordnungsgemäße *due diligence* durchgeführt.

Mitwirkung der Banken verursacht worden sind, kann die Ausschlußklausel nicht greifen. Ein weiteres Argument für die Trennung dieser beiden Fälle ist der Anwendungsbereich der zuvor besprochenen Freistellungsklausel, wonach die Banken sich bei dem Emittenten schadlos halten können. Ohne die Unterscheidung läuft die Freistellungsklausel leer, denn, falls die Bank nach §§ 45, 46 BörsG von Anlegern in Anspruch genommen wird, will sie sich gemäß der Freistellungsklausel am Emittenten schadlos halten können. Dem würde aber dann die Ausschlußklausel entgegenstehen. Das macht jedoch keinen Sinn. Die Freistellungsklausel wird von den Banken gerade deshalb in den Übernahmevertrag aufgenommen, um die Risiken, die mit der Prospekthaftung einhergehen, nicht selbst tragen zu müssen. Bei Verkennung dieser Unterscheidung, bliebe dieser Zweck unberücksichtigt, und es gebe keinen Anwendungsbereich für die Freistellungsklausel. Wird jedoch die soeben dargelegte Trennung anerkannt, muß in einem nächsten Schritt der Verstoß gegen § 57 AktG überprüft werden.

Die obigen Erwägungen bezüglich § 57 AktG greifen in dem dort aufgezeigten Maße an dieser Stelle nicht, da der Emittent hier gerade nicht haften soll. Die §§ 45 ff. BörsG sind als abschließende Spezialregelung ausschließlich in bezug auf die Kapitalerhaltungsregelungen des Aktiengesetzes vom Gesetzgeber anerkannt. Greift die Prospekthaftung für den Emittenten nicht, kann auch ihr Vorrang vor den §§ 57, 71 ff. AktG nicht einschlägig sein.
Demnach muß gesondert geprüft werden, ob ein Verstoß gegen die aktienrechtlichen Vorschriften, insbesondere gegen § 57 AktG vorliegt. § 57 AktG verbietet jede Rückgewähr von Einlagen an die Aktionäre. Sobald die Banken die Aktien bereits übernommen und den Erwerbspreis gezahlt haben, sind sie zu Aktionären der Gesellschaft geworden. Eine Erstattung der Kosten, die mit der Prospekthaftung verbunden sind, führt zu einer Einlagenrückgewähr. Der Emittent erstattet den Banken den Betrag zurück, den sie für die Rücknahme der Aktien von den geschädigten Anlegern bezahlen mußten.[853]
Anders liegt der Fall in § 45 Abs. 2 BörsG. Die Banken übernehmen nicht die Aktien, sondern erstatten dem geschädigten Anleger lediglich den Erwerbspreis. Sie werden folglich in diesem Zeitpunkt keine Aktionäre des Emittenten. Die Freistellung kann dann aber als Leistung an den ehemaligen/zukünftigen Aktionär gedeutet werden, da die Banken bei Abschluß der schuldrechtlichen Vereinbarung Aktionäre des Emittenten sind/werden.[854] Auch dieser Fall wird von § 57 AktG umfaßt. Alle Zuwendungen, die wegen der Aktionärseigenschaft

[853] Der Schadensausgleich wird zudem die Rückgewähr der Aktien an den Emittenten beinhalten. Das bedeutet wiederum, daß der Emittent eigene Aktien zurückerwirbt.

[854] Zum Zeitpunkt des Abschlusses des Übernahmevertrages sind die Banken bereits Aktionäre der Gesellschaft. Sie zeichnen die Aktien, damit z. B. die Eintragung der Kapitalerhöhung mittels eines Zeichnungsscheines vereinfacht werden kann, s. oben § 11 C. I.

des Empfängers getätigt werden, sollen berücksichtigt werden.[855] Die strikte Anwendung dieser Grundsätze im Rahmen der Freistellung kann nicht überzeugen. Die Banken sind/werden zwar zum Zeitpunkt des Vertragsschlusses Aktionäre des Emittenten, aber die Freistellungsklausel beruht nicht auf der Aktionärsstellung,[856] sondern auf den Aufgaben, die mit der Plazierungsverpflichtung der Banken verbunden sind (z. B. Unterzeichnung des Börsenzulassungsantrags). Die zusätzlichen Leistungen der Banken sind als selbständige Tätigkeiten neben der Übernahme der Aktien und der damit einhergehenden Aktionärsstellung zu bewerten, da nicht jeder Übernahmevertrag eine Börseneinführung vorsehen muß.[857] Mit der Unterzeichnung des Zulassungsantrags gehören die Banken aber gesetzlich gesehen schon zu den Prospektverantwortlichen. Die Freistellungsklausel kann daher als weitere Gegenleistung für die übernommene Verpflichtung, eine Börseneinführung zu veranlassen, gewertet werden. Es handelt sich folglich nicht um eine Leistung, die wegen der Aktionärsstellung der Banken erbracht wird. Das wird bei der Betrachtung eines Börseneinführungskonsortiums deutlich. Das Börseneinführungskonsortium läßt sich in bezug auf die Plazierungsdokumente dieselben Garantien einräumen wie ein Übernahmekonsortium[858], übernimmt aber die Aktien nicht und wird somit zu keinem Zeitpunkt Aktionär. Folglich ist die Freistellungsklausel von einer Aktionärseigenschaft unabhängig.
Darüber hinaus muß noch berücksichtigt werden, daß Verträge zwischen dem Emittenten und den Aktionären nicht grundsätzlich verboten sind. Gegenstand der Überlegung sei ein Dienstleistungs- oder Geschäftsbesorgungsvertrag. Der vorliegende Übernahmevertrag regelt die Leistungen, die bei einer Plazierung von Aktien erbracht werden (z. B. Unterzeichnung des Zulassungsantrages). Allerdings stellt sich die Frage, ob nicht ein objektives Mißverhältnis zwischen der Leistung der Banken und der Gegenleistung des Emittenten besteht. Nur dann liegt ein Verstoß gegen § 57 AktG vor. Ein objektives Mißverhältnis liegt vor, wenn die Aktiengesellschaft den Vertrag mit einem Dritten nicht zu den gleichen Konditionen abgeschlossen hätte.[859] Das ist im Einzelfall schwierig abzugrenzen, aber es gibt bestimmte Anhaltspunkte, die eine korrekte Austauschbeziehung anzeigen. Wenn die Aktiengesellschaft von dem Aktionär Dienste verlangt, so gibt es dafür in der Regel einen angemessenen Marktpreis, der auch von der Aktiengesellschaft eingehalten werden muß. Die Banken

---

[855] *Lutter*, in: Kölner Kommentar, § 57 Rn. 40; Geßler/Hefermehl-*Bungeroth,* AktG, § 57 Rn. 23.

[856] Es handelt sich folglich nicht um ein Geschäft causa societatis.

[857] Bei der rechtlichen Einordnung der Leistungen könnte man an einen Dienstleistungs- oder Geschäftsbesorgungsvertrag denken, s. *Technau*, AG 1998, S. 445, 456.

[858] Es wird davon ausgegangen, daß das Übernahmekonsortium sowohl die Aktien als auch die Börseneinführung übernimmt. Dies ist der Regelfall. Ein reines Börseneinführungskonsortium ist nur theoretisch denkbar.

[859] *Hüffer*, AktG, § 57 Rn. 8; *Lutter*, in: Kölner Kommentar, § 57 Rn. 15 ff.

verpflichten sich, bei der Börseneinführung mitzuwirken. Durch die Unterzeichnung des Zulassungsantrages werden die Banken von Gesetzes wegen in den Kreis der Prospektverantwortlichen einbezogen, was schlimmstenfalls zu einer Haftung nach §§ 45, 46 BörsG führen kann. Für die Übernahme des Haftungsrisikos fordern die Banken einen angemessenen Ausgleich. Ihre Tätigkeiten im Zusammenhang mit der Börseneinführung werden durch eine marktübliche Börseneinführungsprovision abgegolten.[860] Das beträchtliche Risiko der Banken ist in dieser Provision nicht umfassend berücksichtigt. Eine Einschätzung des Risikos ist im vorhinein schwer möglich. Schließlich kann nicht vorhergesehen werden, wie hoch ein etwaiger Schaden tatsächlich ausfallen wird, den der Emittent gegebenenfalls ausgleichen soll. Würde das Risiko in der Provision berücksichtigt, müßte die Provision entsprechend angepaßt werden, so daß die Emission für den Emittenten weniger gewinnbringend wäre. Deshalb ist es angemessen, die Risiken in der Freistellungsklausel in der vorliegenden Form zu verteilen, da der Emittent von der Beteiligung der Banken an der Emission profitiert. Darüber hinaus erhält der Emittent auch den größten Teil des Emissionserlöses. Die Banken sollen nur bei eigenem vorsätzlichen oder grob fahrlässigen Verhalten nicht freigestellt werden. In allen anderen Fällen muß der Emittent einen Ausgleich leisten. Das Ergebnis ist interessengerecht und praktikabel. Es führt zu keinem objektiven Mißverhältnis zwischen der Leistung der Banken und der Gegenleistung des Emittenten. Die Banken sind (zumindest teilweise) von dem Risiko befreit, das sie wegen ihrer erforderlichen Mithilfe bei der Börsenzulassung tragen müssen.[861] Dieser eher positiven Bewertung könnte entgegengehalten werden, daß die Banken gesetzlich zu dieser Haftung verpflichtet sind, und sie sich gegebenenfalls aus ihrer Verantwortung stehlen. Dieser Einwand tritt aber zu kurz, da die Konsorten zunächst dem Anlegerschutz gerecht werden, indem sie sich den geschädigten Anlegern als Anspruchsgegner zur Verfügung stellen. Nur im Innenverhältnis greifen sie auf den Emittenten zurück. Die gesetzliche Haftung wird demnach nicht umgangen. Es liegt im Ergebnis kein Verstoß gegen § 57 AktG vor, da kein objektives Mißverhältnis besteht.[862]

Sollten nun noch Bedenken bezüglich der Freistellung bestehen, so läßt sich folgendes vorbringen. Auch wenn der Emittent gem. §§ 45, 46 BörsG nicht haftet, weil er fahrlässige Unkenntnis nachweisen kann, ist im Innenverhältnis ein anderer Verschuldensmaßstab möglich. Der Emittent ist Mittelpunkt des Prospektes. Er bringt alle Informationen in Umlauf. Er ist schließlich derjenige,

[860] S. § 12 B. I.

[861] Eine mögliche Insolvenz des Emittenten kann kaum abgesichert werden.

[862] Dieses Ergebnis wird dadurch bestärkt, daß die Klausel keine tatsächlichen Änderungen berücksichtigt. Sie gilt für Banken als jetzige Aktionäre, frühere Aktionäre oder Dritte. Eine Bevorzugung der Aktionäre durch eine Zuwendung ist daher nicht vorgesehen.

der äußerst genau über die Geschäfte informiert ist. Gibt er, wenn auch nur in fahrlässiger Unkenntnis, falsche oder gar keine Informationen an die Banken weiter, so wäre es nicht interessengerecht, nur den Verschuldensmaßstab des BörsG heranzuziehen. Auch eine optimale *due diligence* stattet die Banken nicht mit dem Insiderwissen aus, das der Emittent über sich selbst hat. Letztverantwortlich ist daher grundsätzlich der Emittent.[863]

Es läßt sich also festhalten, daß die Freistellungsklausel nicht gegen § 57 AktG verstößt.[864]

Ein anderes Ergebnis kann sich bei Betrachtung einer Emission ergeben, die mit Altaktien der Großaktionäre durchgeführt werden soll. Für eine Börseneinführung der Aktien muß der Emittent gem. § 36 Abs. 2 BörsG gemeinsam mit einem Kreditinstitut den Zulassungsantrag stellen. Üblicherweise wird der Emittent Partei des Kaufvertrages zwischen Altaktionär und Bank. Er übernimmt die Garantie für bestimmte Tatsachen, die in Zusammenhang mit der Gesellschaft stehen (Beschaffenheit, Vermögensbestandteile, Geschäftsbetrieb). Darüber hinaus trägt er mit anderen Beteiligten die Prospektverantwortlichkeit, obwohl ihn grundsätzlich nichts mit der Begebung der Altaktien verbindet.[865] Er erhält keinen direkten Erlös aus der Emission, muß aber im Schadensfall haften. Durch diese Einbindung des Emittenten wird den Altaktionären ein mittelbarer Vorteil gewährt. Der Verkauf ihrer Aktien wird ihnen mit der Börsennotierung erleichtert. Ferner übernimmt der Emittent mit dem Stellen des Zulassungsantrags die Prospekthaftung gegenüber außenstehenden Dritten und im Innenverhältnis die Verpflichtung zum Ausgleich der Banken.[866] Darin könnte ein Verstoß gegen § 57 AktG liegen. Ein Verstoß ist zu bejahen, wenn der Emittent keinen Nutzen aus der Börseneinführung zieht; wenn also für die Leistung des Emittenten keine adäquate Gegenleistung erbracht wird. Hier muß im Einzelfall eine Abwägung erfolgen. Das Unternehmen wird infolge der Börsennotierung unabhängiger von den Altaktionären. Darüber hinaus gibt es einen Markt für die Aktien, so daß sie einfacher zu handeln sind und im Blickpunkt des Anlegerinteresses stehen. Der Emittent profitiert somit auch von der Börseneinführung im Wege der Umplazierung. Ob der mittelbare Vorteil für den Altaktionär

---

[863] *Groß*, AG 1999, S. 199, 208; *Schäfer/Schwintowski*, Bankrecht, § 15 Rn. 78.

[864] Die Freistellungs- und Ausgleichsklausel gilt nicht nur in bezug auf die Prospekthaftungsansprüche, sondern auch für die Nichteinhaltung darüber hinausgehender Garantien. Auch hier kann kein Verstoß gegen § 57 AktG festgestellt werden. Es müssen insofern die Erörterungen zur Prospekthaftung entsprechend gelten. Unabhängig davon, ob die Konsortialbanken als Aktionäre oder Dritte zu behandeln sind, sind die Vertragsklauseln die gleichen. Daher kann nicht von einem objektiven Mißverhältnis gesprochen werden.

[865] Der Emittent muß mit einem Kreditinstitut die Zulassung beantragen (§ 36 Abs. 2 BörsG). Damit gehört er zum Kreis der Prospektverantwortlichen.

[866] Nur in seltenen Fällen haftet der Altaktionär gem. §§ 45, 46 BörsG selbst. Der Altaktionär gibt zwar auch Garantien ab, er haftet aber nicht allein. Der Emittent steht ihm regelmäßig als Gesamtschuldner zur Seite.

folglich keinen Verstoß gegen § 57 AktG darstellt, muß im Einzelfall abgewogen werden.[867] Kann der Emittent keinen Nutzen aus der Börseneinführung ziehen, ist der mittelbare Vorteil für den Altaktionär als verbotene Zuwendung im Rahmen des § 57 AktG zu bewerten. Es stellt sich die Frage, ob sich ein derartiger Rechtsverstoß im Verhältnis Emittent – Altaktionär auch auf die Freistellung der Banken auswirkt. Dazu müssen folgende Konstellationen unterschieden werden:

- 1. Ist die Bank Dritte, so kann im Regelfall der Verstoß gegen § 57 AktG die Freistellung nicht beeinträchtigen, da die Bank nicht Normadressat der Kapitalerhaltungsvorschriften ist.[868] Die Freistellungsklausel ist demnach wirksam.
- 2. Ist die Bank die Normadressatin[869], hat die Freistellung keinen Bestand. In diesen Fällen erhält der Emittent keine adäquate Gegenleistung für seine erbrachte Leistung, so daß sich § 57 AktG auch im Verhältnis zur Bank auswirkt. Anders als in den oben dargestellten Konstellationen liegt hier ein objektives Mißverhältnis vor. Die Freistellungsklausel wird einer gerichtlichen Überprüfung nicht standhalten.

C. Fazit

Die Gewährleistungen und die mit deren Nichteinhaltung verbundenen Folgen entsprechen weitgehend den Absprachen der amerikanischen *underwriting agreements*. Der US-amerikanische wie der deutsche Vertrag enthalten außerdem eine Klausel, in der sich die Konsortialbanken verpflichten, die Gesellschaft oder den Aktionär schadlos zu halten. Hat eine Konsortialbank unzutreffende Informationen im Prospekt veröffentlicht, soll die Bank den Emittenten schadlos halten. Diese Verpflichtung trifft nur den *underwriter*, der für die unzutreffenden Informationen verantwortlich ist. Es handelt sich diesbezüglich nicht um eine gesamtschuldnerische Haftung.

Darüber hinaus enthält das *underwriting agreement* eine *contribution clause.* Eine solche oder ähnliche Absprache wird in den deutschen Verträgen nicht getroffen. Die Haftungsfreistellung (*indemnification)* ist in den Vereinigten Staaten regelmäßig nicht gerichtlich durchsetzbar (Globus-Doktrin). Für diesen Fall soll es eine Möglichkeit geben, sich zumindest anteilig von den Kosten

---

[867] *Hoffmann-Becking*, in: FS für Karl Lieberknecht, S. 25, 37; BuB-*Groß,* Emissions- und Konsortialgeschäft, Rn. 10/293; kritisch *Henze*, in: Großkommentar, § 57 Rn. 56.

[868] *Lutter*, in: Kölner Kommentar, § 57 Rn. 75; *Sonnenhol/Groß*, ZHR 159 (1995), S. 388, 408; Geßler/Hefermehl-*Bungeroth*, AktG, § 57 Rn. 77.

[869] S. die oben dargestellten Fälle unter B III 2.

befreien zu können.[870] In der Überzeugung, daß die Haftungsfreistellungsklausel grundsätzlich mit deutschem Recht vereinbar ist, hat im deutschen Vertrag die *contribution clause* bisher keinen Niederschlag gefunden.
Fraglich bleibt, ob die Freistellungsklausel besonders in Prospekthaftungsfällen von großem, praktischem Nutzen für die Banken ist. Abgesehen von der Tatsache, daß es bisher nur wenige Anwendungsfälle gab, waren diese früher häufig mit dem Konkurs (heute: der Insolvenz) der emittierenden Gesellschaft verbunden.[871] Die Banken können sich in derartigen Fällen von eventuellen Haftungsverbindlichkeiten nicht freizeichnen, es sei denn, es gibt Altaktionäre, die für einen Ausgleich sorgen müssen. Abgesehen von diesen Insolvenzfällen bekommen die Banken für die Übernahme des Risikos mit dem Emittenten aber regelmäßig einen haftungsfähigen Partner an die Seite gestellt. Zudem treten dem Haftungsverbund unter Umständen auch noch abgebende Altaktionäre und die geschäftsführenden Aktionäre bei.[872] Für alle übrigen Altaktionäre, die keine Altaktien abgeben, sprengt eine Haftungsverpflichtung den Rahmen ihrer Mitgliedschaft; ihrem Risiko würde kein angemessener Nutzen gegenüberstehen.
Im Ergebnis läßt sich festhalten, daß die hierzulande verwendete Freistellungsklausel anders als in den Vereinigten Staaten weitgehend mit deutschem Recht vereinbar ist und daher im Garantiefall auch durchsetzbar sein wird. Die Unterschiede zum deutschen System ergeben sich wie auch bereits bei anderen Vergleichspunkten gesehen aus dem zwingenden deutschen Aktienrecht und der andersartig gestalteten börsengesetzlichen Haftung.

---

[870] Als Berechnungsgrundlage für die Ausgleichszahlung dient der anteilige Emissionserlös. Da der Emittent rund 90 – 95 % des Emissionserlöses erwirtschaftet, hat er auch den größeren Anteil der Ausgleichszahlung zu übernehmen. Die Gerichte haben darin bisher keine Umgehung der indemnification clause gesehen und die Klausel nicht beanstandet.

[871] BGHZ 96, 231 („Beton & Monierbau“); Fokker LG Berlin, WM 1997, S. 1422 f.; LG Hamburg, WM 1997, S. 1423 ff., LG Nürnberg-Fürth, WM 1997, S. 1426 f.

[872] Wobei die Haftung auf die Teile begrenzt ist, die sie auch selbst betreffen.

§ 14 Marktschonungsklauseln (*lock-ups*)

A. Einführung

Bereits im *letter of engagement*[873] ist eine Klausel enthalten, die den Marktschutz gewährleisten soll (*lock-ups*).[874] Die emittierende Gesellschaft hat danach dafür zu sorgen, daß sich die Altaktionäre rechtzeitig vor der Plazierung dazu verpflichten, ihre Aktien innerhalb eines Zeitraumes von 12 Monaten nach der Notierung nur mit vorheriger Zustimmung der Banken anzubieten oder zu verkaufen. Daneben verpflichtet sich die Gesellschaft in demselben Zeitraum: erstens keine Kapitalerhöhung aus genehmigtem Kapital ohne vorherige Zustimmung der Bank anzukündigen oder durchzuführen; zweitens ihrer Hauptversammlung keine Kapitalerhöhung zur Beschlußfassung vorzuschlagen oder wirtschaftlich vergleichbare Transaktionen durchzuführen. Diese Vereinbarung wird auch in den Übernahmevertrag übernommen.[875] Wird eine Notierung am Neuen Markt angestrebt, müssen die Gesellschaft und ihre Altaktionäre daneben eine Verpflichtungserklärung unterzeichnen,[876] die bei der Deutschen Börse AG zusammen mit den Zulassungsunterlagen eingereicht wird. Die Marktschonungsvereinbarung ist für den Emittenten, die Konsorten und Anleger gleich bedeutend.. Sie zählt zu den Absprachen zwischen Emittenten und Konsortium, die bereits zu Beginn ihrer Zusammenarbeit getroffen werden, und ist insbesondere für die Handelsaufnahme im SMAX und Neuer Markt entscheidend.

B. *Lock-ups* im Übernahmevertrag

Die Übernahmeverträge beinhalten in der Regel verschiedene *lock-ups*. So stellen Vereinbarungen, die die Verpflichtung enthalten, keine weiteren Kapitalmaßnahmen durchzuführen und damit auch keine weiteren Aktien zu veräußern (strenge Form/hard lock-up), bis hin zu Verpflichtungen, die lediglich der Kursschonung dienen sollen (gemäßigte Form/soft lock-up), die Bandbreite der möglichen *lock-ups* dar. Dabei sind sowohl für den Emittenten als auch für die bisherigen Aktionäre *lock-ups* zu finden.

---

[873] Der *letter of engagement* ist eine Vereinbarung, die im Vorfeld der Emission getroffen wird. Der Übernahmevertrag wird erst kurz vor der Plazierung unterzeichnet, so daß es in der Praxis notwendig ist, die wesentlichen Punkte der Emission abzustecken.

[874] S. BuB-*Groß,* Emissions- und Konsortialgeschäft, Rn. 10/323.

[875] Siehe dazu näher unter B.

[876] Siehe dazu näher unter C. Ähnliches gilt für eine Notierungsaufnahme im SMAX [s. Teilnahmebedingungen 2 (3)]

I. Verpflichtung des Emittenten

1. Hard lock-ups

Die Verpflichtung des Emittenten kann ähnlich wie im *letter of engagement* gestaltet sein. Die Gesellschaft verpflichtet sich danach, innerhalb einer Frist von 12 Monaten[877] nach Plazierung der Aktien keine weitere Kapitalerhöhung vorzunehmen. Die Verpflichtung kann sich auf die Ausübung von genehmigtem Kapital beziehen. Ebenfalls betroffen sind aber alle anderen Formen der Erhöhung des Grundkapitals. Die Gesellschaft verpflichtet sich, ihrer Hauptversammlung nicht vorzuschlagen, eine Erhöhung des Grundkapitals zu beschließen. Daneben sind sämtliche Maßnahmen untersagt, die wirtschaftlich denselben Effekt wie eine Kapitalerhöhung haben. Folglich kann die Gesellschaft nach der Plazierung keine weiteren Kapitalerhöhungsmaßnahmen vornehmen und somit keine neuen Aktien ausgeben.
Ob die Klausel in dieser Form rechtlich zulässig ist, ist fraglich. Zunächst stellt sich die Frage nach der kompetenzrechtlichen Einschränkung. Ist es möglich, die Hauptversammlung, die für eine Beschlußfassung in bezug auf Kapitalbeschaffungsmaßnahmen zuständig ist (§ 119 Abs. 1 Nr. 6 AktG) oder den Vorstand, derart einzuschränken?

a) Genehmigtes Kapital

In dem Fall, in dem die Hauptversammlung über ein Genehmigtes Kapital Beschluß gefaßt hat (§§ 202 ff. AktG), wird sie durch die Klausel nicht eingeschränkt. Die Satzung ermächtigt den Vorstand für höchstens 5 Jahre, das Grundkapital zu erhöhen. Eine Satzungsänderung, die sich auf den Ermächtigungszeitraum bezieht, kann durch einen Beschluß der Hauptversammlung herbeigeführt werden. In jedem Fall kann der Vorstand nach der entsprechenden Ermächtigung in der Satzung selbst Beschluß darüber fassen, ob und wann das Kapital erhöht wird. Der Vorstand soll zum bestmöglichen Zeitpunkt schnell und flexibel neues Eigenkapital beschaffen.[878] An dieser Entscheidung ist die Hauptversammlung dann nicht mehr beteiligt. Daher schränkt die Klausel die Kompetenz der Hauptversammlung grundsätzlich nicht ein. Hingegen werden die Kompetenzen des Vorstandes beschnitten. Da der Vorstand als geschäftsführendes Organ der Gesellschaft und damit die Leitungsmacht (§ 76 I AktG) ausübt, den Übernahmevertrag unterzeichnet und sich folglich eigenverantwortlich seiner Entscheidungsfreiheit begibt, kann

---

[877] Auch Haltefristen von 6 Monaten sind möglich. Tendenziell wählt der Konsortialführer einen längeren Zeitraum, um sich abzusichern.
[878] *Lutter*, in: Kölner Kommentar, Vorb. § 202 Rn. 1; *Hüffer*, AktG, § 202 Rn. 2.

allerdings nicht von einer unzulässigen Einschränkung seiner Kompetenzen und schon gar nicht von einer unzulässigen Einschränkung der Hauptversammlungskompetenz gesprochen werden.[879]

b) Ordentliche Kapitalerhöhung

Anders ist der Fall zu beurteilen, in dem der Vorstand sich verpflichtet, der Hauptversammlung keine anderweitige Kapitalmaßnahme (z. B. ordentliche Kapitalerhöhung) zum Beschluß vorzulegen. Auch hier muß zunächst festgehalten werden, daß der Vorstand als Geschäftsführungsorgan selbständig und eigenverantwortlich tätig wird und den Weisungen der Hauptversammlung oder des Aufsichtsrats nicht unterliegt (§ 76 Abs. 1 AktG).[880] Der Vorstand kann Entscheidungen nach eigenem Ermessen treffen, wobei die sachgerechte Ermessensausübung eine angemessene Abwägung der unterschiedlichen Interessen der Gesellschaft (Aktionäre, Arbeitnehmer, Gemeinwohl) voraussetzt. Der Ermessensspielraum wird durch die Pflicht des Vorstands eingeschränkt, für den Bestand des Unternehmens – also seine dauerhafte Rentabilität – zu sorgen.[881] Solange diese Voraussetzung erfüllt ist, sind die Entscheidungen des Vorstands angemessen. Die Kompetenz der Hauptversammlung wird nicht unmittelbar dadurch eingeschränkt, daß der Vorstand eine Kapitalmaßnahme nicht zur Beschlußfassung vorschlägt.[882] Die Hauptversammlung hat zwar nach § 119 Abs. 1 Nr. 6 AktG über eine Kapitalmaßnahme zu beschließen. Der Vorstand muß diese Entscheidung jedoch auf die Tagesordnung der jeweiligen Hauptversammlung setzen und darüber abstimmen lassen.[883] Es stellt sich die Frage, ob die in Rede stehende Verpflichtung, die Kompetenz der Hauptversammlung unzulässig einschränkt. Durch die Verpflichtung ist der Vorstand nicht mehr in der Lage, sein Ermessen frei auszuüben. Mit der Vereinbarung geht eine Ermessensbindung einher.

[879] Anders ist der Fall zu beurteilen, wenn sich das Ermessen des Vorstands auf Null reduziert und er deswegen keine Entscheidungen mehr treffen kann, die für die Gesellschaft dienlich sind.

[880] *Hüffer*, AktG, § 76 Rn. 10. Der Vorstand könnte sich aus diesem Grunde auch grundsätzlich verpflichten, keine Kapitalmaßnahmen vorzuschlagen. Sollte er eine unangemessene Ermessensentscheidung treffen, kann er sich allerdings schadensersatzpflichtig machen.

[881] *Mertens*, in: Kölner Kommentar, § 76 Rn. 17 und 22; OLG Hamm, AG 1995, S. 512, 514 (rechte Spalte); *Semler*, Leitung und Überwachung der Aktiengesellschaft, S. 27 ff.

[882] Ob eine mittelbare Einschränkung durch die Entscheidung des Vorstands vorliegt, wird im folgenden geprüft.

[883] *Hüffer*, AktG, § 119 Rn. 6. Gem. § 122 AktG kann auch eine Minderheit der Aktionäre (5 % des Grundkapitals) Vorschläge zur Beschlußfassung vortragen. Um die Verpflichtung des Vorstands nicht zu unterlaufen, verpflichten sich auch die Aktionäre keine Maßnahmen zu veranlassen, die zu einem Kapitalerhöhungsbeschluß führen könnten; dazu noch unten II.

Besonders in Grenzfällen, wenn der Bestand der Gesellschaft gefährdet ist, wird dies problematisch, da er der Hauptversammlung keine Kapitalmaßnahmen vorschlagen darf. Ebenso darf er aber auch keine Vorschläge zur Beschlußfassung über eine Kapitalmaßnahme von einer Aktionärsminderheit berücksichtigen.[884] Dadurch wird das Initiativrecht der Hauptversammlung beschnitten. Mit der Vereinbarung wird darüber hinaus die ablehnende Entscheidung der Hauptversammlung über die Kapitalmaßnahme bereits vorweggenommen. Eine solche Einschränkung des Handlungsspielraums der Gesellschaft durch eine rechtsgeschäftliche Vereinbarung ist aber nur tragbar,[885] wenn der Vorstand die Hauptversammlung erfolgreich um Zustimmung bittet.

2. Formen des *soft lock-ups*

Die strenge Form der Marktschutzklausel hat rechtlich also nur dann Bestandskraft, wenn die Hauptversammlung um Zustimmung zu den Vereinbarungen gebeten wird. Da aber die *lock-ups* generell begrüßenswert[886] und wirtschaftlich sinnvoll sind, stellt sich die Frage, ob nicht gemäßigtere Varianten einen Marktschutz bieten, ohne die Entscheidungsfreiheit der Gesellschaft einzuschränken. Die *lock-ups* dienen vorrangig dem Schutz des Kapitalmarktes. Es soll verhindert werden, daß mit einem weiteren öffentlichen Angebot der Preisdruck auf den Kurs der Aktie steigt. Zudem soll die Volatilität verringert werden. Die Kurspflege/Stabilisierung, die die Banken betreiben, um eine gute Performance zu erreichen und den Erfolg der Emission zu unterstreichen, soll durch weitere Kapitalmaßnahmen nicht beeinträchtigt werden. Dies entspricht nicht nur dem Interesse der Banken, sondern auch der Gesellschaft. Sie profitieren von der guten Performance und einer erfolgreichen Emission.[887] Auch für den Anleger sind die *lock-up* Vereinbarungen vorteilhaft. Kursverluste, die aus einer zusätzlichen Ausgabe von Aktien resultieren, werden so vermieden. Darüber hinaus haben die lock-ups der Altaktionäre[888] Signal-

---

[884] Hier stellt sich die Frage, welche Rechtsfolgen an ein Zuwiderhandeln geknüpft sind. Regelmäßig wird es sich um die Zahlung einer nicht unempfindlichen Vertragsstrafe für die Gesellschaft handeln. Darüber hinaus kann sich der Vorstand gem. § 93 AktG schadensersatzpflichtig machen.

[885] Grundsätzlich kann eine solche Einschränkung nicht vorgenommen werden, *Lutter*, in: Kölner Kommentar, § 182 Rn. 15.

[886] S. dazu den folgenden Text.

[887] Wie bei den Banken wirkt sich auch bei der Gesellschaft eine erfolgreiche Emission auf deren Reputation aus. Ungünstige Medienberichte führen zu sofortigen negativen Kursbewegungen. Darüber hinaus läßt sich eine schlechte Presse nur schwer bei den Anlegern dementieren, s. auch § 12 B II.

[888] S. dazu im folgenden II.

wirkung für die Anleger. Es wird angezeigt, daß z. B. das Know-how der Vorstände und Gründer in der Gesellschaft verbleibt.[889]

Eine Form des *soft lock-up* bildet die Zustimmungspflicht der Bank zu entsprechenden Kapitalerhöhungsmaßnahmen. Auch die Abhängigkeit von einem Dritten führt allerdings zu einer Einschränkung der Entscheidungsfreiheit der Gesellschaft.[890] Zudem wird die Kompetenz der Hauptversammlung durch eine solche Zustimmungspflicht eingeschränkt. Es hängt nicht mehr von ihrem Beschluß ab, ob eine Kapitalmaßnahme durchgeführt wird oder nicht. Es kann daher im Ergebnis nichts anderes gelten als bei den *hard lock-ups*. Eine Beschränkung in diesem Umfang ist folglich nur dann haltbar, wenn der Vorstand die Hauptversammlung erfolgreich um Zustimmung bittet.

Als rechtlich zulässige Abwandlung für ein gemäßigtes *lock-up* kommt eine Vereinbarung in Betracht, die vorsieht, daß weitere Aktien nur über das bis dahin emissionsbegleitende Institut veräußert werden dürfen. Die Banken können somit ein Minimum an Kontrolle über die Kapitalmaßnahmen der Gesellschaft ausüben. Sie kontrollieren, wie viele weitere Aktien vom Markt aufgenommen werden können, ohne daß ein schädlicher Preisdruck für die bereits am Markt plazierten Aktien der Gesellschaft entsteht. Die Marktschonung ist demnach gewährleistet. Auch die Entscheidungsfreiheit der Gesellschaft wird ausreichend berücksichtigt wird. Beschließt die Hauptversammlung der Gesellschaft eine Kapitalerhöhung oder entscheidet sich der Vorstand, unmittelbar nach der Satzungsermächtigung eine Kapitalerhöhung durchzuführen, so müssen die neu entstandenen Aktien laut der Vereinbarung durch die Bank plaziert werden. Bis zu diesem Zeitpunkt kann folglich keine Kompetenzbeschränkung der Gesellschaftsorgane festgestellt werden. Die Organe können ihre Entscheidung, ob eine Kapitalmaßnahme durchgeführt werden soll, grundsätzlich unabhängig von den Banken treffen.[891] Um die Kapitalmaßnahme durchführen zu können, ist die Gesellschaft auf die Banken und deren Plazierungskraft angewiesen. Letztere überprüfen vor dem Verkauf, ob der Markt für neue Wertpapiere aufnahmefähig ist. Sollte die Aufnahmefähigkeit des Marktes erschöpft sein, werden die Banken keine Aktien plazieren. Die Gesellschaft wird dementsprechend auch von der Plazierung absehen, da keine erfolgreiche Emission zu erwarten ist. Sie muß sich allein aus praktischen Gründen im Vorfeld einer Kapitalmaßnahme mit den Banken in Verbindung

---

[889] Das dies ein durchaus entscheidend ist, zeigt die Aufnahme eines Risikofaktors (z. B. Abhängigkeit von Personen) in den Prospekt.

[890] *Lutter*, in: Kölner Kommentar, § 182 Rn. 14.

[891] In der Praxis wird es regelmäßig zu Absprachen im Vorfeld der Hauptversammlung kommen, so daß die folgenden Ausführungen theoretischer Natur sein werden.

setzen und deren Beurteilung des Marktes abwarten.[892] Damit hängt die Kapitalmaßnahme aber wieder von der „Zustimmung“ eines Dritten ab. Diese Tatsache könnte zur rechtlichen Unwirksamkeit der in Rede stehenden Klausel führen. Eine direkte Einschränkung der Entscheidungsfreiheit liegt allerdings nicht vor, da die Bank der Kapitalmaßnahme nicht zustimmen muß. Auch eine mittelbare unzulässige Einschränkung der Hauptversammlung muß verneint werden, da auch wenn die Banken die Plazierung mangels Nachfrage etc. ablehnen und daher eine Kapitalmaßnahme nicht duchgeführt werden kann, die Hauptversammlung bei einer Beurteilung im Vorfeld der Kapitalmaßnahme einbezogen werden kann. Die Prognose der Banken wird der Hauptversammlung vor der Beschlußfassung vorzulegen sein. Die Entscheidung liegt demnach bei der Hauptversammlung.[893]

Eine weitere Ausgestaltung der Marktschutzklauseln besteht darin, bei der Plazierung der Aktien eine weitgehende Kursschonung sicherzustellen. Die entsprechende Verpflichtung könnte ähnlich wie die soeben dargestellte Variante aussehen. Allerdings wird die breite Streuung der Aktien verhinder. Jede andere Kapitalmaßnahme, die in Form einer Paket- oder Privatplazierung durchgeführt wird, wird von der Klausel nicht berührt. Der Emittent könnte danach jederzeit eine solche Plazierung durchführen.

Es sollte jedoch nicht übersehen werden, daß die Paket- oder Privatplazierung häufig nicht dieselben Ergebnisse (z. B. in bezug auf den Gewinn) wie öffentliche Angebote erzielt. Zudem bleibt auch fraglich, ob eine umfassende Kursschonung umfassend gewährleistet ist, wenn weitere Aktien im Wege der Paketplazierung ausgegeben werden. Ausgangsposition ist die Ausgabe der gleichen Gattung von Aktien. Handelt es sich um eine Paket- oder auch Privatplazierung von bedeutendem Umfang, wird der Kurs möglicherweise schon durch die Tatsache beeinträchtigt, daß neue Aktien im Umlauf sind. Der Käufer weiß seine Nachfrage gestillt. Allein diese fehlende Nachfrage wird je nach Größe des Pakets positive/negative Auswirkungen auf den Kurs haben. Die neuen Aktien können in der Regel nicht unmittelbar nach dem Verkauf an der Börse notiert werden, da nach § 9 BörsZulVO eine ausreichende Streuung gefordert wird. Das ist bei einer Paketplazierung nicht der Fall. Allerdings ist es durchaus möglich, später eine Zulassung zu beantragen. Allein diese Option kann sich auf den Kurs auswirken. Zusammenfassend muß folglich festgehalten werden, daß allein die Unterbindung einer breiten Streuung die Kursschonung nicht umfassend gewährleisten kann. Wenn es sich um Aktien der gleichen

---

[892] Im Zweifel wird das in der Praxis bereits so gehandhabt, da der Einfluß der Banken auf den Emittenten groß ist, und der Erfolg einer Emission auch von den Banken abhängt.

[893] Die Hauptversammlung wird regelmäßig das Standing der Gesellschaft berücksichtigen und auf den Erfolg der Kapitalmaßnahme bedacht sein.

Gattung handelt, die plaziert werden sollen, kann schon die Möglichkeit, daß die Aktien später wieder verkauft werden, den Kurs beeinträchtigen.

Nach allem läßt sich festhalten, daß eine Verpflichtung des Emittenten zum Schutze des Kapitalmarktes durchaus wünschenswert ist. Solange sie nicht dazu benutzt wird, die Entscheidungsfreiheit der Gesellschaft in bezug auf weitere Kapitalmaßnahmen vollständig zu beschneiden, ist sie auch aus rechtlicher Sicht nicht zu beanstanden.

II. Verpflichtung der Aktionäre

1. Erklärung in bezug auf Maßnahmen der Gesellschaft

Ebenso wie die Gesellschaft werden die Altaktionäre häufig verpflichtet, zur Marktschonung beizutragen. Für die Gesellschaft wurden bereits vielfältige Gestaltungsvarianten besprochen. Auch die Altaktionäre können unterschiedliche Auflagen erhalten. Die Aktionäre könnten sich z. B. verpflichten, keine Maßnahmen[894], die die Gesellschaft nur mit vorheriger Zustimmung der Bank vornehmen darf, selbst zu veranlassen oder ein Ergreifen solcher Maßnahmen durch die Gesellschaft zu veranlassen.[895] Es ist fraglich, ob die Klausel rechtlich wirksam ist. Im Hinblick auf die Gesellschaft ist bereits oben festgestellt worden, daß die Klausel rechtlich insoweit nicht haltbar ist, als das Initiativrecht der Hauptversammlung unzulässig eingeschränkt wird. Jetzt mit einem Erst-Recht-Schluß ebenfalls die rechtliche Unwirksamkeit der Verpflichtung der Altaktionäre zu begründen, ist zu kurz gegriffen. Anders als bei der Klausel der Gesellschaft geht es nicht um die Kompetenzeinschränkung eines Organs der Gesellschaft oder die Entscheidungsfreiheit der Gesellschaft. Jeder Aktionär verpflichtet sich persönlich, seine Rechte für einen Zeitraum von 12 Monaten nicht auszuüben. Betroffen ist u. a. das Recht nach § 122 Abs. 2 AktG. Danach kann mit einer Mindestbeteiligung von 5 % des Grundkapitals verlangt werden, daß bestimmte Gegenstände zur Beschlußfassung bekanntgemacht werden. Eine Minderheit der Aktionäre kann also verlangen, daß über eine Kapitalmaßnahme entschieden werden soll. Der Sinn der Klausel für die Altaktionäre ist offensichtlich. Würde eine Minderheit eine Kapitalmaßnahme zum Beschluß vorlegen, so käme es regelmäßig zu Konflikten in bezug auf die

[894] Dabei handelt es sich z. B. um die Ausübung der Satzungsermächtigung in bezug auf die Erhöhung des Grundkapitals oder um den Vorschlag einiger Aktionäre an die Hauptversammlung, einen Kapitalerhöhungsbeschluß durchzuführen.

[895] Die Verpflichtung schöpft nur den gesetzlich zulässigen Rahmen aus; s. BuB-*Groß*, Emissions- und Konsortialgeschäft, Rn. 10/324.

Vereinbarungen [z. B. Schadensersatzansprüche aus Vertra oder Gesetz (§ 93 AktG)].
Die konkrete Ausgestaltung der Verpflichtungserklärung erlaubt es, daß der Aktionär sich dieses Minderheitenrechtes begeben kann. Er ist in der Lage, individualvertraglich ausdrücklich zu vereinbaren, daß bestimmte Maßnahmen – insbesondere Kapitalerhöhungen – von ihm nicht zur Beschlußfassung vorgeschlagen werden.

Der andere Fall betrifft die Art und Weise, in der der Aktionär Maßnahmen ergreifen soll, um die von der Gesellschaft entgegen ihrer eigenen Verpflichtung vorgeschlagene Kapitalmaßnahme zu verhindern. Beispielsweise könnte der Hauptversammlung eine Kapitalerhöhung zur Beschlußfassung vorgelegt werden. Die Aktionäre sind dann verpflichtet, gegen die Maßnahme zu stimmen, um so deren Durchführung zu verhindern. Auch wenn der Aktionär eine bestimmte Stimmabgabe nicht ausdrücklich vereinbart, kommt die Erklärung einer Stimmbindung nahe. Grundsätzlich sind Stimmbindungsverträge zulässig.[896] Es ist aber bedenklich, daß die Vereinbarung regelmäßig mit einem Dritten (Nichtaktionär) getroffen wird. Dieser Umstand könnte gegen das Abspaltungsverbot verstoßen, das keine Ausübung des Stimmrechtes ohne Aktie erlaubt. Ferner könnte ein Verstoß gegen die Treuepflicht gegenüber der Gesellschaft vorliegen, da sich der Aktionär mittels der Vereinbarung von einem Dritten abhängig machen könnte. Mit der Abgabe der Erklärung ist der Aktionär verpflichtet, gegen die Kapitalmaßnahme zu stimmen. Er wäre nicht mehr als ein Werkzeug der Bank, die möglicherweise aus der Verpflichtung auch noch Sekundäransprüche (wenn nicht sogar eine Vertragsstrafe vereinbart worden ist) ableiten kann. Allerdings ist fraglich, ob mit der *lock-up* Vereinbarung eine Verletzung der mitgliedschaftlichen Treuepflichten gewollt ist, so daß daraus ihre Unwirksamkeit resultieren müßte. Dies ist wohl kaum anzunehmen. Es ist nicht der Zweck der *lock-ups* gegen das Gesellschaftsinteresse gerichtete Beschlüsse herbeizuführen. Denn es ist auch im Interesse der Banken, daß die Gesellschaft erfolgreich und kapitalstark bleibt. Ferner sind die *lock-ups* auch aus Sicht der Gesellschaft ökonomisch sinnvoll.[897] Sofern folglich auch nicht gegen das Abspaltungsverbot verstoßen wird, sind die Vereinbarungen wirksam.[898] Sie bedürfen aber generell einer sorgfältigen Betrachtung und Überprüfung.

---

[896] *Zöllner*, in: Kölner Kommentar, § 136 Rn. 83 ff.; BGHZ 48, 163 (166 ff.); *Hüffer*, AktG, § 133 Rn. 27 m. w. N.; s. eingehend *Noack*, Gesellschaftervereinbarungen bei Kapitalgesellschaften, S. 66 ff..

[897] Eine langfristig gute Kursperformance wirkt sich positiv auf das standing der Gesellschaft aus.

[898] *Zöllner*, Zu Schranken und Wirkungen von Stimmbindungsverträgen, insbesondere bei der GmbH, ZHR 155 (1991), S. 168, 180 ff.; Geßler/Hefermehl-*Eckhardt*, § 136 Rn. 51 f.; 59 ff.; a. A. *Hüffer*, AktG, § 133 Rn. 27 f.; *Priester*, in: FS für Winfried Werner, S. 657,

2. Erklärung in bezug auf die Veräußerung der Aktien

Neben der möglichen Verpflichtung der Altaktionäre, keine Maßnahmen zu veranlassen, die zur Durchführung einer Kapitalmaßnahme führen könnten, gibt es regelmäßig Vereinbarungen in bezug auf den Verkauf der eigenen Aktien. Die Veräußerungen oder wirtschaftlich ähnliche Maßnahmen[899] sollen in einem Zeitraum von 12 Monaten von der Zustimmung der Banken abhängig sein. Daneben kann bei einer strengen Ausgestaltung der Verkauf auch vollständig untersagt werden. Die rechtliche Wirksamkeit dieser Verpflichtungen richtet sich zunächst nach § 137 BGB. Danach kann die Befugnis zur Verfügung über ein veräußerliches Recht nicht durch Rechtsgeschäft ausgeschlossen oder beschränkt werden. Allerdings ist gem. § 137 S. 2 BGB ein nur schuldrechtliches Verfügungsverbot durchaus zulässig. Die Wirksamkeit einer Verpflichtung, über ein veräußerliches Recht nicht zu verfügen, wird folglich durch § 137 S. 1 BGB nicht berührt. Der Aktionär kann sich daher zumindest schuldrechtlich wirksam dazu verpflichten, die Aktien nicht oder nur mit Zustimmung der Banken zu verkaufen.

a) Primäranspruch aus der Verpflichtung

Veräußert der Altaktionär die Aktien trotz der oben genannten Verpflichtung, kann die Bank als Berechtigte aus dem Übernahmevertrag Unterlassung geltend machen.[900] Praktisch werden die Unterlassungsansprüche den Aktionär nicht abschrecken, die Aktien zu veräußern, da er regelmäßig einen hohen Gewinn erwartet. Der Verkauf der Aktien ist besonders dann interessant, wenn sich hohe Zeichnungsgewinne bei der Emission abzeichnen, was bei den Emissionen des Neuen Marktes häufig der Fall war.[901]

---

659 ff.; *Hüffer*, in: Hachenburg, § 47 Rn. 73, 75. Es ist grundsätzlich auch kein besonderer Vorteil erkennbar, der den Altaktionären aus der bloßen Abstimmung als Gegenleistung zuteil würde, so daß damit ebenfalls eine Unzulässigkeit nicht begründet werden kann; *Zöllner,* in: Kölner Kommentar, § 136 Rn. 94 f..

[899] Im folgenden wird der Einfachheit halber nur von Verkauf der Aktien gesprochen.

[900] *Lutter/Drygala*, in: FS für Peter Raisch, S. 239, 246. Für den Unterlassungsanspruch gilt aber, daß er im Vorfeld einer Veräußerung geltend gemacht werden muß. Ist der Verkauf bereits erfolgt, kann nur für die folgenden Veräußerungen Unterlassung beantragt werden. Die konkrete Veräußerung bleibt jedoch unberührt.

[901] FAZ v.25.6.1999, Die meisten Neuemissionen erfolgreich, S. 25.

b) Sekundäranspruch aus der Verpflichtung

Die Bank könnte einen Schadensersatzanspruch aus der Verletzung der Verpflichtung inne haben.[902] Mit dem Verkauf der Aktien entgegen der unterzeichneten Verpflichtung liegt eine Pflichtverletzung vor. Kernfrage ist daher, ob die Bank überhaupt einen Schaden erlitten hat.[903] Ausgangspunkt muß eine erfolgreiche Emission sein, da der Altaktionär seine Aktien nur in diesem Fall gewinnbringend veräußern kann. Das Konsortium hat im Falle einer erfolgreichen Emission sämtliche Aktien plaziert und die Provision erhalten. Ein konkreter materieller Schaden läßt sich daher nur schwer beziffern. Durch den Verkauf der Aktien des Altaktionärs wird es allerdings regelmäßig zu einem Kursrückgang kommen. Die Folge ist der Reputationsverlust. Es handelt sich daher nur um einen immateriellen Schaden, der gem. § 253 BGB nur in den gesetzlich aufgeführten Fällen geltend gemacht werden kann. Es könnte sich allerdings ein mittelbarer, materieller Schaden einstellen, falls die Banken durch den Reputationsverlust zukünftige Mandate verlieren. Regelmäßig wird der Kausalitätsnachweis Probleme bereiten, so daß ein Schadensersatzanspruch auf Grund eines mittelbaren materiellen Schadens ein theoretischer Ansatz bleibt.

Einen Schaden haben allerdings regelmäßig die Anleger, die von den Kursverlusten betroffen sind. Auch die Gesellschaft erleidet in jedem Fall einen immateriellen Schaden durch den Kursverlust. Ihr Standing sinkt. Darüber hinaus stellt sich ein materieller Schaden dann ein, wenn die Gesellschaft keine weiteren Kapitalmaßnahmen über den Markt auf Grund einer schlechten Performance durchführen kann.[904] Da also sowohl die Anleger als auch die Gesellschaft einen materiellen Schaden erleiden, stellt sich die Frage, ob der Übernahmevertrag ein Vertrag mit Schutzwirkung zugunsten Dritter ist. In diesem Fall können die Geschädigten Schadensersatzansprüche geltend machen, die entweder durch Naturalrestitution (§ 249 BGB) oder durch einen geldwerten Ersatz erfüllt werden. Besteht der Schaden aus den Kursverlusten, kann er dadurch restituiert werden, daß die veräußernden Altaktionäre verpflichtet werden, ihren Aktienbestand über den Kapitalmarkt wieder aufzufüllen, um so die notwendige Nachfrage wieder herzustellen.[905]

---

[902] Da es sich um die Verletzung einer Nebenpflicht handelt, kommt als Anspruchsgrundlage wegen fehlender spezieller Regelungen eine positive Vertragsverletzung (pVV) des Übernahmevertrages in Betracht.

[903] Die Pflichtverletzung wird nicht mehr gesondert angesprochen. Sie liegt zweifelsfrei vor.

[904] *Lutter/Drygala*, in: FS für Peter Raisch, S. 239, 247.

[905] Ob durch den Rückkauf tatsächlich der Zustand wiederhergestellt wird, der vor dem Verkauf bestand, kann nur vermutet werden. Es fehlen statistische Erhebungen. Darüber hinaus kann die Naturalrestitution nur so lange greifen, wie die *lock-up* Periode für die Altaktionäre gilt. Ist die Zeit abgelaufen, und wird der Verstoß erst danach offenkundig, scheidet eine Naturalrestitution aus.

Ein Vertrag mit Schutzwirkung zugunsten Dritter ist zumindest für die Gesellschaft als „Geschützte" anzunehmen.[906] Anders ist die Situation bei den Aktionären. Sowohl die Altaktionäre, die in der Regel ein *lock-up* unterzeichnet haben, als auch die neuen Aktionäre können nicht als in den Schutzbereich gehörend angesehen werden.[907] Folglich können die Aktionäre keine Ansprüche aus dem Übernahmevertrag geltend machen. Das gilt auch dann, wenn die Marktschonungserklärung im Prospekt veröffentlicht worden ist[908], was gesetzlich nicht zwingend vorgeschrieben aber inzwischen Marktstandard für alle Marktsegmente ist. Wird die Verpflichtung nicht eingehalten und entstehen durch den Verkauf bei den verbleibenden Aktionären Verluste, können lediglich Prospekthaftungsansprüche geltend gemacht werden. Das gilt aber nur dann, wenn die Klausel zukunftsorientiert[909] ist, und die sonst notwendigen Voraussetzungen erfüllt werden.[910] Sofern die veräußernden Aktionäre als Prospektverantwortliche in Betracht kommen, kann der Anspruch gegen sie geltend gemacht werden. Ansonsten können möglicherweise die Banken oder die Gesellschaft zur Entschädigung in Anspruch genommen werden, wobei die Banken sich wiederum in der Regel bei den Aktionären freizeichnen könnten.[911] Einen Anspruch der geschädigten Aktionäre bereits aus der Existenz der Klausel im Prospekt abzuleiten, ist nicht möglich. Ein etwaiger Drittschutz aus der Verpflichtung würde zu weit führen[912] und ist von den Parteien des Übernahmevertrages nicht beabsichtigt. Im Ergebnis erfährt nur die Gesellschaft Schutz. Der Aktionär, der gegen die Verpflichtung verstößt, muß folglich sowohl der Gesellschaft als auch der Bank Schadensersatz wegen positiver Vertragsverletzung leisten.

Die Schwierigkeiten, die die Geltendmachung der Sekundäransprüche für die Anspruchsteller mit sich bringt (Nachweis materieller Schäden), könnte mit der

---

[906] S. dazu ausführlich *Lutter/Drygala*, in: FS für Peter Raisch, S. 239, 247 f.

[907] S. *Hopt*, Die Verantwortlichkeit der Banken, S. 22 Rn. 44 ff.; auch *Lutter/Drygala*, in: FS für Peter Raisch, S. 239, 249 f.

[908] Verkaufsprospekt/Börsenzulassungsprospekt der Deutschen Telekom AG vom Juni 1999, S. 8 (Lock-Up Deutsche Telekom); unvollständiger Verkaufsprospekt/Unternehmensbericht der ISION Internet AG vom März 2000, S. 22 (Marktschutzvereinbarung); Verkaufsprospekt/Unternehmensbericht der freenet.de AG vom Dezember 1999, S. 15 f. (Marktschutzvereinbarung).

[909] Die Klausel im Prospekt muß so angelegt sein, daß ihre Einhaltung auch in Zukunft garantiert wird. Das ist nicht üblich. Es wird lediglich das Vorhandensein eines *lock-ups* im Übernahmevertrag bestätigt. Diese Information ist z. Zt. der Beurteilung des Prospektes auf Richtigkeit auch zutreffend, so daß die Geltendmachung von Prospekthaftungsansprüchen schwierig ist.

[910] S. dazu § 13 B. III.

[911] S. bereits § 13 B III.

[912] Vgl. *Hopt*, Die Verantwortlichkeit der Banken, S. 23 Rn. 47.

Vereinbarung einer Vertragsstrafe vermieden werden.[913] Die Vertragsstrafe muß bereits im Falle des Verstoßes gegen die Verpflichtung greifen. Ein materieller Schaden wird für die Durchsetzung der Vertragsstrafe nicht vorausgesetzt. Die Höhe der Vertragsstrafe muß sich an dem geldwerten Vorteil der Veräußerung orientieren. Sie wäre danach geeignet, den Aktionär von der Veräußerung abzuhalten. Darüber hinaus kann auch die Einrichtung eines Sperrdepots durch die Banken eine Kontrollmöglichkeit bieten.[914]
Gegen die Vertragsstrafe kann das Argument vorgebracht werden, daß der Aktionär sich seiner rechtlichen Handlungsfähigkeit entäußert, da ihn die drohende Vertragsstrafe daran hindert, die Aktien zu verkaufen. Die Vertragsstrafe führt im Ergebnis aber nicht dazu, daß § 137 S. 1 BGB betroffen ist. Eine Vereinbarung, die die Verpflichtung enthält, über ein veräußerliches Recht nicht zu verfügen, darf nach allgemeiner Meinung durch eine Vertragsstrafe gesichert werden.[915] Ihr Sinn ist es gerade, den Schuldner zur Erfüllung seiner Unterlassungspflicht zu bewegen. Diesen Zweck kann die Vertragsstrafe nur erfüllen, wenn die Höhe der fälligen Zahlung so hoch bemessen ist, daß ihr auch eine abschreckende Wirkung zukommt.[916]

Schließlich stellt sich die Frage, ob der Aktionär überhaupt verpflichtet werden kann, eine solche Vereinbarung zu unterzeichnen. Voraussetzung für diese Verpflichtung ist, daß keine Bank ohne eine Marktschonungsvereinbarung aller Altaktionäre die Emission begleiten wird und daß die Emission für den Bestand der Gesellschaft finanziell dringend notwendig ist. Ferner dürfen die widerstrebenden Aktionäre nicht für bestimmte Zeit an die Gesellschaft gebunden werden. Die Vereinbarung ist dann einer wirtschaftlichen „Vinkulierung" ähnlich. Der Aktionär muß aber jederzeit das Unternehmen verlassen können, solange er keine vinkulierten Namensaktien besitzt. Das heißt, daß den Aktionären nicht umfassend verboten werden kann, die Aktien zu veräußern. Die Gesellschaft und auch die Banken können den Aktionär folglich nicht zur Unterzeichnung der strengen Form der Klausel zwingen. Der Aktionär muß zumindest einen Paketverkauf an einen Dritten durchführen können, was ihm die strenge Variante nicht gestattet. Nur bei Vorliegen der soeben vorgetragenen Voraussetzungen kann eine Unterzeichnungspflicht angenommen werden, die aus der gesellschafterlichen Treuepflicht resultiert.[917] In allen anderen Fällen

---

[913] Auch im Regelwerk des Neuen Marktes ist eine ähnliche Regelung enthalten, s. im folgenden.

[914] Eine tiefergehende Erörterung erfolgt im Zusammenhang mit den Marktschutzklauseln im Regelwerk des Neuen Marktes.

[915] Staudinger/*Kohler*, § 137 Rn. 38 m. w. N..

[916] S. dazu *Korfsmeyer*, FB 1999, S. 205, 208.

[917] Ausführlich *Lutter/Drygala*, in: FS für Peter Raisch, S. 239, 251 f.; s. auch *Korfsmeyer*, FB 1999, S. 205, 210 f.

liegt keine Mitwirkungspflicht[918] vor, die im Gesellschaftsinteresse dringend geboten und dem Aktionär zumutbar ist. Grundsätzlich muß die Gesellschaft darauf hoffen, daß die Aktionäre die wirtschaftliche Notwendigkeit erkennen und die Entscheidungen mit tragen. In der Regel befürwortet die Mehrheit der Aktionäre eine eventuelle Kapitalmaßnahme und die folgende Plazierung, und sie erfüllen die damit verbundenen Erfordernisse. Sollten einige Aktionäre der Maßnahme abneigend gegenüberstehen, so kann eine Zwangsverpflichtung nur in dem soeben beschriebenen Fall (begründete Treuepflicht) erfolgen. Darüber hinaus kann der Aktionär nicht verpflichtet werden, die Vereinbarung in der strengen Form mit den Banken zu treffen.[919]

Neben dem restriktiven Inhalt kann die Marktschutzerklärung auch beinhalten, daß der Verkauf nur über die emissionsbegleitende Bank möglich ist oder in der schwächsten Variante, daß lediglich eine weitgehende Kursschonung sichergestellt wird.[920] Für beide Möglichkeiten gilt das in bezug auf die strenge Vereinbarung bereits Erläuterte. Die Aktionäre können sich verpflichten, ihre Aktien innerhalb eines bestimmten Zeitraumes nach der Emission nicht zu veräußern. Im Gegensatz zu der strengen Form sind sie hier allerdings auch verpflichtet, die Marktschonungserklärung abzugeben, da die Voraussetzungen für eine Mitwirkungspflicht regelmäßig gegeben sind.

III. Vergleich mit dem US-amerikanischen *lock-up*

Zum *lock-up* im US-amerikanischen *underwriting agreement*[921] gibt es kaum Unterschiede. In den Vereinigten Staaten herrscht Einigkeit darüber, daß der *transfer agent* durch das Unterlassen der Umschreibung[922] ein *lock-up* äußerst wirkungsvoll durchsetzen kann. In Deutschland wird demgegenüber versucht, einen weniger präventiven Weg einzuschlagen, da die Konsortialbanken nicht rimmer die Aktien der Altaktionäre aufgrund von Sperrdepots kontrollieren können. Obwohl auch der Schadensersatzanspruch als präventives Druckmittel dient, ist er doch, wie bereits dargestellt, nur schwer durchzusetzen. Folglich ist die „Sanktion" auch nur eingeschränkt wirksam. Die drohende Vertragsstrafe könnte eher zum Erfolg führen. Ähnlich wie in den Vereinigten Staaten kann in Deutschland auch an die Nichtausführung eines Verkaufsauftrages gedacht

---

918 Vgl. *Hüffer*, AktG, § 179 Rn. 30 f.; *Zöllner*, in: Kölner Kommentar, § 179 Rn. 213 f.

919 Darüber hinaus muß auch beachtet werden, daß es regelmäßig Sinn macht einen bestimmten Schwellenwert zu bestimmen, dessen Überschreitung eine Unterzeichnung der *lock-ups* erst notwendig macht. Eine sehr geringe Beteiligung am Unternehmen führt beim Verkauf der Aktien regelmäßig nicht zu extremen Kursschwankungen.

920 S. dazu bereits ausführlich die vorangehenden Erörterungen zu der Verpflichtung des Emittenten.

921 S. § 10 D.

922 Der Aktionär kann zunächst nicht frei über die Aktien verfügen.

werden. Damit könnte eine Veräußerung bereits frühzeitig verhindert werden. Voraussetzung dafür ist die Einrichtung von Sperrdepots. Ob die Sperrung der Aktien dann allerdings rechtlich haltbar ist, soll im folgenden unter Einbeziehung des Regelwerkes des Neuen Marktes näher betrachtet werden.

Darüber hinaus gilt es sowohl für Deutschland wie auch für die Vereinigten Staaten zu erörtern, ob es nicht sinnvoll wäre, die Aktien der Altaktionäre sogleich „freizugeben". Vorteile sind die effektive Preisbildung und die Vermeidung extremer Kursstürze nach der *Lock-Up* Phase. Gerade in den Vereinigten Staaten haben die Anleger besonders im Technologiebereich nach der Haltefrist oftmals große Verluste hinnehmen müssen,[923] da nach der *lock-up* Phase viele Altaktionäre Aktienpakete veräußert haben. So konnte ein großer Teil der Nachfrage am Markt gedeckt werden, was in der Folge dazu führte, daß sich der bis dahin stabile Kurs negativ entwickelte. Wer folglich noch Aktien im Portefeuille hatte, mußte mit Verlusten rechnen. Um den Anleger zu schützen und trotzdem die sofortige Freigabe der alten Aktien zu verhindern, wird in den Vereinigten Staaten betont, daß der Anleger bereits durch den Prospekt informiert sei. Im Prospekt seien sowohl die Haltefristen als auch die damit verbundenen Risiken beschrieben. Der Anleger könne auf Grund dieser Informationen seine Aktien vorzeitig veräußern, um Verluste zu vermeiden. Außerdem sei die Performance der Aktie besser zu gewährleisten, wenn eine Marktschonungsklausel vereinbart wurde. Die Bank und die Gesellschaft könnten ein solides Standing aufbauen, wenn der Kurs der Aktie stabil ist. Die Gesellschaft könne darüber hinaus einen vergleichsweise hohen Emissionserlös vorweisen, wenn die Altaktien bei der Emissionspreisfindung ausgespart werden. Im Ergebnis wird also bisher in den Vereinigten Staaten kein Grund gesehen, vom *lock-up* trotz möglicher späterer Verluste Abstand zu nehmen. In Anbetracht der Tatsache, daß die Haltefrist dem Anleger und allen anderen Beteiligten zunächst dienlich ist, muß eine nachteilige Wertung unterbleiben, zumal ökonomische Modelle, die den volkswirtschaftlichen Nutzen der Auflösung der *lock-ups* wiedergeben könnten, bis dato soweit ersichtlich fehlen. Notwendig erscheint aber in jedem Fall, dem Anleger deutlich die Risiken aufzuzeigen. Die Banken und die Gesellschaft müssen daher verpflichtet werden, umfassende Informationen über *Lock-Up* Vereinbarungen, die im Übernahmevertrag vereinbart wurden, in den Prospekt aufzunehmen.

Weiter könnte man aber an eine marktschonende Freigabe der Altaktien denken, um nicht am Ende der Haltefrist alle Altaktien gleichzeitig freigeben zu müssen, die dann möglicherweise „unkontrolliert" verkauft werden. Die Gestaltung einer

---

[923] S. *Wyatt*, Old stocks, new technology, more questions, New York Times v. 16.02.1999, S. C 1 und C 11.

solchen Freigabe müßte an die Gegebenheiten des Marktes angepaßt werden.[924] Durch eine marktschonende Freigabe könnten größere Verluste vermieden werden. Je nach Ausgestaltung müßten weitere Verträge und Absprachen getroffen werden. Derzeit geht die Entwicklung der *lock-ups* allerdings zu noch längeren Haltefristen.[925]

C. *Lock-ups* im Regelwerk des Neuen Marktes

Der Neue Markt, der sich inzwischen als feste Größe in der deutschen und internationalen Börsenlandschaft etabliert hat, ist eines der begehrten Marktsegmente der Frankfurter Wertpapierbörse. Um im Neuen Markt gelistet zu werden, müssen die antragstellenden Unternehmen eine Reihe von anspruchsvollen Zulassungsanforderungen und Zulassungsfolgepflichten erfüllen.[926] Sie sind im Regelwerk des Neuen Marktes festgelegt, das von der Deutschen Börse AG als Marktorganisator erstellt wird. Im folgenden sollen die spezifischen Regelungen zum *Lock-up* betrachtet werden.

I. Inhalt und Zweck der *lock-ups*

Gemäß Abschnitt 2 Ziffer 7.3.9. des Regelwerkes Neuer Markt (RNM) in der Fassung vom 09.04.2001 besteht ein Veräußerungsverbot für den Emittenten. Danach ist der Emittent verpflichtet, innerhalb eines Zeitraums von 6 Monaten ab dem Datum der Zulassung der Aktien zum Neuen Markt keine Aktien direkt oder indirekt zur Veräußerung anzubieten, zu veräußern, dieses anzukündigen oder sonstige Maßnahmen zu ergreifen, die einer Veräußerung wirtschaftlich entsprechen. Die Verpflichtung soll unter Beachtung der einschlägigen Regelungen des nationalen Aktienrechtes eingegangen werden. Dem Wortlaut des Veräußerungsverbotes entsprechend wird nicht direkt in die Entscheidungsfreiheit der Gesellschaft eingegriffen, Kapitalmaßnahmen zu beschließen. Allerdings wirkt sich das umfassende Veräußerungsverbot auf Entscheidungen hinsichtlich der Kapitalmaßnahmen aus. Wie bereits dargestellt, ist z. B. eine ordentliche Kapitalerhöhung nur dann möglich, wenn die neu geschaffenen

---

[924] Hier könnte man z. B. eine bestimmte Aktienanzahl gemäß einem vorher festgelegten Schlüssel in regelmäßigen Abständen ausgeben, je nachdem was der Markt an Aktien aufnehmen kann.

[925] S. zu den noch längeren Haltefristen die Tendenz in den Niederlanden, Handelsblatt vom 29.11.2000, S. 46, Amsterdamer Börse verlängert Sperrfrist für Aktienverkäufe.

[926] Einen Überblick dazu bieten *Nock*, Der Neue Markt, CH-D Wirtschaft 1997, S. 13 ff.; *Benz/Kiwitz*, Der Neue Markt der Frankfurter Wertpapierbörse-Zulassung und Folgepflichten, DStR 1999, S. 1162 ff.; *Koch/Wegmann*, Mittelstand und Neuer Markt, S. 47 ff.

Aktien auch ausgegeben werden können.[927] Da eine Veräußerung aber nicht möglich ist, wirkt sich das Verbot folglich mittelbar auf die Entscheidungsfreiheit der Gesellschaft aus. Diese Tatsache kann rechtlich nicht anders bewertet werden als das direkte Verbot, eine Kapitalerhöhung durchzuführen. Das Prozedere ist damit rechtlich nur haltbar, wenn der Vorstand die Hauptversammlung um Zustimmung bittet.[928] Gem. Abschnitt 2 Ziffer 2.1 Abs. 4 RNM ist für die Verletzung der genannten Pflichten eine Vertragsstrafe in Höhe von bis zu Euro 100.000,- an die Deutsche Börse AG (DBAG) zu zahlen.[929]
Im Ergebnis erfolgt dieselbe Bewertung wie bereits für die Klausel im Übernahmevertrag: Sie ist in dieser umfassenden und strengen Form also nur wirksam, sofern der Vorstand die Hauptversammlung erfolgreich um Zustimmung bittet.

Weiterhin ist der Emittent verpflichtet, die Deutsche Börse AG (DBAG) unverzüglich davon in Kenntnis zu setzen, wenn ihm Anhaltspunkte für einen Verstoß gegen das Veräußerungsverbot durch einen Altaktionär vorliegen. Die Altaktionäre geben Verpflichtungserklärungen gegenüber dem Emittenten ab. Gemäß Abschnitt 2 Ziffer 2.2 Abs. 1 RNM muß der Emittent Verpflichtungserklärungen der Altaktionäre einholen.[930] Die Erklärungen sind Zulassungsvoraussetzungen für den Neuen Markt. Auf begründeten Antrag des Emittenten kann ihn die DBAG von seiner Verpflichtung zur Einholung oder Vorlage der Verpflichtungserklärungen der Altaktionäre befreien. Mit der Erklärung verpflichten sich die Altaktionäre gegenüber dem Emittenten, innerhalb eines Zeitraumes von 6 Monaten keine Aktien zu veräußern. Die Verpflichtung ist im einzelnen genauso aufgebaut wie die des Emittenten gegenüber der DBAG.
Im alten Regelwerk betraf das Veräußerungsverbot sowohl den Emittenten als auch die Altaktionäre gem. Abschnitt 2 Ziffer 7.2.9. RNM. Als es zu ersten Verstößen gegen das Regelwerk insbesondere im Bereich der Haltefristen gekommen war, wurden Änderungen diesbezüglich gefordert. Der Internet-Kunstauktionator Artnet.com AG und wenig später die Metabox AG gerieten

---

[927] Außerdem muß die Durchführung der Kapitalerhöhung unverzüglich (§ 121 Abs. 1 S. 1 BGB) erfolgen, es sei denn, im Kapitalerhöhungsbeschluß wurde eine Frist für die Durchführung der Kapitalerhöhung gesetzt (§ 182 Abs. 1 AktG). Eine fristgemäße oder unverzügliche Durchführung ist aber im Falle eines Veräußerungsverbotes nicht möglich. Daran wird deutlich, daß die grundsätzliche Freiheit, einen Kapitalerhöhungsbeschluß vorzunehmen, nicht ausreicht, um wirkliche Entscheidungsfreiheit zu gewähren.

[928] S. dazu oben B. I.

[929] Diese Vertragsstrafe kann aber nur auf eine Pflicht gestützt werden, die die Gesellschaft ihrer Entscheidungsfreiheit nicht beraubt, was aber bereits durch den Zusatz „mit geltendem Recht vereinbar“ deutlich wird; *Lutter*, in: Kölner Kommentar, § 182 Rn. 15.

[930] Das neue Regelwerk vom 15.9.1999 hat ein Muster vorgesehen, auf das später noch einzugehen ist.

Ende Juli 1999 in die Schlagzeilen.[931] Angeblich hatten die Altaktionäre noch vor Ablauf der nach dem Regelwerk vereinbarten *lock-up*-Periode Aktien veräußert. Änderungsforderungen wurden geäußert, weil festgestellt wurde, daß weder der Emittent noch die DBAG eine rechtliche Handhabe gegen die Altaktionäre hatten.[932] Das galt sowohl für die Erzwingung der Offenlegung der Depots der Altaktionäre[933] als auch für Sanktionen, die als Druckmittel hätten dienen sollen. Eine rechtliche Handhabe war für die DBAG nur gegenüber dem Emittenten gegeben. Sie hätte ihn im schlimmsten Fall vom Neuen Markt verweisen können.[934] Der Verweis stellte gleichzeitig die einzige Sanktionsmöglichkeit der DBAG dar, da auch das Bundesaufsichtsamt für den Wertpapierhandel (BaWe) bei privatrechtlich organisierten Märkten zumindest insofern keinen Handlungsbedarf sieht.
Zu diesem Zeitpunkt wurden verschiedene Lösungsansätze diskutiert.[935] Sie sollten dem Regelwerk und damit auch dem Neuen Markt selbst das erforderliche Ansehen wieder verschaffen. Das Ansehen hat unter der Tatsache gelitten, daß umfassende Regelungen nicht greifen, wenn ihre Einhaltung nicht kontrolliert werden kann. Als Antwort auf die oben genannten Probleme wurde

[931] *Schnell*, Artnet will Altaktionäre durchleuchten, Handelsblatt v. 31.7./1.8.1999, S. 22; FAZ v. 31.7.1999, Börse nimmt Vorwürfe ernst, S. 25; Handelsblatt v. 3.8.1999, Auch Vorwürfe gegen Metabox-Altaktionäre, S. 23; *Maisch/Herz*, Schatten über dem Neuen Markt, Handelsblatt v. 4.8.1999, S. 25.

[932] Neben Sperrdepots wurde auch die Ergänzung des § 21 WphG (Mitteilungspflichten des Meldepflichtigen) in bezug auf den Neuen Markt gefordert, *Maisch/Herz*, Schatten über dem Neuen Markt, Handelsblatt v. 4.8.1999, S. 25; Handelsblatt v. 10.8.1999, Börse ändert Regelwerk am Neuen Markt, S. 25; FAZ v. 12.8.1999, Eine Lücke im Regelwerk des Neuen Marktes, S. 25; DSW (Ulrich Hocker), Das Wertpapier 1999, S. 76.

[933] Im Mittagsbericht v. 2.8.1999 von n-tv online (www.n-tv.de) berichtete der Vorstandsvorsitzende der Artnet.com AG, daß keine Verstöße vorgelegen hätten. Die DBAG konnte allerdings erst am 17.08.1999 die Aussage des Vorstandsvorsitzenden bestätigen, s. www.neuermarkt.de und vom 18.8.1999 www.n-tv.de, s. ferner Handelsblatt v. 10.8.1999, Börse ändert Regelwerk am Neuen Markt, S. 25; FAZ v. 23. 9.1999, Artnet: Es geht zunächst um Marktanteile und nicht um Gewinne, S. 28. Der Beweis konnte nur deshalb erbracht werden, da alle Altaktionäre des Unternehmens Einblick in ihre Depots gewährt haben. Der Emittent war auf das Verständnis seiner Aktionäre angewiesen. Ferner gab es noch ein Erfassungsproblem. Der Besitzer muß bei den in Deutschland noch vorherrschenden anonymen Inhaberaktien nicht notwendig bekannt sein. Auf Grund der Schwierigkeiten nicht alle Aktionäre erfassen und damit kontrollieren zu können, gab es eine Ausnahmeregelung für die Zulassung zum Handel am Neuen Markt. Danach reichte auch die Verpflichtung von 90 % des Aktienkapitals vor dem Börsengang aus, um die Marktschonungsklausel einzuhalten. Aber auch der Verkauf dieser verhältnismäßig geringen Aktienmenge von 10 % kann einen nicht unerheblichen Kursrutsch verursachen.http://www.neuermarkt.de;/

[934] Dazu näher unter C. II.

[935] S. *Ihrig/Schlitt*, Verkaufsverbot im Neuen Markt, Börsenzeitung v. 27.8.1999, S. 15.

neben der Vertragsstrafe[936] die Verpflichtungserklärung der Altaktionäre gegenüber dem Emittenten neu eingeführt.[937] Obwohl sich aus der Verpflichtungserklärung gegenüber dem Emittenten keine weiteren Neuerungen ergaben, wird ausdrücklich darauf hingewiesen, daß der Emittent verpflichtet ist, die Einhaltung der Verpflichtung der Altaktionäre zu überwachen. Daß der Emittent für die Einhaltung der Verpflichtung zuständig ist, sollte bereits mit der alten Regelung klargestellt werden. Allerdings hatte der Emittent bei Verstoß gegen die Überwachungspflicht keine Sanktionen zu befürchten, so daß er seine Aufgabe nur unzureichend wahrgenommen hat. Nach dem neuen Regelwerk muß der Emittent bei ersten Anzeichen für einen Verstoß des Veräußerungsverbotes der DBAG Bericht erstatten. Versäumt der Emittent, die DBAG zu unterrichten, muß er eine Vertragsstrafe zahlen.[938] Im äußersten Fall kann dieses Versäumnis ein Delisting[939] des Emittenten nach sich ziehen.[940] Damit der Emittent überhaupt eine Kontrollmöglichkeit hat, sind organisatorische

[936] S. dazu im folgenden unter C. II.

[937] Die Vereinbarung wird zwischen dem Altaktionär und dem Emittenten, der durch den Vorstand vertreten wird, getroffen. Ob der Vorstand durch die Vereinbarung möglicherweise unberechtigt Einfluß auf die Aktionärsstruktur nimmt (vgl. *Otto*, AG 1991, S. 369, 373; *Immenga*, AG 1992, S. 79, 82) oder andere Pflichtverletzungen im Innenverhältnis vorliegen (§§ 68 Abs. 2, 76 AktG), kann an dieser Stelle nicht erörtert werden. Es kann festgehalten werden, daß der Vorstand weniger aus egoistischen Motiven als wegen seiner Verpflichtung handelt, am Neuen Markt gelistet zu werden. Ferner beschränkt sich die Vereinbarung auf einen Zeitraum von 6 Monaten. Es handelt sich folglich noch nicht einmal um eine dauerhaften Einflußnahme. Schließlich wird jeder Aktionär einzeln verpflichtet. Zur Entwicklung der Verpflichtungserklärungen im RNM, *Harrer/Mölling*, Verschärfung des Veräußerungsverbots für Altaktionäre im Neuen Markt, BB 1999, S. 2521 ff.

[938] Seit dem 1. März 2001 müssen am Neuen Markt gelistete Unternehmen Wertpapiergeschäfte ihrer Vorstands- und Aufsichtsratsmitglieder in eigenen Aktien der Deutschen Börse AG spätestens 3 Börsentage nach dem Geschäft melden (7.2. RNM); s. auch Börsen-Zeitung vom 10.04.2001, Nummer 70, Regeln für Wertpapierverkäufe bringen nicht gewünschte Transparenz am Neuen Markt – Mindestens zehn Fristüberschreitungen seit Anfang März – Unklare Angaben auf der Internetseite; Börsen-Zeitung vom 18.01.2001, Nummer 12, Schadensersatzklagen gegen EM.TV – Neuer Markt auf neuem Weg.

[939] *Schwark/Geiser*, ZHR 161 (1997), S. 739 ff.; *Vollmer/Grupp*, ZGR 1995, S. 459, 471 ff.; Schäfer-*Hamann*, BörsG, § 43 Rn. 24 ff.

[940] Die Deutsche Börse AG hat am 20. Juli 2001 die geplanten neuen Regeln für den Ausschluß von Unternehmen aus dem Neuen Markt vorgestellt. Die Regelungen, die zum 1. Oktober 2001 in Kraft treten sollen, tragen der Tatsache Rechnung, daß viele der gelisteten Unternehmen seit Monaten zu sehr geringen Kursen gehandelt werden. Ähnlich wie bereits an der US-amerikanischen Nasdaq sollen Unternehmen, die länger als an 30 aufeinanderfolgenden Börsentagen unter einem Tagesdurchschnittskurs von 1 Euro und einer Marktkapitalisierung von 20 Millionen Euro gehandelt werden und beide Werte in den nächsten 90 Börsentagen nicht an mindestens 15 aufeinanderfolgenden Börsentagen übertreffen, aus dem Neuen Markt ausgeschlossen werden.

Maßnahmen getroffen worden, die es ihm ermöglichen, die Überwachung wirksam durchzuführen. Die Maßnahmen sind teilweise in der Verpflichtungserklärung zum Veräußerungsverbot aufgeführt. So sollen die Altaktien unter einer separaten Wertpapier-Kennummer bei der Depotbank und der Deutsche Börse Clearing AG eingebucht werden. Grundsätzlich wird bei der Einführung in den Neuen Markt das gesamte Aktienkapital der betreffenden Gesellschaft zugelassen.[941] Das Gesamtkapital für die Girosammelverwahrung bei der Deutschen Börse Clearing AG wird in einer einzigen Globalurkunde verbrieft und ist in zwei Teilglobalurkunden unterteilt. Auf Antrag des Emissionshauses werden zwei Wertpapier-Kennummern (WKN) vergeben. Die Aktien, die am Neuen Markt zum sofortigen Handel zugelassen sind, erhalten eine WKN (WKN A). Die andere WKN umfaßt die mit dem Veräußerungsverbot belegten Aktien der Altaktionäre (WKN B), die so verschlüsselt werden muß, daß der börsliche Handel ausgeschlossen ist. Die Trennung der beiden WKN in der Girosammelverwahrung erfolgt nicht tresormäßig. Durch die Globalurkunde, die Aktien beider WKN beinhaltet, wird eine depotbestandsmäßige Trennung über Abwicklungkonten vorgenommen.[942] Die WKN B ist in der Girosammelverwahrung mit einer Sperre belegt. Während des Veräußerungsverbotes sind daher keine Depotbestandsveränderungen möglich. Am Ende der Haltefrist werden beide WKN zusammengelegt. Es gibt dann nur noch eine WKN A.[943] Diese Information muß im Emissionsprospekt enthalten sein.
Um eine wirksame Überwachung der Einhaltung des Veräußerungsverbotes zu gewährleisten, soll der Altaktionär die Depotbank vom Bankgeheimnis befreien und dem gegenseitigen Informations- und Datenaustausch zwischen Emittenten, Depotbank, Deutsche Börse Clearing AG und der DBAG zustimmen. So kann der Emittent seiner Benachrichtigungspflicht gem. Abschnitt 2 Ziffer 7.3.9. frühzeitig nachkommen. Wegen der ausdrücklichen Verpflichtung des Emittenten und den damit zusammenhängenden Sanktionen wird er den Druck auf die Altaktionäre erhöhen. Der Emittent beobachtet die Vorgehensweise der Altaktionäre, um sich vor den möglichen Sanktionen zu schützen. Im Ergebnis ist somit ein Dreiecksverhältnis geschaffen worden. Der Emittent muß als Vertragspartner der DBAG seine Altaktionäre überwachen, während die DBAG ihn selbst kontrolliert.

Trotz der Nachbesserungen im Regelwerk bleibt der Sinn und Zweck des Veräußerungsverbotes unverändert. Der Anleger soll Vertrauen in das Unternehmen

---

941 Es werden also auch die Aktien der Altaktionäre zugelassen, die einer Haltepflicht unterliegen.

942 S. ausführlicher: Änderungen des Regelwerks Neuer Markt zum 15.09.1999, (Anhang zum Regelwerk Neuer Markt, Stand 15.09.1999), S. 45. Die Kundenbestände der Altaktionäre (WKN B) werden depotbestandsmäßig getrennt verwahrt. Um aber wieder Tresordeckung zu erhalten, wird über ein Abwicklungskonto gegengebucht.

943 Die WKN B erlischt.

setzen können. Vertrauen wird dadurch hervorgerufen, daß die Altaktionäre weiterhin in dem Unternehmen verbleiben. Sie entscheiden sich gegen schnelle Gewinnmitnahmen und für ein *long-term-investment*. Ferner wird der frühzeitige Rückzug bedeutender Know-how-Träger vereitelt, und die bisherige Geschäftsführung bleibt der Gesellschaft auch nach der Emission zunächst erhalten. Das Veräußerungsverbot sorgt folglich für Kontinuität und sichert die Fortführung der Unternehmensstrategie. Damit wird dem Schutzbedürfnis des Anlegers entsprochen. Der Anleger fühlt sich in der Folge bewogen, weitere Investitionen zu tätigen.[944] Darüber hinaus soll verhindert werden, daß der Streubesitz (free float) sogleich weiterveräußert wird, und der unkontrollierte Verkauf dann zu Kursschwankungen führt. Schließlich soll das Veräußerungsverbot im Regelwerk des Neuen Marktes besonders die Abwanderung der Gründer vereiteln. Diese Tatsache hängt mit dem Marktsegment zusammen. Der Neue Markt soll Wachstumskapital für innovative Unternehmen beschaffen. Naturgemäß sind diese Unternehmen noch jung. Steigen die Gründer bereits zum Zeitpunkt der Emission aus, schlägt möglicherweise die angemessene Entwicklung der personengebundenen Ideen fehl. Darüber hinaus kann der Anleger den Eindruck gewinnen, daß die Ideen nicht erfolgversprechend waren oder die Gründer mitsamt ihren Ideen das Unternehmen verlassen. Der Anleger wird von einer Investition absehen.[945]

II. Folgen bei Nichterfüllung der *lock-ups*

1. Folgen für den Emittenten

Neben der mit der Änderung des Regelwerkes neu eingeführten Vertragsstrafe, die der Emittent bei Nichterfüllung der Pflichten aus Abschnitt 2 Ziffer 7 zu zahlen hat, kann die DBAG die bereits erfolgte Zulassung zum Neuen Markt zurückziehen (Abschnitt 2 Ziffer 2.1.4 RNM). Ein Entzug der Zulassung ist dann denkbar, wenn der Emittent einem der in Abschnitt 2 Ziffer 2.1.4 Abs. 2 RNM aufgeführten Fälle erfüllt. Danach kann die Deutsche Börse AG die Zulassung zum Neuen Markt beenden, wenn

- der Emittent gegen die ihm aus diesem Regelwerk obliegenden Pflichten verstößt oder

---

[944] Vgl. *Benz/Kiwitz,* Der Neue Markt der Frankfurter Wertpapierbörse-Zulassung und Folgepflichten, DStR 1999, S. 1162, 1163; *Nock*, Der Neue Markt, CH-D Wirtschaft 1997, S. 13.

[945] Ein Überblick über Sinn und Zweck des Veräußerungsverbotes des RNM bei *Harrer/Mölling*, Verschärfung des Veräußerungsverbots für Altaktionäre im Neuen Markt, BB 1999, S. 2521 f..

- ein ordnungsgemäßer Börsenhandel im Neuen Markt auf Dauer nicht mehr gewährleistet erscheint oder
- dies zum Schutz des Publikums geboten erscheint.

Während die neu vorgestellte Vertragsstrafe bei einer Zuwiderhandlung den Emittenten zur sofortigen Zahlung verpflichtet, liegt der Entzug der Zulassung im Ermessen der DBAG. Sie entscheidet, ob die Gesellschaft im Zweifelsfall ihre Zulassung verliert. Darüber hinaus wird der Entzug der Zulassung nur als äußerstes Sanktionsmittel angewandt. Diese Sanktion ist allein jedenfalls nicht geeignet, um die Durchsetzbarkeit des Regelwerkes zu demonstrieren. Diese Einschätzung wird besonders durch die Tatsache bestätigt, daß mit den ersten Problemen, die sich aus der Anwendung des Regelwerkes ergeben haben, Änderungen erforderlich waren. Im Falle von artnet.com oder Metabox war die Frage aufgekommen,[946] ob eine Beendigung der Zulassung (Delisting) zwingend hätte erfolgen müssen, um die Durchsetzbarkeit des Regelwerkes unter Beweis zu stellen und das Vertrauen der Anleger in den Neuen Markt zu festigen. Besonders problematisch war die Tatsache, daß es sich um eine Pflichtverletzung der Altaktionäre gehandelt hätte. Ein Delisting wäre im Ergebnis auf die Pflichtverletzung der Altaktionäre zurückgeführt worden. Diese Pflichtverletzung wäre dem Emittenten zugerechnet worden. Die Frage nach der Berechtigung einer solchen Zurechnung[947] kann unbeantwortet bleiben, da die DBAG das Regelwerk diesbezüglich – wie bereits dargestellt – geändert hat.

Allerdings könnte es insgesamt zweifelhaft sein, ob ein Delisting vom Neuen Markt durch die Entscheidung der DBAG erwirkt werden kann. Wenn bereits für ein Going Public ein Hauptversammlungsbeschluß erforderlich ist, da es sich um eine faktische Strukturmaßnahme handelt, kann nur mit einem Hauptversammlungsbeschluß ein Going Private durchgeführt werden.[948] Die Delistingregelung ist mit Blick auf den Anlegerschutz problematisch. Der

[946] Die Frage war letztendlich nur hypothetischer Natur, da kein Verstoß gegen das Regelwerk vorgelegen hatte. Sie hat aber dazu geführt, daß eine Auseinandersetzung mit der Problematik stattgefunden hat.

[947] S. dazu auch *Ihrig/Schlitt*, Verkaufsverbot im Neuen Markt, Börsenzeitung v. 27.8.1999, S. 15.

[948] *Kleindiek*, in: FS für Bezzenberger, S. 653, 664; *Hellwig*, ZGR 1999, S. 781, 799; *Lutter*, in: FS für Zöllner, Band 1, S. 363, 378 f.; *Lutter/Leinekugel*, ZIP 1998, S. 805, 806; *Semler*, in: Semler/Volhard (Hrsg.) Arbeitshandbuch für die Hauptversammlung, Rdz. IA, 182 f.; *Steck*, AG 1998, S. 460, 461; *Vollmer/Grupp*, ZGR 1995, S. 459, 480 ff.; *Grupp*, Börseneintritt und Börsenaustritt, S. 99 ff.; *Schwark/Geiser*, ZHR 161 (1997), S. 739, 761 ff. (768 f.); Schäfer-*Hamann*, BörsG, § 43 Rn. 29; wohl auch *Klenke*, WM 1995, S. 1089, 1099; a. A. *Meyer-Landrut/Kiem*, WM 1997, S. 1361, 1367; *Baums/Vogel*, in: Lutter/Scheffler/Schneider (Hrsg.), Handbuch der Konzernfinanzierung, S. 247, 287; wohl auch *Hopt*, in: FS für Drobnig, S. 528, 536f.

Anleger investiert über den Neuen Markt in dort gelistete Werte. Er vertraut dabei auf die Fungibilität seiner Aktien. Der Marktentzug, der zudem noch auf dem Fehlverhalten eines Dritten beruht, nimmt dem Anleger praktisch sämtliche Veräußerungsmöglichkeiten. Insofern greifen nicht nur die in der Literatur geäußerten Bedenken in bezug auf ein Delisting entsprechend, sondern es wird auch das primäre Ziel verfehlt, das Anlegervertrauen in den Neuen Markt zu stärken. Ein Anleger, der einmal ein Delisting über sich ergehen lassen und dabei Verluste einstecken mußte, wird bei der nächsten Anlageentscheidung diese Erfahrungen berücksichtigen.
Ferner wird die Struktur insoweit verändert, als die Gesellschaft nun eine geschlossene ist und sich folglich der Aktionärskreis nicht erheblich verändern wird. Das Argument, die Gesellschaft behalte ihre Zulassung zum Geregelten Markt, und es sei somit noch eine Handelsplattform vorhanden, kann in diesem Zusammenhang allein nicht überzeugen. Erstens muß die Aufnahme der Notierung im Geregelten Markt gesondert beantragt werden. Das wird gegebenenfalls nach einem Verweis vom Neuen Markt mit Schwierigkeiten verbunden sein. Zweitens ist das Marktsegment Geregelter Markt jedenfalls für Unternehmen der „New Economy" weniger attraktiv als der Neue Markt. Für ein Delisting spricht allerdings das Ziel des Neuen Marktes. Hohe Zulassungsanforderungen und strenge Publizitätspflichten, die dem Anleger in hohem Maße Schutz gewähren, sollen eine solide Vertrauensbasis zwischen Anleger und Unternehmen schaffen. Die DBAG hat sich mit dem Delisting eine Handhabe verschafft, diese Vertrauensbasis auch tatsächlich erhalten zu können. Der Anleger erkennt, daß nur das Unternehmen am Neuen Markt bestehen kann, welches den strengen Anforderungen gerecht wird. Die Anleger kennen allerdings häufig die Möglichkeit nicht, daß ihr Unternehmen vom Neuen Markt verwiesen werden kann. Diese für sie mit dem „Delisting" verbundene negative Erfahrung zerstört zunächst auch das Vertrauen in den Neuen Markt. Auch wenn das Regelwerk für jedermann zugänglich ist, wird der Anleger mit dieser Regelung überrascht. Das Ziel des Emittenten sollte es daher sein, die Anleger frühzeitig anhand des Emissionsprospektes zu informieren.

2. Folgen für die Altaktionäre

Verletzt der Altaktionär die von ihm unterzeichnete Verpflichtungserklärung, so muß er eine Vertragsstrafe zahlen. Obwohl die Vereinbarung zwischen der Gesellschaft und dem Altaktionär getroffen wird, verpflichtet sich der Altaktionär zur Zahlung einer Vertragsstrafe zugunsten der Deutsche Börse AG in Höhe des Differenzbetrages zwischen Emissionspreis und Veräußerungserlös oder des geldwerten Vorteils. Es handelt sich folglich um einen Vertrag zugunsten Dritter gem. § 328 BGB. Er gibt der DBAG die Handhabe, im Falle

der Zuwiderhandlung die Vertragsstrafe zu fordern, ohne daß der Emittent als unmittelbarer Vertragspartner des Altaktionärs eingeschaltet werden muß.
Liegt der Veräußerungserlös oder der geldwerte Vorteil niedriger als der Emissionspreis, muß die Differenz zwischen Anschaffungspreis und Veräußerungserlös oder geldwertem Vorteil als Vertragsstrafe gezahlt werden. Die Vertragsstrafe ist folglich so angelegt, daß der verkaufende Aktionär in der Regel keinen Vorteil aus der Veräußerung ziehen kann. Sie erscheint daher als adäquates Druckmittel, um die Veräußerung zu verhindern. Ob sie sich allerdings in der Praxis bewährt,erscheint fraglich.
Daneben verzichtet der Altaktionär auf den Anspruch gegenüber der Depotbank auf Ausführung des Geschäfts und Belieferung. Die Depotbank kann darüber hinaus die Belieferung verweigern. Das kann im Ergebnis zu einem dinglichen Veräußerungsverbot führen. Dabei stellt sich die Frage, ob ein solches wirksam vereinbart werden kann. Der Aktionär kann sich gem. § 137 S. 2 BGB durchaus einem schuldrechtlichen Verfügungsverbot unterwerfen.[949] Das wurde oben bereits ausführlich erörtert. Mit dem Verstoß gegen ein schuldrechtliches Verfügungsverbot macht sich der Altaktionär schadensersatzpflichtig. Diese Rechtsfolge wird in der Vereinbarung ausdrücklich hervorgehoben.

Eine dingliche Verfügungsbeschränkung ist dagegen durch ein Rechtsgeschäft nicht zu vereinbaren (§ 137 S. 1 BGB). Ob die Einführung einer zweiten Wertpapier-Kennummer, die dazu genutzt wird, daß keine Depotbestandsveränderungen während der Haltefrist möglich sind, eine dingliche Verfügungsbeschränkung darstellt, muß erörtert werden. Anknüpfungspunkt ist folglich § 137 S. 1 BGB, wobei die rechtlichen Voraussetzungen aber als gegeben betrachtet werden.[950] Mit dem Verzicht auf den Anspruch auf Ausführung des Geschäfts und Belieferung gegenüber der Depotbank ist die Verfügungsbefugnis noch nicht aufgehoben. Der Altaktionär kann allerdings weder den Anspruch gegen die Depotbank geltend machen noch kann er durchsetzen, daß das Wertpapier an den Erwerber ausgeliefert wird. Es hängt von der Depotbank ab, ob sie den Auftrag ausführt. Sie kann die Belieferung verweigern oder durchführen. Damit ist eine Verfügung von der Zustimmung eines Dritten (der Depotbank) abhängig.[951] Die Verfügungsbefugnis wird damit zwar nicht aufgehoben, aber beschränkt. Der Sinn und Zweck des § 137 S. 1 BGB ist es aber gerade dem

[949] *Harrer/Mölling*, Verschärfung des Veräußerungsverbots für Altaktionäre im Neuen Markt, BB 1999, S. 2521, 2523.

[950] Die Aktie ist ein Wertpapier und damit ein veräußerliches Recht. Die Übereignung erfolgt auf Grund der Girosammelverwahrung (§ 5 DepotG) in Form des sog. Geheißerwerbs gem. § 929 BGB.

[951] Auch hier ergibt sich, daß dem Dritten (in diesem Fall der Depotbank) in der Vereinbarung zwischen Emittenten und Altaktionär, ein Recht eingeräumt wird. Es handelt sich daher um einen Vertrag zugunsten Dritter gem. § 328 BGB. Vgl. zur Abhängigkeit des Kontoinhabers von der Zustimmung eines Dritten auch *Kollhosser*, ZIP 1984, S. 389 ff.

Auseinanderfallen von Rechtsträgerschaft und Verfügungsbefugnis entgegenzuwirken.[952] Daneben soll die Funktionsfähigkeit des Zwangsvollstreckungsrechts gesichert[953] und die Beseitigung der objektiven Verkehrsfähigkeit eines Gegenstandes (*res extra commercium*)[954] verhindert werden. Insbesondere die Verhinderung des Auseinanderfallens dient der Rechtssicherheit im Rechtsverkehr. Jeder, der mit einem Rechtsinhaber ein Rechtsgeschäft schließt, soll sicher sein, daß der Rechtsinhaber über sein Recht verfügen kann. Dem Dritten soll Orientierungssicherheit gegeben werden. Mit dem vereinbarten Zustimmungsrecht der Depotbank wird die Rechtssicherheit im Rechtsverkehr mißachtet. Der Vertragspartner des Rechtsinhabers kann sich nicht darauf verlassen, daß der Rechtsinhaber tatsächlich verfügen kann. Im Ergebnis verstößt die Vereinbarung gegen § 137 S. 1 BGB. Sie ist daher in dieser Form nicht haltbar. Möglicherweise genügt die schuldrechtliche Verfügungsbeschränkung, um Kontrolle über die Altaktionäre ausüben zu können. Darüber hinaus muß auf den Effekt der Vertragsstrafe gehofft werden. Eine dingliche Verfügungsbeschränkung, die den gewünschten Erfolg ohne Zweifel herbeiführen könnte, ist in jedem Fall unwirksam.

Offen bleibt die Frage, ob die Altaktionäre gezwungen sind, die Erklärung zu unterzeichnen. In der Regel kann der Antrag auf Zulassung zum Neuen Markt nur dann gestellt werden, wenn der Emittent die Verpflichtungserklärung aller Aktionäre abgibt (Abschnitt 2 Ziffer 2.2 RNM).[955] Wie bereits oben erörtert, kann der Altaktionär nur aus der gesellschaftlichen Treuepflicht zur Abgabe der Erklärung verpflichtet werden. Es kann argumentiert werden, daß der Neue Markt für die Gesellschaft nur bei Einhaltung des Regelwerkes offensteht und die Gesellschaft den Börsengang möglicherweise finanziell dringend benötigt. Gegen einen daraus folgenden Zwang, die Erklärung abzugeben, spricht jedoch, daß das Marktsegment Geregelter Markt auch ohne die Verpflichtungserklärung zugänglich ist und damit das benötigte Kapital aufgenommen werden kann. Einem Verpflichtungszwang steht ferner die strenge Form der Erklärung entgegen. Das Veräußerungsverbot erlaubt weder börsliche noch außerbörsliche Plazierungen. Folglich kann auch kein Aktienpaket veräußert werden.
Im Ergebnis ist daher festzuhalten, daß die Gesellschaft auf die Einsicht der Altaktionäre angewiesen ist und keinen Aktionär zwingen kann, die Verpflichtungserklärung zu unterzeichnen.

---

[952] *Liebs*, AcP 175, S. 1, 11, 15 ff., 23, 34; *Flume*, AT BGB, Bd. II, § 17, 7; *Däubler*, NJW 1968, S. 1117; *Palandt-Heinrichs*, § 137 Rn. 1; MüKo-*Mayer-Maly*, § 137 Rn. 4, 5.

[953] MüKo-*Mayer-Maly*, § 137 Rn. 6; *Staudinger/Kohler*, § 137 Rn. 3; eingehend *Liebs*, AcP 175, S. 1, 15f., 17f., 23, 36 m.w.N.

[954] *Staudinger/Kohler*, § 137 Rn. 7; MüKo-*Mayer-Maly*, § 137 Rn. 4; BGHZ 40, 115 (118); BGHZ 56, 274 (278f.).

[955] Um eine Ausnahmegenehmigung zu erhalten, muß ein begründeter Antrag gestellt werden.

III. Zusammenfassung

Die Veräußerungsverbote im Regelwerk des Neuen Marktes sind ebenso wie im Übernahmevertrag grundsätzlich begrüßenswert. Sie müssen jedoch so gestaltet sein, daß weder die Gesellschaft in ihrer Entscheidungsfreiheit in bezug auf Kapitalmaßnahmen beschnitten wird noch die Altaktionäre dinglich in ihrer Verfügungsbefugnis beschränkt werden. Ein probates Mittel ist es, den Altaktionären eine empfindliche Vertragsstrafe im Falle des Verstoßes gegen die wirksame Verpflichtung aufzubürden. Auch auf den Emittenten übt die Vertragsstrafe einen angemessenen Druck aus, ohne sogleich ein Delisting als einschneidende Sanktion durchführen zu müssen.

Schließlich sollte der Anleger möglichst umfassend über die Folgen eines *lock-up* (z. B. die Risiken) informiert werden. Die nötige Information kann dem Anleger in einer umfassenden Klausel im Prospekt zugänglich gemacht werden.

§ 15 Weitere Vereinbarungen im Übernahmevertrag

A. Übernahmeverpflichtung und Plazierung

I. Allgemeines

Der Übernahmevertrag enthält stets die Verpflichtung des Konsortiums, die Aktien zu übernehmen, und eine Vereinbarung, die Aktien zu plazieren.[956] Die Quote, die die einzelnen Konsorten übernehmen, ist in einem Teil des Anhangs zum Übernahmevertrag festgelegt.[957] Unabhängig von der Vereinbarung, welches Konsortialmitglied eine bestimmte Quote übernimmt, zeichnet der Konsortialführer im eigenen Namen für Rechnung der Konsorten üblicherweise die gesamte Emission.[958] Dabei kann es sich um ein Kommissionsgeschäft gem. §§ 383 ff. HGB handeln.[959] Häufig verbindet man mit dem Kommissionsgeschäft bei dinglicher Betrachtung einen Durchgangserwerb in bezug auf das Eigentum an dem Kommissionsgut. Mit der Eintragung der Durchführung der Kapitalerhöhung (§ 189 AktG) wird zunächst der Konsortialführer kraft Gesetzes Inhaber der Mitgliedsrechte. Darüber hinaus besteht dann für den Emittenten in der Regel die Pflicht, an den Konsortialführer die zur wertpapiermäßigen Verkörperung der Mitgliedsrechte erforderlichen Aktienurkunden auszugeben.[960] Das Eigentum wird dann z. B. anhand eines Besitzkonstituts

---

[956] Die kommissionsweise Übernahme der Aktien soll an dieser Stelle nicht näher behandelt werden. Zwar mag die Plazierung der Aktien heute im Gesamtbild betrachtet das Wirkungsfeld der Banken dominieren, so daß der kommissionsweisen Übernahme größere Bedeutung zukommt, als es anfangs in der Branche der Fall war. Regelmäßig wird jedoch eine Festübernahme – wenn auch nur für einen sehr kurzen Zeitraum – durchgeführt. Da eine kommissionsweise Übernahme oder eine Absatzvermittlung kein *underwriting* beinhaltet, ist eine weitere eingehendere Darstellung an dieser Stelle nicht erforderlich.

[957] Davon zu unterscheiden ist die Quote, die das einzelne Konsortialmitglied plazieren darf. Das ist häufig von der während der Zeichnungsphase festgestellten Plazierungskraft des Konsorten abhängig und liegt letztlich in der Hand des Konsortialführers.

[958] Dieses Vorgehen stellt insbesondere bei internationalen Emissionen für die Anmeldung der Eintragungen in das Handelsregister (z.B. Durchführung einer ordentlichen Kapitalerhöhung) eine Vereinfachung dar. In diesem Fall entfällt das Erfordernis, die Existenz eines ausländischen Zeichners und die Vertretungsberechtigung der unterzeichnenden Personen gegenüber dem Handelsregister nachzuweisen, weil der Konsortialführer alleiniger Vertragspartner des Emittenten ist und die Konsorten lediglich Ansprüche im Innenverhältnis geltend machen können; *Technau*, AG 1998, S. 445, 446. Neben einer Zeichnung im eigenen Namen für Rechnung der anderen Konsortialmitglieder (verdeckte Stellvertretung) kann der Konsortialführer auch in offener Stellvertretung für die übrigen Konsorten tätig werden.

[959] Der Konsortialführer kann auch als Beauftragter der übrigen Konsorten gem. § 675 BGB tätig werden. Zur entgeltlichen Geschäftsbesorung stellt die Kommission die spezifischere Regelung dar.

[960] Geßler/Hefermehl-*Bungeroth*, § 185 Rn. 48.

gem. § 930 BGB an die jeweiligen Konsorten gemittelt.[961] Sobald die Eintragung der Durchführung der Kapitalerhöhung erfolgt ist, haben die Konsorten (Kommittenten) einen schuldrechtlichen Anspruch auf Besitzübertragung (§ 384 HGB). Der Konsortialführer hat einen Anspruch auf Zahlung des Mindestausgabebetrages der Aktien (gem. § 396 Abs. 2 HGB).[962] Da gem. § 394 Abs. 2 HGB auch die §§ 670 und 675 BGB Anwendung finden, kann der Konsortialführer einen Vorschuß auf die Aufwendungen nach § 669 BGB verlangen. Um die Eintragung der Durchführung der Kapitalerhöhung anmelden zu können, benötigt der Emittent eine Bankbestätigung (§ 188 Abs. 2 i. V. m. §§ 36 Abs. 2, 36a Abs. 1, 37 Abs. 1 AktG). Mit dieser wird nachgewiesen, daß dem Emittenten zumindest ein Viertel des Mindestausgabebetrages der Aktien auf einem „Sonderkonto Kapitalerhöhung" gutgeschrieben wurde.[963] Sofern der Konsortialführer einen Vorschuß verlangt, müssen die Konsorten bereits auf das „Sonderkonto Kapitalerhöhung" den entsprechenden Betrag einzahlen. Ansonsten werden dessen Aufwendungen erst nach der Eintragung der Durchführung der Kapitalerhöhung ersetzt.

Neben der Verpflichtung der Konsorten, die Aktien zum Mindestausgabebetrag zu übernehmen, findet sich in den Übernahmeverträgen eine weitere Vereinbarung in bezug auf die Aktienübernahme. Die Konsorten verpflichten sich, ihren Anteil der Aktien vorbehaltlich der Eintragung der Durchführung der Kapitalerhöhung im Handelsregister vom Konsortialführer zum Plazierungspreis zu erwerben. Diese Vereinbarung müßte an sich als Kaufvertrag eingestuft werden. Das widerspricht dem soeben dargestellten Kommissionsgeschäft. Wenn die Konsorten bereits Eigentum an den Aktien erworben haben (z. B. gem. § 930 BGB), ist der Kauf zwecks Eigentumserwerbs nicht mehr erforderlich. Die Vereinbarung würde mit der Einstufung als Kaufvertrag keinen Sinn ergeben. Sie kann im Lichte des gesamten Übernahmevertrages aber auch als Provisionsvereinbarung des Kommissionsgeschäfts gedeutet werden. Demnach zahlen die Konsorten nicht den Mindestausgabebetrag der Aktien, sondern den Plazierungspreis.[964] Die Verpflichtung der Konsorten, den Plazierungspreis an den Konsortialführer zu zahlen, macht auch insoweit Sinn, als der Konsortialführer beim Settlement Anspruch auf Zahlung hat. Laut

---

[961] Palandt-*Bassenge*, § 929 Rn. 24. Das Eigentum könnte auch gem. § 18 III DepotG ex lege übertragen werden.

[962] Regelmäßig werden die Aktien nur zum Mindestausgabebetrag übernommen, vgl. im folgenden unter C.

[963] Üblicherweise wird dieses Sonderkonto als zins- und provisionsfreies Konto bei dem Konsortialführer eröffnet. Die endgültige Verfügbarkeit des Betrages für den Vorstand ist regelmäßig abhängig von der Eintragung der Durchführung der Kapitalerhöhung.

[964] Sie übernehmen in Höhe des Mindestausgabebetrages das Übernahmerisiko. Der Mindestausgabebetrag kann daher als Aufwendung des Kommissionsgeschäfts betrachtet werden. Der Differenzbetrag zwischen dem Mindestausgabebetrag und dem Plazierungspreis ist dann als Provision zu bezeichnen.

Vereinbarung muß er nicht warten bis auch die Anleger bei den einzelnen Konsorten die Aktien gezahlt haben, sondern wickelt die Abrechnung direkt mit den Konsorten ab. Da die Zahlung des Plazierungspreises regelmäßig an die Zuteilung oder an den Abrechnungszeitpunkt[965] geknüpft wird, kommt eine Vorschußzahlung, wie sie oben beschrieben wurde, ebenfalls nicht in Betracht. Folglich erfüllen die Konsorten frühestens nach der Zuteilung der Aktien den Anspruch des Konsortialführers aus dem Kommissionsgeschäft.

II. Abgrenzung der einzelnen Formen der Kapitalerhöhung im Hinblick auf die Verpflichtungen

Im Zusammenhang mit der Übernahmeverpflichtung und der Plazierung der Aktien muß neben den einzelnen Formen der Kapitalerhöhung auch zwischen einer Kapitalerhöhung mit und ohne Bezugsrechtsausschluß unterschieden werden. Bei der ordentlichen Kapitalerhöhung (z. B. Barkapitalerhöhung) gem. §§ 182 ff. AktG mit Bezugsrechtsausschluß (§ 186 Abs. 3 S. 4 AktG) verpflichten sich die Banken in der Regel sowohl zur Übernahme als auch zur Plazierung der Aktien. Werden die Aktien demgegenüber unter Einbeziehung der Altaktionäre emittiert, übernimmt das Konsortium zwar der Einfachheit halber sämtliche Aktien der Emission[966] und bietet sie dann den Altaktionären zum Bezug an. Es handelt sich hierbei aber nicht um eine „echte“ Plazierung, da der Empfängerkreis bereits konkretisiert ist (§ 186 Abs. 5 AktG). Die Aufgaben, die die Banken bei einer „echten“ Plazierung wahrnehmen (Retail, Verkauf an Großinvestoren etc.), stellen sich nicht. Insbesondere groß angelegte öffentliche Werbekampagnen werden nur in Maßen erforderlich, da die Betroffenen persönlich angesprochen werden können.[967] Nur für den Fall, in dem die Alt-

---

[965] Der Abrechnungszeitpunkt wird häufig auch als letztes *closing* oder *settlement* bezeichnet. Zu diesem Zeitpunkt zahlt der Konsortialführer den Emissionserlös an die Gesellschaft, und die Lieferung der Aktien in die entsprechenden Depots erfolgt. Regelmäßig müssen auch die Anleger bis dahin den Plazierungspreis bei den Konsortialbanken gezahlt haben, da letztere dem Konsortialführer ihren Anteil überweisen müssen.

[966] Folglich braucht nur ein Zeichnungsschein für alle Aktien ausgestellt werden, was den gesamten Ablauf erheblich beschleunigt und vereinfacht. Darüber hinaus kann auch die Einzahlung zügiger abgewickelt werden, wenn es lediglich einen „Abnehmer“ gibt. Würde man die Aktien den Altaktionären direkt zum Bezug anbieten, so müßte jeder einzelne Aktionär seinen Anteil zeichnen und zumindest teilweise einzahlen (§ 188 Abs. 2, § 36 a AktG), damit die Kapitalerhöhung eingetragen werden kann. Der soeben beschriebene Vorgang ist bei kleinen Aktiengesellschaften durchführbar. Handelt es sich dagegen um große Publikumsgesellschaften, kann der direkte Bezug durch die Altaktionäre unpraktikabel werden, zumal üblicherweise keine Begrenzung des Risikos vorgenommen wird, s. dazu bereits § 11 C. I., wo auch ein anderer Lösungsweg über die Form des *stand-by-underwriting* vorgestellt wird.

[967] Dies ist sicher nicht für sämtliche Bezugsrechtsemissionen unproblematisch, da bei Emittenten mit einem großen Anteil an Kleinaktionären nicht (zwingend) jeder dieser

aktionäre ihre Bezugsrechte nicht ausüben, plazieren die Banken die Aktien. Sie verpflichten sich, die verbliebenen Aktien zu verwerten. Auch diese Verpflichtung wird im Übernahmevertrag festgehalten und zumeist mit konkreten Bedingungen (z. B. Verwertung mindestens zum Bezugspreis) versehen oder von der Weisung des Emittenten abhängig gemacht.
Ebenso wie bei der ordentlichen Kapitalerhöhung verhält es sich bei der Kapitalerhöhung aus genehmigtem Kapital gem. §§ 202 ff. AktG. Gibt es keine Bezugsrechte, so übernehmen die Banken die Aktien und plazieren sie. Können die Altaktionäre Bezugsrechte ausüben, verpflichten sich die Banken zur Übernahme der Aktien (§ 186 Abs. 5 AktG) und vermitteln sie anschließend weiter an die Altaktionäre. Sofern Bezugsrechte nicht ausgeübt werden, verwerten die Banken auch hier die Aktien nach Maßgabe des Emittenten.
Die Kapitalerhöhung aus bedingtem Kapital gem. §§ 192 ff. AktG erfordert demgegenüber keine Übernahme der Aktien. Die Zeichnung der Aktien kann gem. § 201 AktG nach und nach erfolgen. Bei der Anmeldung zum Handelsregister muß der Vorstand nur angeben, in welchem Umfang im abgelaufenen Geschäftsjahr Bezugsaktien ausgegeben worden sind. Die Banken nehmen bei dieser Form der Kapitalerhöhung eine reine Mittlerfunktion ein.[968]

Aus dieser Darstellung ergibt sich, daß es auch Gestaltungen gibt, die einen Übernahmevertrag in der hier besprochenen Form nicht erforderlich machen.[969] In den verbleibenden Fällen, in denen ein Übernahmevertrag abgeschlossen wird, bleibt aber die Frage, wann die verschiedenen Pflichten verbindlich eingegangen werden. Die Antwort ergibt sich an Hand der Frage, wann der Übernahmevertrag unterzeichnet wird.
Wie bereits oben dargestellt,[970] werden die mit einer Emission verbundenen Risiken mit Hilfe des gewählten Unterzeichnungszeitpunktes reduziert. Das gilt sowohl auf seiten des Emittenten als auch auf seiten der Banken. Eine für beide Parteien optimale Lösung in bezug auf die Risiken kann allerdings nicht erreicht werden, da unterschiedliche Interessenschwerpunkte bestehen. Je näher der

---

Kleinaktionäre namentlich bekannt ist und nur mit einigem Aufwand über die jeweilige Depotbank erreicht werden kann.

[968] Ähnlich sieht es bei der Kapitalerhöhung aus Gesellschaftsmitteln nach §§ 207 ff. AktG aus. Gem. § 212 AktG sind nur die am bisherigen Grundkapital beteiligten Aktionäre Berechtigte aus der Kapitalerhöhung, so daß die Banken die Aktien nicht übernehmen können. Auch hier besitzen sie daher nur eine Mittlerfunktion; s. auch *Grundmann,* in: Schimanski/Bunte/Lwowski, Bankrechts-Handbuch, § 112 Rn. 73; BuB-*Groß,* Emissions- und Konsortialgeschäft, Rn. 10/302 ff.

[969] Die Schilderung beinhaltet nur die einzelnen Fallgestaltungen. Die aus der Kombination derselben entstehenden weiteren Varianten (z. B. eine Barkapitalerhöhung, bei der eine Tranche ohne Bezugsrechtsausschluß und eine Tranche mit Ausschluß von Bezugsrechten durchgeführt wird) wurden nicht gesondert aufgeführt.

[970] S. § 12 A. I.

Unterzeichnungszeitpunkt am Beginn der Zeichnungsfrist liegt, desto eher trägt das Konsortium die Gefahren (z. B. Veränderung der Marktlage). Unterzeichnen die Banken demgegenüber erst am Ende der Zeichnungsfrist den Übernahmevertrag, trägt während der gesamten Zeichnungsphase der Emittent das Risiko. Die Tendenz geht in den letzten Jahren - insbesondere seit das Bookbuilding-Verfahren[971] als marktüblicher Preisfindungsmechanismus genutzt wird - immer mehr zu der letzten Variante. An dieser Stelle zeigen sich grundlegende Unterschiede zwischen einem IPO und einer Bezugsrechtsemission.

1. IPO und Emissionen mit Bezugsrechtsausschluß

Nur bei IPOs und Emissionen mit Bezugsrechtsausschluß findet das Bookbuilding-Verfahren bisher regelmäßige Anwendung. Der Unterzeichnungszeitpunkt wird hier so weit wie möglich nach hinten verlagert. Das Risiko, die Emission in vollem Umfang plazieren zu können und den gewünschten Erfolg zu erzielen, trägt über einen langen Zeitraum die emittierende Gesellschaft.[972] Der grundsätzliche Zweck des *underwriting* wird daher reduziert. Dies hat sich sowohl bei der Darstellung des US-amerikanischen als auch des deutschen Rechts bezüglich der Risikoübernahme herauskristallisiert. Die langfristige Sicherung rückt für den Emittenten zwangsläufig in den Hintergrund, da sich kaum Banken finden, die die Aktien lange Zeit vor der Zuteilung fest übernehmen. Die Zweckreduzierung muß aber immer vor dem Hintergrund betrachtet werden, daß die mit Ablauf der Zeichnungsfrist übernommenen Aktien in der Regel vollständig plaziert werden, und somit die Emission erfolgreich ist. Eine erfolgreiche Emission wirkt sich wiederum positiv auf das Standing des Emittenten und der Banken aus. Ist mit der späten Risikoübernahme eine hohe Wahrscheinlichkeit für eine erfolgreiche Emission gegeben, gewährt dies dem Emittenten eine gewisse Sicherheit. Er kann bei einem Vertragsabschluß im Anschluß an die Bookbuildingphase zuversichtlich sein, daß die gezeichneten Aktien plaziert werden.[973] Sollte sich dennoch in der kurzen Phase zwischen dem Ende des Bookbuilding-Verfahrens, der

[971] Dazu unter § 11 C. II. c).

[972] Nach der Unterzeichnung (häufig am Ende der Bookbuilding-Phase) geht das Risiko auf die Banken über. Je nachdem wie schnell die Zuteilung und das abschließende Settlement erfolgen können, verkürzt oder verlängert sich die Gefahrtragung für die Banken.

[973] Dazu muß berücksichtigt werden, daß die entsprechenden Regelungen in neueren Mustern von Übernahmeverträgen vorsehen, nur einen bestimmten Höchstbetrag an zu zeichnenden Aktien festzulegen. Wieviel letzten Endes tatsächlich übernommen wird, hängt entscheidend von der Nachfrage während der Bookbuildingphase ab. Es werden nur die Aktien übernommen, für die sich während der Bookbuildingphase interessierte Anleger gefunden haben. Folglich wird eine erforderliche Kapitalerhöhung auch nur in Höhe der so ermittelten Aktienanzahl eingetragen.

Zuteilung[974] und dem abschließenden Settlement[975] wider Erwarten eine Marktänderung ergeben, so tragen regelmäßig die Banken das damit verknüpfte Risiko zumindest in Höhe des Nennbetrags oder Mindestausgabebetrages der Aktien[976], sofern sie nicht von ihrem Rücktrittsrecht Gebrauch machen können.

2. Bezugsrechtsemission

Eine Bezugsrechtsemission wird in der Regel mit dem früher regelmäßig auch bei IPOs angewandten Festpreisverfahren durchgeführt. Üblicherweise werden die Aktien bereits zu Beginn der Zeichnungsphase übernommen (§ 186 Abs. 5 AktG). Der Übernahmevertrag kann folglich schon zu diesem Zeitpunkt unterzeichnet werden. Das Risiko, daß nicht alle Bezugsrechte ausgeübt werden, trägt somit zumindest in Höhe des Nennbetrags oder Mindestausgabebetrages das Konsortium.[977]

B. Aufschiebende Bedingungen und Krisenklausel

I. Aufschiebende Bedingungen der Übernahmeverpflichtung

Die Übernahmeverpflichtung der emissionsbegleitenden Banken ist an verschiedene aufschiebende Bedingungen geknüpft. Zunächst müssen sämtliche von der Gesellschaft und den Altaktionären abgegebenen Gewährleistungen und Zusicherungen[978] sowohl zum Zeitpunkt des Vertragsschlusses (Unterzeichnung) als auch zum Zeitpunkt der Übernahme der Aktien in wesentlichen Punkten richtig und zutreffend sein. Grundsätzlich muß zwischen der Übernahme von Altaktien und neuen Aktien unterschieden werden. Die

---

[974] Erst mit Zuteilung kommt der Kaufvertrag zwischen dem Anleger und der Bank zustande. Bis zum Zeitpunkt der Annahme des Angebotes durch die Bank, kann das Angebot (entgegen § 145 BGB) abgeändert oder widerrufen werden; eingehend dazu *Hein*, WM 1996, S. 1, 4; *Willamowski*, Bookbuilding, S. 167 ff.; BuB-*Groß*, Emissions- und Konsortialgeschäft, Rn. 10/266 (m. w. N.)

[975] Bis zur abschließenden Abwicklung des Kaufes (Zahlung der Papiere und Einbuchung der Aktien) kann sich der Markt ebenfalls noch ändern. Sollte ein Ereignis eintreten, welches eine vollständige Rückabwicklung nicht möglich macht, so müssen die Banken das Risiko tragen. Bei dieser Konstellation handelt es sich aber wohl um einen theoretischen Fall.

[976] Warum die Aktien nur zum Nennwert oder Mindestausgabebetrag gezeichnet und übernommen werden, wird unter dem Gliederungspunkt „Zeichnung der Aktien" erläutert (unter C.).

[977] Bei der Bezugsrechtsemission ergibt sich dieselbe Frage wie bereits bei Emissionen mit Bezugsrechtsausschluß (s. Fn. 945). Auch für die Bezugsrechtsemission soll erst unter dem Gliederungspunkt „Zeichnung der Aktien" weiter darauf eingegangen werden (unten C.).

[978] S. zu den Gewährleistungen und Zusicherungen eingehend unter § 13 B. und für das ähnlich aufgebaute US-amerikanische Recht unter § 10 B.

Übernahme der Altaktien erfolgt regelmäßig zu einem späteren Zeitpunkt als die Übernahme der neuen Aktien (Ausstellung und Übergabe des Zeichnungsscheins). Das ist durch die Eintragung der Kapitalerhöhung bedingt, die zur Entstehung der neuen Aktien erforderlich ist. Auf Grund der frühzeitigen Übernahme der neuen Aktien verlangen die Konsortialbanken zu verschiedenen Zeitpunkten beginnend mit der Übergabe des Zeichnungsscheins den Eintritt bestimmter Bedingungen. Das wird im folgenden aufgezeigt. Was die Bedingungen der Übernahme der Altaktien angeht, so stimmen sie inhaltlich größtenteils[979] mit den Bedingungen der Übernahme der neuen Aktien überein, die im Zeitpunkt der Übergabe des Zeichnungsscheins eintreten müssen. Da die Übernahmeverpflichtung bezüglich der Altaktien bis zum letztmöglichen Zeitpunkt unter diesen Bedingungen steht, prüfen die Konsortialbanken nicht zu unterschiedlichen Zeitpunkten. Letztmöglicher Zeitpunkt ist die Zahlung des Emissionserlöses.[980] Des weiteren müssen die Gesellschaft und die Altaktionäre die ihnen gemäß Vertrag auferlegten Pflichten erfüllt haben. Dazu gehört z. B. die ordnungsgemäße Einreichung der Angebotsunterlagen (Wertpapierverkaufsprospekt und/oder *offering circular*) bei den zuständigen Stellen. Ferner müssen den Konsortialbanken verschiedene Dokumente in nach Form und Inhalt zufriedenstellender Weise vorliegen. Das umfaßt zunächst die erforderlichen Rechtsgutachten (*legal opinion*), in denen die Anwälte u. a. das wirksame Bestehen des Emittenten, die wirksame Ausgabe und Volleinzahlung der zu plazierenden Aktien[981] und die Beachtung sämtlicher einschlägigen Rechtsvorschriften bestätigen. Die Konsortialbanken fordern darüber hinaus beglaubigte Kopien der Beschlüsse des Vorstands, die die Ausgabe der neuen Aktien betreffen. Darüber hinaus müssen beglaubigte Kopien der Beschlüsse des Aufsichtsrates vorgelegt werden.[982] Der Vorstand muß eine Bestätigung unterzeichnen, wonach die übernommenen Gewährleistungen zutreffend sind, sämtliche Pflichten erfüllt wurden, die Angebotsunterlagen eingereicht worden sind und keine nachteiligen Änderungen (Krisenklausel)[983] eingetreten sind (*officers certificate*).[984] Schließlich verlangen die Konsortialbanken die Vorlage eines *comfort letter*.[985]

[979] Die Übereinstimmung gilt z. B. nicht für die Verpflichtung „Übergabe des Zeichnungsscheins".

[980] Zu möglicherweise auftretenden Problemen s. unter III.

[981] Bei IPOs wird diese Bestätigung nur unter Vorbehalt der Eintragung der Kapitalerhöhung erteilt.

[982] Für die Ausübung des Genehmigten Kapitals ist z. B. die Zustimmung des Aufsichtsrates erforderlich (§ 202 Abs. 3 AktG).

[983] Dazu im folgenden.

[984] Eine ähnliche Bestätigung erhalten die Konsortialbanken von den abgebenden Altaktionären.

[985] *Schanz*, Börseneinführung, S. 280; *Technau*, AG 1998, S. 446 f.

Regelmäßig machen die Konsortialbanken die Übernahme der Aktien noch davon abhängig, daß keine nachteiligen Änderungen eingetreten sind (Krisenklausel).[986] Änderungen sind zunächst alle die Ereignisse, die die Geschäftstätigkeit des Emittenten beeinträchtigen und nicht in den Angebotsunterlagen berücksichtigt wurden. Hierzu gehören: Feuer, Explosion, Überschwemmung, gerichtliche oder behördliche Verfahren, Änderung der Finanz- und Ertragslage des Emittenten, Änderung der nationalen oder internationalen finanziellen, politischen oder wirtschaftlichen Rahmenbedingungen und Kriegs- und Kampfhandlungen. Als nachteilig wird diese Änderung bezeichnet, wenn der Konsortialführer nicht mehr empfehlen kann, das Angebot aufrechtzuerhalten.

Alle aufgeführten Bedingungen müssen unmittelbar vor der Übergabe des Zeichnungsscheins[987] oder der Einreichung der Handelsregisteranmeldung zur Eintragung der Kapitalerhöhung vorliegen. Der Konsortialführer überprüft, ob alle Bedingungen zu diesem Zeitpunkt erfüllt sind. Der Zeitpunkt wird auch als erstes *closing* bezeichnet.

II. Vorzulegende Dokumente zur Preisfestsetzung und aufschiebende Bedingungen zur Zahlung des Verkaufspreises

Zum Zeitpunkt des Abschlusses des Preisfestsetzungsvertrages sind zusätzliche Unterlagen vorzulegen. Die Konsortialbanken verlangen die Vorlage weiterer Rechtsgutachten, Berichte der Abschlußprüfer und Bestätigungen des Vorstandes und der Altaktionäre. Darin erklären die Anwälte und Abschlußprüfer, daß sich seit der Übernahme der Aktien nichts an ihren dort getroffenen Aussagen verändert hat und keine für die Geschäftstätigkeit des Emittenten nachteiligen Entwicklungen eingetreten sind.[988] Ein abschließendes *closing* erfolgt zum Abrechnungszeitpunkt (*settlement*). Auch zu diesem Zeitpunkt verlangen die Konsortialbanken das Vorliegen der oben bereits erwähnten Dokumente mit dementsprechendem Inhalt. Daneben machen die Konsortialbanken die Zahlungsverpflichtung von weiteren Bedingungen abhängig:[989]

---

[986] Die Krisenklausel wird auch als *Force-Majeur*-Klausel oder *Market-out-clause* bezeichnet.

[987] S. zur Zeichnung der neuen Aktien unter C.

[988] Häufig wird auch ein ähnlicher Text wir zum ersten closing benutzt und lediglich an den neuen Zeitpunkt angepaßt.

[989] Da es sich bei den Übernahmeverträgen um individuell gestaltete Vereinbarungen handelt, können noch weitere aufschiebende Bedingungen eingeflochten werden. Darüber hinaus müssen die Inhalte der nachstehend aufgeführten Bedingungen je nach Form der Kapitalerhöhung und Art der Emission angepaßt werden. Die folgende Darstellung beruht auf einer Kapitalerhöhung nach §§ 202 ff. AktG mit Börseneinführung.

- von der Übergabe einer ordnungsgemäß unterzeichneten Globalurkunde, die die neuen Aktien verbrieft;
- von einem beglaubigten Handelsregisterauszug, der die Erhöhung des Grundkapitals für die Neuen Aktien nachweist;
- von einem Beschluß des Vorstands und des Aufsichtsrats der Gesellschaft über die Zustimmung zum Verkaufspreis;
- von einem von allen beteiligten Vertragsparteien ordnungsgemäß unterzeichneten Preisfestsetzungsvertrag und
- von der ordnungsgemäßen Zulassung der Aktien z. B. an der Frankfurter Wertpapierbörse.

Schließlich bleibt es dem Konsortialführer unbenommen, auf jede der genannten Bedingungen im Namen aller Konsortialbanken schriftlich zu verzichten. Rechtlich betrachtet, ermöglicht die Vereinbarung dem Konsortialführer bei Nichteintritt einer Bedingung, erneut über die vertraglichen Verpflichtungen zu verhandeln.[990]

III. Rechtsfolgen des Nichteintritts einer aufschiebenden Bedingung und des Eintritts nachteiliger Änderungen

1. Rechtsfolgen nach § 158 Abs. 1 BGB

Grundsätzlich lassen sich die Rechtsfolgen des Nichteintritts einer aufschiebenden Bedingung aus dem Umkehrschluß des § 158 Abs. 1 BGB herleiten. Nach § 158 Abs. 1 BGB gilt, daß die von der Bedingung abhängig gemachte Wirkung mit Eintritt der Bedingung eintritt. Bis zum Eintritt der Bedingung ist das Rechtsgeschäft somit schwebend unwirksam. Im Umkehrschluß tritt bei Nichteintritt der Bedingung auch die von ihr abhängig gemachte Wirkung nicht ein. Bei Anwendung auf den konkreten Fall würde sich folgendes ergeben. Erfüllt der Emittent die ihm auferlegten Verpflichtungen nicht oder liegen die erforderlichen Dokumente nicht vor, entsteht keine Übernahmeverpflichtung für die Konsortialbanken. Die getroffene Vereinbarung wird nicht wirksam.

2. Vertragliche Vereinbarungen

Die Rechtsfolgen, die an den Nichteintritt einer aufschiebenden Bedingungen oder an eine nachteilige Änderung geknüpft werden, regelt der Übernahme-

[990] S. zu den Rechtsfolgen des Nichteintritts einer aufschiebenden Bedingung die folgenden Ausführungen (unter III.).

vertrag häufig gesondert. Wie bereits oben dargestellt, gibt es verschiedene Zeitpunkte, zu welchen die Unterlagen vorliegen müssen. An diese Zeitpunkte anknüpfend werden unterschiedliche Rechtsfolgen mit dem Nichteintritt verbunden. Ob es sich dabei allerdings immer um eine aufschiebende Bedingung im Sinne des § 158 Abs. 1 BGB handelt, bleibt zu prüfen.

a) Vor Einreichung des Zeichnungsschein der neuen Aktien

Erfolgt der Bedingungseintritt nicht vor der Einreichung des Zeichnungsscheins bei dem zuständigen Amtsgericht, entsteht keine Übernahmeverpflichtung der Konsortialbanken. Insoweit entspricht die vertragliche Ausgestaltung § 158 Abs. 1 BGB. Darüber hinaus soll die Verpflichtung enden, wenn die Bedingung nach ihrem Eintritt wieder entfällt. Ist eine aufschiebende Bedingung erst einmal eingetreten, ist das Rechtsgeschäft wirksam geworden. An den nachträglichen Wegfall der aufschiebenden Bedingung knüpft § 158 Abs. 1 BGB keinerlei Rechtsfolgen. Die vertraglich an den nachträglichen Wegfall geknüpfte Rechtsfolge läßt auf eine auflösende Bedingung gem. § 158 Abs. 2 BGB schließen. Danach endigt mit dem Eintritt des künftigen Ereignisses die Wirkung des Rechtsgeschäfts. Gerade das bezwecken die Vertragsparteien. Sollte eine der vorher eingetretenen Bedingungen wieder entfallen, so soll selbsttätig die Übernahmeverpflichtung der Konsortialbanken entfallen, der Zeichnungsschein zurückgegeben und die bereits gutgeschriebenen Beträge für die neuen Aktien an den Konsortialführer freigegeben werden. Ein bereits wirksames Rechtsgeschäft wird insofern auf Grund des Eintritts einer Bedingung unwirksam und rückabgewickelt (auflösende Bedingung).

b) Nach Einreichung des Zeichnungsscheins der neuen Aktien

Sofern bereits alle zur Eintragung der Durchführung der Kapitalerhöhung erforderlichen Unterlagen eingereicht worden sind, und eine Bedingung[991] nicht eingetreten oder nach ihrem Eintritt wieder entfallen ist, kann der Konsortialführer von dem Emittenten verlangen, daß er sich um die Rücknahme der Handelsregisteranmeldung bemüht. Sollte der Registerrichter die Anmeldung zurücknehmen, erlöschen alle Verpflichtungen der Konsortialbanken. Der Zeichnungsschein muß an die Banken zurückgegeben werden. Die gutgeschriebenen Beträge für die neuen Aktien werden freigegeben. Die neuen Aktien sind ohne die Eintragung nicht entstanden (§189 AktG), so daß es nicht

[991] Die Vereinbarung bezieht sich häufig nur auf einige wenige Bedingungen. So wird z. B. auf die von der Gesellschaft und den verkaufenden Aktionären abgegebenen Gewährleistungen, auf die Angebotsunterlagen und auf nachteilige Änderungen abgestellt.

zur Rückabwicklung der Kapitalerhöhung kommt. Diese ist in der Regel schwer durchführbar.

Das Erlöschen der Verpflichtungen ist nicht nur abhängig von dem Willen der Konsortialbanken, sondern insbesondere von der Entscheidung des Registerrichters. Es kann weder von einer aufschiebenden noch von einer auflösenden Bedingung gesprochen werden, da die Wirksamkeit des Rechtsgeschäft nicht als unmittelbare Rechtsfolge an den Eintritt der Bedingung geknüpft ist. Vielmehr handelt es sich um eine vertragliche Verpflichtung, deren Ausübung zunächst im Ermessen der Konsortialbank steht. Die Gesellschaft kann sich im folgenden nur nach besten Kräften um die Rücknahme der Handelsregisteranmeldung bemühen. Die Entscheidung, auf Grund derer die Rückabwicklung dann erfolgen kann, hängt von einem Dritten – dem Registerrichter – ab.[992]

c) Nach Eintragung der Durchführung der Kapitalerhöhung

Ist eine Rücknahme des Antrags auf Eintragung der Durchführung der Kapitalerhöhung nicht mehr möglich,[993] dann gilt folgende Vereinbarung.[994] Die Gesellschaft wird auf Verlangen der Banken innerhalb von 30 Tagen den Konsortialführer anweisen, die neuen Aktien an einen von der Gesellschaft zu benennenden Erwerber zu einem bestimmten Preis zu verkaufen oder aber den Altaktionären das Recht einzuräumen, die jungen Aktien zu erwerben.[995] Der Kaufpreis darf den auf die einzelne Stückaktien entfallenden anteiligen Betrag des Grundkapitals der neuen Aktien nicht unterschreiten. Das macht insoweit Sinn, als damit zumindest der Mindestausgabebetrag der Aktien für die Gesellschaft gesichert ist. Darüber hinaus endet die Verpflichtung der Konsortialbanken, die Plazierungsaktien zum Plazierungspreis zu erwerben. Die Verpflichtung des Konsortialführers, die neuen Aktien zu übernehmen, wurde mit der Eintragung bereits erfüllt.

Benennt die Gesellschaft innerhalb der Frist keinen Erwerber, kann der Konsortialführer gegebenenfalls mit den übrigen Konsorten die gezeichneten neuen Aktien freihändig veräußern, wobei der erzielte Erlös abzüglich des bereits gezahlten Betrages an die Gesellschaft abgeführt werden muß. Wird der

---

992 Wenn der Registerrichter die Handelsregisteranmeldung nicht zurücknimmt, sollen die Bestimmungen gelten, die nach der Eintragung der Durchführung der Kapitalerhöhung Anwendung finden (im folgenden unter c).

993 Das kann der Fall sein, wenn bereits eingetragen worden ist, oder andere Gründe vorliegen, die einer Rücknahme entgegenstehen.

994 Diese Vereinbarung steht unter der Prämisse, daß die zum Zeitpunkt der Preisfestlegung vorzulegenden Unterlagen nicht vorgelegt wurden, die zum Zeitpunkt der Zahlung des Verkaufspreises genannten Bedingungen nicht eingetreten sind oder eine nachteilige Änderung eingetreten ist.

995 Letzteres ist wohl der aktienrechtlich zu empfehlende Weg, s. eingehend *Busch*, WM 2001, S. 1278 ff.

Konsortialführer nicht tätig, bleibt der Vertrag in seiner bisherigen Form bestehen.

Es handelt sich auch bei dieser Vertragsvereinbarung weder um eine auflösende noch um eine aufschiebende Bedingung. Vom rechtlichen Standpunkt aus betrachtet, wäre nur noch eine auflösende Bedingung in Erwägung zu ziehen.[996] Sofern die Bedingungen bereits im ersten Zeitpunkt eingetreten sind, entfaltet das schwebend unwirksame Rechtsgeschäft seine volle Wirksamkeit. Daran kann auch die Bezeichnung aufschiebende Bedingung zu einem späteren Zeitpunkt nichts ändern. Es handelt sich zu allen Zeitpunkten um dasselbe Rechtsgeschäft, dessen Wirksamkeit in Frage steht (z. B. Übernahmeverpflichtung). Zunächst müssen die Banken die Initiative ergreifen und die Benennung eines Erwerbers von der Gesellschaft verlangen. An den Bedingungseintritt knüpfen die Vertragsparteien keine unmittelbaren Rechtsfolgen. Verlangt der Konsortialführer die Benennung eines Erwerbers, wird er in jedem Fall von den noch nicht erfüllten Verpflichtungen des Übernahmevertrages befreit.[997] Denn auch wenn der Emittent keinen Erwerber benennt, muß der Konsortialführer nicht die Pflichten des Übernahmevertrages erfüllen, sondern soll ohne Anweisung der Gesellschaft – freihändig – die Plazierung der Aktien durchführen können.[998] Bei der Vereinbarung handelt es sich um eine Vertragsanpassung. Sie hat den Vorteil, daß es nicht zu einer komplizierten Rückabwicklung der bereits eingetragenen Kapitalerhöhung kommt. In anderen Übernahmeverträgen wird eine Rücktrittsmöglichkeit des Konsortialführers im Falle des Nichteintritts der Bedingungen oder des Eintritts einer nachteiligen Änderung vor und insbesondere nach Eintragung der Kapitalerhöhung vereinbart. Tritt der Konsortialführer zurück, soll die Gesellschaft z. B. zur Durchführung einer Kapitalherabsetzung verpflichtet werden (§§ 222 ff. und §§ 237 ff. AktG). Das hat den Nachteil, daß es zu einer nicht erwünschten Publicity kommt, da zur Kapitalherabsetzung eine Hauptversammlung einberufen werden muß. Der schlichte Rückerwerb der eigenen Aktien scheitert für die Gesellschaft in der Regel an § 71 AktG. Darüber hinaus dürfen bei einem Rücktrittsrecht

---

[996] Vorausgesetzt man nimmt an, daß es sich um einen einheitlichen Vertrag handelt.

[997] Sollten die Verpflichtungen aus dem Übernahmevertrag für die Konsortialbanken in bezug auf die neuen Aktien erlöschen, gibt es regelmäßig eine Klausel, die besagt, daß auch alle Verpflichtungen in bezug auf den Kauf von Altaktien erlöschen. Das erscheint sinnvoll. Wenn man bedenkt, daß die gesamte Emission auf eine bestimmte Anzahl an Aktien ausgelegt worden ist und sämtliche Berechnungen daran angeknüpft haben, wird sich die Durchführung der Emission nur mit einem Teil der Aktien für die Konsortialbanken nicht rechnen.

[998] Die Vereinbarung hat zudem das Erlöschen der weiteren Verpflichtungen des Emittenten zur Folge. Vertraglich wird jedoch festgehalten, daß der Emittent bestimmte Gebühren, Kosten und Auslagen zahlen muß, die angefallen sind. Darüber hinaus erlöschen auch etwaige Haftungsvereinbarungen nicht.

nach Eintragung der Kapitalerhöhung auch die Kapitalerhaltungsregeln nicht unbeachtet bleiben. Sie stehen im Zweifel dem Rücktrittsrecht entgegen.[999]

Hier stellt sich aber die Frage, bis zu welchem Zeitpunkt es möglich und sinnvoll ist, eine Vertragsanpassung vorzunehmen. Grundsätzlich soll die Vertragsanpassung wie auch der Rücktritt bis zum Zeitpunkt des Settlement möglich sein. Im Zeitpunkt des Settlement sind allerdings sämtliche Aktien zugeteilt. Dem Anleger kann dann möglicherweise nur noch mit Mühe deutlich gemacht werden, daß der Konsorte jetzt noch vom Kaufvertrag mit dem Kunden zurücktreten kann, um so die Vertragsanpassung mit dem Emittenten einzuleiten.[1000] Ein Rücktritt vom Kaufvertrag mit dem Kunden ist ohnehin nur dann möglich, wenn darin eine entsprechende Rücktrittsvereinbarung getroffen wurde (z. B. AGB's der Banken).[1001] Ein solches vertragliches Rücktrittsrecht gem. §§ 346 ff. BGB gilt allerdings nur für schuldrechtliche Verträge. Es besteht dann gegebenenfalls auch nur ein schuldrechtlicher Anspruch auf Rückübereignung der erworbenen Aktien. Eine dingliche Wirkung kann aber mit der Vereinbarung einer auflösenden Bedingung herbeigeführt werden.[1002] Auflösende Bedingung für das Verfügungsgeschäft ist der Rücktritt vom schuldrechtlichen Vertrag (Kaufvertrag). Tritt der Konsorte von dem Kaufvertrag zurück, liegt nicht nur ein schuldrechtlicher Anspruch auf Übereignung, sondern ein dinglicher Herausgabeanspruch nach § 985 BGB gegen den Ersterwerber vor. Es ergeben sich jedoch erhebliche praktische Schwierigkeiten bei einer etwaigen Rückabwicklung des Kaufvertrages. Sobald die Clearingstelle für Wertpapiergeschäfte[1003] die Aktien verbucht hat, ist eine Rückabwicklung kaum mehr durchführbar. Die Lieferung der Aktien erfolgt üblicherweise einen Tag vor der Erstnotiz.[1004] Mit Beginn des Handels kann der

---

999 S. zum Rücktrittsrecht insgesamt und mit weiteren Nachweisen *Technau*, AG 1998, S. 452 f.; *Schanz*, Börseneinführung, S. 291 ff.; ferner auch *Schäfer/Schwintowski*, Bankrecht, § 15 Rn. 84 f.; *Canaris,* Bankvertragsrecht, Rn. 2252, 2254; *Grundmann,* in: Schimansky/Bunte/Lwowski, Bankrechts-Handbuch, § 112 Rn. 68.

1000 In dem Fall, in dem der Emissionspreis über der Erstnotiz liegt, wäre vermutlich nur geringe Überzeugungsarbeit zu leisten.

1001 Grundsätzlich dient ein Rücktrittsrecht, welches aufgrund von höherer Gewalt (der wohl entscheidende Fall) ausgeübt wird, auch dem Anlegerschutz. Der Anleger kann dann die Aktien, die zwischen Zuteilung und Settlement an Wert verloren haben zum Kaufpries zurückgeben und trägt damit das Marktrisiko in diesem Zeitraum trotz des abgeschlossenen Kaufvertrages nicht.

1002 Palandt-*Heinrichs*, Einführung vor § 346, Rn. 4.

1003 Z. B. Clearstream AG (vormals Deutsche Börse Clearing AG).

1004 Dieser Zeitpunkt steht im Ermessen der Konsortialbanken. Die Aktien sollten zur Erstnotiz im Depot der Anleger verbucht sein. Daß dies nicht immer der Fall ist, zeigt u. a. das Beispiel des Börsengangs der Infenion AG im Frühjahr 2000. Auf Grund der hohen Nachfrage und des nur kurzen Zeitraumes zwischen der Zuteilung (freitags) und der Erstnotiz (montags) konnten viele Anleger zu Handelsbeginn noch nicht über ihre

Kunde die Aktien verkaufen. Deshalb kann ein Dritter möglicherweise im Zeitpunkt der Rückabwicklung Eigentümer der Aktien sein. Die Durchsetzung eines Anspruchs aus § 985 BGB hätte keinerlei Erfolg. Hier kommt lediglich ein Schadensersatzanspruch gem. § 347 i. V. m. § 989 BGB in Betracht.[1005] Dieser Ersatzanspruch vereitelt jedoch von vornherein das eigentliche Ziel des Rücktritts – die Vertragsanpassung mit dem Emittenten. Schließlich bleibt festzuhalten, daß eine Rückabwicklung mit dem Kunden regelmäßig das Standing der Banken beeinträchtigt. Dies muß nicht erst der Fall sein, wenn die Aktien eingebucht sind, sondern kann bereits eintreten, wenn der Kunde erfährt, daß ihm die Aktien zugeteilt wurden. Eine Vertragsanpassung sollte daher vor Zuteilung der Aktien an den Kunden stattfinden.[1006] Ist dieser Zeitpunkt bereits überschritten, bedarf es einer intensiven Interessenabwägung. Die Rufschädigung und die Risiken[1007] sowie die Verluste, die aus dem Geschäft resultieren, müssen gegenübergestellt werden.

Es stellt sich eine weitere Frage in bezug auf die Vereinbarung einer Vertragsanpassung. Die Formulierung „freihändig" deutet darauf hin, daß allein den Konsortialbanken die Festsetzung des Emissionspreises für die Aktien übertragen werden soll. Der Emissionspreis ist der Preis, zu dem die Aktien beim Anlegerpublikum plaziert werden. Davon ist der Ausgabebetrag der Aktien gem. § 185 Abs. 1 S. 3 Nr. 2 AktG zu unterscheiden. Auf dem Zeichnungsschein wird regelmäßig der Mindestausgabebetrag vermerkt (z. B. anteiliger Betrag am Grundkapital Euro 1,-). Das mögliche Agio, das den Emissionspreis ausmacht, wird in den Fällen, in denen eine Emissionsbank die Aktien gezeichnet hat, gemäß einer schuldrechtlichen Vereinbarung im Übernahmevertrag an die Gesellschaft abgeführt.[1008] Es ist fraglich, ob der Vorstand die

Aktien verfügen. Je nach dem Zeitrahmen, den die Banken gesetzt haben, kann allerdings auch eine frühere Verbuchung in die Depots der Kunden stattfinden. Das führt aber dazu, daß die Banken sich eventuelle Rückabwicklungsmöglichkeiten frühzeitig nehmen.

1005 Auch bei der Vereinbarung einer auflösenden Bedingung sind Verfügungen an Dritte kaum mit zu erfassen, da § 161 Abs. 3 BGB einen gutgläubigen Erwerb zuläßt. Bei einem Rücktritt des Konsorten vom Kaufvertrag, kann er regelmäßig nur noch Schadensersatz von dem Käufer verlangen, sofern dieser die Aktien bereits weiterveräußert hat.

1006 Wie oben bereits dargestellt steht die Übernahme von Altaktien bis zum Settlement unter den aufschiebenden Bedingungen. Aus denselben Gründen ist auch hier eine Rückabwicklung nach Einbuchung oder Zuteilung der Aktien an den Kunden schwierig.

1007 Das Prospekthaftungsrisiko darf in diesen Fällen nicht außer acht gelassen werden.

1008 Dazu sogleich ausführlich. Schwierigkeiten bereitet die Tatsache, daß der Begriff Ausgabebetrag je nach der konkreten Art der Abwicklung der Kapitalerhöhung durchaus unterschiedlich verstanden wird, s. dazu *Groß*, DB 1994, S. 2431, 2433 und auch *Technau*, AG 1998, S. 445, 449.

Preisfestsetzung[1009] vollständig auf einen Dritten verlagern darf. Dazu ist zunächst zu klären, wer grundsätzlich für die Preisfestsetzung bei der Ausgabe von neuen Aktien zuständig ist. Bei der regulären Kapitalerhöhung ist zumindest für den Fall, in dem neue Aktien für einen höheren als den geringsten Ausgabebetrag (z. B. anteiliger Betrag am Grundkapital von Euro 1,-) ausgegeben werden (§ 182 Abs. 3 AktG), eine Regelung getroffen worden (Überpariemission)[1010]. Die Hauptversammlung setzt danach in ihrem Beschluß einen Mindestbetrag fest, unter dem die Aktien nicht ausgegeben werden dürfen. Neben der Festlegung eines Mindestbetrages ist auch die Angabe einer Preisspanne (Mindest- und Höchstbetrag) denkbar.[1011] Die Verwaltung soll dann in den durch die festgesetzten Beträge gezogenen Grenzen nach pflichtgemäßem Ermessen den konkreten Emissionspreis bestimmen.[1012] Hat die Hauptversammlung keine Angaben gemacht, oder liegt z. B. ein Fall des § 202 AktG (Genehmigtes Kapital) vor, liegt das Wie und das Ob einer Kapitalerhöhung im unternehmerischen Ermessen des Vorstands. Dieses Ermessen verpflichtet den Vorstand, auch bei der Bestimmung des Emissionspreises zum Wohle der Gesellschaft zu handeln. Das sollte ihn im Zuge einer Aktienplazierung dazu anhalten, der Gesellschaft eine möglichst große Kapitalmenge durch die Festlegung des Emissionspreises zu beschaffen. Bei einem Ausschluß des Bezugsrechts sind darüber hinaus auch die Interessen der Altaktionäre zu berücksichtigen. Der Vorstand ist bei einem Bezugsrechtsausschluß über das pflichtgemäße Ermessen hinaus zumindest an den Rechtsgedanken des § 255 Abs. 2 AktG gebunden.[1013] Der Altaktionär soll vor der Verwässerung seiner Anteile geschützt werden. Das beinhaltet auch, daß die Aktien für einen

---

1009 S. den praktischen Leitfaden für die Ermittlung des Emissionspreises, *Koch/Wegmann*, Mittelstand und Neuer Markt, S. 191 ff..

1010 Die Überpariemission ist gerade im Bereich der IPOs mit einer Börseneinführung der Regelfall.

1011 Die Festlegung des Emissionspreises zu diesem Zeitpunkt ist zwar möglich, wird in der Praxis auf Grund der bereits beschriebenen Risiken jedoch nicht praktiziert. Die Festlegung würde die Verwaltung nur unnötig binden und möglicherweise große Plazierungsschwierigkeiten mit sich bringen.

1012 *Hüffer*, AktG, § 182 Rn. 24; *Lutter*, in: Kölner Kommentar, § 182 Rn. 24 f.; *Marsch-Barner*, AG 1994, S. 532, 537; *Trapp*, AG 1997, S. 115, 119. Das Gesetz spricht in diesem Zusammenhang nur davon, daß der Vorstand den konkreten Ausgabebetrag festlegen soll. Würde der Ausgabebetrag hier so verstanden, wie soeben dargestellt, macht die Regelung für die Überpariemission keinen Sinn. Die Aktien sollen für einen höheren als den geringsten Ausgabebetrag ausgegeben werden. Dieser konkrete Emissionspreis soll vom Vorstand innerhalb der Grenzen, die von der Hauptversammlung vorgegeben wurden, und nach pflichtgemäßem Ermessen festgelegt werden.

1013 Gem. § 255 Abs. 2 AktG kann eine Anfechtung auch darauf gestützt werden, daß der sich aus dem Erhöhungsbeschluß ergebende Emissionspreis oder der Mindestbetrag, unter dem die neuen Aktien nicht ausgegeben werden sollen, unangemessen niedrig ist.

angemessenen Preis an die Anleger veräußert werden müssen. Grundsätzlich bezieht sich § 255 Abs. 2 AktG auf den Hauptversammlungsbeschluß. Je nach Art der Kapitalbeschaffungsmaßnahme ist es möglich, daß der Hauptversammlungsbeschluß keine Aussagen zum Ausgabe- oder Mindestausgabebetrag enthält. Bei Schweigen des Hauptversammlungsbeschlusses wird nach neuerer Ansicht vertreten, daß die Verwaltung verpflichtet sei, die jungen Aktien zum bestmöglichen oder jedenfalls zu einem angemessenen Kurs auszugeben, wenn das Bezugsrecht ausgeschlossen wurde.[1014] Inhaltlich gilt folglich für die Entscheidung des Vorstandes kein anderer Maßstab als für die Hauptversammlung. Wenn sich schon die Hauptversammlung hinsichtlich der Angemessenheit des Ausgabebetrages an § 255 Abs. 2 AktG orientieren muß, dann erst recht auch der Vorstand, der für die Preisfestlegung verantwortlich ist.[1015] Der Vorstand verletzt anderenfalls seine Pflichten gegenüber der Gesellschaft. Er kann gem. § 93 AktG schadensersatzpflichtig sein,[1016] wenn er die Aktien zum geringsten Ausgabebetrag ausgibt, obwohl mit einer Überpariemission ein weitaus höherer Betrag hätte erzielt werden können. Danach bleibt zunächst festzuhalten, daß die Festsetzung eines angemessenen Emissionspreises in den Kompetenzbereich des Vorstandes fällt, sofern die Hauptversammlung nicht umfassend von ihrem Recht Gebrauch gemacht hat.

Probleme könnten sich aus der heutigen Emissionspraxis ergeben. Es hat sich bei Emissionen mit Bezugsrechtsausschluß das Bookbuilding-Verfahren eingebürgert. Mit Beginn der Zeichnungsfrist gibt es nur eine Preisspanne. Der tatsächliche Emissionspreis steht zu diesem Zeitpunkt noch nicht fest. Der Vorstand legt den Betrag, der im Zeichnungsschein enthalten sein soll, regelmäßig auf den Mindestausgabebetrag (anteiliger Betrag am Grundkapital) fest. Das Konsortium, welches die Aktien übernimmt, wird sich regelmäßig nicht bereit erklären, den Emissionspreis zu zahlen. Im Übernahmevertrag wird daher schuldrechtlich vereinbart, daß die den Ausgabebetrag übersteigenden Erlöse (Agio) im nachhinein an die Gesellschaft abzuführen sind. Mit der Festlegung des Mindestausgabebetrages und der schuldrechtlichen Vereinbarung in bezug auf das Agio könnte der Vorstand seine Pflicht erfüllt haben, die Aktien über pari auszugeben. Das würde bedeuten, daß der Vorstand nicht zwingend für die endgültige Festlegung des Emissionspreises zuständig wäre, und die Emissionsbanken diese Aufgabe wahrnehmen könnten. Bei der Bezugsrechtsemission legt der Vorstand den Bezugspreis nach pflichtgemäßem

[1014] S. *Lutter*, in: Kölner Kommentar, § 182 Rn. 26; *Zöllner*, in: Kölner Kommentar, § 255 Rn. 12; *Wiedemann* in: Großkommentar, § 182 Anm. 8; *Hüffer*, AktG, § 182 Rn. 25 und § 255 Rn. 8; BGHZ 21, 354 (357); wohl auch BGHZ 71, 40 (51); dagegen fordert die Rspr. Ausgabe zu pari, RGZ 143, 20 (23); BGHZ 33, 175 (178).

[1015] S. auch *Busch*, WM 2001, S. 1277, 1279.

[1016] Für die Aufsichtsratsmitglieder gilt entsprechend §§ 93, 116 AktG.

Ermessen bereits zu Beginn der Zeichnungsfrist fest. Diese frühzeitige Festlegung ist bei Bezugsrechtsemissionen bisher unproblematisch gewesen.[1017] Beim dafür angewandten Festpreisverfahren liegt bereits bei Zeichnungsbeginn der Emissionspreis (Bezugspreis für die Altaktionäre) fest.

Es ist kein Grund ersichtlich, warum der Vorstand bei einer Emission mit Bezugsrechtsausschluß allein auf Grund der schuldrechtlichen Vereinbarung und anderer Preisfestsetzungsmethoden seiner Pflicht Genüge getan haben soll, und die Entscheidung letzten Endes wohl von den Konsortialbanken getroffen wird. Genauso wenig leuchtet es ein, daß der Vorstand im Falle einer Vertragsanpassung des Übernahmevertrages seine organschaftlichen Kompetenzen einem Dritten überträgt.

Der Bezugsrechtsausschluß verlangt, daß die Interessen der Altaktionäre und der Gesellschaft besonders berücksichtigt werden (z. B. § 255 Abs. 2 AktG). Diese Verpflichtung trifft den Vorstand im Rahmen seiner Funktion als geschäftsführendes Organ der Gesellschaft, vorausgesetzt, daß die Hauptversammlung keine ausdrückliche Vorgabe gemacht hat. Die Verpflichtung gilt nicht nur für den Mindestausgabebetrag, sondern umfaßt gerade auch den von den Anlegern zu zahlenden Emissionspreis für die Aktien. Die geforderte bestmögliche Verwertung der Aktien wird nicht dadurch gewährleistet, daß der Vorstand dem Konsortium die Aktien zum Mindestausgabebetrag überläßt und eine Abführungsvereinbarung trifft. Die Verpflichtung, über den Mindestausgabebetrag hinaus Sorge für die Preisfestlegung zu tragen, wird z. B. auch anhand des § 186 Abs. 3 S. 4 AktG deutlich. Danach ist der Vorstand verpflichtet, den Preis für die jungen Aktien im Interesse der Altaktionäre nicht wesentlich unter dem Börsenkurs festzulegen. Darüber hinaus erfolgen Kapitalerhöhungen, die im Zuge eines IPO durchgeführt werden, häufig nach den Regeln über das Genehmigte Kapital (§§ 202 ff. AktG).[1018] Die Preisfestsetzungskompetenz des Vorstands wird in diesen Fällen neben den gerade aufgeführten Argumenten auf § 204 AktG zurückgeführt. Der Bezugspreis gehöre zu den Bedingungen der Aktienausgabe und bedürfe daher regelmäßig auch noch der Zustimmung des Aufsichtsrats.[1019]

Danach ist es nur rechtmäßig, wenn im Fall einer nur schuldrechtlichen Vereinbarung einer Abführung des Agios an die Gesellschaft die Konsortialbanken den Bezugspreis nicht eigenverantwortlich bestimmen, sondern dem Vorstand lediglich beratend zur Seite stehen. Die Preisbestimmung gehört damit auch in der heutigen Emissionspraxis zu den Aufgaben des Vorstandes. Diese

---

1017 Den ersten Versuch, eine Bezugsrechtsemission auf eine andere Art und Weise durchzuführen, unternahm die Deutsche Telekom AG im Juni 1999.

1018 Eine ordentliche Kapitalerhöhung ist grundsätzlich möglich, erfordert aber mehr Aufwand und Zeit. Darüber hinaus ist der Vorstand auf Grund der Ermächtigung durch die Hauptversammlung oder Satzung flexibel bei der Durchführung der Emission.

1019 BGHZ 21, 354 (357); *Lutter*, in: Kölner Kommentar, § 204 Rn. 7, 9 ff. m. w. N.; *Hüffer*, AktG, § 204 Rn. 5 f.

Pflicht kann aber nicht im Wege einer denkbaren Anpassung des Übernahmevertrages entfallen. Der Vorstand muß auch im Fall des Scheiterns der ursprünglich geplanten Emission die Interessen der Gesellschaft und der Altaktionäre bei der Preisbestimmung berücksichtigen.[1020]
Zusammenfassend kann festgehalten werden, daß die Hauptversammlung bzw. der Vorstand für die Preisfestsetzung zuständig sind. Das ist unabhängig davon, ob eine schuldrechtliche Vereinbarung zwischen den Konsortialbanken und der Gesellschaft vorliegt oder nicht. Den Emissionsbanken kann damit im Fall einer Vertragsanpassung nicht die alleinige Festsetzung des Emissionspreises zustehen.[1021] Um eine Vertragsanpassung aber dennoch zu ermöglichen, könnte man eine Verpflichtung des Vorstandes in Erwägung ziehen, im Fall einer Vertragsanpassung erneut über den Preis der jungen Aktien nach pflichtgemäßem Ermessen zu befinden.[1022] Dem stehen unter aktienrechtlichen Gesichtspunkten keinerlei Einwände entgegen. Der für die Eintragung in das Handelsregister erforderliche Zeichnungsschein wird über den Mindestausgabebetrag ausgestellt. Mit der Einzahlung mindestens eines Viertels des Mindestausgabebetrages gem. § 36 a Abs. 1 AktG (eingeforderter Betrag) ist den Kapitalerhaltungsregeln Genüge getan,[1023] so daß eine spätere Änderung des Emissionspreises für die jungen Aktien problemlos durchführbar ist. Die Verpflichtung erscheint also auch unter praktischen Gesichtspunkten handhabbar. Beide Parteien haben ein Interesse an der Durchführung der Vertragsanpassung. Denn die Rückabwicklung einer Kapitalerhöhung zieht unweigerlich ein großes öffentliches Interesse auf sich. Das wollen die Parteien gerade vermeiden, um ihre Reputation nicht zu gefährden.[1024] Es ist daher fernliegend, daß der Vorstand die Emissionsbanken zur Durchführung der Emission unter den ursprünglichen Bedingung zwingt, obwohl sich auf Grund der Marktlage ergeben hat, daß die Aktien zu dem bestimmten Preis nicht

---

1020 Ist eine Vertragsanpassung erforderlich, und sollten die Banken den Preis erneut bestimmen, besteht die Gefahr, daß die Aktien verschleudert werden. Ziel der Banken ist es, für die gesamte Aktienmenge einen Käufer zu finden. Dumping-Preise bieten hier gleichwohl einen Anreiz für die potentiellen Erwerber.

1021 S. nur *Busch*, WM 2001, S. 1277, 1279 f.

1022 Erfolgt die Kapitalerhöhung nach den Vorschriften über das Genehmigte Kapital (§§ 202 ff. AktG), bedarf es für die Preisfestsetzung der Zustimmung des Aufsichtsrats. Die Zustimmung ist Wirksamkeitserfordernis für die Bedingungen der Aktienausgabe, *Krieger*, in: Münchener Handbuch des Gesellschaftsrechts, § 58 Rn. 27; *Lutter*, in: Kölner Kommentar, § 204 Rn. 16. Der Aufsichtsrat kann durch die Vereinbarung, die der Vorstand mit den Konsortialbanken trifft, allerdings nicht wirksam verpflichtet werden, zuzustimmen. Da sich der Aufsichtsrat allerdings ebenfalls schadensersatzpflichtig macht (§§ 93, 116 AktG), wenn er nicht nach pflichtgemäßem Ermessen handelt, ist anzunehmen, daß die erforderliche Zustimmung erteilt wird.

1023 S. dazu im folgenden unter C.

1024 Ferner wird die Verpflichtung zum Kauf der Aktien von der Einigung über einen Plazierungspreis abhängig gemacht.

veräußerbar sind. Die Emissionsbanken werden sich demgegenüber nicht weigern, die Emission in angepaßter Form zu Ende zu führen. Beide Seiten werden demnach bemüht sein, daß keine Patt-Situation entsteht.
Im Ergebnis bleibt festzustellen, daß die Emissionsbanken die Aktien nicht „freihändig" veräußern dürfen. Die Kompetenz, den Emissionspreis zu bestimmen, liegt bei der Hauptversammlung oder dem Vorstand. Der Preis kann im Wege der Vertragsanpassung erneut bestimmt werden, wenn der Vorstand sich zur Mitwirkung verpflichtet.

Je nach Übernahmevertrag ist es auch möglich, daß es keine Vereinbarungen zu einer Rückabwicklung oder einer Vertragsanpassung gibt. In diesen Fällen ist auf die allgemeinen Regelungen des BGB zurückzugreifen. Verändert sich die Lage des Emittenten kann auf § 321 BGB abgestellt werden. Bei sonstigen Änderungen kommen die sehr viel strengeren Grundsätze des Wegfalls der Geschäftsgrundlage in Betracht.[1025]

IV. Vergleich mit der US-amerikanischen Regelung

Betrachtet man die aufschiebenden Bedingungen und Krisenklauseln des deutschen Übernahmevertrages, ist im Vergleich folgendes festzuhalten. Eine aufschiebende Bedingung ist trotz anderweitiger Bezeichnung in einigen Verträgen nur bis zum Zeitpunkt des ersten *closing* möglich. Dieses findet zur Übergabe des Zeichnungsscheins statt. Bei Eintritt der Bedingung wird der Vertrag wirksam. Die Konsortialbank erfüllt mit der Zeichnung ihre Verpflichtung zur Übernahme. Im folgenden kann nur noch eine auflösende Bedingung bis zur Eintragung der Kapitalerhöhung in Betracht kommen. Nach der Eintragung der Kapitalerhöhung ist lediglich ein Rücktritt oder eine Vertragsanpassung durchführbar. Die Vereinbarung ermöglicht den Konsortialbanken die stetige Kontrolle des Emittenten. Die Konsortialbanken behalten sich zu drei Zeitpunkten vor, zu überprüfen, ob der Emittent seinen Verpflichtungen nachgekommen ist und keine nachteiligen Entwicklungen eingetreten sind. Sie haben danach die Möglichkeit, abermals mit dem Emittenten zu verhandeln und im Zweifelsfall die Emission zu stoppen. Diese Kontrolle verringert das Risiko der Konsortialbanken, daß auf Grund von Fehlern des Emittenten oder durch eine Verschlechterung der Marktlage die Durchführung der Emission gefährdet wird. Gerade für die Konsortialbanken hat die Vereinbarung Vorteile. Die Erfüllung ihrer eigenen Verpflichtungen ist abhängig von den aufschiebenden Bedingungen, die der Emittent erfüllen muß und dem Nichteintritt nachteiliger Änderungen. Der Emittent muß demnach zunächst eine Leistung erbringen. Ohne diese Leistung entsteht keine Verpflichtung für die Konsortialbanken.

[1025] *Canaris,* Bankvertragsrecht, Rn. 2253; *Grundmann,* in: Schimansky/Bunte/Lwowski, Bankrechts-Handbuch, § 112 Rn. 68.

Die Vereinbarungen sind dem US-amerikanischen *underwriting agreement* entnommen. Bis zum letztmöglichen Zeitpunkt behalten sich die Investmentbanken in den Vereinigten Staaten vor, von dem Vertrag zurückzutreten oder Änderungen einzuleiten, die ihr Risiko verringern (z. B. alleinige Festsetzung des Emissionspreises nach Scheitern der Emission oder Abbruch der Emission). Ein Rücktritt vom Vertrag ist in den Vereinigten Staaten auch nicht mit besonderen Hürden verbunden. Das deutsche Aktienrecht beinhaltet demgegenüber Bestimmungen, die es den Banken deutlich erschweren, eine Rückabwicklung durchzuführen. Dies zeigt sich z. B. bei der Rücknahme der neuen Aktien durch die Gesellschaft (Erwerb eigenen Aktien gem. § 71 AktG). Der Erwerb eigener Aktien bereitet in den Vereinigten Staaten grundsätzlich keine Schwierigkeiten, während in Deutschland eine Kapitalherabsetzung durchgeführt werden muß. Die US-amerikanischen Investmentbanken, die auf Grund der weitgehenden Internationalisierung immer mehr auf den deutschen und europäischen Markt drängen und sich dort wegen ihrer Fähigkeiten und Erfahrungen auch etablieren, üben insofern Druck auf das hiesige Emissionsgeschäft aus. In Konsortien mit US-amerikanischem Einfluß ist es nicht mehr möglich, eine knappe Kapitalerhöhungsofferte durchzusetzen. Es werden umfassende Vertragswerke gefordert. Das US-amerikanische *underwriting agreement* kann dennoch nur als Vorlage dienen. Eine vollständige Übernahme der US-amerikanischen Verträge ist nicht möglich, da sowohl unter Berücksichtigung des hiesigen Aktienrechts als auch nach den Regelungen des allgemeinen Zivilrechts Hindernisse auftauchen. Die Reduzierung auf eine Vertragsanpassung, die den rechtlichen Anforderungen entsprechen würde und sich an der praktischen Durchführung orientiert, erscheint folglich sachgerecht und geboten. Sie bietet allen Beteiligten einen umfassenden Verhandlungsspielraum.

Für beide Rechtssysteme gilt allerdings eines gleichermaßen: Muß eine Emission aus welchen Gründen auch immer rückabgewickelt werden, wird das Standing der Beteiligten enorm beeinträchtigt. Die Entscheidung darüber, welcher Nachteil schwerer wiegen wird (Verlust des Standing oder Haftungsklagen und sonstige Verluste), will beiderorts wohl überlegt sein.

C. Zeichnung der Aktien

Die Emission kann sowohl mit Altaktien als auch mit jungen Aktien durchgeführt werden. Die Zeichnung der jungen Aktien übernimmt das Konsortium kurz vor Ende der Zeichnungsfrist. Die Zeichnung erfolgt regelmäßig zum Mindestausgabebetrag (oder Nennwert). Ein über diesem Wert liegender Ausgabebetrag wird zunächst nicht bestimmt. Der Zeichnungsschein enthält daher als Ausgabebetrag gem. § 185 Abs. 1 S. 3 Nr. 2 AktG lediglich den Mindestausgabebetrag. Gleichzeitig vereinbaren der *lead manager* und der

Emittent, daß etwaige Veräußerungsgewinne[1026] an den Emittenten abgeführt werden müssen (sog. „zweistufiges Verfahren").[1027]
Für die Anwendung dieses Verfahrens, das heute die Regel ist, lassen sich eine Reihe von Gründen nennen. Zunächst ist der zeitliche Gesichtspunkt zu berücksichtigen. Eine Emission wird regelmäßig unter hohem Zeitdruck durchgeführt. Die Aktien werden gezeichnet, die Eintragung erfolgt, der Emissionspreis wird festgelegt, die Aktien werden zugeteilt, möglicherweise werden die Aktien zum Handel in einem Börsensegment zugelassen,[1028] dann erfolgt auch eine Erstnotiz[1029] und schließlich das Settlement.
Wenn der Emissionspreis (Mehrbetrag) bereits in den Zeichnungsschein aufgenommen wird, sind die Banken frühzeitig an den Preis gebunden, da die Eintragung zumindest früher einige Zeit in Anspruch genommen hat. Heute ist die Eintragung innerhalb eines Tages möglich, sofern der Registerrichter bereits im Vorfeld der Eintragung in den Prozeß einbezogen wurde.[1030] Der Emissionspreis wird regelmäßig am Ende der Bookbuildingphase festgestellt. Ist eine Eintragung innerhalb eines Tages möglich, könnte man diese auch bei einem optimalen Ablauf am Ende der Zeichnungsfrist mit dem Emissionspreis vornehmen.[1031] Eine Zeichnung zum Mindestausgabebetrag wäre damit nicht zwingend erforderlich.
Es gibt aber weitere Gründe, die für eine Zeichnung zum Mindestausgabebetrag sprechen. Die Emissionsbanken müssen weniger Kapital aufwenden, wenn zum Mindestausgabebetrag gezeichnet wird. Gemäß § 185 Abs. 1 S. 3 Nr. 2 AktG

1026 Veräußerungsgewinne bestehen in der Differenz zwischen dem Mindestausgabepreis, für den die Aktien gezeichnet wurden, und dem Emissionspreis, den die Anleger für die Aktien zahlen.

1027 Zwischen dem Konsortium und dem Emittenten wird eine schuldrechtliche Vereinbarung getroffen, nach der das Konsortium die Veräußerungsgewinne an den Emittenten abführen muß. Nicht anders ist die Verfahrensweise beim mittelbaren Bezugsrecht gem. § 186 Abs. 5 AktG. Die Kreditinstitute übernehmen und zeichnen die Aktien zum Mindestausgabebetrag und verpflichten sich, diese Aktien den Altaktionären zu einem höheren Bezugspreis anzubieten und den Erlös abzüglich des gezahlten Mindestausgabebetrages und der Provision an den Emittenten abzuführen; eingehend *Lutter*, in: Kölner Kommentar, § 186 Rn. 102 ff.; Geßler/Hefermehl-*Bungeroth*, § 186 Rn. 153 ff.

1028 Damit die Aktien zugelassen werden können, muß die Globalurkunde der Aktien eingereicht werden (effektive Stücke haben inzwischen Seltenheitswert). Dies ist wiederum nur möglich, wenn die Kapitalerhöhung eingetragen wurde, da der entsprechende Handelsregisterauszug vorgelegt werden muß.

1029 Die Erstnotiz (Einführung der Wertpapiere) kann aber erst einen Werktag nach Veröffentlichung der Zulassung (zumeist durch Hinweisbekanntmachung auf vollständigen Prospekt, § 51 BörsZulVO) erfolgen, § 52 BörsZulVO.

1030 S. auch § 11 C.

1031 Den Emissionspreis wird man aber auch bei einem optimalen Verlauf erst am Abend des letzten Tages der Bookbuildingphase festlegen können, so daß eine Eintragung an demselben Tag regelmäßig nicht mehr möglich ist.

muß der Zeichnungsschein den Betrag der festgesetzten Einzahlung enthalten. Der Betrag der festgesetzten Einzahlung richtet sich nach § 188 Abs. 2 i. V. m. § 36 a Abs. 1 AktG. Auf den geringsten Ausgabebetrag ist ein Viertel einzuzahlen. Sollte es sich um eine Überpariemission handeln, ist darüber hinaus der Mehrbetrag vollständig einzuzahlen. Würden die Banken zum Mehrbetrag zeichnen, entstünden ihnen hohe Vorfinanzierungskosten. Diese vorfinanzierten Beträge müssen von den Banken mit Eigenmitteln unterlegt sein (§ 10 KWG). Je höher die Beträge, desto mehr Eigenkapital muß aufgewendet werden. Für die kleineren Investmentbanken, die regelmäßig eine dünne Eigenkapitaldecke haben, sind solche Emissionen kaum durchführbar. Wenn folglich die Zeichnung zum Mindestausgabebetrag nicht möglich ist, müßten sich vor allem junge Investmentbanken wieder aus dem Emissionsgeschäft zurückziehen. Darüber hinaus sind im Zuge der Internationalisierung viele ausländische Banken an Emissionen beteiligt.[1032] Insbesondere US-amerikanischen Banken sind schon aufgrund ihrer eigenen Erfahrungen nicht gewillt, vorab große Summen an den Emittenten zu zahlen. Da die Aktien in den Vereinigten Staaten von dem Emittenten gekauft werden und keinerlei Vorleistung zu erbringen sind, ist den Investmentbanken eine Vorfinanzierung, um die Aktien originär entstehen zu lassen, fremd. Darüber hinaus wird regelmäßig ein Viertel des Mindestausgabebetrages auf ein von dem Konsortialführer zu führendes zins- und provisionsfreies Konto eingezahlt. Im Falle einer Vorfinanzierung, - wenn also neben der Teileinzahlung noch der gesamte Mehrbetrag einzuzahlen ist, - müßten die Banken größere Zinsverluste hinnehmen, da es sich je nach Emissionsvolumen um große Geldmengen handelt. Das letzte und wohl entscheidende Argument für eine Zeichnung zum Mindestausgabebetrag ist der große Handlungsspielraum, der dadurch eröffnet wird. Zeichnen die Banken zum Mindestausgabebetrag, können sie den Emissionspreis den Gegebenheiten des Marktes bis zum Settlement noch anpassen.[1033] Sie können folglich den Preis ändern, sofern sich zwischen Preisfestlegung (Ende der Zeichnungsfrist) und Settlement wider Erwarten herausstellt, daß die Aktien zum festgelegten Preis nicht mehr zu veräußern sind. Auch wenn die Eintragung innerhalb eines Tages erfolgt und somit ein großer Teil der Zeichnungsfrist nicht in den Risikozeitraum eingerechnet werden muß, verbleiben zwischen Eintragung und Settlement immer noch mindestens 4 bis 5 Tage. In dieser Zeit kann sich der Markt stark verändern. Das gilt insbesondere für eine Handelsplattform wie den Neuen Markt, in dem viele volatile Aktien gehandelt werden. Das wirkt sich auf

---

1032 Dies ist teilweise dadurch bedingt, daß die Emittenten an einer Plazierung im Ausland interessiert sind. Vielfach drängen die ausländischen Investmentbanken aber auch ungeachtet dessen auf den deutschen Markt.

1033 S. dazu bereits unter B. (Rückabwicklung und Vertragsanpassung).

die Emission aus.[1034] Man hat früher versucht, dieses Risiko mittels eines Sicherheitsabschlages einzugrenzen. Der Abschlag mußte hoch sein, um für alle Fälle eine Durchführbarkeit der Emission zu gewährleisten.[1035] Dies hatte den Nachteil für den Emittenten, daß sich sein Emissionserlös unweigerlich verringerte. Auf der anderen Seite hatte der Emittent aber die Sicherheit, daß die Emission plaziert wird. Darüber hinaus war aber die Kapitalverwässerung für die Altaktionäre, sofern das Bezugsrecht ausgeschlossen war, kaum vertretbar. Die Vorgaben, die § 186 Abs. 3 S. 4 AktG mit 3-5% Abschlag macht, hätten nicht eingehalten werden können. Mit der Zeichnung zum Mindestausgabebetrag sinkt das Risiko der Banken, die Emission nicht plazieren zu können und damit einen Reputationsschaden zu erleiden. Ferner kann das Interesse der Altaktionäre, eine Kapitalverwässerung zu vermeiden, berücksichtigt werden. Schließlich ermöglicht dieses Verfahren, den Vertrag bis zum Settlement anzupassen oder rückabzuwickeln.[1036]

Es gibt also gute Gründe für die Zeichnung zum Mindestausgabebetrag. Fraglich bleibt nun, ob diese Zeichnungsbedingung rechtlich zulässig ist. Die Literatur hat sich mit dieser Frage zumeist im Zusammenhang mit § 186 Abs. 5 AktG beschäftigt. Zum einen deshalb, weil hier bereits durch die Wortwahl ein Anknüpfungspunkt besteht.[1037] Zum anderen, weil gerade beim mittelbaren Bezugsrecht Flexibilität erforderlich ist. Die Aktien werden regelmäßig vor dem Beginn der Zeichnungsfrist übernommen. Daher besteht das Risiko zeitlich noch länger als bei einer Emission mit Bezugsrechtsausschluß.

Es gibt zwei gegensätzliche Ansichten zur Beantwortung der oben gestellten Frage. Die wohl herrschende Meinung hält die Zeichnung zum Mindestbetrag für zulässig.[1038] Sie gründet auf der Auffassung von *Wiedemann*[1039], der u. a. in den unterschiedlichen Begriffen des § 186 Abs. 5 AktG und § 186 Abs. 2 AktG,

---

1034 Handelt es sich um ein bereits börsennotiertes Unternehmen, könnte der Börsenkurs unter den Ausgabepreis fallen, so daß eine Plazierung nicht mehr möglich wäre.

1035 Der Sicherheitsabschlag betrug zwischen 15 und 25 %, *Marsch-Barner*, AG 1994, S. 532; *Trapp*, AG 1997, S. 115, 119 f.; *Schwark*, in: FS für Carsten Peter Claussen (1997), S. 357, 372 ff. insbesondere das Für und Wider eines Abschlages bei § 186 Abs. 3 S. 4 AktG.

1036 Die Rückabwicklung ist zumindest eine theoretische Möglichkeit. Wie oben bereits dargestellt, gibt es erhebliche praktische Schwierigkeiten, zumal auch hier wieder die Reputationsfrage im Vordergrund steht, s. B.

1037 § 186 Abs. 5 AktG spricht von einem „für die Aktien zu leistenden Entgelt".

1038 *Wiedemann*, WM 1979, S. 990 ff.; *Priester*, in: FS für Hans Erich Brandner (1996), S. 97 ff.; *Priester*, in: FS für Marcus Lutter (2000), S. 617 ff.; *Hoffmann-Becking*, in: FS für Karl Lieberknecht (1997), S. 25 ff.; *Hüffer*, AktG, § 182 Rn. 24, § 186 Rn. 50; *Lutter*, in: Kölner Kommentar, § 186 Rn. 107; *Krieger*, in: Münchener Handbuch des Gesellschaftsrechts, § 56 Rn. 74.

1039 *Wiedemann*, WM 1979, S. 990 ff.

§ 182 Abs. 3 und § 36 a Abs. 1 AktG ein Argument für die Zeichnung zum Mindestbetrag sieht. § 186 Abs. 5 AktG spricht von einem „für die Aktien zu leistenden Entgelt“ (Bezugskurs, den die Altaktionäre für die Aktien zu zahlen haben), während § 186 Abs. 2, § 36 a Abs. 1 und § 182 Abs. 3 AktG den Ausgabebetrag der Aktien nennt.[1040] Würden beide Begriffe dieselbe Bedeutung haben, wäre eine unterschiedliche Bezeichnung nicht notwendig gewesen.[1041] *Schippel*[1042] und *Immenga*[1043] halten dagegen eine Zeichnung zum Mindestbetrag für rechtlich unzulässig. Der Gläubigerschutz werde so umgangen. Die §§ 36 a Abs. 1 i. V. m. § 188 Abs. 2 AktG seien eine Sicherung für die Aufbringung des Agios. Das zeige insbesondere § 272 Abs. 2 Nr. 1 HGB, nach dem der Betrag, der bei der Ausgabe der Aktien über den Nennbetrag der Aktien hinaus erzielt wird, als Kapitalrücklage auszuweisen ist. Diese Vorschrift diene folglich der Sicherung der Aufbringung des Eigenkapitals. Ähnlich wie bei der Gründung der Gesellschaft müsse gesichert sein, daß die Gesellschaft auch an ihr Geld kommt. Diese Sicherung diene neben den Interessen der Gesellschaft auch den Interessen ihrer Gläubiger und der Allgemeinheit.[1044] Gemäß § 36 a Abs. 1 i. V. m. § 188 Abs. 2 AktG genügt zunächst die Teileinzahlung auf den Nennbetrag. Weitere Kapitalbeschaffungsmaßnahmen sind allerdings davon abhängig, daß das gesamte Grundkapital auch eingezahlt worden ist (§ 182 Abs. 4 AktG). Sofern ein Aufgeld festgelegt und mit zur Eintragung gebracht wird, ist dessen vollständige Einzahlung verpflichtend (§ 36 a Abs. 1 a. E. AktG). Erfolgt die Einzahlung des Aufgelds in diesem Fall nicht, kann das Registergericht dem Eintragungsantrag nicht stattgeben (§ 38 AktG). Letzteres ergibt sich aus dem Gesetz. Eine Zeichnung zum Mindestausgabebetrag ohne ein Aufgeld ist aber grundsätzlich nicht untersagt. Auch § 272 Abs. 2 Nr. 1 HGB verhindert die Zeichnung zum Mindestausgabebetrag nicht, da unstreitig ist, daß der von den Banken abzuführende Mehrerlös ebenfalls in die Kapitalrücklage eingestellt werden muß.[1045]

Es stellt sich jedoch die Frage, ob die Volleinzahlungsverpflichtung Gläubigerschutzinteressen dient und daher eine Zeichnung zum Mindestausgabebetrag mit einer schuldrechtlichen Verpflichtung, das Aufgeld an den Emittenten

---

1040 Das ist regelmäßig der Mindestausgabebetrag, zu dem die Kreditinstitute die Aktien zunächst zeichnen.

1041 *Wiedemann*, WM 1979, S. 990, 993.

1042 *Schippel*, in: FS für Ernst Steindorf (1990), S. 249 ff.

1043 *Immenga*, in: FS für Karl Beusch (1993), S. 413 ff.

1044 *Schippel*, in: FS für Ernst Steindorf (1990), S. 249, 257.

1045 *Hoffmann-Becking*, in: FS für Karl Lieberknecht (1997), S. 25, 33.

abzuführen, diese Interessen umgehen würde. Der Mindestausgabebetrag (Anteil am Grundkapital) ist regelmäßig der einzige Betrag, der dem Gläubiger bekannt ist und auf den er vertrauen kann. Eine Eintragung des Agios in das Handelsregister erfolgt nicht. Demnach kann der Gläubiger auf diese vollständige Einzahlung auch nicht vertrauen. Die Verpflichtung, ein Agio vollständig einzuzahlen, schützt aber den Erwerber der Aktien.[1046] Erwirbt er die Aktien und ist das Agio vom Vorbesitzer noch nicht eingezahlt worden, so geht die Zahlungsverpflichtung auf ihn über. Er wird für die Einzahlung in Anspruch genommen, sofern er die Aktien nicht gutgläubig erworben hat. Ein solches finanzielles Risiko ist für den Erwerber kaum kalkulierbar, da auch für ihn die Höhe des Agios nicht ersichtlich ist. Die Aktienurkunde enthält lediglich den Mindestausgabebetrag. Dies erklärt, warum auf den Mindestausgabebetrag nur 25 % einzuzahlen sind. Dieses Risiko ist für den Erwerber durchaus berechenbar. Das Volleinzahlungsgebot dient demnach dem Verkehrsschutz. Dafür spricht auch ein Vergleich der Kapitalaufbringungsregelungen der GmbH (§ 57 Abs. 2 Satz 1 i. V. m. § 7 Abs. 2 Satz 1 GmbHG) mit denen der Aktiengesellschaft (§ 36 a Abs. 1 AktG). Nur für die Aktiengesellschaft wird gefordert, daß das gesamte Aufgeld zur Eintragung eingezahlt ist. Begründet wird dies mit der hohen Fungibilität der Aktien im Gegensatz zu GmbH-Anteilen. Es soll also gerade verhindert werden, daß ein Erwerber von Aktien für ein Agio in Anspruch genommen wird, das der Vorbesitzer nicht geleistet hat. Für die Annahme, das Volleinzahlungsgebot diene dem Verkehrsschutz und nicht dem Gläubigerschutz spricht darüber hinaus, daß der Gläubiger keinerlei Ansprüche auf ein Agio hat. Ihm steht es nicht zu, von der Gesellschaft die Ausgabe von neuen Aktien mit einem Agio zu verlangen.[1047] Der Gesetzgeber hat die Verpflichtung für die Gesellschaft, die Aktien über dem Mindestausgabebetrag auszugeben, sehr zurückhaltend festgesetzt. Grundsätzlich ist die Gesellschaft frei in ihrer Entscheidung, solange die Aktien nicht unter dem Mindestausgabebetrag ausgegeben werden (§ 9 Abs. 1 AktG). Zwei Regelungen (§ 186 Abs. 3 Satz 4 und § 255 Abs. 2 AktG) stellen auf einen höheren als den Mindestbetrag ab. Sie dienen den Interessen der Altaktionäre, die im Falle eines Bezugsrechtsausschlusses vor einer Verwässerung ihrer Anteile geschützt werden sollen. Werden die jungen Aktien für einen unangemessen niedrigen Betrag ausgegeben, haben die Aktionäre gem. § 255 Abs. 2 S. 1 AktG die Möglichkeit, den Kapitalerhöhungsbeschluß anzufechten.

[1046] *Priester*, in: FS für Hans Erich Brandner (1996), S. 97, 111; Geßler/Hefermehl-*Bungeroth*, § 182 Rn. 71.

[1047] S. *Technau*, AG 1998, S. 445, 449.

Die Gläubiger der Gesellschaft haben keinen Anspruch gegenüber der Gesellschaft, einen höheren Betrag einzufordern. Wenn das schon nicht der Fall ist, kann auch das Volleinzahlungsgebot nicht dem Gläubigerschutz dienen.[1048] Es dient daher vielmehr ausschließlich dem Verkehrsschutz und gewährleistet einen reibungslosen Aktienverkehr. Mit der Einzahlung eines Viertels des Mindestausgabebetrages auf die Aktien ist § 36 a Abs. 2 AktG Genüge getan, da es nur eine schuldrechtliche Vereinbarung über die Abführung eines Mehrerlöses zwischen dem Emittenten und den Konsortialbanken gibt. Diese Vereinbarung betrifft den Zweiterwerber der Aktien nicht.[1049] Der Verkehrsschutz wird daher gewahrt. Der Emittent erhält den Mehrerlös. Die Erwerber haben aber kein unkalkulierbares, finanzielles Risiko mit einem nicht eingezahlten Agio zu tragen.

Diese Problematik wird, wie bereits erwähnt, regelmäßig im Zusammenhang mit § 186 Abs. 5 AktG diskutiert. Das liegt neben den angeführten Argumenten an dem vorhandenen Dreiecksverhältnis zwischen dem Emittenten, den Konsortialbanken und den Altaktionären. Der Altaktionär ist von Beginn an derjenige, der die Aktien erhalten soll und ein Bezugsrecht besitzt. Das mittelbare Bezugsrecht sollte die Durchführung einer Bezugsrechtsemission erleichtern.[1050] Die Konsortialbanken werden nur noch als Finanzintermediäre zwischen den Emittenten und die Altaktionäre geschaltet. Die Konsortialbanken zeichnen die Aktien und werden somit zunächst Aktionäre. Auch wenn die Altaktionäre wirtschaftlich betrachtet letzten Endes die Begünstigten sind, so steht zunächst das rechtliche Verhältnis im Vordergrund. Die Aktien entstehen originär bei den Konsortialbanken, die sie dann an die Altaktionäre zu dem für die Aktien zu leistenden Entgelt veräußern. Die oben dargelegten Argumente sind hier ebenso

---

1048 S. *Technau*, AG 1998, S. 445, 449.

1049 Anders *Hoffmann-Becking*, in: FS für Karl Lieberknecht (1997), S. 25, 33. Er ist der Auffassung, daß § 36 a Abs. 2 AktG dem Verkehrsschutz diene. Er hält die Abführung des Mehrbetrages von den Banken an die Gesellschaft aber nur deshalb für unbedenklich, weil die Aktien erst mit Bezug oder Kauf der Altaktionäre/Anleger in den Verkehr kommen. Zu diesem Zeitpunkt sei der Mehrbetrag bereits geleistet. Dem steht entgegen, daß das abschließende *settlement* und damit die Abführung des Mehrerlöses erst zwei bis drei Tage nach Einbuchung und möglicherweise Handelsaufnahme der Aktien erfolgt. Die Aktien hätten nach der in Rede stehenden Auffassung nicht in den Verkehr gelangen dürfen. Insofern wird die Überlegung zu der schuldrechtlichen Vereinbarung, die nicht auf den Zweiterwerber übergeht, ausgeblendet.

1050 S. § 11 C. I.

einschlägig. Mittels der schuldrechtlichen Verpflichtung kann der Verkehrsschutz, den § 36 a Abs. 2 AktG bezweckt, vollständig gewahrt werden.

Vierter Teil: Zusammenfassung der wesentlichen Ergebnisse

Die vorliegende Untersuchung hat gezeigt, daß das über viele Jahre entwickelte US-amerikanische *underwriting agreement* sehr eingehend und detailliert gestaltet ist (Zweiter Teil). Dies soll in erster Linie dazu dienen, die Risiken, die mit der Begleitung einer Emission verbunden sind, tunlichst zu minimieren. Der im deutschen Emissionsgeschäft verwendete Übernahmevertrag ist dem *underwriting agreement* nachgebildet (Dritter Teil). Dafür ließen sich verschiedene Gründe anführen.[1051] Allerdings war die Übernahme des US-amerikanischen Modells nicht problemlos möglich und m. E. auch nicht in allen Facetten (z. B. beim Wertpapierbegriff) notwendig.[1052] Gleichwohl hat die voranschreitende Internationalisierung des Emissionsgeschäfts die Vorbildfunktion des US-amerikanischen Vertragswerks maßgeblich gefördert. Darüber hinaus war auch die starke Stellung der US-amerikanischen Investmentbanken im Emissionsgeschäft für die Nachbildung entscheidend. Diese profitieren von ihrem großen Erfahrungsschatz, da die Aktie als Kapitalanlage und die damit verbundenen Geschäfte in den USA viel früher als in Deutschland Bedeutung erlangt haben. Der von ihnen in internationalen Konsortien ausgeübte Druck blieb nicht ohne Folgen und führte letzten Endes zur vorrangigen Verwendung der US-amerikanischen Vertragsmuster.

Als ein bedeutendes Plazierungsverfahren im Rahmen des *underwriting* kristallisierte sich das *firm commitment underwriting* heraus.[1053] Dabei übernehmen die Banken die Aktien nur für sehr kurze Zeit, um sie dann an das Publikum zu veräußern. Das *stand-by underwriting* verliert in den Vereinigten Staaten hingegen zunehmend an Bedeutung, da kaum Bezugsrechte ausgegeben werden;[1054] während das *best-efforts underwriting* schon nicht als eine Form des *underwriting* bezeichnet werden kann.[1055] Das *best-efforts underwriting* erfüllt den ursprünglichen Sinn und Zweck des *underwriting* – nämlich die Absicherung des Emittenten - nicht, da die Aktien nicht übernommen werden.
Die Untersuchung hat ferner gezeigt, daß die Banken im US-amerikanischen Emissionsgeschäft gerade nicht mehr nur wegen der Risikoübernahme und ihrer Plazierungskraft bei einer Emission mitwirken.[1056] Vielmehr haben sich weitere bedeutende Funktionen herausgebildet. Die Bank soll einen angemessenen und wahrheitsgemäßen Informationsfluß zwischen dem emittierenden Unternehmen und den Anlegern sicherstellen. Das wird durch die von den Banken durchzu-

---

1051 S. § 11 D.
1052 S. § 11 D.
1053 S. § 4 B II .
1054 S. § 4 B I.
1055 S. § 4 B III.
1056 S. § 5 B.

führende Sorgfältigkeitsprüfung der Angaben des Emittenten erreicht.[1057] Diese Funktion ist Folge der gesetzlich normierten Haftungsregelung des amerikanischen Securities Act. Danach kann der *underwriter* eine Haftung nur durch Nachweis der durchgeführten Überprüfung (*due diligence*) vermeiden.[1058] Da eine Haftung ernstzunehmende Nachteile (beispielsweise Reputationsschaden) für die Investmentbanken nach sich zieht, sind die Banken bemüht, den gestellten Prüfungsanforderungen gerecht zu werden. Der Anleger profitiert wiederum von der Prüfung der Informationen. Er darf darauf vertrauen, daß die Banken auf Grund des gesetzmäßigen Drucks, dem sie ausgesetzt sind, ordnungsgemäß prüfen und den Emittenten gegebenenfalls auf Fehlinformationen in seinen Publizitätsdokumenten hinweisen (*devil's advocacy).*[1059] Die Emissionen, die von einer Investmentbank begleitet werden, bieten daher Sicherheit für den Anleger. Hat die Bank darüber hinaus ein gutes *standing,* was sich u. a. aus den *tombstone ads* entnehmen läßt, signalisiert ihre Teilnahme an der Emission die Hochwertigkeit der auszugebenden Wertpapiere (Gütesiegel). An diesen unterschiedlichen Funktionen wurde deutlich, in welchem Interessenkonflikt sich die Banken befinden.[1060] Zum einen sind sie vom Gesetzgeber gehalten, die zu veröffentlichenden Informationen zu überprüfen (Anlegerschutz). Zum anderen müssen sie die mit dem Emittenten getroffenen Vereinbarungen einhalten. Schließlich muß auch das ureigene Interesse der Banken an der Emission berücksichtigt werden. Die Banken wollen im Emissionsgeschäft vor allem Gewinne erzielen. Dieser Konflikt sollte sich im Laufe des Emissionsprozesses durch ihr Verhandlungsgeschick und eine Reihe von Kompromissen auflösen.

Festgestellt wurde weiter, daß die Banken auf Grund verschiedener Anreize die dargestellten Aufgaben im Emissionsgeschäft wahrnehmen. Neben den üblichen Provisionen und einer Aufwandsentschädigung erhalten die Banken häufig kostengünstig Wertpapiere des emittierenden Unternehmens. Darüber hinaus lassen sie sich *rights of first refusal,* die bevorzugte Berücksichtigung bei der Durchführung künftiger Emissionen beinhalten, einräumen. Ferner vereinnahmen sie Gebühren für (zukünftige) Beratertätigkeiten (*consulting fees*), wobei insbesondere die nicht geldwerten Vergütungsmodelle einen größeren Anreiz aufgrund ihres dauerhafteren Einsatzes bieten.[1061] Den dargestellten Anreizen hat die NASD Grenzen gesetzt. Wird die Gesamthöhe des Ausgleichs von der NASD bei ihrer Überprüfung für „ungerecht und unangemessen" angesehen, so wird dies gerügt. Sollte es daraufhin keine Änderung geben,

[1057] S. § 5 C II.
[1058] S. § 9 B I 2
[1059] S. § 5 C II 2.
[1060] S. § 5 D.
[1061] S. § 6 B.

erklärt die SEC den Zulassungsantrag schließlich für unwirksam, so daß die Emission nicht mehr durchgeführt werden kann. Die Beteiligten sind folglich gehalten, ihre Vergütungsvereinbarungen auf Angemessenheit zu prüfen. Nur dann kann die Emission erfolgreich durchgeführt werden.
Weitere Interessenkonflikte zeigten sich bei der Preisfestlegung. Der Anleger ist an einem niedrigen Emissionspreis interessiert.[1062] Hingegen hat der abgebende Altaktionär Interesse an einem möglichst hohen Ausgabepreis. Auch die Banken und der Emittent bevorzugen einen hohen Emissionspreis. Sie berücksichtigen aber gleichzeitig die langfristige Performance der zu emittierenden Wertpapiere. Sowohl für den Emittenten als auch für die Banken handelt es sich hier um eine Reputationsfrage. Entwickelt sich der Kurs schlecht, werden die Anleger diese Tatsache bei kommenden Emissionen berücksichtigen. Damit sich der Anleger positiv an die Emission und ihre Begleiter erinnert, sind die Banken bereit, die Wertpapiere unter Wert auszugeben (*underpricing*).[1063] Das führt häufig dazu, daß zumindest am ersten Handelstag Zeichnungsgewinne für die Anleger entstehen. Ferner ist damit regelmäßig auch eine auf Dauer oberhalb des Emissionspreises gelegene Performance verbunden. Der Zeichnungsgewinn der Anleger führt gleichzeitig zu einem geringeren Emissionserlös des Emittenten und einem geringeren Verkaufserlös der abgebenden Altaktionäre. Insbesondere der Emittent stimmt dem *underpricing* jedoch auf Grund der bezweckten *post-offering* Performance und dem damit verbundenen positiven Signal für den Markt zu. Die Banken werden im übrigen ein zu hohes *underpricing* vermeiden, da sich dies ebenfalls nachteilig auf ihre Reputation auswirken könnte. Ein *underpricing* ließe sich nach Meinung der Befürworter des Auktionsverfahrens vollständig vermeiden. Folglich würde der Emittent keine Einbußen beim Emissionserlös hinnehmen müssen. Er würde den Preis pro Aktie erhalten, den der Markt zu zahlen gewillt ist. Das Auktionsverfahren ist im Bereich der Aktienemissionen neuartig und umstritten. Die mit diesem Verfahren durchgeführten Emissionen sind noch an einer Hand abzuzählen, so daß bisher nur Vermutungen über die Qualität und Langzeitwirkung angestellt werden konnten. Die harte Kritik, die das Verfahren bereits jetzt erfährt, kommt vor allem aus etablierten Bankenkreisen.[1064] Das läßt sich möglicherweise damit begründen, daß die traditionellen Investmentbanken in dem Verfahren eine Bedrohung für das althergebrachte Preisbildungsverfahren sehen. Sollte sich das Auktionsverfahren zu einem praktikablen Verfahren entwickeln, wird den Traditionshäusern ein Teil ihres lukrativen Geschäftes wegbrechen. Daß diese Gefahr erkannt wurde, läßt sich bereits an den Veränderungen beim herkömmlichen Bookbuilding-Verfahren ablesen. Die Möglichkeit, die Bookbuilding-Spanne während oder nach Ablauf der Zeichnungsfrist nach oben hin auszuweiten,

---

[1062] S. § 7 C I.
[1063] S. § 7 C II.
[1064] S. § 7 D III.

sofern die Nachfrage entsprechend hoch ist, spricht für eine Annäherung an das Auktionsverfahren. Es gibt also durchaus Anpassungsdruck im Bereich der Preisfestsetzung. Es bleibt abzuwarten, ob die Kritiker mit ihren Äußerungen richtig liegen. Danach seien anhand des Auktionsverfahrens nur kleinere Tranchen veräußerbar. Mithin werde der Traditionsmarkt nicht aufgebrochen.

Darüber hinaus ergab sich in bezug auf die Stabilisierung folgendes: Bei der Bildung von Leerverkaufspositionen wird regelmäßig die Greenshoe-Tranche, eine Mehrzuteilungsreserve, überschritten.[1065] Die Banken stabilisieren den Kurs schon während der Plazierungsphase. Hohe anfängliche Zeichnungsgewinne ziehen Spekulanten (sog. *flipper*) an. Da die *flippers* die Aktien umgehend wieder verkaufen, haben die Banken die relative Sicherheit, durch den Ankauf dieser Wertpapiere den Kurs zu pflegen und ihre Leerverkaufspositionen zu decken. Die Stabilisierung ist gesetzlich geregelt (*Regulation M*), um Kursmanipulationen seitens der Beteiligten zu verhindern.[1066]

Ferner konnte anhand der Darstellung der gesetzlichen Haftungsvorschriften und deren Vereinbarkeit mit den Regelungen im *underwriting agreement* (*indemnification and contribution clause*) festgestellt werden, daß eine gerichtliche Durchsetzung der vertraglichen Absprachen schon aufgrund der strengen Haftungsregeln des Securities Act scheitern muß.[1067] Trotzdem werden die Vereinbarungen in jeden Vertrag aufgenommen. Hierzu ließen sich verschiedene Gründe anführen. Der Emittent soll sich durch die Vereinbarung in moralischer Form an die Ausgleichszahlungen und Haftungsfreistellung gebunden fühlen. Die Banken wollen den Emittenten generell zu Gesprächen über Ausgleichszahlungen drängen. Ferner sollen die Klauseln den Emittenten zu sorgfältiger Arbeit veranlassen und damit einem Haftungsfall vorbeugen. Schließlich sind die Investmentbanken trotz allem zuversichtlich, daß diese Klauseln doch vor Gericht Bestand haben.

Bei der anschließenden Gegenüberstellung der Rechtssysteme wurde zunächst deutlich, daß sich Schwierigkeiten im Ablauf der Emission durch das zwingende deutsche Aktienrecht ergeben.[1068] Die Eintragung der Kapitalerhöhung in das Handelsregister führt regelmäßig zu erheblichen Zeitproblemen, die US-amerikanische Investmentbanken in dem Maße nicht gewohnt sind. Durch Absprachen mit dem Registerrichter ist es aber in aller Regel möglich, die Kapitalerhöhung innerhalb eines Tages eintragen zu lassen, wenn die Unterlagen dem Registerrichter im Vorfeld zur Kontrolle überlassen wurden. Die sich aus

[1065] S. § 8 B I 3.
[1066] S. § 8 B II.
[1067] S. § 9 C.
[1068] S. § 11 C.

den unterschiedlichen Banksystemen ergebenden Eigenarten bestehen demgegenüber kaum noch.[1069] Wie festgestellt werden konnte, nähert sich das US-amerikanische Trennbankensystem wegen eines entsprechenden Reformgesetzes (Gramm-Leach-Bliley-Act) immer mehr dem hierzulande üblichen Universalbanksystem an. Unter bestimmten Voraussetzungen ist es seit März 2000 möglich, unter einer Bankenholding sowohl das Einlagenkreditgeschäft als auch das Emissionsgeschäft zu betreiben. Die herkömmliche Bankenstruktur in Deutschland befindet sich ebenfalls im Wandel. Es wurde deutlich, daß viele im Emissionsgeschäft tätige Banken nur eine Teilbanklizenz besitzen und sich nicht im Einlagen- und Kreditgeschäft betätigen. Es entstehen immer mehr spezialisierte Wertpapierhandelshäuser, wie sie auch in den Vereinigten Staaten vorhanden sind. Das fördert den Wettbewerb. Für die kleinen Teilbanken ist es allerdings schwierig, sich in dem von den Großbanken und den traditionellen US-Investmenthäusern beherrschten Bereich zu behaupten.
Als erstaunlich erwies sich die Tatsache, daß trotz der in Deutschland üblichen Bezugsrechtsemission das im Vergleich zu anderen Emissionsformen kostengünstige *stand-by underwriting* nur selten Anwendung findet.[1070] Um den Nettoemissionserlös zu erhöhen und die *out-of-pocket* Kosten zu senken, sollten die deutschen Banken die häufigere Anwendung dieses Verfahrens in Erwägung ziehen. Die Ausgabe der Bezugsrechte erfolgt durch den Emittenten selbst (z. B. per Internet). Oder er bedient sich professioneller Hilfe durch die Banken, allerdings ohne daß diese die Aktien wie beim mittelbaren Bezugsrecht zeichnen. Die nicht ausgeübten Bezugsrechte werden dann von den Banken fest übernommen. Die Banken erhalten zwar geringere Provisionen, tragen aber auch ein geringeres Risiko. Für den Emittenten handelt es sich hierbei um eine erwägenswerte Alternative zu den herkömmlichen Methoden. Auch für die Banken bietet dies eine lukrative Möglichkeit, im Emissionsgeschäft tätig zu sein.

Die Untersuchung der Rolle der deutschen Banken und ihrer Anreize zeigte, daß es nur geringe Unterschiede zu den Aufgaben der Investmentbanken in den Vereinigten Staaten gibt. Diese ergeben sich z. B. aus der schärferen Haftung in den Vereinigten Staaten. Die Signalfunktion des *standing* ist dort noch stärker ausgeprägt als in Deutschland, da die Haftung in den USA häufiger in Anspruch genommen wird. Demgegenüber ist die Risikofunktion in Deutschland stärker ausgeprägt.[1071] Zwar ist durch die Absprache mit dem Registerrichter zwecks zügiger Eintragung von Kapitalerhöhungen das Risiko minimiert worden. Im Gegensatz zu den Vereinigten Staaten, wo das Risiko bis zur Zuteilung beim Emittenten verbleiben kann, ist aber ein Zeitraum von 1-5 Tagen der Regelfall.

[1069] S. § 11 D.
[1070] S. § 11 D.
[1071] S. § 12 A.

Erhebliche Unterschiede zeigten sich ferner bei der Kontrolle der Gesamtvergütung.[1072] Während in den Vereinigen Staaten die Vergütungsvereinbarungen im Vorfeld der Emission aufzudecken sind, kontrolliert werden und möglicherweise zur Unwirksamkeit des *registration statement* führen, muß in Deutschland lediglich die Gesamtvergütung in den Börsenzulassungsprospekt aufgenommen werden. Hierzu sei noch angemerkt, daß der vorläufige Prospekt für diese Zahlungsangaben nur Platzhalter enthält. Erst nach der Emission werden grob gerundete Zahlen veröffentlicht. Zugunsten der Privatautonomie sollte eine Regulierung, die z. B. der Zulassungsstelle der Börse ein Sanktionsrecht im Falle von zu hohen Vergütungen einräumt, unterbleiben. Allerdings sollte die prozentuale Verteilung des Emissionserlöses und mögliche andere Vergütungsformen frühzeitig z. B. in der Presse veröffentlicht werden. Regelmäßig wird sich dann die Vergütung auf ein angemessenes Niveau einpendeln, da ansonsten der Verlust des Standing droht. Jedenfalls ist die Vergütung ein Marktdatum.

Die Untersuchung der Haftungsfreistellungsklausel ergab, daß eine Haftungsfreistellung der Banken im Innenverhältnis zwischen Banken und Emittent weitgehend unbedenklich und wohl, anders als in den Vereinigten Staaten, hierzulande auch gerichtlich durchsetzbar sein wird.[1073] Da festgestellt wurde, daß bei Selbstemisionen der § 57 AktG auch weiterhin Vorrang vor der Börsenprospekthaftung genießt, und die verstärkte Anwendung eine *standby-underwriting* aus Kostengründen empfohlen wird, wird die Gefahr für den Anleger größer, tatsächlich im Falle eines Prospekthaftungsanspruchs vollständig schutzlos zu sein, sofern nicht ein Organmitglied haftet. Für diesen Fall könnte man einen Rückerwerb der eigenen Aktien im Rahmen des § 71 Abs. 2 AktG in Erwägung ziehen, so daß zumindest bis zu einer Grenze von bis zu 10 % des Grundkapitals des Emittenten Aktien zurückerworben werden können. Diese Erwägungen sind dann anzustellen, wenn man in der Börsenprospekthaftung einen ähnlichen Fall wie § 71 Abs. 1 Nr. 3 AktG sieht und ihr daher eine eigenständige Berechtigung neben den Ausnahmetatbeständen des § 71 Abs. 1 AktG – auch im Fall der Selbstemission – zukommen läßt.

Anschließend konnte bei der Betrachtung der *lock-up* Vereinbarung mit dem Emittenten im Übernahmevertrag (Marktschutzklausel) gezeigt werden, daß diese Klauseln in ihrer strengen Form nur wirksam sind, wenn der Vorstand die Hauptversammlung in den Entscheidungsprozeß einbindet.[1074] Diese Klauseln können folglich nicht unbesehen aus dem US-amerikanischen Vertrag übernommen werden. Die gemäßigteren Varianten bieten zwar häufig keinen

[1072] S. § 12 B.
[1073] S. § 13 B III.
[1074] S. § 14 B I.

optimalen Schutz des Kapitalmarktes, sind aber dennoch begrüßenswert. Sie bieten eine Kompromißlösung zwischen der nicht zur Disposition stehenden Entscheidungsfreiheit der Gesellschaft und dem Schutz des Kapitalmarktes. Die verschiedenen *lock-up* Vereinbarungen der Altaktionäre mit den Banken sind regelmäßig wirksam.[1075] Allerdings fehlt es hier an einem geeigneten Druckmittel, daß diese Vereinbarungen eingehalten werden. Der Nachweis eines Schadens der Bank, der aus dem abredewidrigen Verkauf von Aktien des Altaktionärs resultiert, ist kaum denkbar. Die Androhung einer Vertragsstrafe erscheint sinnvoll. Das gilt aber nur dann, wenn frühzeitig festgestellt werden kann, wer die Aktien verkauft hat. In den Vereinigten Staaten werden die Aktien zunächst nicht umgeschrieben, so daß der Aktionär nicht frei über seine Aktien verfügen kann. Es handelt sich hierbei um eine Art Sperrdepot. Dadurch kann die Beachtung der Haltefrist kontrolliert werden. Ein Sperrdepot kann auch in Deutschland für die Einhaltung der *lock-up* Vereinbarungen – wie schon im Regelwerk des Neuen Marktes festgehalten – genutzt werden.[1076] Der Anleger kann allerdings nicht in seiner dinglichen Verfügungsmacht beschränkt werden (§ 137 S. 1 BGB). Die schuldrechtliche Vereinbarung als solche ist jedoch wirksam. Sie könnte in Verbindung mit der Vertragsstrafe ausreichenden Druck auf den Aktionär ausüben, damit die Vereinbarung eingehalten wird. Der Emittent kontrolliert zusätzlich, ob alle Aktionäre die Haltefrist beachten. Auch er wird gegebenenfalls sanktioniert und schon aus diesem Grund eine angemessene und sorgfältige Kontrolle ausüben. Neben der Vertragsstrafe wird ein Delisting der Gesellschaft angedroht. Ob es sich dabei um ein rechtlich vertretbares Sanktionsmittel handelt, darf bezweifelt werden.[1077] Gleichermaßen für die Vereinigten Staaten als auch für Deutschland gilt: Die *lock-ups* sollten umfassend in die Börsenzulassungsprospekte aufgenommen werden, um die Anleger zu informieren. Die Haltevereinbarungen sind ebenfalls ein Marktdatum. Gerade in den Vereinigten Staaten sind nach Beendigung der Haltefrist häufig Paketverkäufe erfolgt, die zu großen und unerwarteten Kursverlusten bei den Anlegern führten.

Schließlich wurden noch ausgewählte Vereinbarungen aus einem deutschen Vertragsmuster mit den US-amerikanischen Vertragsbestandteilen verglichen. Während in den Vereinigten Staaten ein Rücktritt jederzeit möglich ist, kann dies nach deutschem Recht nur bis zur Eintragung der Kapitalerhöhung ohne größere Probleme geschehen.[1078] Danach steht das zwingende deutsche Aktienrecht einer einfachen Rückabwicklung entgegen (z. B. § 71 AktG). Darüber hinaus würde die Rückabwicklung zu diesem Zeitpunkt eine große Öffentlich-

[1075] S. § 14 B II.
[1076] S. § 14 C.
[1077] S. § 14 C II.
[1078] S. §15 B III.

keitswirkung erzielen, was sowohl den Ruf des Emittenten als auch dem der Banken schadet. Trotz allem wird eine vertraglich festgelegte Ausstiegsmöglichkeit bis zum Ende der Emission wegen der Internationalisierung in vielen Verträgen zu finden sein. Eine Vertragsanpassung scheint hier eine sachgerechte Lösung zu sein.[1079] Sie muß das hiesige Aktienrecht und auch die Regelungen des allgemeinen Zivilrechts berücksichtigen. Darüber hinaus muß sie eine praktische Durchführung ermöglichen.

Auch die Zeichnung zum Mindestbetrag führt in Deutschland im Gegensatz zu den Vereinigten Staaten zu Uneinigkeit.[1080] Obwohl es bereits unter ökonomischen Gesichtspunkten sinnvoll erscheint, zum Mindestbetrag zu zeichnen, sollen aktienrechtliche Erwägungen dagegen sprechen. Dabei läßt sich allerdings feststellen, daß die Einzahlung nur eines Viertels des Mindestbetrages (§ 36 a Abs. 1 AktG) aus Gründen des Verkehrsschutzes überzeugt. Das gilt zumindest dann, wenn schuldrechtlich vereinbart wird, den erzielten Mehrerlös an den Emittenten abzuführen. Ferner sind aus ökonomischer Sicht der hohe Zinsverlust und die hohen Vorfinanzierungskosten anzuführen. Schließlich bleibt das Konsortium bei der Preisfestlegung flexibel und steht unter geringerem zeitlichen Druck, als wenn es sich um einen bereits eingezahlten Festpreis handelt.

Nach allem hat sich gezeigt, daß es keinen Sinn hat, die US-amerikanischen Muster unbesehen in die deutschen Verträge zu übernehmen. Es hat bisher immer wieder geeignete Nachbesserungen der Verträge gegeben, die es ermöglichen, die US-amerikanischen Standards in dem hier vorgegebenen Rahmen zu verwerten. Wie bereits mehrfach erwähnt, schreitet die Internationalisierung voran und damit auch die Machtstellung der US-amerikanischen Investmentbanken im Rahmen von deutschen Emissionen. Die US-amerikanischen Branchenvertreter beharren auf umfassenden und bis in alle Einzelheiten ausgefeilte Verträge. Die Durchsetzung eines Vertrages, der die Form einer Offerte hat, ist daher unter der Prämisse US-amerikanischer Konsortialbeteiligung heute noch undenkbar. Die deutschen Investmentbanken müssen sich eine vergleichbare Verhandlungsposition erst erkämpfen.

[1079] S. § 15 B III 2.

[1080] S. § 15 C.

Literaturverzeichnis

Anders, George	Healtheon cancels planned offering, will raise $40 Million from backers, 21.10.1998, 1998 WL-WSJ 18988953
ABA Comm. on. Fed. Reg. of Securities	Current Issues and Developments in the Duties and Liabilities of Underwriters and Securities Dealers, 33 Bus. Law. (1977), S. 335 ff.
Achleitner, Ann-Kristin	Handbuch Investment Banking, Wiesbaden 1999
Alderman, William F./ Weiss, Gary E./ Kanberg, John	Due Diligence in the securities litigation reform era: some practical tips from litigators on the effective conduct, documentation and defense of underwriter investigation, 955 Practising Law Institute, Corporate law and practice course handbook series (1996), S. 303 ff.
Allen, Franklin/ Faulhaber, Gerald R.	Signaling by underpricing in the IPO market, 23 J. Fin. Econ. (1989), S. 303 ff.
Altman, Edward I.	Handbook of corporate finance, New York, Chichester, Brisbane, Toronto, Singapore 1986
Apfel, Gary	Corporate Finance – The process of registering securities, 1034 Practising Law Institute, Corporate law and practice course handbook series, (1998), S. 9 ff.
Assmann, Heinz-Dieter	Neuemissionen von Wertpapieren über Internet, in: Festschrift für Rolf A. Schütze zum 65. Geburtstag, München 1999, S. 15 ff.
Assmann, Heinz-Dieter	Entwicklungslinien und Entwicklungsperspektiven der Prospekthaftung, in: Freundesgabe für Friedrich Kübler zum 65. Geburtstag, Heidelberg 1997, S. 317 ff.
Assmann, Heinz-Dieter	Haftung gegenüber dem Anleger (I), Prospekthaftung, in: Neue Entwicklungen im Bankhaftungsrecht (Hrsg. Johannes Köndgen), 1987, S. 55 ff.
Assmann, Heinz-Dieter	Die Befreiung von der Pflicht zur Veröffentlichung eines Börsenzulassungsprospekts nach § 45 Nr. 1 BörsZulV und die Prospekthaftung: Eine Lücke im Anlegerschutz?, AG 1996, S. 508 ff.
Assmann, Heinz-Dieter	Prospekthaftung, Köln Berlin Bonn München 1985

Assmann, Heinz-Dieter/ Lenz, Jürgen/ Ritz, Corinna	Kommentar zum Verkaufsprospektgesetz, Köln 2001
Austin, Alan K./ Remillard, Teresa L.	An overview of initial public offerings, 541 Practising Law Institute, Corporate law and practice course handbook series 1986, S. 467 ff.
Baetge, Dietmar/ Eichholtz, Stephanie	Die Bündelung gleichgerichteter Interessen im Prozeß, Jürgen Basedow u. a. (Hrsg.), Die Class Action in den USA, S. 287 ff., Tübingen 1999
Baetge, Dietmar/ Wöbke, Jörn	Die Bündelung gleichgerichteter Interessen im Prozeß, Jürgen Basedow u. a. (Hrsg.), Die Class Action im US-amerikanischen Börsenrecht, S. 363 ff., Tübingen 1999
Balvers, Ronald J./ McDonald, Bill/ Miller, Robert E.	Underpricing of new issues and the choice of auditor as a signal of investment banker reputation, 63 Acc. Rev (1988), S. 605 ff.
Bankrecht- und Bankpraxis	Hrsg. Hellner, Thorwald Steuer, Stephan Band 5, 10. Teil Emissions- und Konsortialgeschäft, Köln, Stand: 4/98 Zitiert: BuB-Verfasser
Bankrechts-Handbuch	Herausgegeben von Herbert Schimanski, Hermann-Josef Bunte und Hans-Jürgen Lwowski, Band I, 2. Auflage, München 2001, Band III, 2. Auflage, München 2001 zit.: Bearbeiter, in: Bankrechts-Handbuch
Baron, David P.	A model of the demand for investment banking advising and distribution services for new issues, 37 J. Fin. (1982), S. 955 ff.
Barry, Christopher B./ Muscarella, Chris J./ Vetsuypens, Michael R.	Underwriter warrants, underwriter compensation, and the cost of going public, 29 J. Fin. Econ. (1991), S. 113 ff.
Baumbach, Adolf/ Hopt, Klaus J.	Kommentar zum Handelsgesetzbuch, 30. Auflage, München 2000
Baumbach, Adolf/ Hefermehl, Wolfgang	Wechselgesetz und Scheckgesetz, Kurzkommentar, München 1999

Baums, Theodor — Verbindung von Banken und Unternehmen im amerikanischen Wirtschaftsrecht, Tübingen 1992

Baums, Theodor — Schriftliche Stellungnahme zur öffentlichen Anhörung zum 3. Finanzmarktförderungsgesetz vom 12.11.1997, Zusammenstellung der Stellungnahmen vom 6.11.1997

Baums, Theodor — Der Geschäftsleitervertrag, Köln 1987

Baums, Theodor/ Vogel, Hans-Gert — Handbuch der Konzernfinanzierung, Lutter/ Scheffler/Schneider (Hrsg.), § 9 Die konzerntypischen Rechtsfragen der Eigenkapitalfinanzierung, S. 247 ff., Köln 1998

Baums, Theodor — Verhandlungen des 63. Deutschen Juristentages in Leipzig, Ständige Deputation des Deutschen Juristentages (Hrsg.), Band I, Gutachten F für den 63. Deutschen Juristentag, S. F 1 ff., München 2000

Beach, Mary E.T. — Shelf Registration and Rule 430 A, 21 ALI-ABA 1998, S. 143 ff.

Beatty, Randolph P./ Ritter, Jay R. — Investment banking, reputation, and the underpricing of initial public offerings, 15 J. Fin. Econ. (1986), S. 213 ff.

Beller, Alan L. — SEC trading rules- recent developments, CA 14 ALI-ABA (1996), S. 199 ff.

Benz, Nadja/ Kiwitz, Thorsten — Der Neue Markt der Frankfurter Wertpapierbörse – Zulassung und Folgepflichten, DStR 1999, S. 1162 ff.

Blanc, Roger D. — Special considerations relating to shelf offerings, in: Securities underwriting, A practitioner's guide, Bialkin, Kenneth J./ William J. Grant, Jr. (editors), 1985, New York, ch.15, S. 381 ff.

Blättchen, Wolfgang — Going Public von Familienunternehmen, Finanz Betrieb 1999, S. 1 ff.

Block, Dennis J./ Barton, Nancy E./ Radin, Stephen A. — The business judgement rule, Fiduciary Duties of corporate Directors, Fifth Edition, vol. I, New York 1998

Bloomenthal, Harold S. — Going Public and the Public Corporation, vol. 1, chapter 1- 4 A, Stand: 23. Nachlieferung 6/98, Minnesota
vol. 1 A, chapter 5 – 9 A, Stand: 23. Nachlieferung 6/98, Minnesota

Bloomenthal, Harold S./ Wolff, Samuel	Securities and Federal Corporate Law, vol. 3B, ch. 6-11, second edition, 1998, Minnesota vol. 3C, ch. 12 – 16,
Boos, Karl-Heinz/ Fischer, Reinfrid/ Schulte-Mattler, Hermann	Kommentar zum Kreditwesengesetz und Ausführungsvorschriften, München 2000
Booth, James R./ Smith, Richard L.	Capital raising, underwriting and the certification hypothesis, 15 J. Fin. Econ. (1986), S. 261 ff.
Bosch, Ulrich	Expertenhaftung gegenüber Dritten – Überlegungen aus der Sicht der Bankpraxis, ZHR 163 (1999), S. 274 ff.
Bransten, Lisa/ Wingfield, Nick	New company aims to shift IPO playing field, WSJ v. 08.02.1999, WL-WSJ 5439878
Brealey, Richard A./ Myers, Stewart C.	Principles of corporate finance, ch. 15, fifth edition, New York, St. Louis, San Francisco 1996
Brecher, Dan	Public offerings, in: New York practice guide, business and commercial, vol. 2, ch. 9, New York, 1998 (current through: Release no. 12, October 1998)
Brondics, Klaus/ Mark, Jürgen	Die Verletzung von Informationspflichten im amtlichen Markt nach der Reform des Börsengesetzes, AG 1989, S. 339 ff.
Brox, Hans	Besonderes Schuldrecht, 23. Auflage, München 1998
Busch, Torsten	Aktien- und börsenrechtliche Aspekte von Force Majeure-Klauseln in Aktienübernahmeverträgen, WM 2001, S. 1277 ff
Busch, Werner	Externe Eigenfinanzierung bei Kapitalgesellschaften, in: Finanzierungshandbuch (Hrsg. F. Wilhelm Christians), 2. Auflage, Wiesbaden 1988
Canaris, Claus-Wilhelm	HGB Großkommentar, 3. Band, 3. Teil, Bankvertragsrecht, 2. Bearbeitung, Berlin, New York 1981
Carls, Andre	Das Going-public-Geschäft deutscher Banken, Wiesbaden 1996
Carney, William J.	The limits of the fraud on the market doctrine, 44 Bus. Law. (1989), S. 1259 ff.
Carter, Richard/ Manaster, Steven	Initial public offerings and underwriter reputation, 45 J. Fin. (1990), S. 1045 ff.

Cavitch, Zolman — Business organization with tax planning, Volume 13, chapter 160- 172, New York edition 1998

Clark, Robert Charles — Corporate Law, Boston, Toronto 1986

Claussen, Carsten Peter — Bank- und Börsenrecht, 2. Auflage, München 2000

Cohen, Milton H. — The integrated disclosure system – unfinished business, 40 Bus. Law. (1985), S. 987 ff.

Cole, Kenneth D./ Morley, Godfrey W.R./ Scott, C. Hillary — Corporate Financing in Great Britian, 12 Bus. Law (1957), S. 321 ff.

Committee on Federal Regulation of Securities — Report of task force on seller´s due diligence and similar defenses under the Federal Securities Laws, 48 Bus.Law. (1993), S. 1185 ff.

Cooper Alexander, Janet — Lawsuit avoidance theory of why initial public offerings are underpriced, 41 UCLA L. Rev. (1993), S. 17 ff.

Corporate Finance Institute, Inc. — IPO journal, Trends and techniques for the IPO professional, vol. 1 no. 1, August 1998 New York

Cottier, Philipp — Hedge Funds and managed futures (wiwi Diss.), Berlin, Stuttgart, Wien 1997

Cross, Meredith/ Roberts, Christine Sarudy — Recent developments in underwriting of IPO´s: „spinning" and syndicate penalty bids, 1084 Practising Law Institute, Corporate law and practice course handbook series (1998), S. 595 ff.

D´Alimonte, John S. — Underwriting documents – their purpose and content, in: Securities underwriting, A practitioner´s guide, Bialkin, Kenneth J./ William J. Grant, Jr. (editors), 1985, New York, ch. 9, S.211 ff.

D´Alimonte, John S. — The letter of intent and the basic struture of an offering, in: Securities underwriting, A practitioner´s guide, Bialkin, Kenneth J./ William J. Grant, Jr. (editors), 1985, New York, ch. 5, S. 85 ff.

D´Alimonte, John S./ Schecter, Linda G. — Underwriting documents: their purpose and content, 740 Practising Law Institute, commercial law and practice course handbook series, (1996), S. 403 ff.

D´Alimonte, John S./ — Underwriting Arrangements and Documents,

Pohlen, Patrick, A.	1043 Practising Law Institut, Corporate law and practice course handbook series 1998, S. 133 ff.
DAI	DAI-Factbook 1999, Statistiken, Analysen und Graphiken zu Aktionären, Aktiengesellschaften und Börsen Zit.: DAI-Factbook
Däubler, Wolfgang	Rechtsgeschäftlicher Ausschluß der Veräußerlichkeit von Rechten?, NJW 1968, S. 1117 ff.
De Meo, Francesco	Bankenkonsortien, München 1994
Dean, Alan/ Wallach, Michelle C.	Understanding plain english, 1000 Practising Law Institute, Corporate law and practice course handbook series, (1997), S. 487 ff.
Delaware General corporation Law	In: Folk on the Delaware General Corporation Law, fundamentals, (editors: Welch, Edward P./Turezyn, Andrew J.), New York 1998
Easterbrook, Frank H./ Fischel, Daniel R.	Mandatory Disclosure and the Protection of Investors, 70 Va. L. Rev. (1984), PT. 1, S. 669 ff.
Ebke, Werner F./ Siegel, Stanley	Comfort letters, Börsengänge und Haftung: Überlegungen aus Sicht des deutschen und US-amerikanischen Rechts, Sonderbeilage Nr. 2/2001, WM 2001
Eckbo, B. Espen/ Masulis, Ronald W.	Adverse selection and the rights offer paradox, 32 J. Fin. Econ. (1992), S. 293 ff.
Ehrhardt, Olaf	Börseneinführungen von Aktien am deutschen Kapitalmarkt, Wiesbaden 1997
Ellenberger, Jack S./ Mahar, Ellen P.	Legislative history of the Securities Act of 1933 and Securities Exchange Act of 1934, Microform, Volume 1-11, Washinghton, D.C. 1973
Ellenberger, Jürgen	Die Börsenprospekthaftung nach dem Dritten Finanzmarktförderungsgesetz, in: FS für Herbert Schimansky, S. 591 ff., Köln 1999
Epstein, Catherine Masters	„Reasonable Care“ in Section 12 (2) of the Securities Act of 1933, 48 U. Chi. L. Rev. (1982), S. 372 ff.
Escher-Weingart, Christina	Die Zuteilung von Aktien beim „going public“ – Gleiches Recht für alle ?, AG 2000, S. 164 ff.
Federal Securities Laws	Legislative History 1933-1982, Volume II, Items 76-156, Securities Exchange Act of 1934, Federal Bar Association Securities Law Committee, Washington, D.C., 1983

Feeney Jr., Francis J.	The Saga of Rule 415: Registration for the Shelf, 9 Corp. L. Rev. (1986), S. 41
Ferris, Stephen P./ Hiller, Janine S./ Wolfe, Glenn A./ Cooperman, Elizabeth S.	An Analysis And Recommendation For Prestigious Underwriter Participation In IPO's, 17 J. Corp. L. (1992), S. 581 ff.
Fikentscher, Wolfgang	Schuldrecht, 9. Auflage, Berlin, New York 1997
Fitzsimmons, John D.	Due Diligence, in: Securities underwriting, A practitioner's guide, Bialkin, Kenneth J./ William J. Grant, Jr. (editors), 1985, New York, ch. 8, S. 179 ff.
Flume, Werner	Allgemeiner Teil des Bürgerlichen Rechts, Zweiter Band, Das Rechtsgeschäft, 4. Auflage, Berlin, Heidelberg, New York 1992 zit.: Flume, AT BGB, Bd. II
Fooshee, Malcom	The Sections's London Programm – Corporate Financing in Great Britain- Panel Discussion, 13 Bus. Law. (1957), S. 52 ff.
Frankel, Tamar	The Regulation of money managers, The Investment Company Act and the Investment Advisers Act, vol. 4, ch. XXVII-XXXIV, Boston, Toronto, 1980 (1999 Supplement)
Freed, Amy (Bowerman)	Overview – The Underwriter Concept, ALI-ABA Course of Study, Securities Law for Nonsecurities Layers, Washington, D.C. 1988, S. 209 ff.
Freilich, Harold I./ Janvey, Ralph S.	Understanding „Best Efforts" Offerings, 17 Sec. Reg. L. J. (1989), S. 151 ff.
Freund, James C/ Hacker, Henry S.	Cutting up the humple pie: A practical approach to apportioning litigation risks among underwriters, 48 St. John's L. Rev. (1974), S. 461 ff.
Gebauer, Stefan	Börsenprospekthaftung und Kapitalerhaltungsgrundsatz in der Aktiengesellschaft, jur. Diss. Berlin 1999
Gehrlein, Markus	Die Prospektverantwortlichkeit von Beirats- oder Aufsichtsratsmitgliedern als maßgeblichen Hintermännern, BB 1995, S. 1965 ff.
Geßler, Ernst/ Hefermehl, Wolfgang/ Eckardt, Ulrich/ Kropff, Bruno	Kommentar zum Aktiengesetz, Band I §§ 1-75, München 1984 Band II §§ 76-147, München 1973 Band IV §§ 179-240, München 1994

zit.: Geßler/Hefermehl-Bearbeiter

Gilson, Ronald J./ Kraakman, Reinier H. — The Mechanisms of Market Efficiency, 70 Va.L.Rev. (1984), PT. 1, S. 549 ff.

Glover, Stephen I. — The Offerings that precede an Initial Public Offering – How to preserve Exemptions and avoid Integration, 24 Sec. Reg. L. J. (1996-1997), S. 3 ff.

Goldwasser, Dan L. — The underwritten offering, in: Securities law techniques, A.A. Sommer, Jr. (editor), volume 1, chapter 1-15, ch. 15, New York, 1998 (current through: Release No. 35, June 1998)

Gower, Laurence Cecil Bartlett — Gower's Principles of Modern Company Law, London, 1992

Graf von Westphalen, Friedrich — Zusammenhang zwischen der Prospekthaftung und der Haftung aus der individuellen Anlageberatung, BB 1994, S. 85 ff.

Grant, William J. — Introduction, in: Securities underwriting, A practitioner's guide, Bialkin, Kenneth J./ William J. Grant, Jr. (editors), 1985, New York, ch.1, S. 1 ff.

Grant, William J. (Jr.) — Introduction, in: Securities underwriting, A practitioner's guide, Bialkin, Kenneth J./ William J. Grant, Jr. (editors), 1985, New York, ch. 1, S. 1 ff.

Grant, William J. (Jr.) — Overview of the underwriting process, in: Securities underwriting, A practitioner's guide, Bialkin, Kenneth J./ William J. Grant, Jr. (editors), 1985, New York, ch. 2, S. 25 ff.

Greene, Edward F. — Determining the responsibilities of underwriters distributing securities within an integrated disclosure system, 56 Notre Dame Law. (1981), S. 755 ff.

Grimme, Leoni/ Ritz, Corinna — Die Novellierung verkaufsprospektrechtlicher Vorschriften durch das Dritte Finanzmarktförderungsgesetz, WM 1998, S. 2091 ff.

Grinblatt, Mark/ Hwang, Chuan Yang — Signaling and the pricing of new issues, 44 J. Fin. (1989), S. 393 ff.

Groß, Wolfgang — Die börsengesetzliche Propekthaftung, AG 1999, S. 199 ff.

Groß, Wolfgang — Kapitalmarktrecht, Kommentar zum Börsengesetz, zur Börsenzulassungsverordnung, zum Verkaufsprospektgesetz und zur Verkaufsprospektgesetzverordnung, München 2000

Großkommentar zum Aktienrecht — Hrsg. Klaus J. Hopt und Herbert Wiedemann, 4. Auflage, 5. Lieferung: §§ 179-191, Berlin, New York 1995

4. Auflage, 15. Lieferung: §§ 54-66, Berlin, New York 2001
zit.: Bearbeiter, in: Großkommentar

Grundmann, Stefan/ Selbherr, Benedikt — Börsenprospekthaftung in der Reform, WM 1996, S. 985 ff.

Grupp, Alexander — Börseneintritt und Börsenaustritt, jur. Diss., Berlin 1995

Gruson, Michael — Die Reform des Trennbanksystems in den USA, ZBB 2000, S. 153 ff.

Guttermann, Alan S. — Managing the Initial Public Offering of Securities, Corporate Practice Series (no.59), Washington, D.C. 1997

Guttmann, Egon — Modern Securities Transfers, Third Edition, Boston and New York, 1998 cumulative supplement

Hachenburg — Großkommentar zum GmbHG, Zweiter Band, §§ 35-52, 8. Auflage, Berlin, New York 1997

Handbuch der Konzernfinanzierung — Marcus Lutter, Eberhard Scheffler, Uwe H. Schneider (Hrsg.), Köln 1998
zit.: Bearbeiter, in: Handbuch der Konzernfinanzierung

Handbuch des Kapitalanlagerechts — Heinz-Dieter Assmann und Rolf A. Schütze (Hrsg.), 2. Auflage, München 1997
zit.: Bearbeiter, in: Handbuch des Kapitalanlagerechts

Harrer, Herbert/ Mölling, Astrid — Verschärfung des Veräußerungsverbots für Altaktionäre im Neuen Markt, BB 1999, S. 2521 ff.

Harrer, Herbert/ Heidemann, Dieter — Going Public – Einführung in die Thematik, DStR 1999, S. 254 ff.

Hayes, Samuel L. III — Investment banking: power structure in flux, 49 Harv. Bus. Rev. (1971), S. 136 ff.

Hazen, Thomas Lee — The Law of Securities Regulation, Hornbook Series, 3. Auflage, Minnesota 1996

Hazen, Thomas Lee — The Law of Securities Regulation, Third Edition, Volume 1, Chapters 1-9, Minn., 1995

Hein, Thomas — Rechtliche Fragen des Bookbuildings nach deutschem Recht, WM 1996, S. 1 ff.

Hellwig, Hans-Jürgen — Möglichkeiten einer Börsenreform zur Stärkung des deutschen Kapitalmarktes, ZGR 1999, S. 781 ff.

Hielscher, Udo/ Laubscher, Horst-Dieter — Finanzierungskosten, 2. Auflage, Frankfurt am Main 1989

Hildreth, Michael S./ Love, Steven — Accounting considerations in an IPO, 1008 Practising Law Institute, Corporate law and practice course handbook series, (1997), S. 289 ff.

Hirte, Heribert — Kapitalgesellschaftsrecht, 2. Auflage, Köln 1999

Hoffmann-Becking, Michael — Neue Formen der Aktienemission, Festschrift für Karl Lieberknecht, 1997, S. 25 ff.

Hopt, Klaus J. — Emissionsgeschäft und Emissionskonsortien, in: Festschrift für Alfred Kellermann zum 70. Geburtstag, Berlin, New York 1991, S. 181 ff.

Hopt, Klaus J. — Die Verantwortlichkeit der Banken bei Emissionen, Recht und Praxis in der EG, in Deutschland und in der Schweiz, München 1991

Hopt, Klaus J. — Das Dritte Finanzmarktförderungsgesetz, in: Festschrift für Ulrich Drobnig zum 70. Geburtstag (Jürgen Basedow u. a. Hrsg.), 1998, S. 525 ff.

Hüffer, Uwe — Kommentar zum Aktiengesetz, 4. Auflage, München 1999

Hughes, Patricia J./ Thakor, Anjan V. — Litigation risk, intermediation, and the underpricing of initial public offerings, 5 Rev. Fin. Stud. (1992), S. 709 ff.

Ibbotson, Roger G. — Price performance of common stock new issues, 2 J. Fin. Econ. (1975), S. 235 ff.

Ibbotson, Roger G./ Ritter, Jay R. — Initial Public Offerings, in: Handbooks in Operations Research and Management Science, Volume 9, Amsterdam, Lausanne, New York, Oxford, Shannon, Tokyo 1995; Chapter 30, S. 993 ff.

Ihrig, Hans-Christoph/ Schlitt, Michael — Verkaufsverbot im Neuen Markt, Börsenzeitung v. 27.8.1999, S. 15

Immenga, Ulrich — Einlagenschutz beim mittelbaren Bezugsrecht, in: Festschrift für Karl Beusch zum 68. Geburtstag, Berlin, New York 1993, S. 413 ff.

Immenga, Ulrich — Vertragliche Vinkulierung von Aktien, AG 1992, S. 79 ff.

Jacobs, Arnold S. — Litigation and practice under Rule 10b-5, vol. 5, Minnesota, release 59, 12/1998
Vol. 5B, Minnesota, release 59, 12/1998

James, Christopher — Relationship-specific assets and the pricing of underwriter services, 47 J. Fin. (1992), S. 1865 ff.

Jennings, Richard W./ Marsh Jr., Harold/ Coffee Jr. John C. — Securities Regulation, Cases and Materials, 7. Auflage, New York 1992

Johnson, Charles J., Jr./ McLaughlin, Joseph — Corporate Finance and the Securities Laws, 2. Auflage, New York 1997

Kaminsky, Martin I. — An analysis of securities litigation under section 12 (2) and how it compares with rule 10b-5, 13 Houst. L. Rev (1976), S. 231 ff.

Klein, Hans-Dieter — IPOs in der EU: Neuer Markt sorgt für Furore, Die Bank 1999, S. 152 ff.

Kleindiek, Detlef — Festschrift für Gerold Bezzenberger zum 70. Geburtstag am 13. März 2000, Harm Peter Westermann u. a. (Hrsg.), S. 653 ff., 2000

Klenke, Hilmar — Der Rückzug mehrfach notierter Unternehmen von den deutschen Regionalbörsen, WM 1995, S. 1089 ff.

Klinges, Dana B. — Expanding the liability of managing underwriters under the Securities Act of 1933, 53 Fordham L. Rev. (1985), S. 1063 ff.

Koch, Wolfgang/ Wegmann, Jürgen — Mittelstand und Neuer Markt, Frankfurt 1999

Koff, Jonathan A./ Lee, Michael C. — The Initial Public Offering Process, 1012 Practising Law Institute, Corporate law and practice course handbook series, 1997, S. 109 ff.

Kollhosser, Helmut — Die Verfügungsbefugnis bei sog. Sperrkonten, ZIP 1984, S. 389 ff.

Kölner Kommentar zum Aktiengesetz — Kommentar zum Aktiengesetz,
Band 1, §§ 1- 147, Köln, Berlin, Bonn, München 1985
Band 1, 3. Lieferung §§ 53 a- 75, 2. Auflage, Köln, Berlin, Bonn, München 1988
Band 2, §§ 148-290, Köln, Berlin, Bonn, München 1985

	Band 2, §§ 76-117, 2. Auflage, Köln, Berlin, Bonn, München 1996 Band 5/1, §§ 179 – 240, 2. Auflage, Köln, Berlin, Bonn, München 1994 Zit.: Bearbeiter, in: Kölner Kommentar
Korfsmeyer, Jochem	Die Bedeutung von Lock-up agreements bei Aktienemissionen, FB 1999, S. 205 ff.
Köndgen, Johannes	Zur Theorie der Prospekthaftung, AG 1983, S. 85 ff. (Teil I) und S. 120 ff. (Teil II)
Kort, Michael	Neuere Entwicklungen im Recht der Börsenprospekthaftung (§§ 45 ff. BörsG) und der Unternehmensberichtshaftung (§ 77 BörsG), AG 1999, S. 9 ff.
Kowaloff, Arthur D./ Flood, Stephen B.	Pricing, effectiveness, and closing, in: Securities underwriting, A practitioner's guide, Bialkin, Kenneth J./ William J. Grant, Jr. (editors), 1985, New York, ch. 13, S. 325 ff.
Krämer, Lutz/ Baudisch, Matthias	Neues zur Börsenprospekthaftung und zu den Sorgfaltsanforderungen beim Unternehmenskauf, WM 1998, S. 1161 ff.
Kübler, Friedrich	Gesellschaftsrecht, 5. Auflage, Heidelberg 1999
Kübler, Friedrich	Aktienrechtsreform und Unternehmensverfassung, AG 1994, S. 141 ff.
Kübler, Friedrich	Aktie, Unternehmensfinanzierung und Kapitalmarkt, Köln 1989
Kübler, Friedrich	Feststellung und Garantie, Tübingen 1967
Kümpel, Siegfried	Bank- und Kapitalmarktrecht, 2. Auflage, Köln 2000
Kunz, Jürgen	Die Börsenprospekthaftung nach Umsetzung der EG-Richtlinien in innerstaatliches Recht, jur. Diss., Berlin 1991
Langevoort, Donald C.	Information technology and the structure of securities regulation, 98 Harv. L. Rev. (1985), S. 747 ff.
Langevoort, Donald C./ McLaughlin, Joseph	The statutory basis for due diligence liability under the Federal Securities Laws, Practising Law Institute, Corporate law and practice course handbook series (1998), S. 9 ff
Larenz, Karl	Lehrbuch des Schuldrechts, Band I, Allgemeiner Teil, 14. Auflage, München 1987
Lehmann, Michael	Die zivilrechtliche Haftung der Banken für informative Angaben im deutschen und europäischen Recht, WM 1985, S. 181 ff.

Leland, Hayne E./ Pyle, David H.	Informational Asymmetries, Financial Structure, and Financial Intermediation, 32 J. Fin. (1977), No. 2, S. 371 ff.
Lemke, Thomas P./ Lins, Gerald T.	Investment Company Act of 1940, in: Securities law techniques, A.A. Sommer, Jr. (editor), volume 6, chapter 73 - 90, ch. 83, New York, 1998 (current through: Release No. 35, June 1998)
Lenzen, Ursula	Unerlaubte Eingriffe in die Börsenkursbildung, jur. Diss. Osnabrück 2000
Levine, Richard L./ Cooper, Laura A.	Forward-looking statements and meaningful cautionary language under the Securities Litigation Reform Act's safe habor, 9 Weil, Gotshal & Manges LLP's Business & Securities Litigator (August 1998), no. 8
Liebs, Rüdiger	Die unbeschränkbare Verfügungsbefugnis, AcP 175, S. 1 ff.
Loeb, Ronald M./ Shin, Brian Y.	Negotiating the underwriting agreement, 854 Practising Law Institute, Corporate law and practice course handbook series (1994), S. 189 ff.
Loss, Louis/ Seligman, Joel	Securities regulation, Volume I, Third Edition, New York 1998
Loss, Louis/ Seligman, Joel	Fundamentals of Securities Regulation, 3. Auflage, Boston, New York, Toronto, London 1995
Loughran, Tim	NYSE vs NASDAQ returns: Market microstructure or the poor performance of IPO's?, 33 J. Fin. Econ. (1993), S. 241 ff.
Loughran, Tim/ Ritter, Jay R.	The new issues puzzle, 50 J. Fin. (1995), S. 23 ff.
Lucchetti, Aaron	Web tide: initial public offerings aren't the same in era of internet-stock mania, WSJ v. 19.01.1999, 1999 WL-WSJ 5437233
Lutter, Marcus	Die entgeltliche Ablösung von Anfechtungsrechten – Gedanken zur aktiven Gleichbehandlung im Aktienrecht, ZGR 1978, S. 346 ff.
Lutter, Marcus	Gesellschaftsrecht und Kapitalmarkt, in: Festschrift für Wolfgang Zöllner zum 70. Geburtstag, Manfred Lieb u. a. (Hrsg.), Band I, 1998, S. 363 ff.
Lutter, Marcus/ Drygala, Tim	Rechtsfragen beim Gang an die Börse, in: Festschrift für Peter Raisch zum 70. Geburtstag, 1995, S. 239 ff.

Lutter, Marcus/ Leinekugel, Rolf — Der Ermächtigungsbeschluß der Hauptversammlung zu grundlegenden Strukturmaßnahmen – zulässige Kompetenzübertragung oder unzulässige Selbstentmachtung?, ZIP 1998, S. 805 ff.

Maisch, Michael/ Herz, Carsten — Schatten über dem Neuen Markt, Handelsblatt v. 4.8.1999, S. 25

Mann, Bruce Alan — Best execution and free-riding interpretations, SB09 ALI-ABA (1996), S. 579 ff.

Marsch-Barner, Reinhard — Die Erleichterung des Bezugsrechtsausschlusses nach § 186 Abs. 3 Satz 4 AktG, AG 1994, S. 532 ff.

McGeehan, Patrick — Goldman shelves indefinitely its IPO, WSJ v. 29.09.1998, 1998 WL-WSJ 18986088

McGough, Robert — Neuberger & Berman cancels IPO plan, WSJ v. 7.10 1998, 1998 WL-WSJ 18987183

Mendez, John E./ Sawyers, William R. — Due diligence in private placements and private acquisitions, 1052 Practising Law Institute, Corporate law and practice course handbook series (1998), S. 417 ff.

Meyer-Landrut, Andreas/ Kiem, Roger — Der Formwechsel einer Publikumsgesellschaft – Erste Erfahrungen aus der Praxis- Teil I-, WM 1997, S. 1361 ff.

Monroe, Ann — Just like film stars, Wall Streeters battle to get top billing, WSJ vom 15. Januar, 1986, 1986 WL-WSJ 280844

Münchener Handbuch des Gesellschaftsrechts — Band 4 Aktiengesellschaft, 2. Auflage, München 1999
zit.: Bearbeiter, in: Münchener Handbuch des Gesellschaftsrechts

Münchener Kommentar — Kommentar zum Bürgerlichen Gesetzbuch
Band 1, Allgemeiner Teil, §§ 1-240, 3. Auflage, München 1993
Band 2, Schuldrecht Allgemeiner Teil (§§ 241-432), 3. Auflage, München 1994
Band 5, Schuldrecht Besonderer Teil III (§§ 705-853), 3. Auflage, München 1997
zit.: MüKo-Bearbeiter

Neus, Werner — Emissionskredit und Reputationseffekte, ZfB 1993, S. 897 ff.

Nicholas, Lynn — The integrated Disclosure System and ist impact upon underwriters′ due diligence: Will investors

	be protected?, 11 Sec. Reg. L. J. (1983- 1984), S. 3 ff.
Noack, Ulrich	Gesellschaftervereinbarungen bei Kapitalgesellschaften, Tübingen 1994
Nock, Silke	Der Neue Markt, CH-D Wirtschaft 1997, S. 13 ff.
Nussbaum, Arthur	Kommentar zum Börsengesetz, München 1910
O'Hare, Jennifer	Institutional Investors, registration rights, and the specter of liability under section 11 of the Securities Act of 1933, 1996 Wis. L. Rev. (1996), S. 217 ff.
Obst, Georg/ Hintner, Otto	Geld-, Bank- und Börsenwesen, (Hrsg. Norbert Kloten und Johann Heinrich von Stein), 40. Auflage, Stuttgart 2000
Otto, Hans-Jochen	Gebundene Aktien: Vertragliche Beschänkungen der Ausübung und Übertragbarkeit von Mitgliedschaftsrechten zugunsten der AG, AG 1991, S. 369 ff.
Palandt, Otto	Kommentar zum Bürgerlichen Gesetzbuch, 60. Auflage, München 2001 zit.: Palandt-Bearbeiter
Parker, George G.C.	Investment Banking, in: Handbook of Modern Finance, David E. Logue/ James K. Seward (editors), ch. A 2, Edition 1998, Boston, New York
Pfüller, Markus/ Flatten, Thomas	Aktienübernahmeverträge und Platzierungsrisiko, FB 2001, S. 388 ff.
Picker, Ida	No more sticky fees, Insitutional Investor, September 1998, S. 30.
Picot, Gerhard/ Land, Volker	Going Public – Typische Rechtsfragen des Ganges an die Börse, DB 1999, S. 570 ff.
Pötzsch, Thorsten	Der Diskussionsentwurf des Dritten Finanzmarktförderungsgesetzes, AG 1997, S. 193 ff.
Pötzsch, Thorsten	Das Dritte Finanzmarktförderungsgesetz, WM 1998, S. 949 ff.
Prial, Dunstan	IPO outlook: canceled deals generate news, WSJ v. 3.8.1998, 1998 WL-WSJ 3503910
Priester, Hans Joachim	Drittbindung der Stimmrechte und Satzungsautonomie, in: Festschrift für Winfried Werner zum 65. Geburtstag, Berlin, New York 1984, S. 657 ff.
Priester, Hans-Joachim	Kapitalaufbringung bei mittelbarem Bezugsrecht,

	in: Festschrift für Hans Erich Brandner zum 70. Geburtstag, Köln 1996, S. 97 ff.
Priester, Hans-Joachim	Kapitalaufbringungspflicht und Gestaltungsspielräume beim Agio, in: Festschrift für Marcus Lutter zum 70. Geburtstag, Köln 2000, S. 617 ff.
Prifti, William M.	Securities public and private offerings, vol. I, ch. 1 – 10, second edition, Minnesota, 1998 Vol. II, ch. 11- 15, second edition, Minnesota, 1998
Quinn, Linda C./ Jarmel, Ottilie L.	Securities regulations and the use of electronic media, 1084 Practising Law Institute, Corporate law and practice course handbook series (1998), S. 373 ff.
Quinn, Linda C./ Jarmel, Ottilie L.	Publicity considerations for corporate issuers: getting the message across under the federal securities laws, 1084 Practising Law Institute, Corporate law and practice course handbook series (1998), S. 333 ff.
Raghavan, Anita	Goldman, Wall Street´s Holdout, to go public, WSJ v. 15.6. 1998, 1998 WL-WSJ 3497887
Rapp, Heinz-Werner	Der Markt für Aktien-Neuemissionen, München 1996
Ratner, David L.	Securities Regulation in a nutshell, sixth edition, St. Paul, Minn. 1998
Ratner, David L.	Securities Regulation, Materials for a basic course, Third Edition, Minn. 1986
Rea, David B./ Grant, William J. (Jr.)	The syndication and marketing process, in: Securities underwriting, A practitioner´s guide, Bialkin, Kenneth J./ William J. Grant, Jr. (editors), 1985, New York, ch. 11, S. 277 ff.
Reimnitz, Jürgen	Das Primärgeschäft im Emissionsbereich, in: Handbuch des internationalen Bankgeschäfts (Hrsg. Hans E. Büschgen und Kurt Richolt), Wiesbaden 1989, S. 241 ff.
Reischauer, Friedrich/ Kleinhans, Joachim	Kreditwesengesetz (KWG), Loseblattkommentar, I. Band, Berlin, Stand: 12/98
Reutner, Friedrich	FRIATEC AG – Ein Traditionsunternehmen geht an die Börse, in: Going Public (Hrsg. Gerrit Volk), Stuttgart 1996, S.141 ff.
Riley, John E.	Letters of intent and underwriting agreements in initial public offering, form letter of intent, form

of underwriting agreement, 1008 Practising Law Institut, Corporate law and practice course handbook series 1997, S. 331 ff.

Ritter, Jay R. — Signaling and the valuation of unseasoned new issues: a comment, 39 J. Fin. (1984), S. 1231 ff.

Ritter, Jay R. — The long-run performance of initial public offerings, 46 J. Fin. (1991), S. 3 ff.

Ritter, Jay R. — Initial Public Offerings, in: Handbook of modern finance, David E. Logue/ James K. Seward (editors), ch. D 11, Edition 1998, Boston, New York

Ritter, Jay R. — The costs of going public, 19 J. Fin. Econ. (1987), S. 269 ff.

Robbins, William — Due diligence in private placement offerings, 28 Rev. Sec. & Commod. Rev. (1995), S. 109 ff.

Robinson, Gerald J./ Eppler, Klaus — Going Public, Successful Securities Underwriting, Volume 1, 1978, New York

Rock, Edward — Mandatory disclosure as credible commitment: going public, opting in, opting out and globalization, working paper, University of Pennsylvania Law School, 1998

Rock, Kevin — Why new issues are underpriced, 15 J. Fin. Econ. (1986), S. 187 ff.

Rödl, Bernd/ Zinser, Thomas — Going Public, 2. Auflage, Frankfurt 2000

Rosen, Richard A. — The statutory safe habor for forward looking statements after two and a half years: Has it changed the law? Has it achieved what congress intended?, 1085 Practising Law Institute, Corporate law and practice course handbook series (1998), S. 735 ff.

Rothwell, Suzanne E. — NASD rules for public offerings, in: Securities law techniques, A.A. Sommer, Jr. (editor), volume 2, chapter 25, New York, 1998 (current through: Release no. 36, October 1998)

Rudolph, Bernd — Funktionen und Konditionen der Kreditinstitute im Emissionsgeschäft, WiSt 1981, S. 60 ff.

Schäfer, Frank A. — Emission und Vertrieb von Wertpapieren nach dem Wertpapierverkaufsprospektgesetz, ZIP 1991, S. 1557 ff.

Schäfer, Frank A. (Hrsg.) — Kommentar zum Wertpapierhandelsgesetz, Bör-

	sengesetz mit BörszulV und Verkaufsprospektgesetz mit VerkProspV, Stuttgart Berlin Köln 1998 zit.: Schäfer-Bearbeiter
Schäfer, Frank A./ Schwintowski, Hans-Peter	Bankrecht, Köln, Berlin, Bonn, München 1997
Schanz, Kay	Börseneinführung, Recht und Praxis des Börsengangs, München 2000
Schippel, Helmut	Die Leistung der Bareinlage bei der Erhöhung des Kapitals von Aktiengesellschaften, in: Festschrift für Ernst Steindorf zum 70 Geburtstag, Berlin, New York 1990, S. 249 ff.
Schnell, Christian	Artnet will Altaktionäre durchleuchten, Handelsblatt v. 31.7./1.8.1999, S. 22
Scholze, Herbert	Das Konsortialgeschäft der deutschen Banken, Erster Halbband, Berlin, 1973
Schwark, Eberhard	Der vereinfachte Bezugsrechtsausschluß –Zur Auslegung des § 186 Abs. 3 Satz 4 AktG, in: Festschrift für Carsten Peter Claussen zum 70. Geburtstag, 1997, S. 357 ff.
Schwark, Eberhard	Prospekthaftung und Kapitalerhaltung in der AG, Festschrift für Peter Raisch zum 70. Geburtstag, 1995, S. 269 ff.
Schwark, Eberhard	Zur Haftung der Emissionsbank bei Aktienemissionen – börsen-, bilanz- und gesellschaftsrechtliche Aspekte-, ZGR 1983, S. 162 ff.
Schwark, Eberhard	Kommentar zum Börsengesetz und zu den börsengesetzlichen Nebenbestimmungen, 2. Auflage, München 1994
Schwark, Eberhard/ Geiser, Frank	Delisting, ZHR 161 (1997), S. 739 ff.
Schwerdtfeger, Armin/ Kreuzer, Philipp A.	Unternehmenskauf und Due Diligence, BB 1998, S. 1801 ff.
Scott, Helen S.	Resurrecting indemnification: contribution clauses in underwriting agreements, 61 N.Y.U.L. Rev. (1986), S. 223 ff.
SEC	SEC Agrees to Propose Rule Chages Expanding Shelf Registration, Rule 144 A, 24 Sec. Reg. & L. Rep. (BNA) (1992), S. 1059 ff.
SEC New Registrations Report	Goldman Sachs Registration enlivens IPO market, vol. 5, issue 8 (August 1998), S. 1

Seegal, John F. — Liabilities in initial public offerings, 1008 Practising Law Institute, Corporate law and practice course handbook series (1997), S. 219 ff.

Seligman, Joel — The Transformation of Wall Street, A History of the Securities and Exchange Commision and Modern Corporate Finance, Boston, 1995

Semler, Johannes — Leitung und Überwachung der Aktiengesellschaft, 2. Auflage, Köln, Berlin, Bonn, München 1996

Semler, Johannes/ Volhard, Rüdiger — Arbeitshandbuch für die Hauptversammlung, München 1999

Shayne, Jonathan A./ Soderquist, Larry D. — Inefficiency in the market for initial public offerings, 48 Vand. L. Rev. (1995), S. 965 ff.

Siconolfi, Michael — SEC launches probe into IPO flipping; state regulators fire 1st volley in matter, WSJ v. 20.08.1998, 1998 WL-WSJ 3506152

Siconolfi, Michael — SEC launches probe into efforts to block flipping of IPOs in U.S., WSJA v. 21.08.1998, 1998 WL-WSJA 12984804

Siconolfi, Michael/ McGeehan, Patrick — Wall Street boosts penalty on IPO „flips", WSJ v. 31. 07.1998, 1998 WL-WSJ 3503772

Siegel, Joel G./ Shim, Jae K. — Dictionary of Accounting Terms, New York, London, Toronto, Sydney 1987

Simons, Laird H. (III) — Considerations in selecting the managing underwriter(s) for an initial public offering, 1008 Practising Law Institute, Corporate law and practice course handbook series, (1997), S. 23 ff.

Singhof, Bernd — Die Außenhaftung von Emissionskonsortien für Aktienanlagen, Berlin 1998

Sittmann, Jörg W. — Die Prospekthaftung nach dem Dritten Finanzmarktförderungsgesetz, NZG 1998, S. 490 ff.

Smith, Robert — Alternative Methods for Raising capital: Rights versus Underwritten Offerings, 5 J. Fin. Econ. (1977), S. 273 ff.

Smith, Roy C./ Walter, Ingo — Global Banking, New York, Oxford 1997

Soderquist, Larry D. — Securities Regulation, 3. Auflage, New York 1994

Sonnenhol, Jürgen/ Groß, Wolfgang — Besicherung von Krediten Dritter an Konzernunternehmen, ZHR 159 (1995), S. 388 ff.

Staudinger, J. von — Kommentar zum Bürgerlichen Gesetzbuch, Erstes Buch, Allgemeiner Teil, §§ 134 - 163, Berlin 1996
Zitiert: Staudinger/Bearbeiter

Steck, Kai-Uwe — US-amerikanisches Bundeswertpapieraufsichtsrecht und Internet, ZBB 2000, S. 112 ff.

Steck, Kai-Uwe — Regulierung von US-amerikanischen Investmentgesellschaften (*Investment Com-panies*) unter besonderer Berücksichtigung des National Securities Markets Im-provement Act of 1996 (NSMIA) und anderer aktueller Rechtsanpassungen, jur. Diss. Osnabrück 2000

Steck, Kai-Uwe — Going private über das UmwG, das Gesellschaftsrecht des kalten Delisting, AG 1998, S. 460 ff.

Steinberg, Marc I./ Olive, Christopher D. — Contribution and proportionate liability under the Federal Securities Laws in multidefendant securities litigation after the Private Litigation Reform Act of 1995, 50 SMU L. Rev. (1996), S. 337 ff.

Stevenson, Russell B. — Preparing a company for an initial public offering, 27 Rev. Sec. & Commodities Reg. (1994), S. 203 ff. (1994 WL 2257263)

Stout, Lynn A. — The unimportance of being efficient: an economic analysis of stock market pricing and securities regulation, 87 Mich. L. Rev. (1988), S. 613 ff.

Strickland, Julia B./ Kaplan, Mark E. — Litigation against underwriters and the due diligence defense, 1043 Practising Law Institute, Corporate law and practice course handbook series (1998), S. 59 ff.

Timm, Wolfram/ Schöne, Torsten — Zwingende gesamtschuldnerische Haftung der Mitglieder eines Übernahmekonsortiums?, ZGR 1994, S. 113 ff.

Tinic, Seha M. — Anatomy of initial public offerings of common stock, 43 J. Fin. (1988), S. 789 ff.

Tinic, Seha M. — Anatomy of initial public offerings of common stock, 43 J. Fin. (1988), S. 789 ff.

Trapp, Christoph — Erleichterter Bezugsrechtsausschluß nach § 186 Abs. 3 S. 4 AktG und Greenshoe, AG 1997, S. 115 ff.

Tyler, Richard B. — More about Blue Sky, 39 Wash. & Lee L. Rev. (1982), S. 899 ff.

Vollmer, Lothar/ Grupp, Alexander — Der Schutz der Aktionäre beim Börseneintritt und Börsenaustritt, ZGR 1995, S. 459 ff.

Vortmann, Jürgen — Prospekthaftung und Anlageberatung, Stuttgart, Berlin, Köln 2000

Waldeck, Michael/ Süßmann, Rainer — Die Anwendung des Wertpapier-Verkaufsprospektgesetzes, WM 1993, S. 361 ff.

Wallace, Ann D./Vol Kosterlitz, Mary/ Corso, Gregg/ Klein, Anita/ Miller, Carolyn — Securities Act liability, 1012 Practising Law Institute, Corporate law and practice course handbook series (1997), S. 297 ff.

Walter, Ingo — Evolution of global wholesale banking, working paper, Stern School of Business, New York University, New York August 1998

Wander, Herbert S./ Jerue, James L. — Indemnification and Securities Litigation, in: Securities law techniques, A.A. Sommer, Jr. (editor), volume 7, chapter 9 - 122, ch. 121, New York, 1998 (current through: Release No. 35, June 1998)

Weiler, Lutz — Bookbuilding – Die neue Plazierungsform beim Gang an die Börse, in: Going Public (Hrsg. Gerrit Volk), S. 267 ff., 3. Auflage, Stuttgart 2000

Weiss, Stephen J. — The underwriting agreement – Form and commentary, 26 Bus. Law. (1971), S. 647 ff.

Welch, Edward P./ Turezyn, Andrew J. — Folk on the Delaware general corporation law, fundamentals, New York 1998

Welch, Ingo — Seasoned offerings, imitation costs, and the underpricing of initial public offerings, 44. J. Fin. (1989), S. 421 ff.

Wiedemann, Herbert — Ausgabekurs und Bezugskurs beim mittelbaren Bezugsrecht, WM 1979, S. 990 ff.

Wiedemann, Herbert — Gesellschaftsrecht, Band I Grundlagen, München 1980

Willamowski, Marcus — Bookbuilding, jur. Diss. Jena 2000

Willamowski, Marcus	Die strategische Allokation von Aktien bei Emissionen, WM 2001, S. 653 ff.
Winnike, Daniel J./ Nordquist, Christopher E.	Federal Securities Law Issues for the Sticky Offering, 48 Bus. Law (1993), S. 869 ff.
Wolff, Karina	Going Public in der Schweiz, in Deutschland und in den USA, Bern und Stuttgart 1994
Wolfson, Nicholas	Investment banking, in: Abuse on Wall Street: conflicts of interest in the securities markets, Twentieth Century Fund, Westport 1980
Wyatt, Edward	Old stocks, new technology, more questions, The New York Times v. 16.02.1999, S. C 1 und C 11
Yerkes, William L.	Shelf Registrations: The Role of the Broker-Dealer, 29 Bus. Law. (1974), S. 397 ff.
Zöllner, Wolfgang	Zu Schranken und Wirkung von Stimmbindungsverträgen, insbesondere bei der GmbH, ZHR 155 (1991), S. 168 ff.

Entscheidungen und Releases

7547 Corporation v. Parker & Parsley Development, 38 F.3d 211 (5th Cir. 1994)
Aaron v. SEC, 446 U.S. 680 (1980); US Supreme Court
Ahern v. Gaussoin, 611 F.Supp. 1465 (1985); US District Court (Oregon)
Alvarado Partners, L.P. v. Mehta, 723 F.Supp. 540, appeal dismissed 936 F.2d 582, appeal dismissed 936 F.2d 583; US District Court (Colorado)
Athur Young & Company v. United States District Court (Resp.), Albert Kaufmann (real parties in interest), 549 F. 2d 686 (1977) (class action); US Court of Appeals, 9th Circuit
Baker, Watts & Co. v. Miles & Stockbridge, 876 F.2d 1101 (4th Cir. 1989)
Barnes v. Osofsky, 373 F. 2d 269 (2d Cir. 1967)
Basic, Inc. v. Levinson, 485 U.S. 224 (1988); US Supreme Court
Blish v. Thompson Automatic Arms Corp., 30 Del. Ch. 538, 64 A.2d 581 (1948)
Central Bank of Denver, N.A. v. First Interstate Bank of Denver, N.A., 114 S.Ct. 1439 (1994)
Chris-Craft Industries, Inc. v. Piper Aircraft Corp., 480 F.2d 341 (2d Cir.), cert. denied, 414 U.S. 910 (1973)
DiJulio v. Digicon, Inc., 339 F.Supp. 1284 (1972); US District Court (Maryland)
Diskin v. Lomasney & Co., 452 F.2d 871 (2d Cir. 1971)
Donaldson, Lufkin & Jenrette, [1992 Transfer Binder] Fed. Sec. L. Rep. (CCH) ¶ 85, 035 (SEC Administration Process, 1992)
Dunhill Securities Corporation v. Microthermal Applications, Inc., 308 F. Supp. 195 (1969); US District Court (New York)
Eichenholtz v. Brennan, 52 F.3d 478 (3rd Cir. 1995)
Ernst & Ernst v. Hochfelder, 425 U.S. 185 (7th Cir. 1975)
Escott v. BarChris Construction Corporation, 283 F. Supp. 643 (1968) (class action); US District Court (New York)
Exxon Corp., [1977-1978 Transfer Binder] Fed. Sec. L. Rep. (CCH) ¶ 81, 198, (SEC No Action Letter, Div. Corp. Fin. April 7, 1977)
Feinerman v. A.C. Kluger & Co., [1975-1976 Transfer Binder] Fed. Sec. L. Rep. (CCH) ¶ 95, 212; US District Court (New York)
Feit v. Leasco Data Processing Equipment Corporation, 332 F. Supp. 544 (1971) (class action); US District Court (New York)
Finkel v. Stratton, 692 F.2d 169 (2d Cir. 1992)
First Boston Corporation, 1985 Fed. Sec. L. Rep. (CCH) ¶ 78, 152 (Sept. 2, 1985), 1985 WL 54285 (SEC No-Action Letter)
First Golden Bancorporation v. Weiszmann, 942 F.2d 726 (10th Cir. 1991)
First Williams St. Securities, Inc., Sec. Ex. Act Rel. No. 9859, [1972-1973 Transfer Binder] Fed. Sec. L. Rep. (CCH) ¶ 79, 112, (Nov. 17, 1972)
Fischman v. Raytheon Mfg. Co., 188 F.2d 783 (2d Cir. 1951)
Globus v. Law Research Service, Inc., 287 F.Supp. 188 (1968), aff'd, 418 F.2d

1276 (2d Cir. 1969), cert. denied, 397 U.S. 913 (1970)
Gould v. Harris, 929 F.Supp. 353 (1996); US District Court (California)
Greenapple v. Detroit Edison Co., 468 F.Supp. 702 (1979) affirmed 618 F.2d 198; US District Court (New York)
Gustafson v. Alloyd company, Inc., 115 S.Ct. 1061 (1995)
Hecht v. Harris Upham & Co., 283 F.Supp. 417 (1968), 430 F.2d 1202 (9th 1970)
In re: American Continental Corporation/Lincoln Sav. and Loan Securities Litigation, 794 F.Supp. 1424 (1992); US District Court (Arizona)
In re: Carl M. Loeb, Rhoades & Co. 38 S.E.C. 843 [854] (1959)
In re: Flight Trans. Securities Litigation, 593 F.Supp. 612 (1984); US District Court (Minnesota), 4th Division
In re: Lyondell Petrochemical Company Securities Litigation, 984 F.2d 1050 (9th Cir. 1993)
In re: Software Toolworks Securities Litigation, 38 F.2d 1078 (9th Cir. 1994)
In re: The Richmond Corporation, 41 S.E.C. 398 (1963)
In re: Westinghouse Securities Litigation, 832 F.Supp. 948, 966 (1993) (class action); US District Court (Pennsylvania)
J. White & Co. v. SEC, 556 F. 2d 619 (1st Cir. 1977), *cert. denied*, 434 U.S. 969
Kaiser-Frazer Corp. v. Otis & Co., 195 F. 2d 838 (2d Cir. 1952), cert. denied, 344 U.S. 856 (1952)
Kaplan v. Rose, 49 F.3d 1363 (1994), rehearing denied, cert. denied 116 S.Ct. 58; US Court of Appeals, 9th Circuit
Kersh v. General Council of Assemblies of God, 804 F.2d 546 (9th Cir. 1986)
King v. Gibbs, 876 F.2d 1275 (7th Cir. 1989)
Klein v. Computer Devices, Inc., 591 F.Supp. 270 (1984); US District Court (New York)
Krim v. BancTexas Group, Inc., 989 F.2d 1435 (5th Cir. 1993)
Laven v. Flanagan, 695 F.Supp. 800 (1988); US District Court (New Jersey)
Laventhol, Krekstein, Horwath & Horwath v. Horwitch, 637 F.2d 672 (9th Cir. 1980)
M. L. Lee & Co., Inc. v. American Cardboard & Packaging Corporation, 424 F. 2d 532 (3rd Cir. 1970)
Maryville Academy v. Loeb Rhoades Co., 530 F.Supp. 1061 (1981) US District Court (Illinois)
McFarland v. Memorex Corp., 493 F.Supp. 631 (1980) reconsideration granted 581 F.Supp. 878 (1984); US District Court (California)
McLean v. Alexander, 449 F.Supp. 1251 (1978); US District Court (Delaware)
NASAA´s Statement of policy regarding options and warrants, NASAA Reports, (CCH) ¶ 2801- 2809 (amended November 18, 1997)
NASAA´s Statement of policy regarding underwriting expenses, underwriter´s warrants, selling expenses and selling security holders, NASAA Reports, (CCH) ¶ 3671 (amended April 27, 1997)

National Association of Securities Dealers, Inc., Sec. Ex. Act Rel. 17371, 21 SEC Dock. 930, (1980)
Odette v. Shearson, Hammill Co., 394 F.Supp. 946 (1975); US District Court (New York)
Paul Newton & Co. v. Texas Commerce Bank, 630 F.2d 1111 (5th Cir. 1980)
Pinter v. Dahl, 486 U.S. 622 (1988); US Supreme Court
PPM America, Inc. v. Marriott Corp., 820 F.Supp. 970 (1993); US District Court (Maryland)
Richard Bruce & Co. v. J. Simpson & Co., 40 Misc. 2d 501, 243 N.Y.S.2d 503 (1963)
Riverhead Sav. Bank v. National Mortgage Equity Corp., 893 F.2d 1109 (9th Cir. 1990)
Rooney, Pace Inc., 48 SEC 602 (1986)
Release No. 34-23763, 36 SEC Dock. 1137 (1986)
Sanders v. John Nuveen & Co., 619 F.2d 1222 (7th Cir. 1980), cert. denied 450 U.S. 1005 (1981)
Schwartz v. Celestial Seasonings, Inc., 904 F.Supp. 1191 (1995); US District Court (Colorado)
SEC v. Coven, 581 F. 2d 1020 (2d Cir. 1978), *cert. denied*, 440 U.S. 950
Sec. Exchange Act Release No. 27160, [1989 Transfer Binder] Fed. Sec. L. Rep. (CCH) ¶ 84, 440 (August 22, 1989)
Sec. Exchange Act Release No. 32567, 54 Sec. Dock. 1024, (July 2, 1993)
Securities Exchange Act Release No. 15807, [1979 Transfer Binder] Fed. Sec. L. Rep. (CCH) ¶ 82, 073, (May 9, 1979)
Securities Exchange Act Release No. 33,023 [1993 Transfer Binder], Fed. Sec. L. Rep. (CCH) ¶ 85, 232 (October 6, 1993; effective date June 7, 1995)
Securities Exchange Act Release No. 37208 (May 13th, 1996)
Securities Exchange Act Release No. 38067
Securities Industry Association v. Board of Govenors of the Federal Reserve System, 468 U.S. 207 (1984); US Supreme Court
Southwest Realty, Ltd. v. Daseke, [1990 Transfer Binder] Fed. Sec. L. Rep. (CCH) ¶ 95, 256
(civil action); US District Court (Texas)
Stack v. Lobo, 903 F.Supp. 1361 (1995) (class action); US District Court (California)
Steinberg v. Pargas, Inc., Fed. Sec. L. Rep. (CCH) ¶ 91, 979 (1985); US District Court (New York)
Stewart v. Bennett, 359 F.Supp. 878, supplemented 362 F.Supp. 605; US District Court (Massachusetts)
Stratton Group, Ltd. v. Sprayregen, 466 F.Supp. 1180 (1979); US District Court (New York)
Straus v. Holiday Inns, Inc., 460 F.Supp. 729 (1978); US District Court (New York)

Walk-In Medical Centers, Inc. v. Breuer Capital Corp., 818 F.2d 260 (2d Cir. 1987)
Weinberger v. Jackson, [1990-1991 Transfer Binder], Fed. Sec.L. Rep. (CCH) ¶ 95,693 (1990); US District Court (California)
Westinghouse Electric Corp. V. „21“ International Holdings, Inc., 821 F.Supp. 212 (1993); US District Court (New York)
Wool v. Tandem Computers Inc., 818 F.2d 1433 (9th Cir. 1987)

Frankfurter wirtschaftsrechtliche Studien

Herausgegeben von
Theodor Baums, Friedrich Kübler, Hans-Joachim Mertens,
Eckard Rehbinder, Gunther Teubner

Band 1 Tomas Brinkmann: Unternehmensinteresse und Unternehmensrechtsstruktur. Aufgaben und Grenzen eines normativen Regulativs unternehmenspolitischer Prozesse. 1983.

Band 2 Rüdiger Hahn: Behinderungsmißbräuche marktbeherrschender Unternehmen. Eine Untersuchung der Beeinträchtigung von Wettbewerb und Marktstruktur durch horizontalen Nichtleistungswettbewerb als Gegenstand der Mißbrauchaufsicht nach § 22 Abs. 4 S. 2 Nr. 1 GWB. 1984.

Band 3 Peter Buchmann: Registerpublizität und Gläubigerschutz bei der Einmann-Gesellschaft. 1984.

Band 4 Christian Joerges/Eugen Hiller/Knut Holzscheck/Hans-W. Micklitz: Vertriebspraktiken im Automobilersatzteilsektor. Ihre Auswirkungen auf die Interessen der Verbraucher. 1985.

Band 5 Annette Boerner: Die Haftung des herrschenden Kommanditisten. 1985.

Band 6 Dirk H. Mahler: Rechtsmißbrauch und einstweiliger Rechtsschutz bei Dokumentenakkreditiven und "Akkreditiven auf erstes Anfordern": Eine rechtsvergleichende Untersuchung. 1986.

Band 7 Brigitte Kratz: Ausländische Eingriffsnorm und inländischer Privatrechtsvertrag. 1986.

Band 8 Dimitris Tsibanoulis: Die genossenschaftliche Gründungsprüfung. 1987.

Band 9 Jürgen Braun: Rechtsfragen des Transport-Unfall-Informations- und Hilfeleistungs-Systems der deutschen chemischen Industrie. 1987.

Band 10 Thomas Pfeiffer: Die Bedeutung des privatrechtlichen Immissionsschutzes. Eine Untersuchung zu §§ 1004, 906 BGB. 1987.

Band 11 Michael Bothe/Josef Brink/Christian Kirchner/Albrecht Stockmayer: Rechtsfragen der internationalen Verschuldungskrise. Voraussetzungen, Formen und Verfahren internationaler Umschuldungsmaßnahmen und Umschuldungsvereinbarungen. 1988.

Band 12 Felix Dörr: Die fehlerhafte GmbH. 1989.

Band 13 Rolf Trittmann: Anwendungsprobleme des Haager Beweisübereinkommens im Rechtshilfeverkehr zwischen der Bundesrepublik und den Vereinigten Staaten von Amerika. Exklusive Regelung zur Überbrückung der Unterschiede zwischen dem kontinental-europäischen und anglo-amerikanischen Zivilprozeßrechtssystem? 1989.

Band 14 Margaretha Sudhof: Dreieckige Rechtsverhältnisse im Wirtschaftsverwaltungsrecht - Am Beispiel von Konkurrentenklagen. 1989.

Band 15 Michael Weigel: Schriftformklauseln in Allgemeinen Geschäftsbedingungen. 1989.

Band 16 Hans-Peter Schröder: Der sichere Weg bei der Vertragsgestaltung. 1990.

Band 17 Matthias Haas: Haftungsfreizeichnungsklauseln in Allgemeinen Geschäftsbedingungen. Eine rechtsdogmatische und ökonomische Analyse. 1991.

Band 18 Andreas Hahn: Instandhaltungsverträge. Begriffe, Einordnung, Rechtsfolgenbestimmung, Auswirkung auf die Kautelarpraxis. 1991.

Band 19 Jürgen Götz: Der Entherrschungsvertrag im Aktienrecht. 1991.

Band 20 Friedrich Wächtershäuser: Das Gesellschaftsrecht des internationalen Joint Ventures. 1992.

Band 21 Christina Escher-Weingart: Nutzungsausfall als Schaden und sein Ersatz. 1993.

Band 22 Jean-Claude Zerey: Rechtliche Probleme der Finanzierung von *Leveraged Buyouts* und *Tender Offers* durch Banken in den USA und in der Bundesrepublik Deutschland. Eine rechtsvergleichende Studie über die Rolle der Banken bei Unternehmenskontrolltransaktionen in den USA und in der Bundesrepublik Deutschland. 1994.

Band 23 Markus Bauer: Gläubigerschutz durch eine formelle Nennkapitalziffer - Kapitalgesellschaftsrechtliche Notwendigkeit oder überholtes Konzept? Eine rechtsvergleichende Untersuchung der Gläubigerschutzkonzepte des amerikanischen und deutschen Kapitalgesellschaftsrechts. 1995.

Band 24 Marion Vollmann: Minderheitenschutz im aktienrechtlichen Beschlußmängelrecht. Eine Bestandsaufnahme und Vorschläge zu einer rechtspolitischen Reform. 1997.

Band 25 Lydia Klose-Mokroß: Gläubigerschutz im Kapitalgesellschaftsrecht am Beispiel der Lehre von der verdeckten Sacheinlage. 1997.

Band 26 Stephan Aubel: Der vereinfachte Bezugsrechtsausschluß. Aktionärs- und Gesellschaftsinteressen beim vereinfachten Bezugsrechtsausschluß nach Maßgabe des § 186 Absatz 3 Satz 4 AktG. 1998.

Band 27 Kurt Peter Dittrich: Die Privatplazierung im deutschen Kapitalmarktrecht. Eine Untersuchung der Vorschriften des Auslandinvestmentgesetzes, des Wertpapier-Verkaufsprospektgesetzes und des Gesetzes über Kapitalanlage-Gesellschaften unter Berücksichtigung des Rechts der Vereinigten Staaten von Amerika und des Vereinigten Königreichs. 1998.

Band 28 Viola Sailer: Aktienrechtliche Minderheitskompetenzen zwischen Mißbrauch und unternehmerischer Entscheidungsfreiheit. 1999.

Band 29 Marc Zimmerling: Kapitalerhaltung und Konzernfinanzierung. Eine Untersuchung der kapitalerhaltungsrechtlichen Problematik aufsteigender Sicherheiten im Konzern. 1998.

Band 30 Joachim Wichert: Die Finanzen der Kommanditgesellschaft auf Aktien. 1999.

Band 31 Kerstin Andrea Müller: Produktverantwortung und ihre Durchsetzung. Eine kartellrechtliche Beurteilung von Selbstverpflichtungen im Umweltrecht aus deutscher und europäischer Sicht unter besonderer Berücksichtigung der Altautoentsorgung. 1999.

Band 32 Bettina Friedrich: Konvergenzen im Gesellschaftsrecht. Recht-Fertigung durch Status- und Befundsicherung. 2000.

Band 33 Rudolf Lemke: Haftungsrechtliche Fragen des Ratingwesens – ein Regelungsproblem? 2000.

Band 34 Klaus R. Roller: Die Vergütung des Aufsichtsrats in Abhängigkeit vom Aktienkurs. 2000.

Band 35 Bettina Bokelmann: Personelle Verflechtungen über Aufsichtsräte. Aufsichtsratsmitglieder mit hauptberuflicher Vorstandsfunktion. 2000.

Band 36 Kai-Uwe Steck: Regulierung von US-amerikanischen Investmentgesellschaften (Investment Companies). Unter besonderer Berücksichtigung des National Securities

Markets Improvement Act of 1996 (NSMIA) und anderer aktueller Rechtsanpassungen. 2000.

Band 37 Kristofer Bott: Wissenszurechnung bei Organisationen. 2000.

Band 38 Ursula Lenzen: Unerlaubte Eingriffe in die Börsenkursbildung. 2000.

Band 39 Martin Schulz: Verfassungsrechtliche Vorgaben für das Kollisionsrecht in einem Gemeinsamen Markt. Eine rechtsvergleichende Untersuchung zu den Grenzen einzelstaatlicher Anknüpfungsmethoden im internationalen Vertrags-, Delikts- und Gesellschaftsrecht am Beispiel der Vereinigten Staaten von Amerika. 2000.

Band 40 Maximilian Koch: Diversifizierung und Vorstandskompetenzen. 2001.

Band 41 Corrado Wohlwend: Die Hauptversammlung im Wandel der Kommunikationsformen. 2001.

Band 42 Michael Rozijn: Der Unternehmensmaklervertrag. Zur Anwendung des allgemeinen Maklervertragsrechts auf Mergers & Acquisitions-Dienstleistungen. 2001.

Band 43 Konstantinos N. Kyriakakis: Die Überwachung einer US-amerikanischen Aktiengesellschaft durch institutionelle Anleger. 2002.

Band 44 Uta Fredebeil: Aktienemissionen. Das underwriting agreement (der Übernahmevertrag) und seine spezifischen Klauseln. 2002.

Hanno Merkt

Beiträge zur Börsen- und Unternehmensgeschichte

Frankfurt/M., Berlin, Bern, Bruxelles, New York, Oxford, Wien, 2001. 382 S.
ISBN 3-631-37284-1 · br. DM 98.– / € 50.10*

Börsengeschichte und Unternehmensgeschichte sind nicht allein Teilgebiete der allgemeinen Wirtschaftsgeschichte. Auch für die Rechtswissenschaft – und hier natürlich insbesondere für das Wirtschaftsrecht – sind sie von nicht zu unterschätzender Bedeutung, namentlich etwa im Rahmen der rechtspolitischen Diskussion um die Reform des Rechts oder für Fragen der Gesetzesauslegung. Die hier versammelten, mehrheitlich bereits in juristischen Fachpublikationen veröffentlichten Beiträge stammen aus der Feder eines Juristen und sollen auf diesem Wege einer breiteren, auch wirtschaftshistorisch interessierten Leserschaft zugänglich gemacht werden. Die Beiträge spiegeln das Verständnis eines Juristen für die historischen Entwicklungen und Zusammenhänge in den behandelten Bereichen wider. Dabei sind Darstellung und Akzentsetzung von dem Bestreben geleitet, die Entstehung des heutigen Rechts und der heutigen Institutionen für ein Publikum ohne vertiefte Kenntnis der Wirtschaftsgeschichte zu erklären und nachvollziehbar zu machen.

Aus dem Inhalt: Die Geschichte der Unternehmenspublizität in Deutschland, Europa und den USA · Die Geschichte des deutschen Börsenrechts von den Anfängen bis zum zweiten Finanzmarktförderungsgesetz von 1994 · Die Geschichte des US-amerikanischen Gesellschaftsrechts · Die Geschichte der Namensaktie

MIX
Papier | Fördert gute Waldnutzung
FSC® C083411

Kolibri 360 GmbH
Ferdinand-Jühlke-Straße 7
99095 Erfurt, Deutschland
produktsicherheit@kolibri360.de

Druck:
CPI Druckdienstleistungen GmbH
im Auftrag der
Kolibri 360 GmbH
Ferdinand-Jühlke-Str. 7
99095 Erfurt